글로벌
스트리밍
전쟁

지은이 **문성길**

고려대학교에서 사회학을 전공하고 같은 대학교 언론대학원에서 석사학위를 마쳤다. 방송위원회, 현대방송을 거쳐 KT스카이라이프(Skylife) 콘텐츠본부장, 한국HD방송(현 스카이TV) 대표 이사, 경기콘텐츠진흥원 콘텐츠산업본부장 등을 지내면서 30년 넘게 국내 미디어콘텐츠 산업 분야에서 일했다. 넷플릭스가 국내에 진출하기 전인 2015년 '넷플릭스의 신기술 활용 혁신전략'이라는 석사학위 논문을 썼고, 2017년에는 넷플릭스에 관한 국내 최초의 단행본 《넷플릭스하다》도 출간했다. 현장을 떠난 뒤에는 K콘텐츠 글로벌화에 도움이 되는 분석과 연구에 힘을 쏟고 있다. 매일 홍제천과 안산을 산책하고 마포도서관에서 책을 읽거나 글을 쓴다. 저녁이면 넷플릭스나 디즈니+가 제공하는 영화나 드라마를 시청자 겸 비평가의 눈으로 감상하는 산책자이자 미디어콘텐츠 분석가다.

글로벌 스트리밍 전쟁

초판 1쇄 발행 2025년 2월 21일

지은이 문성길 | 발행인 박윤우 | 편집 김송은 김유진 박영서 백은영 성한경 장미숙 | 홍보 마케팅 박서연 정미진 정시원 함석영 | 디자인 박아형 이세연 | 경영지원 이지영 주진호 | 발행처 부키(주) | 출판신고 2012년 9월 27일 | 주소 서울시 마포구 양화로 125 경남관광빌딩 7층 | 전화 02-325-0846 팩스 02-325-0841 | 이메일 webmaster@bookie.co.kr | ISBN 979-11-93528-47-1 93320

만든 사람들
표지 디자인 디박스 | 본문 디자인·조판 홍보현 | 편집 장미숙

글로벌
스트리밍
전쟁

GLOBAL STREAMING WAR

콘텐츠 세계대전에서
한국은 어떻게 살아남을 것인가

문성길 지음

부·키

콘텐츠 창작자와 정책 입안자는 이 책을 보라

김성태 (고려대학교 미디어대학 교수)

《글로벌 스트리밍 전쟁》은 오랫동안 미디어 산업의 최전선에서 일해 온 저자의 경험과 통찰을 담은 책으로, 현대 미디어 환경의 격변 속에서 글로벌 스트리밍 산업의 과거, 현재, 미래를 한눈에 조망할 수 있다. 독자들은 넷플릭스를 비롯한 빅테크 기업이 미디어의 지형을 어떻게 바꾸어 놓았는지, 그 과정에서 글로벌 스트리밍과 로컬 콘텐츠는 어떻게 공존과 경쟁 관계를 유지해 나가는지를 이해하게 된다. 특히 K콘텐츠의 전 세계적 흥행 비밀과 앞으로의 발전 방향을 심도 있게 분석한 만큼 창작자뿐 아니라 정책 입안자에게 귀중한 통찰을 제공할 것이다.

이 책은 단순히 스트리밍 시장의 기술적 흐름을 설명하는 데 그치지 않는다. 산업 전반을 관통하는 철학적 질문과 미래를 위한 비전을 제시하며, 독자들에게 글로벌 미디어 환경에 대한 새로운 시각을 제공한다. 저자는 급변하는 미디어 생태계에서 독창적이고 설득력 있는 논지를 바탕으로 '무엇이 진정으로 중요한가'에 대한 해답을 내놓고 있기에 지금 시대의 교양인이라면 누구나 읽어야 할 필독서다. 이 책을 읽고 나면 글로벌 미디어 시장의 변화와 그 속에서 자신의 위치를 명확히 인식하게 될 것이다. 미디어 학계의 연구자, 산업 종사자, 혹은 미디어에 관심 있는 일반 독자에게 이 책은 신선한 안목과 영감을 선사할 것이다.

할리우드, 충무로, 영화 평론가의 운명

오동진 (영화평론가)

《글로벌 스트리밍 전쟁과 K콘텐츠》(가제) 원고를 읽은 후 유일한 불만은 바로 책 제목이었다. 이런! 제목치고는 너무 재밌잖아. 이 책이 잘 안 팔린다면 순전히 '노잼' 아저씨 같은 제목 때문일 거야, 하고 생각했다. 제발 저 제목은 책이 나오기 전의 가제이기를 바랐다.

원고를 읽으면서 문득 북대서양의 그랜드뱅크스에 가고 싶어졌다. 미국 북동부 연안과 캐나다 남동부 바다가 만나는 곳, 거기가 볼프강 페테르젠의 영화 〈퍼펙트 스톰〉의 배경이라는 것을 잊고 살았다. 조지 클루니와 마크 월버그, 특히 마크 월버그의 연상녀 역으로 나왔던 다이앤 레인의 모습이 잊히지 않는다.

영화 〈퍼펙트 스톰〉을 스트리밍 전쟁과 비교한 저자의 선택은 탁월하다. 그건 저자가 미디어 분석가를 넘어서 인문학과 대중 예술에도 높은 식견을 지니고 있음을 드러낸다. 그랜드뱅크스의 바다는 한류, 난류, 멕시코 만류, 역류가 뒤섞이는 곳이다. 작금의 스트리밍 전쟁이야말로 그 뒤섞이는 바닷속과 무엇이 다르냐는 저자의 인식은 매우 정확하다.

그렇다고 해서 책이 대서양의 난기류 아수라처럼 구성되어 있다는 말은 아니다. 이 책은 저자의 평소 성품대로 넷플릭스를 비롯해 수많은 로컬 콘텐츠, 무엇보다 K콘텐츠의 현황과 장기적 전망에 대한 엄청난 정보를 흥미롭게 제시한다. 한 가지 섭섭한 건 할리우드의 '확실한' 퇴조를 예견하고 있다는 것이다. 이는 국내 영화권을 일컫는 충무로 역시 '반드시' 퇴조하리라고 내다보는 셈이다. 또 그건 나 같은 영화 평론가는 곧 공룡박물관에 박제될 것이라는 뜻이기도 하다.

이 책은 미디어 책이지만 재미있다. 그것이야말로 미디어 책이 가져야 할 최고의 덕목이다.

차례

시작하며

'스타워즈 넘어서기 프로젝트'

제임스 카메론James Cameron은 1977년 영화 〈스타워즈〉를 관람하고 자
신만의 우주를 만들어 보고 싶었다. 당시 그는 스물두 살로, 대학을
중퇴하고 캘리포니아 오렌지카운티에서 트럭 운전사로 일하고 있
던 때였다. 카메론은 〈스타워즈〉에 푹 빠지고 말았다. 그가 만들고
싶었던 바로 그런 영화였기 때문이다. 카메론은 영화를 본 후 운전
을 그만두고 대학 도서관에서 살다시피 하며 특수효과 등 영화 제작
에 관한 모든 것을 닥치는 대로 공부했다.[1]

7년 후 그는 영화 〈터미네이터〉(1984)로 주목받는 감독이 되었다.
이어서 〈에일리언2〉(1986), 〈어비스〉(1989), 〈터미네이터2: 심판의 날〉
(1991)도 흥행시키며 성공을 계속했다. 1997년 〈타이타닉〉에 이어
드디어 2009년 세기의 화제작인 영화 〈아바타〉가 탄생했다. 이 영화
의 개봉으로 전 세계 영화계는 3D(입체) 콘텐츠 열풍에 휩싸였다. 그
후 무려 10여 년에 걸쳐 제작된 〈아바타〉의 두 번째 영화 〈아바타:

물의 길〉이 2022년 11월 팬들의 기대 속에 개봉했다. 현재 글로벌 박스오피스 탑 10 중 〈아바타〉(1위), 〈아바타: 물의 길〉(3위), 〈타이타닉〉(4위) 등 3편이 카메론 감독의 작품이다. 〈아바타〉가 세운 글로벌 박스오피스 최고 기록은 2009년부터 지금까지 계속되고 있다.

위대한 창작자인 카메론을 영화로 이끈 것은 바로 〈스타워즈〉였다. 〈스타워즈〉는 영화 감독을 꿈꾸는 사람들의 교과서로 불린다. '스타워즈 키즈'가 탄생했고 이들이 다시 할리우드를 이끌어 가고 있다. 필자는 다른 영화를 보면서 〈스타워즈〉를 떠올릴 때가 많았다. '판도라' 행성을 정복하려는 지구인의 탐욕을 그린 영화 〈아바타〉를 보고 있으면 〈스타워즈〉의 그림자가 어른거린다. 또 마블 영화 〈어벤져스〉 시리즈나 〈가디언즈 오브 갤럭시〉 시리즈는 〈스타워즈〉의 확장판이라는 생각마저 든다.

영화나 드라마 시리즈 같은 영상 콘텐츠를 이루는 세 가지 요소로 스토리, 캐릭터, 스토리텔링을 꼽는다. 영화나 드라마가 그리는 이야기, 그 이야기에 등장하는 인물, 그런 이야기를 영상으로 전달하는 구체적 방법이다. 〈스타워즈〉는 SF Science Fiction (공상과학) 장르에서 영상 콘텐츠의 세 가지 핵심 요소를 모두 선점했다는 생각이 든다. 〈스타워즈〉 이후 만들어진 SF에 관한 많은 영화나 TV 시리즈도 결국은 조지 루카스George Lucas가 구상한 거대한 우주 쇼의 구도를 벗어나기 어려워 보인다.

〈스타워즈〉는 거대한 은하계에 존재하는 다양한 이름의 행성들, 그 행성에 살아가는 기묘한 모습의 지적 생명체, 수많은 행성을 이동하며 살아가는 다행성多行星 종족이 등장하고 이들 간에 벌어지는 전쟁과 평화, 사랑과 미움이라는 이야기를 다룬다. SF 장르의 영화나 드라마 시리즈를 만들고자 하면 사실 〈스타워즈〉가 그리는 이야기나 캐릭터의 틀을 크게 벗어나기 어렵다. 〈스타워즈〉는 영화가 만들어질 당시에 활용할 수 있는 최첨단 영상 제작 기술을 활용한 스토리텔링의 방법론도 보여 주었다. 창작자로서 조지 루카스 감독의 탁월함에 감탄할 뿐이다.

미국 ABC 방송의 인기 드라마 시리즈 〈로스트〉(2004~2010)가 있다. 6년간 시즌6까지 무려 121개의 에피소드가 방송되었다. 한국인 배우 김윤진이 출연해 더 친근한 드라마이기도 하다. 애덤 호로위츠 Adam Horowiz 는 이 드라마에서 제작 총괄을 맡았다. 그는 엄마 손을 잡고 뉴욕 타임스 스퀘어의 한 극장에서 〈스타워즈〉를 관람했던 기억이 생생하다고 했다. 개봉 당시 호로위츠는 다섯 살이었는데 극장을 나서자마자 다시 들어가고 싶었다고 한다. 이 드라마의 작가 중 한 사람인 데이먼 린델로프 Damon Lindelof 는 겨우 네 살 때 이 영화를 보았다. 세월이 흘러 그는 드라마 〈로스트〉의 집필을 위한 첫 회의에 참석했다. 린델로프는 어릴 적 아버지와 함께 스타워즈 팬클럽에 가입했을 때 받았던 오리지널 스타워즈 티셔츠를 입고 나타났다. 그와 같이 대본을 쓰기로 한 J. J. 에이브럼스 J.J.Abrams 는 이를 보고 감명을 받았다.[2] 에이브럼스가 누구인가? 맞다. 우리가 아는 바로 그 에이브럼스다. 일찍이 그는 드라마 〈로스트〉에서 각본, 연출 및 제작을 담당했다. 에이브럼스는 스타워즈 오리지널 3편의 시퀄 sequel (속편)로 제작된 3편의 영화('깨어난 포스', '라스트 제다이', '라이즈 오브 스카이워커') 제작에도 모두 참여해 각본이나 연출 또는 제작을 맡았다. 드라마 〈로

스트〉 제작에 참여한 호로위츠, 린델로프, 에이브럼스는 이른바 스타워즈 키즈라 불리는 사람들이다. 이들이 지금 할리우드를 이끌어 가는 주축이다.

〈스타워즈〉는 최초의 영화가 개봉된 지 40년이 넘었다. 디즈니는 2012년 스타워즈 제작사인 루카스필름을 인수했다. 이후 디즈니가 제작한 세 편의 새로운 스타워즈 영화도 2015~2019년 사이에 개봉되었다. 디즈니는 스타워즈의 다음 영화를 2026년에 개봉할 것이라고 밝혔다. 영화 〈스타워즈〉를 기반으로 만든 최초의 TV 시리즈는 〈만달로리안〉이다. 이 드라마는 디즈니+가 시작된 2019년 11월 2일에 디즈니+ 최초의 오리지널로 공개되었다. 〈스타워즈〉는 할리우드의 상징으로 계속 확장되고 있다.

다소 길게 〈스타워즈〉에 대해 말한 이유는 이제 K콘텐츠도 〈스타워즈〉를 뛰어넘는 영화를 만들었으면 하는 바람 때문이다. 바로 '스타워즈 넘어서기 프로젝트'다. 넷플릭스 같은 글로벌 스트리밍으로 인해 K콘텐츠는 글로벌 현상이 되었다. 새로운 돌파를 시작한 것이다. 이제 우리의 창작자들이 〈스타워즈〉라는 할리우드를 넘어서는 영화나 드라마를 만들었으면 한다. 이것이 책을 쓴 이유이기도 하다.

글로벌 스트리밍이라는 '퍼펙트 스톰'

알다시피 아카데미 시상식은 오랫동안 디즈니나 워너브라더스 같은 할리우드 스튜디오들의 잔치였다. 그런데 넷플릭스, 아마존(프라임 비디오), 애플(애플TV+) 같은 글로벌 스트리밍*이 오리지널 영화를 제작하면서 상황이 변했다. 드디어 2022년 3월 27일에 열린 제94회 아카데미 시상식에서 애플TV+의 영화 〈코다〉가 작품상을 수상했다. 아카데미 역사상 처음으로 할리우드가 아닌 스트리밍 사업자가 작품상을 받은 것이다. 당시 넷플릭스의 〈파워 오브 도그〉도 유력 후보였다.

넷플릭스의 등장으로 할리우드의 영화 산업도 어려움을 겪고 있다. 코로나 이후 관객이 극장으로 돌아오지 않는다고 말한다. 넷플릭스로부터 촉발된 스트리밍 때문이다. 영화 산업만이 아니다. 텔레비전 산업도 어려움에 처했다. 흔히 레거시 미디어Legacy Media라 부르는 지상파나 케이블 TV도 가입자가 감소하고 광고도 줄고 있다.

TV 사업자 중 할리우드의 대표 선수인 디즈니의 상황을 보자. 디즈니는 선형 TVlinear TV(프로그램을 시간 순서에 따라 편성한다는 의미로 전통적 TV를 일컫는 말)로 지상파인 ABC, 케이블 채널인 FX 그리고 스트리밍으로 디즈니+, 훌루 같은 서비스를 동시에 운영한다. 지금도 선형 TV는 디즈니의 캐시카우cash cow(돈을 벌어주는 상품)다. 선형 TV에서 돈을 벌어 디즈니+라는 신사업에 투자하는 상황이다. 그럼에도 디즈니+는 2019년 론칭 후 수년간 대규모 손실을 기록했다. 누적 손실 규모가 100억 달러(약 13조 원)를 넘어섰다. 이 같은 손실로 디즈니 그룹 전체가 어려움을 겪고 있다.

● 이 책에서는 흔히 OTT라고 부르는 서비스를 '스트리밍(streaming)'으로 표기한다. OTT는 케이블 TV와 대비되는 개념으로 쓰인 용어로 이제는 독자적인 새로운 유형의 방송으로 정의하는 것이 필요하다는 생각에서다. 미국의 학계나 언론도 OTT보다는 스트리밍으로 표기하는 것이 일반적이다.

더구나 디즈니+의 성장은 디즈니에 돈을 벌어주던 선형 TV 사업에 직접적인 타격을 주었다. 스트리밍과 선형 TV는 경쟁 관계이기 때문이다. 스트리밍이 성장할수록 선형 TV의 시청이 줄어들고 그로 인해 광고 수입도 떨어진다. 디즈니+의 성장은 코드 커팅code-cutting(케이블 TV를 해지하는 현상)을 일으키고, 이는 다시 선형 TV의 수입을 감소시켜서 자기 잠식 효과cannibalization effect(새로운 제품이 기존 제품의 시장을 잠식)를 불러온다. 디즈니의 고민이 깊어지고 있다. 미래 사업인 스트리밍을 포기할 수도 없고, 그렇다고 성장이 멈춘 선형 TV에만 집중할 수도 없다. 진퇴양난이다.

그런데 선형 TV로도 잘나가던 디즈니는 왜 스트리밍 사업을 시작했을까? 디즈니+의 론칭은 자발적이기보다는 어쩔 수 없었던 측면이 강하다. 공격보다는 방어의 성격이다. 할리우드의 워너브라더스, 유니버설, 파라마운트 같은 사업자도 똑같은 상황이다. 선형 TV의 어려움은 미국에서만 일어나는 일도 아니다. 정도의 차이가 있을 뿐 한국을 포함해 글로벌 차원에서 똑같이 벌어지고 있다. 영화 산업과 TV 산업이 요동치고 있다. 왜 이런 일이 벌어지는 것일까?

우리가 이전에 겪지 못한 위기나 어려움을 만날 때 '퍼펙트 스톰perfect storm'이라는 말로 비유하곤 한다. 이 말은 세바스찬 융거Sebastian Junger의 소설 《퍼펙트 스톰》(1997)[3]에서 기원했다. 이 소설은 황새치잡이 어선인 '안드레아 게일호'가 북대서양에서 100년에 한 번 일어날까 말까 하는 3중 폭풍을 만나 실종된 사건을 그린다. 실제로 1991년 10월 게일호는 미국 동부 대서양에서 3중 폭풍을 만나 실종되었고 배에 탄 선원 중 그 누구도 돌아오지 못했다. 캐나다 북쪽에서 내려오는 한랭전선, 멕시코만에서 올라오는 태풍 허리케인, 세이블섬 주변에서 일어난 폭풍이 만나면 더 이상 강해질 수 없는 최강의 폭풍이 된다. 무시무시한 3중 폭풍으로 돌변해 퍼펙트 스톰이 되는 것이다. 완벽한 폭풍의 길목에 자리한 세이블섬은 '대서양의 묘지'라 불린다.

이 소설은 동일한 이름의 블록버스터 영화 〈퍼펙트 스톰〉(2000)으로 제작되었다. 감독은 영화 〈에어 포스 원〉의 볼프강 페테르젠 Wolfgang Petersen이다. 퍼펙트 스톰을 맞아 실종된 게일호의 선장 빌리 타인 역은 조니 클루니가 맡았다. 나머지 5명의 개성 강한 캐릭터의 선원으로 마크 월버그(바비 역), 존 C. 레일리(머피 역) 등이 출연했다. 〈퍼펙트 스톰〉은 흥행에서도 성공한 대형 재난 영화로 평가받는다. 영화의 하일라이트는 전복되기 직전의 게일호가 완벽한 폭풍으로 인해 밀려오는 거대한 파도와 최후의 대결을 벌이는 장면이다. 탁월한 시각효과(VFX)로 마치 폭풍의 현장에 있는 것 같은 몰입감을 준다.

선장과 선원들의 의지, 경험으로 다져진 노련함과 노력에도 불구하고 3중 폭풍을 맞은 게일호는 살아남지 못했다. 폭풍은 파도를 일으키고 파도는 더욱 거세져 연속으로 밀려오는 '쇄파 breaking wave'를 일으킨다. 한두 번의 파도는 넘어설 수 있지만 또 다시 밀려오는 더 큰 파도에 결국은 굴복하고 만다. 최후를 직감한 빌리 선장은 다급하게 메이데이 mayday를 외쳐 보지만 이미 외부와의 연락은 끊어진 상태다. 최강의 폭풍이 몰아치면 크고 작은 배 할 것 없이 모두 침몰하고 만다.

선형 TV에도 더 이상 회복할 수 없는 '제로의 순간'이 다가오는 것은 아닐까?

할리우드를 대체하는 빅테크 세력

북대서양에 100년에 한 번 일어날까 말까 하는 3중 폭풍이 100여 년 만에 글로벌 미디어콘텐츠 산업에 몰아치고 있다. 1916년 페이머스 플레이어스 래스키Famous Players Laskey라는 영화 제작사를 소유한 아돌프 주커Adolph Zucker는 배급사인 파라마운트를 인수해 제작과 배급을 통합한 할리우드 스튜디오를 설립했다. 이것이 할리우드 스튜디오의 시작이다. 1923년 디즈니 형제는 디즈니 브라더스 카툰 스튜디오Disney Brothers Cartoon Studio를 창립했다. 글로벌 최대의 미디어콘텐츠 기업으로 성장한 디즈니 컴퍼니는 설립 100주년이 넘었다. 할리우드 스튜디오는 100년 넘게 글로벌 미디어콘텐츠를 산업을 지배한 거대 세력이었다.

  그런데 지난 1세기 동안 지켜 온 할리우드의 공고한 지배력에 변화가 일기 시작했다. 퍼펙트 스톰이 몰아치고 있는데 폭풍의 시작은 2007년 스트리밍 서비스를 처음 시작한 넷플릭스다. 아마존 프라임 비디오는 당초 프라임 회원에게 제공하는 서비스로 시작해 2016년에는 독립된 서비스로 재탄생했다. 2019년에는 애플TV+도 시작되었다. 넷플릭스라는 태풍 허리케인, 아마존이라는 한랭전선, 애플TV+라는 폭풍이 만난 것이다. 여기에 구글의 유튜브도 가세했다. 이들은 더 이상 강해질 수 없는 최강의 폭풍이 되었다. 완전한 폭풍은 미국을 넘어 글로벌 각국으로 확산되고 있다. 넷플릭스가 등장할 때만 해도 이렇게 강력한 폭풍이 될 줄 몰랐다. 글로벌 미디어콘텐츠 산업에 퍼펙트 스톰이 몰아치고 있고, 그 정체는 바로 '글로벌 스트리밍'이다.

글로벌 스트리밍은 넷플릭스나 디즈니+처럼 인터넷으로 세계 수많은 국가에 콘텐츠를 동시에 제공하는 서비스다. 글로벌 텔레비전이라고도 할 수 있다. 현재 시점에서 넷플릭스, 디즈니+, 아마존 프라임 비디오, 애플TV+는 글로벌 스트리밍 사업자다. 반면에 미국의 맥스(워너브라더스), 피콕(NBC유니버설), 파라마운트+(파라마운트)와 한국의 티빙이나 웨이브는 로컬 스트리밍 사업자다.

퍼펙트 스톰이 된 글로벌 스트리밍은 이전의 미디어콘텐츠 사업자와는 다른 독특한 특성을 띤다. 바로 글로벌 D2C Direct-to-Consumer 콘텐츠 유통 플랫폼이라는 점이다. 이들은 글로벌 시청자에게 직접 콘텐츠를 제공한다. 또 콘텐츠 유통과 제작을 통합하고, 콘텐츠 제작과 공급에서 규모의 경제를 추구한다. 새로운 문화 제국의 모습을 띠지만 동시에 문화적 다원성도 실현하고 있다. 이러한 특성을 지닌 글로벌 스트리밍을 운영하는 주체는 크게 할리우드 진영과 빅테크 진영으로 나눌 수 있다. 디즈니+, 맥스, 피콕, 파라마운트+가 할리우드 진영에 속한다. 이들은 스트리밍뿐 아니라 선형 TV도 운영한다. 넷플릭스를 비롯해 아마존 프라임 비디오, 애플TV+ 그리고 구글의 유튜브가 빅테크 세력에 속한다. 이들은 오로지 스트리밍 서비스만 운영한다. 두 진영은 글로벌 스트리밍의 패권을 두고 지난 3년여 동안 치열하게 경쟁했다.

글로벌 스트리밍이라는 마라톤 경주의 초반은 10여 년 동안 넷플릭스가 경쟁자가 없이 단독 선두로 달렸다. 그러다 다수의 할리우드 선수들이 추격해 선두 그룹에 합류했다. 이것도 잠시였고 넷플릭스가 다시 단독 선두로 치고 나왔다. 뒤이어 넷플릭스와 근소한 거리를 두고 아마존이 달리고 있다. 애플은 넷플릭스나 아마존과는 좀 격차가 있지만 자기만의 페이스로 꾸준히 달리고 있다. 언제라도 선두 그룹에 합류할 수 있는 잠재력을 지닌 선수로 기회를 엿보고 있다. 하지만 할리우드 선수들은 점차 뒤처지고 있다. 디즈니만 선두권에 합류하려고 고군분투 중이다. 할리우드 선수 가운데 일부는 이미 레이스에 어려움을 겪고 있다. 조만간 경기를 포기하는 선수도 나올 것 같다.

글로벌 스트리밍의 확장 과정에서 넷플릭스와 아마존이 글로벌의 주요 거점 시장을 선점했다. 멕시코, 영국, 스페인, 한국, 일본과 인도 등이다. 애플은 기반을 다지는 정도다. 할리우드 진영에서는 디즈니만 글로벌 사업자로 성장하고 있다. 하지만 넷플릭스, 아마존에 비하면 아직 역부족이다. 파라마운트나 유니버설은 해외 진출 자체에 어려움을 겪고 있다. 할리우드 진영이 스트리밍에 참여할 당시 많은 사람이 넷플릭스나 아마존의 강력한 경쟁자가 될 것으로 보았다. 그들이 보유한 방대한 콘텐츠와 100년 동안 축적한 콘텐츠 제작 파워 때문이다. 하지만 넷플릭스, 아마존 같은 빅테크 진영의 완승으로 보인다. 빅테크의 승리에는 그럴 만한 이유가 있을 것이다.

글로벌 스트리밍 전쟁에서 빅테크는 할리우드에 비해 유리한 점이 많다. 지난 100년 동안 할리우드는 고비마다 많은 경쟁자를 물리치고 글로벌 미디어콘텐츠 산업을 굳건히 지배해 왔다. 그러나 글로벌 스트리밍을 두고 빅테크와 벌이는 전쟁에서는 제대로 힘조차 써 보지 못하고 물러서는 상황이다. 사실 할리우드가 약한 것이 아니라 빅테크라는 상대가 너무나 강력하다. 빅테크는 이제 세상을 지배하는 기업이다. 이전의 경쟁 상대와는 차원이 다르다. 빅테크는 할리우드와 비교할 수 없는 강점이 있다. 빅테크의 강점은 무엇일까?

첫째, 지난 20여 년간 글로벌 D2C 온라인 플랫폼을 장악하고 있다. 넷플릭스는 동영상 콘텐츠, 아마존은 이커머스, 애플은 앱스토어(iOS), 구글은 검색 시장에서 세계 최강자다. 지금까지 이들이 가장 잘하는 분야가 바로 글로벌 온라인 플랫폼의 운영이다. 글로벌 스트리밍도 그들이 지금까지 운영해 온 글로벌 온라인 유통 플랫폼의 하나일 뿐이다.

둘째, 글로벌 스트리밍이라는 콘텐츠 유통 플랫폼에 제작까지 통합하고 있다. 빅테크는 자사의 플랫폼을 통해 소비자에 관한 방대한 데이터를 축적하고 분석해 왔다. 빅테크의 가장 큰 자산은 데이터 지배력이다. 풍부한 시청 데이터와 대규모 자본을 결합해 경쟁력 있는 오리지널을 제작하고 있다. 넷플릭스나 아마존은 이미 할리우드에 버금가는 스튜디오가 되었다.

셋째, 본업의 프리미엄을 활용할 수 있다. 아마존은 전자상거래, 애플은 스마트 디바이스 제조와 이를 기반으로 한 서비스, 구글은 검색 서비스라는 본업이 있다. 이들은 본업에서 글로벌 독과점 사업자다. 사실상 경쟁자가 없는 셈이다. 빅테크는 본업을 활용해 텔레비전 산업에도 진입했다. 더구나 빅테크의 사업 영역은 매우 광범위하다. 4차 산업혁명의 많은 분야를 선도하고 있고, 인공지능(AI) 분야도 선점했다. 빅테크는 자사의 스트리밍 서비스와 본업 간의 사업 시너지를 만들어 가고 있다.

넷째, 본업으로 창출한 대규모 이익을 바탕으로 콘텐츠 투자를 확대하고 있다. 이른바 빅테크 간에 콘텐츠 투자를 위한 '쩐의 전쟁'이 벌어지고 있는 것이다. 심지어 '콘텐츠 군비 경쟁'이라는 말까지 등장했다. 이들은 할리우드와 달리 콘텐츠 즉 스트리밍 사업을 통해 당장 돈을 벌지 않아도 된다.

다섯째, 콘텐츠를 통한 새로운 수익 모델의 창출이다. 아마존 프라임 비디오와 애플TV(애플TV+와는 다른 서비스)는 스트리밍 서비스와는 별도로 VOD 서비스도 제공한다. 아마존 프라임 비디오는 단순한 스트리밍이 아니다. 전 세계적으로 가장 큰 비디오 스토어video store로, 세상의 모든 영상 콘텐츠를 제공하려 한다. 넷플릭스, 아마존, 애플은 대규모 제작비가 투자되는 블록버스터 영화나 드라마 시리즈를 제작하고 스포츠 빅리그 중계권도 확보했다. 값비싼 콘텐츠를 활용해 SVOD라는 월정 구독료 방식을 넘어서 새로운 수익 모델도 만들어 가고 있다.

100년 만에 미디어·콘텐츠·엔터테인먼트 산업의 판이 바뀌고 있다. 할리우드보다 더 강력한 문화 산업의 지배 세력이 등장했다. 월가의 분석가나 미국 언론은 수년 내에 글로벌 스트리밍이 서너 개 정도의 사업자를 중심으로 재편될 것으로 전망한다. 글로벌 스트리밍이 소수의 거대 사업자가 지배하는 시장이 될 것이라는 예측이다. 글로벌 온라인 플랫폼의 특성상 소수의 승자가 시장을 독식할 가능성이 높다. 이렇게 되면 이전에 없던 거대 텔레비전 제국이 탄생할

수 있다. 바로 '글로벌 텔레비전 슈퍼파워'의 등장이다. 앞으로 이들
의 글로벌 지배력은 더욱 강해질 것이다. 할리우드 시대의 영향력과
는 또 다를 것이다. 이미 이런 세상이 현실로 다가오고 있다. 각국의
TV 시장을 장악해 가는 빅테크는 글로벌 시청자의 일상을 지배하
고 있다. 빅테크의 글로벌 TV 산업에 대한 지배력도 커지고 있다. 넷
플릭스, 아마존, 구글 같은 소수의 글로벌 스트리밍이 글로벌 TV 시
장을 장악할 수도 있다.

그런데 빅테크는 왜 TV 산업에 그토록 열심일까? 이들은 지난 20
여 년 동안 TV 산업에 진입하려고 많은 노력을 했다. 하지만 빅테크
라도 텔레비전 산업에 진입하는 것은 쉽지 않았다. 결국 이들은 스
트리밍을 통해 해법을 찾은 것으로 보인다. 오늘날의 미디어는 사람
들의 '관심'을 얻으려고 전쟁을 벌이고 있다. 사람들의 관심이 가장
큰 가치가 되기 때문이다. 미디어는 사람들의 관심이 쏠리는 곳으로
향할 수밖에 없다. 바로 영상 시청이다. 사람들의 여가에서 영상 시
청은 여가 시간의 대부분을 차지한다. 통계 자료[4]에 따르면 2022년
기준으로 미국인은 하루 평균 3시간 7분 동안 TV를, 3시간 2분은 디
지털 영상을 시청했다. 매일 6시간 이상을 영상 시청에 쓴 것이다.
우리나라 사람도 하루 평균 3시간 정도를 TV 시청에 쓰는 것으로
나타났다. 앞으로 영상 소비는 더 늘어날 것으로 보인다. 이는 우리
의 일상을 보면 알 수 있다.

빅테크는 본업의 경쟁력을 높이기 위해 시청자의 관심을 활용할
수 있다. 여가 시간의 대부분을 차지하는 영상 시청은 아주 훌륭한
수단이다. 예를 들어 아마존은 자사의 프라임 비디오 콘텐츠를 더

많이 시청하는 회원이 더 많은 상품을 구매한다는 사실을 알고 있다. 이들은 드라마 사상 최고의 제작비를 투자한 〈반지의 제왕: 힘의 반지〉를 오리지널로 공개했다. 많은 시청자의 관심을 끌 수만 있다면 언제라도 콘텐츠에 더 많은 돈을 투자할 수 있다. 아마존, 애플, 구글은 MLB(야구), NFL(풋볼), NBA(농구) 같은 미국의 빅리그 스포츠 중계권도 확보하고 있다.

아마존은 자사의 프라임 비디오에 2024년 1월부터 광고를 시작했다. 본업을 강화하면서 돈도 버는 일거양득인 셈이다. TV는 빅테크에 매력적인 산업이 아닐 수 없다. 새로운 텔레비전인 글로벌 스트리밍이 빅테크 간 전쟁의 장이 될 수밖에 없는 이유다. 빅테크가 글로벌 스트리밍을 주도하고 있다. 지난 100년간 할리우드가 만들어 놓은 게임의 규칙도 바뀌고 있다. 글로벌 스트리밍으로 인해 레거시 미디어는 서서히 잊히는 '죽음의 행진'을 할 가능성이 높아지고 있다.

글로벌 스트리밍의 왕좌를 차지한 넷플릭스

글로벌 스트리밍을 두고 벌인 전쟁에서 넷플릭스가 왕좌를 차지했다는 평가가 나온다. "고품질 콘텐츠는 스트리밍 패권을 위한 전투에서 승자와 패자를 구별하는 데 중요한 역할을 한다. 앞으로도 그럴 것이다. 풍부한 콘텐츠 라이브러리를 갖춘 넷플릭스가 현재 이 전투에서 승리하고 있다."(야후 파이낸스)[5] "결국 서너 개의 플랫폼이 남게 될 것이고 다른 모든 플랫폼은 어려움에 처하고 인수될 것이다. … 넷플릭스, 아마존, 애플 그리고 다른 하나가 남을 것이다."(할리우드 임원)[6] "넷플릭스가 '스트리밍 전쟁'에서 승리했다는 사실이 점점 더 분명해지고 있다."(뱅크 오브 아메리카의 미디어 분석가)[7] 최후에 승리하는 서너 개 사업자 중에서도 넷플릭스가 글로벌 스트리밍을 이끄는 기관차가 될 가능성이 높다.

넷플릭스의 승리 요인은 무엇일까? 최근 넷플릭스는 글로벌 콘텐츠 유통 플랫폼으로서 자사의 경쟁력을 네 가지 측면에서 강조한다. 더 좋은 콘텐츠better slate, 더 강력한 도달 범위stronger reach, 더 쉬운 발견 easier discovery, 더 많은 팬덤more fandom이다. 말하자면 더 많은 퀄리티 콘텐츠, 가장 많은 가입자 규모, 정교한 알고리즘을 통한 추천 시스템, 글로벌에 존재하는 다양한 취향 집단이다. 이는 경쟁자가 쉽게 따라하기 어렵다. 넷플릭스의 경쟁력을 종합해 보면 '퀄리티 콘텐츠× 전송 품질×플랫폼 서비스'의 최적화된 결합이다.

여기서 퀄리티 콘텐츠quality content는 흥행성과 작품성을 모두 갖춘 콘텐츠를 일컫는다. 〈하우스 오브 카드〉, 〈오징어 게임〉 같은 드라마와 〈아이리시맨〉, 〈서부 전선 이상 없다〉 같은 영화다. 다양한 강점 덕분에 글로벌 시청자는 스트리밍 서비스 중 넷플릭스를 가장 먼저 선택한다. '우선권의 이점primacy advantage'[8]이다. 이제 넷플릭스는 최고의 글로벌 스트리밍으로 탄생했다. 1장에서는 글로벌 스트리밍의 의미와 특성, 글로벌 스트리밍의 패권을 두고 할리우드와 빅테크 진영이 벌이는 전쟁, 글로벌 스트리밍의 왕좌를 차지한 넷플릭스의 경쟁력과 더불어 글로벌 스트리밍의 미래상을 살펴본다.

빅테크가 주도하는 글로벌 스트리밍이라는 퍼펙트 스톰이 많은 나라로 밀려들고 있다. 폭풍의 파괴력이 점차 로컬 사업자에게도 미치기 시작했다. 컨설팅사 딜로이트에 따르면 빅테크가 글로벌 미디어콘텐츠 시장을 장악할 경우 각국의 전통 방송사는 글로벌 플랫폼에 로컬 콘텐츠나 틈새 콘텐츠를 공급하는 채널 사업자 중 하나로 전락할 것이다. 방송사들은 스스로 콘텐츠 유통에 참여하거나 소비자와 관계를 맺는 것도 어려워질 것이다. 결국 각국의 전통 미디어에는 심각한 위협이 될 것이라고 전망했다.[9]

딜로이트의 예측은 현실이 되었다. 글로벌 스트리밍은 로컬 콘텐츠 제작에서도 현지의 미디어콘텐츠 사업자에 비해 유리한 점이 많다. 방대한 시청 데이터와 대규모 자본의 결합, 로컬 콘텐츠 제작에서도 가능한 규모의 경제, 대규모 투자를 무기로 로컬의 창작 커뮤니티와의 협력 강화, 글로벌 공동 제작의 용이성 등이다. 이러한 방법으로 글로벌 스트리밍은 각국에서 자사 중심의 독자적 생태계를 구축하고 있다. 경쟁자에게는 더 높은 진입 장벽이 되고 있다. 이들은 지난 100년간 할리우드가 만든 비즈니스 규범을 폐기하고 자신들에게 유리한 질서를 구축하고 있다. 알다시피 빅테크가 가장 잘하는 것 중 하나가 바로 자신만의 생태계를 만드는 것이다. 이들은 글로벌 스트리밍에서도 똑같은 전략을 추구한다. 이를 통해 자사를 위한 자사만의 생태계를 구축해 가고 있다.

넷플릭스도 확장 과정에서 글로벌 스트리밍이 보유한 이점을 적극적으로 활용한다. 그 중에서도 '넷플릭스 효과'에 대해 주목할 필요가 있다. 넷플릭스 효과란 '로컬 콘텐츠에 대한 대규모 투자로 로컬 미디어콘텐츠 생태계에 미치는 영향력'이다. 그런데 넷플릭스 효과가 반드시 긍정적이지만은 않다. 넷플릭스는 각국에 진출해 넷플릭스 효과를 적극적으로 활용한다. 로컬 오리지널의 제작과 방영권을 확보해 먼저 현지의 스트리밍 시장에서 승리한다. 이러한 방식으로 글로벌의 거점 국가를 한 나라씩 선점해 가고 있다. 멕시코, 영국, 스페인, 프랑스, 독일, 한국, 일본, 인도 등이다. 특이한 점은 거점 국가를 장악하는 과정에서 로컬 오리지널이 핵심 고리가 되고 있다는 것이다. 로컬 콘텐츠가 가지는 양면성이다.

글로벌 스트리밍의 강점 중 하나는 '콘텐츠 제작과 공급에서 규모의 경제'가 가능하다는 것이다. 로컬 미디어콘텐츠 사업자는 콘텐츠 제작에서 넷플릭스, 디즈니+ 같은 글로벌 스트리밍과 경쟁하기 어렵다. 한국에서도 마찬가지다. 2023년 말 넷플릭스는 190개국에서 2억 6000만 명의 가입자를 확보했다. 반면에 티빙은 한국에서만 380만 명을 보유하고 있다. 넷플릭스는 가입자 규모의 이점을 적극적으로 활용한다. 규모의 경제를 활용하면 로컬 콘텐츠를 제작하거나 방영권을 구매할 때 가입자당 투입되는 비용이 낮아지는 효과가 생긴다. 그래서 넷플릭스는 국내 드라마 제작 시 회당 제작비로 30억 원 이상 투자할 수 있다. 200억 원이 드는 영화에도 투자한다. 넷플릭스 대비 가입자가 1.5퍼센트 수준에 불과한 티빙은 절대 할 수 없는 규모이고 해서도 안 되는 비용이다. 넷플릭스와 티빙의 가입자 수 격차는 시간이 갈수록 더 커질 것이다.

2023년 한 해 동안 넷플릭스 가입자는 2950만 명이나 증가했다. 글로벌 스트리밍과 로컬 사업자 간의 게임은 이미 변곡점을 지났다. 2장에서는 글로벌 스트리밍과 로컬 콘텐츠에 대해 다룬다. 로컬 콘텐츠가 부상하는 이유, 넷플릭스와 디즈니의 로컬 콘텐츠 전략의 차이점, 주요 거점 국가에서의 로컬 콘텐츠 현황 및 글로벌 스트리밍이 로컬 콘텐츠 제작 생태계에 미친 파괴적 영향을 알아본다.

로컬 콘텐츠의 부상과 K콘텐츠

글로벌 스트리밍의 등장으로 국경 없는 방송 국경 없는 콘텐츠 시대가 열렸다. 로컬 콘텐츠local content가 글로벌 스트리밍의 새로운 성장 동력이 되었다. 넷플릭스 주도로 로컬 콘텐츠가 부상하고 있는 것이다.

　로컬 콘텐츠란 해당 국가의 문화가 스며 있고 현지 언어로 현지 창작자가 제작한 콘텐츠다. 스페인의 〈종이의 집〉, 한국의 〈오징어 게임〉, 영국의 〈더 크라운〉, 프랑스의 〈뤼팽〉, 독일의 〈서부 전선 이상 없다〉와 같은 콘텐츠다. 주로 할리우드 콘텐츠와 대비되는 개념으로 쓰인다. 할리우드가 지배하던 시절에는 할리우드 콘텐츠만 거의 유일하게 전 세계로 이동할 수 있었다. 그러나 글로벌 스트리밍의 등장으로 많은 나라의 로컬 콘텐츠도 할리우드 콘텐츠에 못지않게 국경을 넘어가고 있다. 이른바 로컬 콘텐츠의 '이동성travelability'이다. 해외 각국의 로컬 콘텐츠가 본격적으로 국경 없는 콘텐츠로 탄생하고 있다. 로컬 콘텐츠 제작의 허브로 멕시코, 영국, 스페인, 독일, 프랑스, 한국, 일본 등이 떠오르고 있다. 특히 한국과 스페인의 부상이 눈부시다. 글로벌 스트리밍의 로컬 콘텐츠 제작은 더욱 늘어날 것이다. 왜 그럴까?

　글로벌 스트리밍의 로컬 콘텐츠는 다음 네 가지 이유로 더욱 증가할 수밖에 없다. 첫째는 글로벌 스트리밍이 제공하는 결합상품의 규모를 키운다. 할리우드 콘텐츠보다 상대적으로 저렴한 해외의 로컬 콘텐츠는 더 경제적인 동시에 각 나라의 독특한 콘텐츠도 확보할 수 있는 이점이 있다. 다양한 국가의 특색 있는 로컬 콘텐츠가 결합상품의 규모와 가치를 늘리는 데 도움이 된다.

둘째는 글로벌 스트리밍을 통해 로컬 콘텐츠도 글로벌 히트작이 될 수 있다. 이른바 '로컬 콘텐츠 가치 확장 메커니즘'이 작동한다. 확장 메커니즘은 글로벌 스트리밍의 로컬 콘텐츠 전략과 K콘텐츠의 글로벌 확장을 위해 매우 중요한 개념이다. 글로벌 스트리밍은 추천 알고리즘을 통해 로컬 콘텐츠를 글로벌 시청자에게 추천한다. 개인화된 추천을 통해 우리가 모르는 나라의 낯선 콘텐츠도 글로벌 히트작이 되고 있다. 콘텐츠 품질만 좋다면 로컬 콘텐츠라도 언제든지 글로벌 히트작이 될 수 있다. 〈오징어 게임〉, 〈무빙〉, 〈종이의 집〉 등이 이를 잘 보여 준다.

셋째는 로컬과 글로벌의 시청자를 동시에 확보할 수 있는 마케팅 수단이다. 현지 콘텐츠는 글로벌 스트리밍의 해외 진출을 위해 반드시 필요하다. 로컬 콘텐츠는 해당 국가에서 가입자를 확보하고 유지하기 위한 핵심 수단이기 때문이다.

넷째는 자막이나 더빙을 통해 콘텐츠 제공의 효율성을 높일 수 있다. 글로벌 스트리밍 이전에는 해외 콘텐츠 시청에서 가장 어려운 점이 바로 언어 장벽이었다. 넷플릭스는 로컬 콘텐츠를 30개 이상의 언어로 자막이나 더빙을 통해 제공한다. 글로벌 스트리밍 덕분에 이제 TV도 자막의 1인치를 넘어섰다.

넷플릭스가 공개한 '2023년 하반기 시청 시간 자료engagement report'에 따르면 영어가 아닌 콘텐츠 시청 중 한국어 콘텐츠가 9퍼센트, 스페인어가 7퍼센트, 일본어 콘텐츠가 5퍼센트를 차지했다.[10] 넷플릭스를 통한 K콘텐츠의 부상이 놀랍다. 3억 명에 가까운 넷플릭스의 글로벌 시청자가 K콘텐츠를 영어 콘텐츠 다음으로 많이 시청하고 있다니 말이다. 〈오징어 게임〉은 대규모 제작비를 들여 할리우드에서 제작된 내로라하는 오리지널을 누르고 여전히 가장 인기 있는 드라마다. K-드라마는 아시아의 많은 나라에서도 할리우드 콘텐츠와 당당하게 경쟁한다. 특히 일본인의 K-드라마 사랑이 눈에 띈다. 멕시코, 인도의 시청자도 K-드라마를 좋아한다. 이제 K콘텐츠는 글로벌 현상이 되었다.

글로벌 시청자는 왜 K-드라마에 열광할까? K-드라마의 경쟁력은 무엇일까? 첫째는 할리우드에서 보기 어려운 참신한 스토리다. 할리우드의 영웅주의와는 다른 '현재성liveness'(현실에 대한 공유된 인식)을 들 수 있다. 이는 우리가 살아가는 시대의 현실적 고민이나 시대상을 담고 있다는 의미다. 글로벌 히트를 기록한 드라마 〈스위트홈〉, 〈오징어 게임〉, 〈지금 우리 학교는〉, 〈더 글로리〉는 하나같이 빈부 격차, 학교 폭력, 공정과 같은 사회적 담론을 담아내고 있다. 우리가 살아가는 '현실'에 관한 이야기인 것이다. 둘째는 제작 역량이다. 할리우드와는 다른 참신한 스토리를 글로벌 시청자도 쉽게 공감하고 이해할 수 있는 스토리텔링으로 풀어낸다. 영상 콘텐츠를 구성하는 핵심 요소인 스토리, 캐릭터, 스토리텔링을 최적의 상태로 결합시키는 능력이다. 한 나라의 제작 역량은 그 나라 콘텐츠 산업 생태계의 총체적 표현이다. 셋째는 가성비다. 글로벌 시청자들에게 매력적인 콘텐츠를 저렴하게 제작하는 능력이다. K콘텐츠라는 상품을 구매하는 글로벌 스트리밍의 입장에서는 매력적이지 않을 수 없다. 3장에서는 K콘텐츠의 글로벌 현상을 알아본다. 축적에서 새로운 돌파를 시작한 K콘텐츠, '넷플릭스 효과'의 양면성, K콘텐츠에 다가오는 새로운 기회에 대해 살펴본다.

새로운 희망

글로벌 스트리밍이라는 퍼펙트 스톰은 한국도 비켜 가지 않았다. 강력한 폭풍으로 몰아치고 있기 때문이다. 글로벌 스트리밍이 한국의 미디어콘텐츠 산업에 미칠 영향은 두 가지 정도인데, 특이하게도 위험과 기회가 동시에 다가오고 있다.

먼저 우리의 미디어 산업 전반을 어렵게 하고 있다. 현재 지상파나 유료 방송 모두 고전하는 중이다. 특히 국내 콘텐츠 소비의 퍼스트 윈도first window인 지상파의 위상이 흔들리고 있다. 당연히 콘텐츠 투자도 줄어들었다. 2023년 넷플릭스의 국내 매출은 8233억 원인데 비해 MBC는 7453억 원, SBS는 8668억 원이다. 전년 대비 지상파는 감소했고 넷플릭스는 증가했는데 이런 추세가 이어질 가능성이 높다.

국내 스트리밍 시장도 넷플릭스가 압도하고 있다. 넷플릭스의 월간 활성 이용자(MAU)는 1200만 명 선에 이르고, 티빙은 넷플릭스의 절반 수준이다. 글로벌 스트리밍으로 인해 로컬 스트리밍인 티빙과 웨이브도 어려움을 겪고 있다. 넷플릭스는 국내에서 영업 이익을 달성한 데 비해 티빙과 웨이브는 대규모 손실을 입었다. 당연히 이들의 콘텐츠 투자도 감소할 수밖에 없다. 콘텐츠 제작이나 방영권 확보에서는 규모의 경제가 작동한다. 영화나 드라마를 제작하거나 방영권을 구매할 때도 가입자가 많은 사업자가 더 유리하다. 넷플릭스는 가입자 규모의 이점을 적극적으로 활용한다. 국내 미디어콘텐츠 사업자가 글로벌 스트리밍과 경쟁하기 어려운 이유다. 글로벌 스트리밍으로 인해 국내의 미디어콘텐츠 생태계가 급속히 글로벌로 편입되었고, 이에 따라 글로벌 사업자와 로컬 사업자가 동일한 운동장에서 동일하지 않은 규칙으로 게임을 펼치고 있다. 로컬 미디어 사업자의 어려움이 가중되고 있는데 이것이 넷플릭스 효과의 부정적 측면이다.

둘째는 국내의 미디어 산업과 달리 콘텐츠 산업에는 새로운 기회가 되고 있다. 넷플릭스 효과의 긍정적 측면이다. 넷플릭스는 K콘텐츠에 제작비와 글로벌 진출이라는 기회를 제공했다. 넷플릭스를 통한 〈오징어 게임〉의 성공이 이를 잘 보여 준다. 오랜 시간 동안 실력을 축적해 온 K콘텐츠가 이제 글로벌 스트리밍을 통해 해외로 확장하고, 많은 콘텐츠가 글로벌 시청자들로부터 지속적으로 사랑받고 있다. K콘텐츠 부상의 주역은 당연히 창작자들이다. 넷플릭스 최고의 히트작 〈오징어 게임〉은 황동혁 감독과 싸이런픽쳐스라는 소규모 제작사가 만들어 낸 작품이다. 창작자의 힘을 실감나게 보여 준 사례다. 드라마 〈무빙〉도 디즈니+가 많은 나라에서 제작한 로컬 오리지널 중 가장 많이 시청한 콘텐츠다. K콘텐츠에는 할리우드에 결코 뒤지지 않는 탁월한 창작자들이 많다. 이들에게는 단지 기회가 없었을 뿐이다. 콘텐츠 비즈니스의 시작과 끝은 창작자다. 심지어 AI 시대에도 이 점은 변하지 않을 것이다. 관객이나 시청자가 감동하는 영화나 드라마 시리즈는 AI나 로봇이 만들기 어렵다. 창작자를 우선하는 콘텐츠 제작 생태계를 만들어야 하는 이유다.

이처럼 글로벌 스트리밍은 국내 미디어콘텐츠 산업에 위기와 기회를 동시에 가져왔다. 미디어와 콘텐츠 산업은 동전의 양면으로 결코 분리될 수 없다. 다만 이 책에서는 국내 미디어 산업에 관한 논의는 제외하고 K콘텐츠 산업에 초점을 두고 살펴볼 것이다.

글로벌 스트리밍은 로컬 사업자를 압도하는 유통 플랫폼의 영향력과 자본력을 바탕으로 규모의 경제를 추구하고 있다. 이를 두고 질주하는 기관차라는 비유까지 나온다. 더구나 글로벌 스트리밍을 주도하는 사업자는 세상을 지배하는 빅테크들이다. 창작자 개인이나 중소 제작사는 이들과의 거래에서 불리할 수밖에 없다. 따라서 창작자와 제작사를 대신해 글로벌 스트리밍과 협상력을 확보할 수 있는 글로벌 스튜디오가 필요하다. 할리우드 메이저 스튜디오는 할리우드의 생태계를 이끌어 온 핵심적 역할을 했다. K콘텐츠에도 디즈니, 워너브라더스 같은 글로벌 스튜디오가 탄생해야 한다. 그러지 않고 지금과 같은 상황이 계속된다면 국내 창작자나 제작사는 너 나 할 것 없이 글로벌 스트리밍의 하청 제작에 만족해야 할지도 모른다. 이렇게 되면 30여 년 넘게 축적된 K콘텐츠의 제작 역량도 더 고도화되기 어렵다. 한국형 글로벌 스튜디오가 절실한 시점이다. 국내 창작자와 제작사를 보호할 수 있는 최선의 방안일 것이다.

그동안 축적한 K콘텐츠의 저력이 이제 막 새로운 단계의 도약을 시작했다. 20년 넘게 키워 온 한류를 완성하고 K콘텐츠의 르네상스를 열어 가야 한다. 이를 위해서는 무엇보다도 열정을 가진 젊은 창작자와 비즈니스맨이 K콘텐츠 산업에 더 많이 참여해야 한다. 이들이 K콘텐츠 산업을 혁신해 가야 한다. K콘텐츠의 고도화가 필요한 시점이기 때문이다. 4장에서는 K콘텐츠의 고도화를 위해 필요한 인재 육성, 창작 기반 강화, K콘텐츠 소비 시장의 확장과 정부의 정책적 지원을 살펴본다.

필자는 다른 어느 나라보다도 창의적이고 역동적인 우리의 젊은 창작자들이 글로벌 시청자를 감동시키는 TV 시리즈와 영화를 만들 수 있다고 생각한다. 글로벌 스트리밍이라는 신세계에서 이들이 자신의 창의력을 맘껏 펼쳐 보였으면 한다. K콘텐츠의 고도화를 통해 한국의 창작자들도 〈스타워즈〉, 마블 영화, 〈반지의 제왕〉과 같은 영화 및 〈하우스 오브 카드〉, 〈만달로리안〉, 〈왕좌의 게임〉과 같은 드라마를 제작할 수 있다. 진정으로 한 분야를 재편하려면 강력한 시장의 힘과 새로운 세대의 예술적 야망이 조화를 이루어야 한다. K콘텐츠 시장을 확장하고 혁신하려는 야망 있는 새로운 세대의 창작자와 비즈니스맨의 진입이 필요하다. 이들이 주도하는 'K콘텐츠 원정대'가 더 큰 모험의 여정을 시작했으면 한다. 이를 통해 필자가 말한 '스타워즈 넘어서기 프로젝트'도 가능할 것이다.

1장
글로벌 스트리밍과
넷플릭스

소설 《퍼펙트 스톰》의 배경이 된 북대서양의 그랜드뱅크스*는 바다 위에서 보면 드넓고 편편한 바다의 평원처럼 한없이 평화롭게 보인다. 그러나 바다 아래에는 한류, 난류, 멕시코 만류灣流, 가끔은 만류의 역류까지 일어나는 충돌의 현장이다. 겉보기와 달리 위험하기 짝이 없는 바다다. 또한 예측하기 어려운 기상 변화가 일어나는 곳이기도 하다. 글로벌 미디어콘텐츠 산업도 언뜻 봐서는 평온해 보일지 모르지만 이면에서는 커다란 힘이 부딪히는 전쟁터와 같다. 글로벌 스트리밍의 패권을 둘러싸고 할리우드 세력과 빅테크 세력 간의 전면전이 벌어지고 있는 것이다. 그 와중에 각 나라에서는 글로벌 스트리밍과 로컬 미디어 간의 국지전도 일어난다.

* 게일호가 황새치를 잡으러 가는 지역의 바다다. 캐나다 뉴펀들랜드 동남부에서부터 대륙붕이 시작된 곳까지 수 킬로미터에 걸쳐 있는 편편한 바닷속 드넓은 평원이다. 먹이사슬의 근간인 플랑크톤이 만들어지는 곳이다.(소설 《퍼펙트 스톰》, 133쪽)

새로운 텔레비전의 탄생

지난 3년 동안 글로벌 미디어 및 엔터테인먼트 산업은 스트리밍 전쟁으로 정의되어 왔다. 미디어 회사는 경쟁을 위해 스트리밍 서비스를 만들었다. 강한 자만이 살아남을 것이라는 이야기가 이어졌다. 패자는 통합되거나 사라질 것이다.[1] 말 그대로 '스트리밍 전쟁streaming war'이 벌어지고 있다. '스트리밍'은 미국 언론에서도 일상화된 용어가 되었다. 흔히 기업 간의 경쟁을 전쟁에 비유하곤 하는데 전쟁에는 반드시 승자와 패자가 있기 마련이다. 그렇다면 글로벌 스트리밍 전쟁의 승자는 누가 될 것인가?

거대한 전쟁의 시작

스트리밍 전쟁이 본격적으로 벌어진 시기는 2020년부터라고 할 수 있다. 공교롭게도 2020년 초부터 시작된 글로벌 팬데믹 위기도 스트리밍 전쟁을 뜨겁게 만든 요인이 되었다. 넷플릭스는 2007년에 월정 구독료 방식의 스트리밍 서비스 즉 SVOD^{Subscription Video On Demand}를 시작했다. 이후 넷플릭스가 독주하던 스트리밍 경쟁의 대열에 2019년 11월 디즈니+가 뛰어들었다. 디즈니를 시작으로 할리우드의 다른 메이저 스튜디오도 속속 참여했다. 워너브라더스 디스커버리(이하 'WBD'로 표기)의 맥스(옛 HBO 맥스, 2020년 5월), NBC유니버설의 피콕(2020년 6월), CBS파라마운트의 파라마운트+(2021년 3월)••도 자사 스트리밍 서비스를 시작했다.

아마존은 넷플릭스보다 빠른 2006년부터 자사의 프라임 멤버십 가입자를 대상으로 스트리밍 서비스를 제공해 왔고, 2016년부터는 독립적인 서비스로 운영하고 있다. 애플TV+는 2019년 11월 서비스를 시작했다. 구글은 2006년 유튜브를 인수했다. 2008년에는 미국 지상파들이 연합해 넷플릭스에 대응하기 위해 훌루^{Hulu}를 시작했다. 훌루는 2019년 디즈니가 21세기 폭스를 인수함에 따라 디즈니의 패밀리가 되었다.

넷플릭스와 아마존의 스트리밍 서비스가 선형 TV 시장을 지배하

• 이 책에서 스트리밍은 SVOD 서비스의 의미로 사용된다. 일부에서는 프리미엄 VOD로 표기하기도 한다. 따라서 광고를 수입원으로 시청자에게 무료로 제공되는 유튜브는 제외했다.
•• 바이어컴CBS는 스트리밍 서비스 강화와 홍보 마케팅의 효과를 높이기 위해 2022년 2월 15일 회사명을 '파라마운트 글로벌'로 변경했다. 자사의 스트리밍 서비스인 '파라마운트 플러스'와 이름을 통일한 것이다.

던 할리우드의 영향력을 잠식해 가자, 할리우드도 더는 버티지 못하고 2019~2020년 스트리밍 서비스를 시작한 형국이다. 애플은 다른 빅테크와 달리 스트리밍 서비스를 늦게 시작했다. 이로써 스트리밍 전쟁은 전통의 할리우드 진영과 넷플릭스, 아마존, 애플, 구글 중심의 빅테크 진영 간의 대결이 되었다.

이제 미국 중심으로 벌어지던 스트리밍 전쟁이 해외로 확대되는 중이다. 스트리밍 사업자는 이미 성장이 정체된 북미 시장에서 해외 시장으로 적극 진출하고 있다. 넷플릭스는 2010년 캐나다를 시작으로 해외 시장에 진출하기 시작했다. 넷플릭스의 CEO 리드 헤이스팅스Reed Hastings는 2016년 1월 6일 국제전자제품박람회(CES)의 기조연설에서 "여러분은 글로벌 텔레비전 네트워크의 탄생을 지켜보고 있다"라며 넷플릭스가 글로벌 텔레비전임을 선언했다. 그는 2016년 1월을 기점으로 넷플릭스가 전 세계 190개국에 서비스를 한다고 밝혔다.[2]

현재 글로벌 스트리밍으로 확장하려는 넷플릭스의 도전이 속도를 내고 있다. 2022년 말 넷플릭스의 총 가입자 2억 3070만 명 중 해외 가입자는 1억 5645만 명으로 67.8퍼센트를 차지한다. 디즈니+는 2022 회계연도 말 기준 총 가입자 1억 6420만 명 중 71.7퍼센트인 1억 1780만 명이 해외 가입자다. 아마존은 프라임 비디오가 무료로 제공되는 프라임 멤버십 가입자가 40여 개 나라에 2억 명이라고 밝혔다.

텔레비전의 진화는 시공의 확장

1870년대 미국 서부 개척 시대의 텍사스주를 배경으로 한 톰 행크스 주연의 넷플릭스 오리지널 영화 〈뉴스 오브 더 월드〉(2020)가 있다. 남북전쟁에 참여한 제퍼슨 카일 키드 대위(톰 행크스)는 오지 마을의 주민에게 신문의 뉴스를 읽어 주는 일을 한다. 그는 "오늘 밤 온 세상의 멋진 뉴스를 여러분께 전해 드리겠습니다. 새벽부터 밤까지 일만 해서 신문 읽을 시간이 없어요. 맞죠? 제가 읽어 드리겠습니다. 오늘 밤만은 우리의 모든 문제를 잊고 저 밖에서 일어나는 멋진 변화의 소식을 들어보죠"라고 말하며 미리 표시해 둔 신문 기사를 돋보기를 이용해 차례로 읽어 준다. 주민들은 그가 읽어 주는 기사를 들으며 손뼉을 치고 환호를 하거나 야유도 보내면서 공감을 드러낸다. 다음 날 그는 다른 마을로 떠난다. 그렇게 이곳저곳을 돌아다니며 신문을 읽어 주는 것이다.

폴렛 자일스Paulett Jiles의 소설을 원작으로 한 이 영화는 아카데미 촬영, 미술, 음악, 음향상 후보에 오르기도 했다. 이처럼 말을 타고 마을을 이동하며 신문을 읽어 주던 시대가 지나고 라디오가 등장했고 이어서 TV도 탄생했다. 지금은 넷플릭스라는 글로벌 텔레비전이 190개국의 2억 3000만 명에게 동시에 영화와 TV 시리즈를 읽어 주는 셈이다.

미디어 발전의 역사에서 라디오, TV는 특정 지역을 중심으로 서비스하는 지역 중심의 매체다. 라디오가 등장했을 때 단 한 번의 방송으로 수십 킬로미터 안에 있는 모든 사람에게 전파되는 능력은 비용에 비해 매우 경제적이었다. 그러나 지역 방송국은 여전히 해당 지역의 청취자들에게만 방송을 송출했다. 전국 광고를 하고 싶은 광고주에게는 송출 지역이 너무 좁은 한계가 드러나자 전국을 연결하는 네트워크 방송이 시작되었다. 하지만 전국을 대상으로 방송을 하는 데는 또 다른 기술이 필요했다.

1922년 미국의 통신사 AT&T가 장거리 전화 네트워크를 이용해서 음성과 음악을 전달하는 기술을 개발했다. 뉴욕의 방송국에서 보낸 프로그램이 장거리 전화선을 따라 여러 지역의 방송국까지 전송될 수 있었다. 이는 지역을 벗어나지 못하던 스포츠나 이벤트를 전국 단위로 확장시키는 계기가 되었다. 바로 '네트워크' 방송의 시작이었다. 그러나 커버리지 coverage(전파의 도달 범위)를 최대한 확장한다고 해도 그 나라의 국경을 벗어날 수는 없었다. 텔레비전이 등장하고도 여전히 전파의 도달 범위는 국가를 벗어나기 어려웠다.

그동안 TV라는 매체는 국가를 기본 단위로 발전했다. 텔레비전 콘텐츠의 전송 수단은 전파다. 전파는 눈에 보이지는 않지만 파도와 같은 모양으로 출렁이면서 이동한다. 각국의 전파는 국제전기통신연합(ITU)이라는 국제기구에서 배정하고, 이에 따라 전파는 해당 국가를 벗어나면 안 된다. 그런데 위성방송이 등장해서 전파 월경 즉 스필오버 spill over가 발생했다. 그러자 인접국의 방송 신호가 자국으로 넘어오는 것을 강력히 항의하는 일이 벌어졌다. 우리나라도 일본 위성방송의 전파가 넘어오는 것을 정부 차원에서 대응한 시절이 있었다. 외국의 위성방송 수신을 엄격히 금지하는 나라도 있었다. 정기적으로 지붕 위에 위성 수신 안테나가 있는지 검사해서 철거하기도 했다. 스필오버는 국가 간 심각한 외교 문제로 번지기도 했다. 특히 국경 개념이 미약한 유럽에서는 심각한 문제였다. 이 때문에 유럽연합 차원에서 국경 없는 방송을 도입하려 노력하기도 했다. 하지만 방송은 안방 매체로서 사회적 영향력이 매우 커서 국가 간 이해 조정이 쉽지는 않았다. 국가에 관계없이 단일 방송을 만든다는 것은 매우 어려운 일이었다.

그런데 1990년대 중반에 등장한 인터넷 덕분에 세상이 바뀌었다. 전 지구를 대상으로 콘텐츠 전송이 기술적으로 가능해진 것이다. 단 사업적으로는 가능하지 않았다. 인터넷이 상용화된 지 10여 년이 지난 2007년 넷플릭스는 미국에서 스트리밍이라는 서비스를 시작했다. 인터넷으로 콘텐츠 전송이 가능해졌다. 이제 넷플릭스 같은 스트리밍은 전 세계를 대상으로 콘텐츠를 전송한다. 넷플릭스 서버에 저장된 프로그램은 전 세계의 가입자들이 플레이 버튼만 누르면 몇 초 안에 TV나 스마트폰에 재생된다. 지금까지 미디어의 발전은 지리적 제약을 뛰어넘는 과정이라고 할 수 있다. 즉 공간과 시간을 뛰어넘는 도전이었다. 그런데 글로벌 스트리밍이 방송의 이러한 지리적 제약을 단숨에 극복했다.

선형 TV 시대에는 한 국가의 방송 네트워크가 어떻게 이루어졌을까? 미국의 경우 ABC, NBC, CBS가 중앙 방송의 역할을 하고 지역 방송국들은 이들과 제휴나 가맹을 통해 전국적인 방송망을 이루었다. 우리나라의 경우 MBC, SBS가 중앙 방송이 되고 지역 방송국이 이들과 제휴하는 관계와 같다고 할 수 있다. 그런데 글로벌 스트리밍의 등장으로 이제 방송의 커버리지는 한 국가가 아니라 글로벌로 확장되었다. 넷플릭스가 중앙 방송의 역할을 하고 각국의 넷플릭스 서비스(예를 들면 넷플릭스 코리아나 넷플릭스 재팬)가 가맹국이 되는 것이다. 라몬 로바토Ramon Lobato 교수는 이러한 특성을 '넷플릭스 연합Netflix Nations'으로 비유했다. 더불어 각국에 진출한 넷플릭스라는 글로벌 텔레비전이 해당 국가에서 중앙 방송의 역할을 하는 미디어를 자신의 지역 방송으로 만들어 가고 있다.

글로벌 스트리밍의 탄생

넷플릭스는 '글로벌 텔레비전'이라는 새로운 개념의 실마리를 제공한다. 라몬 로바토는 글로벌 스트리밍의 성격을 이해하는 데 도움이 되는 개념을《넷플릭스 세계화의 비밀Netflix Nations: The Geography of Digital Distribution》에서 두 가지로 제시했다. 먼저 초국가적 텔레비전transnational television이라는 개념이다. 이는 방송이 국경을 넘어 하나 이상의 국가에 제공되는 기술적 측면을 말한다. 둘째는 글로벌 텔레비전global television이라는 개념으로, 방송이 다수의 국가에서 동시에 운영되는 서비스 측면을 말한다.[3] 즉 '초국가적'은 방송의 신호가 기술적으로 국경을 넘어간다는 의미이고, '글로벌'은 방송이라는 비즈니스가 국경을 넘어 해외의 여러 나라에서 동시에 이루어진다는 뜻으로 이해할 수 있다. 따라서 넷플릭스는 초국가적 텔레비전과 글로벌 텔레비전이라는 특성을 동시에 지니고 있다. 이와 관련해 2016년 1월 6일 헤이스팅스는 "여러분은 지금 글로벌 텔레비전 네트워크의 탄생을 지켜보고 있습니다. 인터넷을 통한 글로벌 유통은 더 이상 나누어질 필요가 없습니다. 이는 거의 모든 곳에 모든 사람이 동시에 훌륭한 영화와 TV 쇼를 볼 수 있어야 한다는 뜻입니다"라고 언급했다.

넷플릭스나 디즈니+처럼 인터넷으로 콘텐츠를 배급하는 텔레비전 즉 스트리밍은 초국가적 특성과 글로벌적 특성을 동시에 보여 준다. 그러나 기술적으로 국경을 넘는 것과 사업적으로 가능하다는 것의 의미는 다를 수 있다. 초국가적 특성과 글로벌적 특성이 서로 다를 수 있기 때문이다. 인터넷 시대에 넷플릭스가 글로벌에서 비즈니스를 추진한다고 해서 한국의 티빙이나 일본의 유넥스트 같은 스트리밍 사업자도 그런 비즈니스를 할 수 있다는 의미는 아니다. 그래서 글로벌 스트리밍의 여부는 국경을 넘어 미디어콘텐츠 비즈니스를 운영할 수 있는 능력에 달렸다.

결론적으로 글로벌 스트리밍은 초국가적 TV와 글로벌 TV의 성격을 동시에 지니고 있다. 필자는 이를 글로벌 스트리밍이라 부르고자 한다. 가장 좋은 예가 바로 넷플릭스, 디즈니+ 같은 사업자다. 맥스, 파라마운트+, 피콕 같은 스트리밍 서비스는 아직 북미 중심으로 사업이 이루어지고 있다. 따라서 이들은 글로벌 스트리밍이라 부르지 않고 (로컬) 스트리밍 사업자로 부르고자 한다. 이런 점에서 한국의 티빙이나 웨이브도 마찬가지다. 물론 이들 중 앞으로 글로벌 스트리밍으로 성장할 사업자도 있을 것이다. 현재 글로벌 스트리밍의 범주에 들어오는 사업자는 넷플릭스, 디즈니+, 아마존 프라임 비디오, 애플TV+ 정도다.

글로벌 스트리밍의 다섯 가지 특성

글로벌 미디어콘텐츠 생태계의 모습을 바꿔 가는 글로벌 스트리밍은 어떤 특성을 지니고 있을까? 스트리밍에 기반한 글로벌 텔레비전은 인터넷 시대의 발명품이다. 글로벌 스트리밍은 인터넷 TV로 탄생했지만 기본 모습은 전통적 텔레비전과 닮아 있다. 하지만 콘텐츠 제작과 유통의 영역에서 전통적 텔레비전과는 다른 다양한 실험을 진행하는 중이다.

글로벌 스트리밍은 미디어의 역사란 측면에서 보면 라디오, TV, 인터넷으로의 진화 과정에서 일어나는 새로운 실험이다. 10여 년의 역사를 지닌 글로벌 스트리밍은 미디어의 진화라는 긴 여정에서 보면 이제 막 새로운 단계에 들어섰다. 넷플릭스를 비롯해 아마존 프라임 비디오, 애플TV+, 디즈니+ 같은 글로벌 스트리밍 사업자들은 서로 다른 실험실에서 자신만의 독특한 실험을 진행하고 있다. 이들이 진행하는 다양한 실험을 통해 앞으로 그 실체가 더 명확히 드러날 것이다.

글로벌 스트리밍은 지금까지의 미디어와는 다른 독특한 특성을 띠는데, 다음 다섯 가지로 정리해 볼 수 있다. 첫째는 '글로벌 D2C Direct-to-Consumer' 콘텐츠 유통 플랫폼이라는 점이다. 콘텐츠 제공이 직접적이고 동시적으로 이루어지는 것으로, 그만큼 글로벌 스트리밍이 제공하는 콘텐츠의 영향력이 커진다는 의미다. 둘째는 콘텐츠 유통과 제작을 통합했다는 점이다. 제작사인 할리우드는 플랫폼 분야로, 플랫폼인 빅테크는 제작 영역으로 진출했다. 두 진영의 목표는 동일하다. 유통과 제작을 통합하는 것이다. 셋째는 콘텐츠 제작과 공급에서 규모의 경제를 추구한다는 점이다. 글로벌 스트리밍은 그 성격상 글로벌 차원으로 확장된 단일 비즈니스를 지향한다. 기본적으로 전 세계를 대상으로 하는 사업으로, 규모의 경제라는 이점을 활용할 수 있다. 넷째는 새로운 문화 제국의 탄생이라는 점이다. 글로벌 스트리밍이 미디어콘텐츠 산업에 대한 지배력을 한층 높여 가고 있다. 글로벌 스트리밍의 해외 확장이 증가할수록 글로벌을 지향하는 할리우드 콘텐츠와 현지에서 요구되는 로컬 콘텐츠 사이에 충돌은 불가피하다. 다섯째는 문화적 다원주의를 실현한다는 점이다. 글로벌 스트리밍은 기존의 글로벌 미디어보다 구조적으로 문화의 다양성을 추구할 수 있는 조건을 갖추었다. 선형 TV가 아니라 VOD 방식으로 대규모의 다양한 콘텐츠를 동시에 제공할 수 있기 때문이다. 문화의 다원성을 높이는 데는 로컬 콘텐츠가 핵심 역할을 하고 있다. 이러한 특성을 통해 글로벌 스트리밍은 각국의 미디어콘텐츠 생태계를 크게 변화시키고 있다. 특히 로컬 콘텐츠의 제작 생태계를 바꿔 가고 있다.

글로벌 시청자에게 직접 콘텐츠 제공

넷플릭스, 디즈니+ 같은 온라인 플랫폼을 통해 이루어지는 콘텐츠의 유통 방식은 할리우드가 주도했던 전통적 미디어 시대와는 전혀 다르다. 글로벌 스트리밍에 공개되는 영화나 드라마 시리즈는 이제 방송사 같은 중개자가 필요 없다. 중간 전달자인 방송사가 없으니 당연히 방송사의 심의도 사라진다. 넷플릭스는 자체적으로 시청등급을 정하고 콘텐츠를 전 세계에 동시 공개하면 그만이다. 그러면 190개국 2억 3000만 명의 구독자는 자신의 TV나 태블릿 등을 통해 언제라도 시청할 수 있다. 이처럼 글로벌 스트리밍은 국경을 넘어 글로벌 차원에서 극장, 유료 방송(케이블 TV와 위성방송) 채널, 지상파 같은 중개자를 거치지 않고 구독자의 집에 있는 TV에 바로 전달된다. 이를 D2C라고 하며, 소비자 직접 시장이라고 부르기도 한다. 그것도 한 나라가 아니라 전 세계 모든 나라의 시청자에게 직접 전달한다.

예를 들어 넷플릭스 영화 〈나이브스 아웃: 글래스 어니언〉은 2022년 11월 23일 미국 내 극장에서 7일간의 상영을 마치고, 12월 23일 넷플릭스를 통해 글로벌로 공개되었다. 극장에서 제한적으로 상영한 후 바로 글로벌 스트리밍에 공개하는 방식이었다. 한국형 SF 영화 〈정이〉는 아예 극장에서 개봉하지 않고 바로 넷플릭스를 통해 글로벌의 모든 가입자에게 공개되었다. 드라마 〈더 글로리〉나 〈무빙〉 같은 오리지널도 한날 한시에 글로벌로 동시에 공개되었다. 이는 방송의 역사에서 보면 거의 혁명적 사건이다. 넷플릭스나 디즈니+ 같은 글로벌 스트리밍은 이전에 볼 수 없었던 방식으로 콘텐츠를 유통하고 있다.

글로벌 D2C 방식은 콘텐츠 유통에서 직접성과 동시성의 특성을 띤다. 이러한 특성으로 〈오징어 게임〉같이 단기간에 글로벌 히트작이 탄생하게 되는 것이다. 텔레비전 및 영화 업계 관계자들은 〈오징어 게임〉이 하룻밤 사이에 성공을 거둔 것에 놀라움을 감추지 못했다. 비영어권 국가의 시리즈가 몇 주 만에 넷플릭스에서 가장 인기 있는 시리즈가 되는 일도 이해할 수 없었다.[4] 이 같은 현상을 두고 루크 강Luke Kang 디즈니 아태지역(APAC) 총괄 사장은《할리우드 리포터》와의 인터뷰에서 "이전에는 대부분의 비즈니스에 중간층middle layer이 있었고 대부분 B2B 비즈니스였습니다. 이제 우리는 소비자와 직접 소통합니다"라고 강조했다.[5]

가치사슬을 통합한 플랫폼

전통적 미디어는 일반적으로 콘텐츠Content → 플랫폼Platform → 네트워크Network(전송) → 디바이스Device(소비)라는 가치사슬 위에서 이루어졌다. 콘텐츠를 제작하고 배급하는 회사, 이를 시청자에게 전송하는 방송 사업자, 방송 신호를 수신하는 TV 수상기나 셋톱 박스 제조사가 각각 분리되어 있었다.

TV 시리즈 〈로스트〉의 경우를 보자. 콘텐츠 제작사, 이를 국내외에 배급하는 배급사(디즈니 부에나비스타 등), 배급사로부터 방영권을 구매해 방송하는 방송 사업자(미국 ABC, 한국 KBS2 등), 방송 사업자가 콘텐츠를 시청자에게 전송할 수 있도록 다양한 전송 네트워크를 구축하고 관리하는 사업자(KT 등) 등이 있다. 그리고 가정에 도달한 방송 신호를 디코딩하는 셋톱 박스나 TV 수상기를 만드는 제조사(LG 전자 등)도 참여한다. 다양한 사업자가 분업과 협업을 통해 콘텐츠를 제작하고 유통하는 것이 할리우드 시대의 전형적 모습이었다.

콘텐츠 서비스 차원에서 선형 TV는 국가나 윈도window(콘텐츠가 유통되는 창구)별로 나누어진 플랫폼이었으나 글로벌 스트리밍은 국가, 윈도가 모두 통합된 유통 플랫폼이다. 즉 국가의 구분도 필요 없고, 각 나라의 지상파나 유료 방송 같은 윈도의 구분도 필요 없다. 쉽게 말하면 글로벌 스트리밍 '하나로 다 되는' 것이다. 전통적 미디어의 가치사슬은 C → P → N → D라는 4단계의 과정을 거친다. 그런데 글로벌 스트리밍은 사업자(C+P+N) → 구독자(D)라는 두 단계로 단순화되었다. 콘텐츠 확보부터 유통 플랫폼, 전송까지 모두 통합한 강력한 플랫폼인 것이다. 이를테면 넷플릭스가 〈오징어 게임〉이라는 시리즈를 직접 제작하고 이를 자사의 플랫폼(넷플릭스)을 통해 바로 전 세계 시청자들에게 제공하는 방식이다. 지극히 단순한 과정이지만 영향력은 비교할 수 없이 커졌다.

이처럼 글로벌 스트리밍은 하나의 사업자가 가치사슬의 거의 모든 과정을 통합적으로 관리한다. 넷플릭스는 콘텐츠를 확보하고 이를 자사의 온라인 플랫폼을 통해 서비스한다. 이들은 콘텐츠 전송을 위해 글로벌 차원에서 OCA^Open Connect Appliance(자체 콘텐츠 저장 서버)를 구축하고 가입자가 최적의 디바이스 환경에서 시청할 수 있는 앱(소프트웨어)까지 개발했다. 넷플릭스는 서비스 초기에 자사 전용 TV 수상기를 개발하려 했다. 이후 이를 삼성이나 LG 같은 수상기 제조 사업자와의 제휴로 전환했다.

글로벌 스트리밍은 디지털 미디어콘텐츠 비즈니스의 완결판으로 보인다. 이들은 그동안 텔레비전 비즈니스에서 가장 큰 장벽이었던 국가와 TV 수상기라는 한계를 뛰어넘었다. 텔레비전 비즈니스의 시공時空을 확장한 것이다. 글로벌 스트리밍은 세상의 모든 콘텐츠를, 세상의 모든 나라에, 모든 디바이스를 통해 모든 시청자에게 제공하려 한다. 에브리씽 에브리웨어 올 앳 원스^everything everywhere all at once를 지향한다. 따라서 글로벌 스트리밍을 장악하는 사업자가 미래의 글로벌 미디어콘텐츠 사업자의 승자가 될 수밖에 없다.

콘텐츠 유통과 제작의 통합

넷플릭스, 디즈니+는 전 세계 수억 명에 이르는 구독자와 이를 기반으로 한 글로벌 유통 플랫폼을 운영하고 직접 콘텐츠까지 제작한다. 빅테크 진영과 할리우드 진영이 모두 콘텐츠 제작과 유통 플랫폼의 통합을 추진하고 있는 것이다. 할리우드 진영에서는 누가 경쟁력 있는 글로벌 플랫폼을 구축하는지, 빅테크 진영에서는 누가 제작 능력을 확보한 스튜디오(제작사)가 되는지의 경쟁이다. 이들의 목표는 콘텐츠 제작과 유통의 통합이다. 그러기 위해 각자 상대 진영의 핵심 영역으로 진출하고 있다.

넷플릭스는 다른 빅테크 기업과 달리 초기부터 할리우드 스튜디오나 메이저 텔레비전 방송사와 같은 고품질의 콘텐츠 제작에 주력했다. 이들은 자체적으로 자금을 조달해 콘텐츠를 제작하는데, 텔레비전 프로그램을 넘어 영화 제작으로까지 확장했다. 스튜디오로 탈바꿈하고 있는 것이다. 이런 측면에서 넷플릭스는 기존의 미디어 산업에 가시 같은 존재가 되었다. 때로는 제작에서 6대 메이저를 앞서기도 한다.[6] 여기서 우리가 주목해야 할 점은 넷플릭스가 전통의 할리우드와는 다른 '스트리밍형 스튜디오'로 탄생했다는 것이다. 넷플릭스는 자신이 만든 콘텐츠를 자신이 구축한 글로벌 최강의 유통 플랫폼에서만 유통시킨다. 이로써 오리지널 콘텐츠의 영향력을 극대화할 수 있다.

넷플릭스는 최근 오스카상 시상식에서 디즈니, 워너브라더스, NBC유니버설, 소니픽처스, 파라마운트와 같은 할리우드 메이저 스튜디오와 경쟁하고 있다. 이들은 2019년부터 2023년까지 매년 아카데미 시상식 장편 영화 부문에서 한 개 이상 작품상 후보에 지명되고 있다. 시작은 2019년 알폰소 쿠아론의 〈로마〉였다. 2020년에는 마틴 스코세이지 감독의 〈아이리시맨〉과 노아 바움백의 〈결혼 이야기〉 등 2편이 후보에 올랐고, 2021년에는 데이비드 핀처 감독의 〈맹크〉와 아론 소르킨의 〈트라이얼 오브 더 시카고 세븐The Trial of the Chicago 7〉이 후보에 올랐다. 2022년에는 애덤 맥케이 감독의 〈돈 룩 업〉과 제인 캠피언 감독의 〈파워 오브 도그〉가 후보에 올랐고, 제인 캠피언이 감독상을 수상했다. 2023년에는 에드워드 버거의 독일어 영화 〈서부 전선 이상 없다〉가, 2024년에는 브래들리 쿠퍼의 〈마에스트로 번스타인〉이 후보에 올랐다.

넷플릭스는 후보에는 올랐으나 아직 작품상을 수상하지 못했다. 2019년에 〈로마〉는 〈그린북〉에 패했고, 2020년에는 〈기생충〉에, 2021년에는 〈노마드랜드〉에, 2022년에는 애플의 〈코다〉에, 2023년에는 〈에브리씽 에브리웨어 올 앳 원스〉에 밀렸다. 몇 년째 수상 문턱에서 좌절하자 넷플릭스가 할리우드 스튜디오의 집중적인 견제를 받고 있다는 소문까지 들렸다. 넷플릭스는 지난 5년간 총 67개의 아카데미상 후보에 올랐고 11개 부문에서 수상했다. 최우수 작품상에 오른 넷플릭스 영화는 총 8편이다.

스트리밍 사업자 최초의 최우수 작품상 후보는 2017년 아마존 프라임 비디오의 〈맨체스터 바이 더 씨〉(2016)였고, 최초의 작품상 수상작은 2022년 애플의 〈코다〉에 돌아갔다. 넷플릭스로서는 최초 수상의 영예를 놓쳤으니 안타까운 일이다. 최근의 오스카상 후보의 분포를 보면 넷플릭스, 아마존, 애플 등 빅테크가 전통의 강자인 할리우드 메이저와 겨루고 있음을 알 수 있다. 오스카상 시상식은 이제 할리우드만이 아니라 할리우드와 실리콘밸리의 잔치가 되었다. 빅테크의 할리우드 침공은 더욱 속도를 내고 있다.

넷플릭스는 2018년에 90편의 오리지널 영화를 공개했다. 2022년에는 85편, 2023년에는 영화 부문의 조직을 축소해 49편을 공개했다. 2024년에는 최소 36편의 영어 오리지널 영화를 출시할 예정이다. 이는 다른 어떤 회사보다 많은 양이다.[7] 넷플릭스의 오리지널 영화는 2015년 〈비스트 오브 노 네이션〉으로 시작했다. 이후 매년 수십 편의 오리지널 영화를 공개하고 있는데 〈레드 노티스〉, 〈나이브 스 아웃〉과 SF 영화 〈돈 룩 업〉, 〈레벨 문〉 같은 블록버스터도 꾸준히 제작하고 있다.

넷플릭스의 오리지널 드라마 시리즈는 2013년 〈하우스 오브 카드〉를 시작으로 본격화되었다. 이후 〈오렌지 이즈 더 뉴 블랙〉, 〈기묘한 이야기〉, 〈더 크라운〉, 〈오자크〉 등과 같은 프리미엄 드라마 시리즈를 매년 제작하고 있다. 특히 넷플릭스는 로컬 오리지널 제작에서 경쟁사와 비교할 때 독보적이다. 로컬 오리지널은 2015년 멕시코에서 제작된 〈클럽 디 쿠에르보스〉가 시작이고, 콜롬비아의 〈나르코스〉, 영국의 〈더 크라운〉, 스페인의 〈종이의 집〉, 프랑스의 〈뤼팽〉, 독일의 〈다크〉 그리고 한국의 〈오징어 게임〉이 대표적인 작품이다. 넷플릭스는 2020년 초부터 아마존 프라임 비디오, 디즈니+, 파라마운트+, 맥스 및 피콕을 합친 것보다 더 많은 로컬 오리지널을 제작했다. 로컬 오리지널의 양과 질 모두에서 경쟁사를 압도하고 있다.

넷플릭스 말고도 아마존, 애플도 스튜디오로 변신했거나 변신 중이다. 확장된 TV 서비스로서 글로벌 스트리밍은 영화보다는 TV 쇼(드라마)에 더 치중하고 있다. 드라마 시리즈에서도 빅테크 진영은 할리우드 진영에 결코 뒤지지 않는다. 에미상 중 작품상 격인 '뛰어난 드라마 시리즈Outstanding Drama Series'(최우수 작품상에 해당)에서 넷플릭스, 아마존, 애플의 오리지널이 꾸준히 후보에 오르고 있다. 넷플릭스는 2013년 〈하우스 오브 카드〉 시즌1을 시작으로 매년 1개 타이틀 이상이 지명되고 있다. 아마존의 〈더 보이즈〉, 〈폴아웃Fallout〉, 〈미스터 앤 미세스 스미스〉와 애플의 〈세브란스〉, 〈모닝쇼〉, 〈슬로 호시스〉도 후보에 올랐다. 아마존은 지금까지 가장 많은 제작비가 투입된 드라마 〈반지의 제왕: 힘의 반지〉와 〈리처Reacher〉 같은 퀄리티 드라마를 제작했다. 아마존보다는 부족하지만 애플도 드라마 〈테드 래소〉 등 철저하게 오리지널 중심의 명성prestige 전략을 추구하고 있다. 빅테크 진영은 이처럼 드라마에서 HBO(워너브라더스), 디즈니+(디즈니), 쇼타임(파라마운트)에 밀리지 않는다.

특히 아마존과 애플은 영화에 대한 제작·투자를 늘리고 있다. 로이터에 따르면 아마존은 2024년 기준 6편은 극장 개봉작으로 제작하고, 5~6편 정도는 다른 제작사로부터 인수하고, 12편 정도는 아마존 프라임 비디오를 위한 오리지널로 제작하기로 했다. 연간 20편 넘는 영화를 제작하는 것으로 이는 유니버설과 맞먹는 수준이다.[8] 애플도 2023년에 극장용 영화 〈플라워 킬링 문〉, 〈나폴레옹〉을 개봉했다.

넷플릭스, 아마존 프라임 비디오 같은 빅테크는 자사의 오리지널을 제작하기 전까지는 콘텐츠를 전적으로 할리우드에 의존했다. 그러다 빅테크 기업이 제작에 진출하면서 상황이 바뀌었다. 유통과 제작까지 통합한 글로벌 스트리밍 사업자는 이제 시청자들의 데이터를 확보하고 분석해서 콘텐츠 제작뿐 아니라 마케팅에도 적극 활용하고 있다. 이에 따라 그동안 유통 플랫폼에 콘텐츠를 제공하던 콘텐츠 제작사는 제작 영역에서도 자신의 콘텐츠를 구매해 주던 플랫폼과 경쟁해야 하는 상황이 되었다. 제작사로서는 콘텐츠 제작 영역에서도 유통 플랫폼과 기울어진 운동장에서 경쟁해야 하는 상황이다.

예를 들어 할리우드 메이저 스튜디오의 하나인 소니픽처스는 스트리밍 서비스를 운영하지 않는다. 제작한 콘텐츠를 빅테크에 제공할 뿐이었다. 그러나 넷플릭스, 아마존, 애플이 콘텐츠를 자체 제작하면서 그동안의 분업 관계가 깨졌다. 소니는 이제 자체 스튜디오가 되고 있는 넷플릭스, 아마존, 애플 등과 영화나 드라마 시리즈의 제작에서 경쟁해야 한다. 콘텐츠 제작이라는 자사의 본업이 위협받고 있는 것이다. 할리우드의 독립 제작사도 마찬가지다. 제작사는 데이터 활용이나 자금력에서 글로벌 스트리밍과는 경쟁할 수 없는 상황이다. 한국의 드라마 제작사 스튜디오드래곤, SLL도 넷플릭스나 디즈니+, 애플TV+와 드라마 제작을 두고 경쟁해야 한다.

전통적인 콘텐츠 가치사슬에서는 제작자와 판매자의 역할이 달랐으나 이제 글로벌 스트리밍을 중심으로 콘텐츠 제작과 유통을 통합해 단일화되었다. 그것도 소수의 글로벌 스트리밍으로 집중되는 추세다. 디즈니도 디즈니+라는 새로운 글로벌 D2C 유통 플랫폼을 운영하고 있다. 그들의 100년 제작 기술에 스트리밍(디즈니+, 훌루, ESPN+)을 통해 확보한 시청 데이터를 활용한다면 콘텐츠 제작에서도 더욱 경쟁력을 확보할 수 있을 것이다. 속성상 빅테크의 가장 중요한 자산은 데이터다. 데이터의 확보 및 분석이 본업인 넷플릭스, 아마존, 애플이 콘텐츠 제작 노하우까지 확보해 가고 있다. 미래는 할리우드 스튜디오 중에서는 누가 글로벌 유통 플랫폼의 운영 능력을 확보하고, 빅테크 중에서는 누가 콘텐츠 제작 역량을 확보할 것이냐의 싸움이 될 것이다.

현재까지의 상황을 보면 할리우드 세력은 플랫폼 운영에서 전반적으로 어려움을 겪고 있다. 반면에 빅테크 진영은 제작 영역에서 빠르게 확장하고 있다. 예를 들어 아마존은 MGM을 인수했다. 2023년에 들어서는 애플이 디즈니를 인수해야 한다는 분석도 등장했다. 100년 전통의 파라마운트는 스트리밍 시대가 시작되면서 부진한 상황이다. 아마존과 애플은 어려움에 처한 할리우드를 위해 매년 10억 달러를 들여 극장용 영화를 제작하고 있다. 반면에 디즈니를 포함해서 워너브라더스, 파라마운트, 유니버설 등 할리우드 진영은 글로벌 유통 플랫폼을 확장시키는 데 한계를 드러내고 있다.

《넷플릭스 효과The Netflix Effect》의 저자 케빈 맥도널드Kevin Macdonald 교수는 "10년 후 넷플릭스는 블록버스터가 될 수도 있고, 미국에서 가장 수익성 높은 스튜디오나 플랫폼이 되든지 아니면 그 사이에 어떤 것이 될 것"이라고 예상했다.[9] 그러나 넷플릭스는 스튜디오나 플랫폼 중 어느 하나가 아니라 이 둘의 결합체가 되고 있다. 결국 빅테크라는 기술 세력(실리콘밸리)과 문화 세력(할리우드)이 통합되는 것이다. 그런데 결합의 주도권은 콘텐츠의 할리우드가 아니라 온라인 플랫폼의 빅테크가 쥐고 있다.

콘텐츠 제작과 공급에서 규모의 경제 구현

글로벌 스트리밍 사업자는 콘텐츠 제작과 공급에서 규모의 경제를 추구한다. 이를 확보하기 위해 현재 치열한 싸움이 진행 중이고, 앞으로 사업자 간 통합도 증가할 것이다. 글로벌 스트리밍이 추구하는 콘텐츠 제작과 공급에서 규모의 경제는 할리우드 스튜디오나 로컬 미디어콘텐츠 사업자에 비하면 여러 가지 이점이 있다. 그렇다면 콘텐츠 제작에서 규모의 경제는 왜 중요할까? 자동차 같은 전통 산업에서 규모의 경제는 생산 효율성에 따라 이루어지고, 이는 생산량 증대를 통해 제품이나 서비스의 단위 생산 비용을 낮추는 방식을 말한다. 즉 대량 생산을 해서 원가를 절감하는 것이다. 영화나 드라마 시리즈 같은 콘텐츠 제작에도 규모의 경제가 작동한다. 대규모 제작비를 투입해 제작한 영화는 추가 생산을 위한 한계 비용(하나의 제품을 추가로 생산하는 데 드는 비용)이 거의 들지 않는다.

예를 들어 3억 5000만 달러(약 4500억 원)가 투자된 영화 〈아바타: 물의 길〉은 한 번 제작하면 극장에 개봉하거나 TV에 방송할 때 추가 비용이 거의 없다. 디지털 파일로 전환해서 제공하면 그만이다. 따라서 이 영화의 관람객이 많아질수록 관람객당 제작 비용이 감소하는 효과가 생긴다. 디즈니는 이 영화의 홍보 마케팅을 위해 추가로 1억 달러(약 1300억 원)를 지출했다고 한다. 역시 관람객이 증가하면 일인당 지불한 홍보 마케팅 비용도 감소하는 효과가 나타난다. 결론적으로 관객이 좋아할 만한 영화를 충분한 제작비를 투자해 만들어서 가능한 한 많은 관객을 유치하는 것이 더 좋은 전략이다. 즉 콘텐츠 제작과 유통에서 규모의 경제를 활용하면 제작비와 유통 비용을 낮출 수 있다. 비즈니스 규모가 크면 클수록 생산과 마케팅 비용은 더 떨어지고, 이 같은 선순환 효과는 기업의 이익을 창출하는 데 도움이 된다.

이러한 효과는 넷플릭스 같은 글로벌 스트리밍이 영화나 드라마를 제작해서 전 세계 가입자에게 제공할 때도 동일하게 나타난다.

전 세계에 2억 3000만 명의 가입자를 확보한 넷플릭스는 국내에 380만 명의 가입자만 있는 티빙보다는 콘텐츠 제작에서 대규모 제작비를 투입하는 데 훨씬 유리하다. 가령 230억 원이 투입된 드라마에서 넷플릭스의 경우 가입자 한 명이 부담해야 하는 비용은 100원인 데 비해 티빙의 가입자가 부담하는 비용은 6050원 정도다. 결국 티빙의 콘텐츠 제작 원가가 넷플릭스에 비해 60배가 높아진다.

대규모 투자가 가능한 콘텐츠의 증가

스트리밍의 글로벌화는 콘텐츠 제작과 유통에서 규모의 경제에 따른 이점을 살리기 좋은 환경이다. 콘텐츠 제작은 모험적인 비즈니스라고 한다. 성공을 예측하기 어렵기 때문이다. 따라서 콘텐츠 제작에는 전형적으로 규모의 경제가 작동한다. 대규모 제작비를 투자하면 오히려 효율적으로 회수할 가능성이 높아진다. 콘텐츠 제작에서 블록버스터 전략을 구사할 수 있는 이유다. 이 전략은 슈퍼스타의 출연, 최상의 시각효과Visual Effects(VFX) 활용, 전 세계에 호소력 있는 지식재산권Intellectual Property(IP)을 활용한 대작을 제작함으로써 오히려 투자 리스크를 줄이고 흥행 가능성을 높인다는 것이다. 앞으로 글로벌 스트리밍은 소수의 사업자를 중심으로 재편되고 그 결과 승자독식이 강화될 수 있다. 시장을 장악한 소수의 글로벌 스트리밍이 영화나 드라마 시리즈 제작에 투자 규모를 더욱 확대할 수 있기 때문이다.

넷플릭스는 우리나라 드라마 제작비 규모를 한 차원 높였다. 넷플릭스가 국내에서 제작하는 드라마 시리즈의 회당 제작비는 20억 원을 상회한다. 국내 사업자의 제작비보다 평균 두세 배 이상이다. 그렇더라도 미국 드라마 제작비보다 훨씬 낮은 수준이다. 심지어 10분의 1 수준에 불과하다. 넷플릭스는 2억 달러 정도의 제작비가 투입된 영화 〈그레이 맨〉, 〈익스트랙션〉 같은 블록버스터 영화를 확대하고 있다. 앞으로는 로컬 드라마 시리즈나 영화에서도 블록버스터형 제작이 증가할 것으로 보인다. 로컬 콘텐츠 제작에도 규모의 경제가 작동할 수 있기 때문이다. 아마존은 2022년 9월 드라마 제작비 사상 최고액이 투자된 〈반지의 제왕: 힘의 반지〉를 제작했다. 회당 제작비가 무려 5800만 달러(약 750억 원)였다. 넷플릭스, 디즈니+, 아마존은 글로벌 시장을 대상으로 콘텐츠를 제작하기에 가능한 일이다.

애플TV+는 2022년부터 〈MLB 금요일 밤 야구〉라는 이름으로 메이저 리그 베이스볼(MLB) 경기를 생중계하고 있다. 첫해에는 한국, 미국, 캐나다, 호주, 브라질, 일본, 멕시코, 푸에르토리코, 영국 등 8개국에서 동시 생중계되었다. 2024년 시즌부터는 동시 생중계가 60개국 이상으로 증가했다. 애플은 메이저 리그 축구(MLS)도 10년 동안의 중계권을 확보했다. MLS도 전 세계 동시 생중계하고 있다. 2024년에 MLS는 100개국 이상에서 동시 생중계된다. 판매 시장을 전 세계로 확대할수록 값비싼 빅리그 중계권 확보도 더 수월해진다. 넷플릭스는 자사가 확보한 프로 레슬링 경기 WWE 로WWE Raw를 2025년부터 전 세계로 동시 중계할 계획이다. 이들은 그동안 WWE 로와 같이 글로벌 동시 중계가 가능한 콘텐츠를 찾고 있었다. 중계권료는 많이 들지만 이를 훨씬 더 효율적으로 활용할 수 있기 때문이다. 글로벌화할 수 있는 콘텐츠라면 대규모 투자도 가능하다.

로컬 콘텐츠 제작·유통에서의 이점

2015년에 넷플릭스의 테드 서랜도스Ted Sarandos(당시 콘텐츠 최고 책임자)는 "현지에서 로컬 프로그램을 추가하면 현지뿐 아니라 넷플릭스에서 전 세계 시청자를 찾을 수 있습니다. … 그래서 로컬 프로그래밍에서도 규모를 찾을 수 있을 것 같습니다"라고 언급했다.[10] 코넬리오 마리 교수는 멕시코에서 스페인어로 제작된 드라마는 라틴 아메리카를 넘어 미국의 히스패닉 인구도 포함할 수 있기 때문에 거대한 규모의 경제가 가능하다고 밝혔다.

이제까지 멕시코나 콜롬비아에서 제작된 로컬 콘텐츠는 해당 국가에서만 활용되었는데 넷플릭스는 이를 라틴 아메리카 전체로 확대했다. 현지 시청자의 취향을 파악해 현지화된 콘텐츠를 제작하고 이를 더 넓은 라틴 아메리카 지역을 대상으로 활용하기 시작한 것이다. 멕시코나 콜롬비아만을 대상으로 할 경우 협소한 시장 규모로 인해 많은 제작비를 투입할 수 없다. 그러나 멕시코를 넘어 라틴 아메리카와 글로벌 시장까지 고려한다면 제작에서 규모의 경제를 충분히 시도해 볼 수 있다. 스페인, 라틴 아메리카 및 미국의 히스패닉계까지 합하면 전 세계 6억 명 이상이 스페인어를 사용한다. 이 경우 스페인어 콘텐츠 제작에서 규모의 경제가 작동하고 이를 통해 질 좋은 콘텐츠를 만들 수 있다. 넷플릭스는 이러한 이점을 매우 영리하게 활용하고 있다.

이처럼 글로벌 유통을 고려하고 제작되는 로컬 콘텐츠가 넷플릭스의 새로운 성장 엔진으로 떠올랐다. 글로벌 스트리밍 사업자가 로컬 콘텐츠 제작에서 규모의 경제를 활용할 수 있다는 점은 매우 중대한 의미를 지닌다. 로컬 콘텐츠 제작에서 규모의 경제는 특히 현지 사업자에게 심각한 타격을 주기 때문이다. 글로벌 스트리밍이 몰고 온 퍼펙트 스톰이다. 실제로 한국의 사업자인 티빙은 넷플릭스나 디즈니+와의 국내 드라마 제작 경쟁에서 힘겨워하고 있다. 로컬 사업자는 한정된 현지 시장만을 대상으로 하므로 콘텐츠에 대규모 투자를 하기 어렵다.

그동안 할리우드 콘텐츠 유통의 핵심은 윈도별 순차 배급이었다. 할리우드는 콘텐츠 유통 수입의 극대화를 위해 콘텐츠의 권리인 방영권을 지역별 윈도별로 최대한 분리했다. 그러나 글로벌 스트리밍은 이와 반대 방향으로 가고 있다. 가능한 한 콘텐츠를 제공하는 지역과 윈도를 하나로 통합하려는 것이다. 그래야 운영의 효율성을 높일 수 있기 때문이다. 글로벌 스트리밍은 전 세계를 단일 지역, 단일 윈도로 만들려고 한다.

수많은 나라 수많은 지역에서 수많은 유형으로 분리된 텔레비전이 점차 소수의 글로벌 스트리밍으로 통합되고 있다. 미국에는 지상파와 케이블을 포함해 1700여 개 채널이 운영되고 있다. 글로벌 스트리밍은 이런 TV 시장을 글로벌 차원의 단일 시장으로 만드는 것이 목표다. 이들은 로컬 미디어와 달리 글로벌 차원으로 확장된 단일한 비즈니스 구조를 만들어 가고 있다. 그래서 콘텐츠 소유자와의 라이선스 계약 과정에서도 협상력을 키울 수 있다. 콘텐츠 방영권을 구매할 때 로컬 사업자보다 훨씬 많은 돈을 지불할 수 있기 때문이다. 또 대량의 콘텐츠를 비싼 값으로 사들일 수 있다. 강력한 구매력 buying power을 활용해 로컬 사업자를 물리칠 수 있는 것이다. 현재 우리나라에서도 이런 일이 벌어지고 있다.

글로벌 스트리밍은 로컬 오리지널뿐 아니라 라이선스 확보로 글로벌 콘텐츠 생태계에 큰 영향을 끼치고 있다. 이를테면 현지 콘텐츠 방영권을 확보하거나 부분 투자를 통해 해외에 공개하기도 한다. 로컬 콘텐츠에 대한 글로벌 유통사 역할도 하는 것이다. 예를 들어 한국의 〈미스터 션샤인〉, 〈이상한 변호사 우영우〉는 해외에서는 넷플릭스 오리지널로 공개된다. 〈사랑의 불시착〉, 〈환혼〉, 〈사내맞선〉 같은 K-드라마가 넷플릭스를 통해 아시아를 넘어 글로벌로 이동하고 있다. 이 같은 넷플릭스의 현지 콘텐츠 방영권 확보는 해당 국가에서의 캐치업catch up(지난 회차의 드라마 따라잡기) 시장도 확대해 로컬 콘텐츠 활성화에 기여한다. 〈이상한 변호사 우영우〉가 좋은 사례다. 이래저래 로컬 미디어 사업자의 어려움은 가중되고 있다.

콘텐츠 수익 모델의 확장

글로벌 스트리밍의 주 수입원은 구독료다. 그러나 넷플릭스나 디즈니+도 수입원을 확장하기 위해 광고 티어 즉 광고를 보는 대신 구독료가 저렴한 새로운 상품을 출시했다. 아직 매출 대비 비중은 미미한 편이다. 월스트리트의 분석가들은 넷플릭스가 연간 20억~40억 달러의 광고 매출을 올리는 것으로 보고 있다.[11] 이 경우 광고는 총 매출의 약 10퍼센트 정도를 차지한다. 월가에서는 글로벌 스트리밍의 새로운 수익 모델의 하나로 콘텐츠당 비용을 지불하는 방식이 도입될 수 있다고 내다봤다. 지금의 월정 구독료 방식에 더해 신작 영화나 드라마 시리즈에 별도로 요금을 지불하고 시청하는 방식이다. IP TV에서 이용하는 VOD와 같은 서비스다. 말하자면 '넷플릭스 개봉관Netflix Premiere' 같은 것이다.

코로나-19가 정점을 지나던 2021년에 디즈니는 '디즈니+ 프리미어 액세스Premier Access'라는 상품을 만들어 5편의 영화를 극장과 동시에 디즈니+에 공개했다. 요금은 편당 29.9달러였다. 한 달 동안은 프리미어 액세스 구매자에게만 제공되고, 이후에는 일반 디즈니+ 구독자에게도 공개되는 방식이었다. 디즈니의 마블 영화 〈블랙 위도우〉도 프리미어 액세스를 통해 제공되었다. 이 영화는 2021년 7월 11일 극장에서 개봉했는데, 개봉 첫 주에 2억 1500만 달러의 박스오피스 매출을 올렸다. 언론 보도에 따르면 〈블랙 위도우〉는 디즈니+ 프리미어 액세스를 통해 6000만 달러 이상의 매출을 올렸다. 이는 당시 디즈니+ 가입자 1억 명 중 최소 200만 명이 30달러씩 지불한 셈이다.[12]

디즈니의 사례에서 보듯이 글로벌 스트리밍 사업자는 PPVPay Per View(편당 비용을 지불하고 최신 영화를 시청하는 서비스) 방식 같은 프리미엄 모델을 도입할 가능성이 높다. 이는 콘텐츠 제작사에게도 기회가 된다. 대규모 제작비 투자가 가능하기 때문이다. 예컨대 편당 1000원의 영화를 1억 명이 유료로 시청하면 1000억 원의 매출이 생긴다. 넷플릭스 가입자 2억 3000만 명이 구매한다고 가정하면 2300억 원을 투자한 블록버스터 영화의 제작비도 바로 회수할 수 있다. 할리우드의 메이저 스튜디오도 제작비 부담으로 인해 블록버스터급 영화는 매년 몇 편만 제작한다. 대규모 가입자 확보는 콘텐츠 제작 및 유통에서 규모의 경제를 이룰 수 있는 기반이 된다. 수억 명에 이르는 구독자를 기반으로 다양한 콘텐츠 수익 모델의 개발도 가능한 것이다. 어려움에 처한 영화 시장의 대안이 될 수 있지 않을까 한다.

새로운 문화 제국의 탄생

2006~2011년까지 디즈니 채널에서 방송된 뮤지컬 시트콤 〈해나 몬타나Hannah Montana〉가 있다. 163개국에서 32개 언어로 방송되는 디즈니 채널은 해나 몬타나라는 가상의 팝 아이돌 스타를 배출했다. 해나 몬타나는 텔레비전뿐 아니라 영화, 음반, DVD, 비디오 게임, 심지어 의류에 이르기까지 지구상에 현존하는 최대 브랜드 중 하나로 부상했다.[13] 이 현상은 글로벌 스트리밍이 본격화되기 전 하나의 문화 현상이 글로벌로 확장되는 모습을 보여 주었다. 전형적인 할리우드식 글로벌 콘텐츠의 유통 방식이다.

디즈니 채널은 해외의 케이블이나 위성방송을 통해 방송된다. 스카이라이프도 개국 초기부터 디즈니 채널을 제공했다. 이 채널은 나라마다 방송하는 프로그램의 내용이나 편성 순서가 다를 수 있다. 앞서 말한 D2C가 아니라 방송사라는 중개자가 필요한 B2B 방식이다. B2B는 간접적인 해외 진출 방식으로 영향력 면에서 글로벌 스트리밍과는 비교가 되지 않는다.

글로벌 스트리밍의 확장으로 가장 논란이 된 이슈 중 하나는 넷플릭스나 디즈니+ 같은 플랫폼 내에 미국 프로그램은 넘쳐 나는 반면에 로컬 콘텐츠는 상대적으로 부족하다는 점이었다. 넷플릭스는 해외 진출 초기에 로컬 콘텐츠는 15~20퍼센트, 할리우드 콘텐츠 등은 80~85퍼센트 정도의 비율로 제공했다. 이후 해외 진출이 확대되면서 로컬 콘텐츠의 비율이 점차 증가하고 있기는 하지만 글로벌 스트리밍이 할리우드 콘텐츠를 일방적으로 전달하는 창구가 될 수 있다는 우려가 나왔다. 일반적으로 대규모 제작비가 투입되고 영어로 만든 할리우드 영화나 TV 시리즈가 로컬 제작 콘텐츠보다 더 인기를 얻을 가능성이 높기 때문이다.

글로벌 스트리밍의 확산에 따른 문화적 갈등과 충돌

텔레비전이 국경을 넘으면 해당 지역의 로컬 콘텐츠에 대한 요구가 자연스럽게 생겨난다. 글로벌 스트리밍이 제공하는 할리우드 콘텐츠를 모든 나라 시청자가 선호하는 것은 아니기 때문이다. 이는 위성방송의 스필오버나 다른 나라 문화의 일방적 흐름을 두고 국가 간 충돌 사례를 통해서도 알 수 있다. 헤이스팅스는 일찍이 넷플릭스가 "세계적으로 공유된 경험"을 만드는 최초의 회사라고 말했다. 전 세계인이 공유할 수 있는 그런 콘텐츠는 사실 많지 않다. 그런데 글로벌 스트리밍의 등장으로 할리우드의 콘텐츠가 더 많은 국가의 더 많은 시청자에게 동시에 제공되기 시작했다.

글로벌 스트리밍은 기술적으로는 인터넷 TV다. 세계의 모든 국가를 대상으로 하므로 하나의 콘텐츠를 가능한 한 모든 국가에 제공하는 것이 사업적으로도 유리하다. 콘텐츠 확보와 제공에서 규모의 경제를 활용할 수 있기 때문이다. 비즈니스 관점에서만 보면 최대한 많은 할리우드 콘텐츠를 최대한 많은 나라의 시청자에게 제공해야 한다. 하지만 현지에서는 현지 문화에 친숙한 콘텐츠를 원한다. 사업의 효율성을 위한 할리우드 콘텐츠와 문화적 근접성을 높일 수 있는 로컬 콘텐츠 간의 균형이 필요한 것이다.

넷플릭스의 해외 진출 과정을 보면 자본주의적 모습을 보인다는 주장도 있다. 아무래도 기업으로서 효율이 우선될 수밖에 없다. 일반적으로 진출 초기에는 할리우드에서 확보한 콘텐츠를 중심으로 제공한다. 한국에서도 비슷했다. 디즈니+는 특히 나라 구분 없이 할리우드에서 제작된 디즈니의 애니메이션, 영화, 드라마 같은 자사의 브랜드 콘텐츠가 주를 이루었다.

할리우드 콘텐츠의 일방적 전달에서 오는 충돌도 있지만 로컬 오리지널을 두고도 많은 갈등이 일어난다. 로컬 콘텐츠가 로컬에만 한정되지 않고 글로벌로 확장되기 때문이다. 글로벌 스트리밍은 전통 미디어와 다르게 콘텐츠를 공개하자마자 글로벌 시청으로 확산된다. 그 결과 글로벌 스트리밍이 제작한 로컬 오리지널의 내용을 두고도 문화 충돌이 자주 발생한다. 그 양상은 해당 로컬 문화와의 충돌, 다른 나라와의 충돌이 동시에 발생하고 있다. 역사에 대한 해석의 차이, 서로 다른 문화 간 충돌, 해당 국가의 법률이나 방송 심의 기준의 위반, 사회적 관습과의 충돌 같은 것이다. 이는 넷플릭스가 추구하는 기준과 해당국의 기준이 다르기 때문에 일어난다.

글로벌 스트리밍은 매우 상업적 미디어다. 끊임없이 가입자를 확보하고 유지해야 한다. 콘텐츠의 상업화가 불가피하다는 뜻이다. 예를 들면 할리우드에서 성공한 상업적 요소를 로컬 오리지널을 제작할 때에도 국적에 관계없이 활용한다. 콜롬비아의 〈나르코스〉, 스페인의 〈엘리트들〉, 인도의 〈우리가 몰랐던 그녀〉, 한국의 〈더 글로리〉나 〈카지노〉에는 전형적인 할리우드의 상업적 클리셰cliché가 등장한다. 마약, 흡연, 동성애, 섹스, 현란한 총격전, 거친 폭력성 등이 대표적이다. 이런 면은 앞으로 글로벌 스트리밍의 확산 과정에서 큰 논란이 될 것으로 보인다.

로컬 오리지널을 둘러싼 갈등

몇 가지 사례를 살펴보자. 2022년 1월 넷플릭스 최초의 아랍어 영화 〈위험한 초대〉가 공개되었다. 이 영화는 중동 국가에서 대히트를 기록했다. 그러나 부정적 의견도 만만찮았다. 특히 이집트에서 배우 모나 자키Mona Zaki에 대한 비판이 거셌다. 속옷을 벗는 장면과 동성애가 문제였다. NPR의 보도에 따르면 이집트의 한 하원의원은 "넷플릭스 콘텐츠가 이집트와 아랍 세계의 가치와 윤리를 겨냥한 것은 이번이 처음이 아니다. … 이집트에서 넷플릭스를 금지해야 한다"라고 우려했다.[14] CNBC의 보도에 따르면 사우디아라비아와 걸프 지역 5개국은 넷플릭스에 "이슬람의 사회적 가치와 원칙을 위반한 콘텐츠"를 삭제할 것을 요구하는 성명을 발표했다. 넷플릭스와 아랍 국가는 성소수자(LGBTQ+)를 주제로 하는 콘텐츠를 단속하는 문제를 둘러싸고도 충돌해 왔다.[15]

넷플릭스는 2023년 5월 클레오파트라 역에 흑인 여배우 아델 제임스Adele James가 캐스팅된 다큐드라마 시리즈 〈아프리카 퀸즈〉를 공개했다. 이 드라마를 두고 이집트 정부는 넷플릭스가 이집트 역사

를 왜곡했다고 강하게 비판했다. 《버라이어티》는 넷플릭스 오리지
널 시리즈에 영국의 혼혈인 배우가 아프리카에 뿌리를 둔 여왕(클레
오파트라) 역으로 연기하는 사실이 알려지면서 이집트 내에서 소란이
일고 있다고 보도했다. 이집트 정부 기관인 고대유물최고위원회는
"클레오파트라 여왕의 조각상은 그녀가 밝은 피부, 쭉 뻗은 코, 얇은
입술로 구별되는 헬레니즘(그리스) 특징을 지니고 있음을 확인시켜
준다"라고 불만을 토로했다.[16] 프로그램 내용이 뿌리 논쟁으로까지
번진 것이다.

　또 다른 사례도 있다. 2022년 9월에 영국 여왕 엘리자베스 2세가
세상을 떠났다. 영국 왕실 이야기를 다룬 인기 드라마 시리즈 〈더 크
라운〉을 두고 영국 왕실과 넷플릭스 사이에 논쟁이 벌어졌다. 왕실
은 이 드라마가 사실을 왜곡한다고 주장했다. "드라마 내용을 드라
마로 볼 사람이 어디 있느냐"라는 왕실의 주장에 대해 "드라마를 다
큐멘터리처럼 사실로 보는 사람은 없다"라는 넷플릭스의 주장이 충
돌했다. 또 디즈니+의 드라마 시리즈 〈설강화〉가 한국 역사를 왜곡
했다는 이유로 국내 시청자의 항의를 받았다. 애플TV+가 제작한
〈파친코〉를 둘러싸고 한국, 일본, 애플 간의 미묘한 신경전도 벌어
졌다. 한국에서는 우호적 평가를 받았지만 일본에서는 노골적으로
무시당했다. 넷플릭스의 오리지널 드라마 〈수리남〉도 논란을 일으
켰다. 수리남 대통령은 이 드라마가 자국을 마약 국가로 왜곡했다며
강하게 항의했다.

글로벌 문화 산업의 새로운 지배 세력

글로벌 스트리밍의 해외 진출 시 해당 국가의 문화나 관습과의 충돌은 어느 정도 예상되는 일이다. 글로벌 스트리밍이 다양한 나라의 콘텐츠로 서로 다른 문화에 대한 이해를 높이는 플랫폼인 '글로벌 문화 머신'으로 성장하려면 겪어야 하는 불가피한 과정으로 이해할 수도 있다. 콘텐츠 내용을 둘러싼 논란은 레거시 미디어 시절에도 늘 이슈가 되어 왔다. 다만 이때는 중개자仲介者 역할을 하는 방송사의 자발적 삭제나 규제 기관을 통해 어느 정도 문제를 해결해 왔다.

글로벌 스트리밍의 해외 진출 과정에서 발생하는 문화 충돌은 성장통으로 여길 만한 측면도 있다. 유튜브나 틱톡 같은 온라인 콘텐츠 유통을 통해 이미 콘텐츠 소비의 세계화가 폭넓게 진행되어 왔기 때문이다. 특히 MZ 세대는 콘텐츠 소비의 세계화에 익숙하다. 글로벌 스트리밍의 해외 진출로 인한 문화 간, 국가 간, 인종 간 충돌은 문화적 다양성을 높이는 과정에서 발생하는 현상으로 이해할 수 있는 측면도 있다. 이러한 논란은 글로벌 스트리밍의 확장과 로컬 콘텐츠 제작의 확대로 인해 앞으로도 이어질 것이다. 긍정적으로 바라보면 문화적 다름이나 차이를 이해해 가는 과정으로 볼 수 있다.

그러나 새로운 문화 제국의 등장과 관련해 매우 논쟁적이고 심각한 쟁점은 글로벌 미디어콘텐츠 산업에 미치는 그들의 산업적 영향력이다. 글로벌 스트리밍이 공격적으로 해외 진출을 하면서 글로벌 미디어콘텐츠 생태계를 서서히 장악해 가고 있기 때문이다. 이 과정에서 해당국의 미디어콘텐츠 생태계를 파괴하고 있다는 주장까지 제기된다. 특히 할리우드를 대신해 문화 산업의 새로운 지배 세력으로 등장한 빅테크 진영을 둘러싼 논란은 더욱 증폭될 것이다.

문화적 다원주의의 확장

여러분도 다음 드라마 중 몇 개는 시청했을 가능성이 있다. 콜롬비아의 〈나르코스〉, 브라질의 〈3%〉, 스페인의 〈종이의 집〉, 프랑스의 〈뤼팽〉, 독일의 〈다크〉, 한국의 〈오징어 게임〉, 일본의 〈아리스 인 보더랜드〉, 인도의 〈우리가 몰랐던 그녀〉 같은 드라마다. 넷플릭스 없이는 이런 드라마가 나오기는 어려웠을 것이다. 필자는 2년 전쯤 〈행복한 남자〉라는 덴마크 영화를 넷플릭스 추천으로 우연히 감상한 적이 있었다. 우선 덴마크 영화라는 점에 호기심이 일었다. 2019년 아카데미 외국어 부문 수상작이기도 했다. 우리가 덴마크 영화를 접하기는 쉽지 않기에 숨겨진 보물을 찾은 느낌이었다.

2022년 10월에 넷플릭스에 공개된 독일 영화 〈서부 전선 이상 없다〉도 퀄리티 콘텐츠로 평가받는다. 아카데미 작품상 후보에 올랐고 4개 부문(음악, 미술, 촬영, 국제영화)에서 수상했다. 이 작품은 독일인의 시선으로 1차 세계대전의 비극을 그렸는데, 프랑스와 독일 간의 전쟁에 대한 색다른 시각을 보여 주었다. BBC는 넷플릭스가 아니었다면 이런 영화는 탄생하기 어려웠을 것이라고 평했다.

넷플릭스 최초의 아랍어 영화 〈위험한 초대〉가 2022년 1월 공개되었다. 이제까지 아랍권 영화를 시청한 적이 없어 궁금했다. 글을 쓰는 현재 넷플릭스에서 구독자가 많이 시청한 비영어권 영화로는 노르웨이의 〈트롤의 습격〉, 스웨덴의 〈블랙 크랩〉, 이탈리아의 〈마이 네임 이즈 벤데타〉, 덴마크의 〈러빙 어덜츠〉, 브라질의 〈오늘도 크리스마스〉, 프랑스의 〈에이전트 A.K.A〉 등이 있다. 필자에게는 이 중 독특한 스토리텔링을 보여 준 〈블랙 크랩〉이 특히 기억에 남는다. 단편적이기는 하지만 로컬 영화나 드라마 시리즈를 통해 해당국의 문화를 조금이나마 이해할 수 있었다. 이런 기억은 더 큰 이해를 위한 단초를 제공할 수 있다. 글로벌 스트리밍이 가져다준 문화적 선물이다.

반면에 앞서 살펴본 바와 같이 글로벌 스트리밍이 새로운 문화 제국으로 등장하고 이 과정에서 현지와 끊임없는 문화적 갈등도 일어나고 있다. 이른바 할리우드와 로컬의 충돌이다. 하지만 넷플릭스가 제공하는 다양한 로컬 콘텐츠는 문화적 다양성을 확장하는 측면은 분명하다. 리드 헤이스팅스는 2016년 1월 "거의 모든 곳에 모든 사람이 동시에 훌륭한 영화와 TV 쇼를 볼 수 있어야 한다. … 문화와 사람 사이의 연결을 구축할 수 있는 가능성은 무한하고 중요하다"라고 언급했다. 황동혁 감독은 "('오징어 게임' 같은 드라마를 통해서) 저는 장벽을 하나씩 허물면 장벽이 전혀 없는 세상, 전 세계 시청자들이 그들의 문화를 완전하고 충분하게 교환할 수 있는 세상이 될 것이다"라고 내다봤다.[17]

헤이스팅스는 넷플릭스가 EU에서 '국가 간 교차 문화의 가장 큰 건설자'라고 했다. 그는 한 국가의 시청자를 다른 국가의 콘텐츠로 끌어들이는 능력을 '문화 수도cultural capital'라고 언급했다. 바로 넷플릭스가 그런 문화 수도의 역할을 한다는 것이다. 이를 위해 넷플릭스는 다양한 언어의 콘텐츠로 시청자들을 서로 연결한다고 했다.[18]

노르웨이 영화 〈트롤의 습격〉을 감독한 우타우그Roar Uthaug는 "자신의 이야기를 미국식 버전으로 만드는 대신 '진정한 노르웨이' 영화로 만들 수 있었다"라고 밝혔다.[19] 로컬 콘텐츠는 문화적 다양성을 확장하는 데 결정적 역할을 담당한다. 넷플릭스는 50여 개 국가에서 현지의 문화가 반영되고 현지의 언어로 현지의 창작자가 제작한 독특한 로컬 콘텐츠를 더욱 확대하고 있다.

03

할리우드를 대체하는 빅테크 세력

지금은 글로벌 문화 산업의 지배 세력이 교체되는 전환기에 있다. 지난 100년 동안 할리우드는 위기가 올 때마다 여러 경쟁자를 물리치고 결국은 승자가 되어 그들의 제국을 만들었다. 할리우드는 라디오에서 TV로, TV 시대는 지상파에서 케이블 TV와 위성방송으로 확장하면서 지배력을 강화해 왔다. 그러나 글로벌 스트리밍을 중심으로 한 새로운 미디어콘텐츠 시대에 할리우드가 흔들리고 있다. 이번에는 이전과는 다를 것 같다. 글로벌 스트리밍의 목표는 궁극적으로 할리우드의 콘텐츠와 빅테크의 플랫폼을 통합해 콘텐츠 유통과 제작을 단일화하는 것이다. 누가 통합의 주도권을 잡을 것이냐가 문제지만 할리우드는 글로벌 플랫폼 구축에 어려움을 겪고 있다. 반면에 빅테크는 콘텐츠 제작에서도 빠르게 자리를 잡아가고 있다.

퇴조하는 할리우드

그동안 세계의 미디어콘텐츠 및 엔터테인먼트 산업을 지배해 온 할리우드의 힘은 막강했다. 할리우드는 하루아침에 이루어지지 않았다. 100년이라는 긴 시간 동안 차곡차곡 쌓아 올린 거대한 문화 제국이다. 할리우드라는 거대한 세력에 대한 필자의 경험담을 소개한다. 스카이라이프에 근무하던 시절이었다. 스카이라이프는 2002년 3월 국내 최초로 디지털 방송을 시작한 위성방송 사업자다. 디지털 방송은 아날로그 방송이 할 수 없는 다양한 서비스를 제공한다. 국내에서 최초로 시작된 PPV도 그 중 하나로, 최신 개봉 영화를 편당 1000원 정도 지불하고 감상할 수 있었다. 방송으로 보는 VOD 서비스였다. PPV 서비스를 제공하려면 할리우드 및 한국의 최신 개봉 영화가 필요하다.

여기서 잠시 할리우드의 윈도와 창구화 전략, 홀드백hold back의 개념을 이해할 필요가 있다. 윈도란 할리우드 스튜디오가 자사의 영화를 유통할 수 있는 일종의 콘텐츠 유통 플랫폼인 창구window를 말한다. 즉 극장, 호텔이나 여객기, DVD 출시, PPV나 VOD 서비스, 유료 방송 채널(프리미엄, 기본 채널), 지상파와 같은 것이다. 창구화 전략이란 할리우드가 자사의 영화를 유통할 때 수익을 극대화하려고 윈도별로 순서를 정해 순차적으로 배급하는 방식이다. 필자는 이를 방영권 세분화 전략이라고 부르고 싶다. 쉽게 말하면 '방영권 쪼개기'인 것이다. 최대한 많이 쪼개서 판매해야 수익을 극대화할 수 있다.

기본적으로 윈도별 배급 순서는 극장 → 호텔이나 여객기 → DVD

(VHS) → PPV·VOD → 유료 방송(프리미엄 채널) → 유료 방송(기본 채널) → 지상파 순이다. 물론 요즘은 윈도의 순서가 많이 달라졌다. 영화를 배급할 때는 홀드백을 유지하는 것이 매우 중요하다. 홀드백은 윈도 순서에 따라 영화를 배급할 때 특정 윈도에 유통할 수 있는 최소한의 기간이다. 이 기간 동안 해당 윈도의 권리를 확보한 사업자는 수입을 최대한 올려야 한다. 예를 들면 영화가 극장에 개봉되면 최소 90일 정도의 홀드백이 필요한 것과 같다. 스카이라이프가 제공하는 PPV 서비스는 윈도상에서 PPV 즉 VOD에 해당한다. 그리고 이에 해당하는 방영권을 영화 배급사로부터 확보해야 한다.

할리우드라는 콘텐츠 판매자 시장의 힘

국내에서 PPV 서비스를 운영하려면 할리우드 메이저 스튜디오의 개봉 영화가 필수적이다. 시청자가 별도의 돈을 내고 시청할 만한 가치가 있다고 생각하기 때문이다. 한국의 개봉 영화만으로는 충분하지 않아 할리우드 영화를 서비스하기 위해 디즈니, 워너브라더스, 소니, 유니버설, 폭스, 파라마운트와 같은 이른바 할리우드 메이저 스튜디오와 PPV 방영권 계약을 맺었다. 그런데 할리우드와의 계약 조건은 까다롭기로 유명하다. 할리우드 영화에 대한 방영권 구매는 전형적인 판매자 시장seller's market이기 때문이다. 쉽게 말해 "사기 싫으면 그만두라"는 식의 판매자가 결정하는 시장이다. 당연히 계약 조건이 불리할 수밖에 없다. 거의 책 한 권에 버금갈 정도로 두꺼운 계약서에는 방영권을 구매하는 이들에게 불리한 온갖 조건이 들어 있다. 그 계약서는 할리우드 스튜디오의 법무실에서 세밀하게 검토한 것이다. 핵심은 그들이 제공한 영화가 돈을 벌든 못 벌든 무조건 지급해야 하는, 즉 최소한 보장해야 하는 방영권료다. 이른바 미니멈 개런티Minimum Guarantee(MG)라는 조건이다.

문제는 영화당 발생한 매출이 그들에게 지급해야 할 미니멈 개런티에도 못 미치는 경우가 대부분이라는 것이다. 몇몇 블록버스터 영화의 매출만 간신히 미니멈 개런티를 넘어섰다. 사업 초기인 만큼 스카이라이프의 가입자가 적었던 이유도 있다. 하지만 당시 PPV 사업이 적자를 면치 못했던 결정적 요인 중 하나는 바로 이 미니멈 개런티 때문이었다. 결국 한국 영화를 판매한 매출로 할리우드 영화의 미니멈 개런티를 메꾸는 상황이 되었다. 국내 영화의 PPV 방영권 계약은 영화당 발생한 매출을 콘텐츠 사업자와 배분하는 방식이다. 매출 배분Revenue Share(RS) 방식의 계약이다. MG 방식의 방영권 계약은 할리우드가 수십 년간 정교하게 만들어 온 '할리우드식 영화 배급 규칙'의 하나로, 이를 통해 자신들의 이익을 극대화하는 전략이다.

스카이라이프는 미니멈 개런티의 문제점을 할리우드에 지속적으로 제기했다. 그러나 "계약은 계약"이라는 태도가 완강했다. 물론 맞는 말이다. 스카이라이프 내부에서는 PPV 사업의 적자를 두고 고민이 깊어졌다. 결국 계약 조건을 변경해 보려고 할리우드로 출장을 갔다. 계약한 스튜디오를 하나하나 방문해 그들이 제공한 영화의 매출액, 미니멈 개런티, 그들에게 최종 정산한 금액을 대비한 자료를 보여 주었다. 처음에는 그들도 믿지 않으려 했다. 할리우드가 만든(Made in Hollywood) 영화인데 어떻게 이럴 수 있느냐는 식의 반응이었다. 우리의 자세한 보충 설명을 듣고 나서야 조금 이해하는 눈치였다.

그러나 계약 변경 문제는 다른 차원이었다. 한마디로 "불가능하다"였다. 그들의 태도는 넘을 수 없는 거대한 벽처럼 느껴졌다. 최후 방안으로 그러면 우리는 이번 계약 기간(최초 계약은 대부분 5년 이상 장기 계약)이 끝나면 더는 계약을 연장할 수 없다는 입장을 전했다. 메이저 중 성과가 좋지 않은 회사와는 계약을 종료할 수밖에 없다고 했다. 일종의 자폭 작전인 셈이다. 물론 우리가 만난 부사장 수준에서 결정할 문제가 아니라는 점도 알고 있었다. 그들은 고민해 보자고 말했지만 결국 계약 조건 변경은 이루어지지 않았다. 스튜디오 별로 최초 계약 기간이 끝나고 재계약을 할 때 일부 계약 조건은 변경되었다고 들었다. 계약 기간도 장기에서 단기로 바뀌었다. 그나마 다행이었던 것은 당시 국내에서 PPV 서비스를 하는 사업자가 위성 방송뿐이었다는 점이다. 경쟁 사업자가 있었다면 상황은 달라졌을 것이다.

수익 극대화를 위한 멀티 창구화 전략

할리우드의 힘은 국내 케이블 채널에 대한 영화와 TV 시리즈 라이선싱에서도 드러났다. 국내 케이블 채널도 할리우드 메이저의 영화를 확보하기 위해 치열하게 경쟁했다. 국내 채널 사업에서 1, 2위를 다투는 O사와 C사 간의 사활을 건 싸움이 벌어졌다. 두 회사는 국내의 영화 채널(프리미엄과 기본 채널)을 장악하고 있었다. 당연히 이들의 윈도에 맞는 방영권이 필요했다. 스카이라이프에서 PPV의 방영이 끝나면 윈도의 순서가 프리미엄 채널과 기본 채널로 넘어간다. 즉 극장 → … PPV → 프리미엄 채널(캐치온) → 기본 채널(OCN, CGV)

순이다.

할리우드의 창구화 전략에 따라 영화는 프리미엄 채널(미국의 HBO 나 국내의 캐치온처럼 월정액을 내고 최신작 영화를 시청하는 채널)과 기본 채널로 구분해서 라이선스 계약을 해야 한다. 당시 할리우드 영화 없이는 국내에서 메이저 영화 채널로 자리 잡을 수 없는 게 현실이었다. 국내에서 할리우드 영화는 시청자가 반드시 봐야 하는(must watch) 콘텐츠가 된 지 오래였다. 채널 사업자는 자신의 채널 윈도에 맞는 방영권을 구매하기 위해 '아웃풋 딜output deal'(계약 기간 동안 배급되는 콘텐츠에 대한 방영권을 독점적으로 확보하는 방식)이라는 형태로 계약했다. 3~5년간의 장기 아웃풋 딜을 하면 계약 기간 동안 해당 메이저 스튜디오가 배급(자체 제작 또는 외부 제작사가 제작한 콘텐츠)하는 모든 영화, TV 시리즈에 대해 해당 윈도의 방영권을 자동적으로 확보할 수 있다. 계약 기간이 끝나면 기존의 계약사에 우선 선택권이 주어진다. 기존의 계약자가 계약을 연장하기 쉬운 구조였다.

할리우드 메이저는 방영권을 구매하려는 사업자 간 최대한 경쟁 구조를 만들어 자신들이 우위에 서려 한다. 따라서 계약이 갱신될 때마다 방영권료의 가격은 높아질 수밖에 없다. 방영권료가 폭등해서 1~2위가 아닌 다른 채널 사업자는 감히 방영권 레이스(경쟁)에 참여할 수도 없었다. 할리우드 메이저는 사업자 간 경쟁이 치열해지자 패키지(일종의 묶음)를 만들어 방영권을 구매하려는 복수의 사업자에게 나누어 주는 방식으로 계약했다. 한 사업자에게 모든 영화가 돌아가는 것을 막자는 취지였다. 물론 이런 패키지 딜 방식이 할리우드에 더 큰 이익이 되는 것은 말할 필요도 없다. 패키지 딜은 할리우드 메이저가 협상 막판에 서로 경쟁하던 2개 정도의 사업자에게 자신이 공급하는 영화, 드라마 시리즈를 A, B 묶음으로 나누어 판매하는 방식이다. 일종의 '끼워 팔기'라고도 할 수 있다. 채널 사업에서 당시 국내 1위와 2위 간의 할리우드 콘텐츠 확보를 위한 양보 없는 전쟁은 결국 두 회사가 합병이 되고 나서야 끝났다.

할리우드 메이저 스튜디오는 미디어, 콘텐츠, 엔터테인먼트를 운영하는 거대 복합 기업이다. 디즈니나 NBC유니버설처럼 지상파 채널(ABC, NBC), 케이블 채널(디즈니 채널, CNBC 등)도 운영한다. 2002년 3월 스카이라이프는 개국 시 디즈니 그룹의 채널들도 제공할 예정이었다. 대상은 '디즈니 채널'과 유아 대상의 '플레이하우스 디즈니'였다. 두 채널은 가입자당 수신료Cost Per Subscriber(CPS)를 지급하는 방식으로 계약이 이루어졌다. 해당 채널이 속한 패키지를 신청한 가입자 수에 따라 대가를 지급하는 방식이다.

당시 스카이라이프는 CPS가 아니라 채널별로 일정 금액을 지급하는 방식으로 계약했다. 그러나 디즈니는 가입자당 수신료를 요구했고 그 조건이 아니면 채널을 제공할 수 없다고 했다. 스카이라이프는 이를 받아들일 수밖에 없었다. 당시 디즈니는 콧대가 매우 높았던 것으로 기억한다. 참고로 디즈니 채널은 1983년 론칭 후 미국에서도 가입자당 요금을 청구하는 방식으로 케이블 TV 사업자와 계약했다고 한다. 디즈니 채널은 미국의 지역 케이블 TV사에 가입자당 4달러 이상의 CPS를 요구했다. 이 가격은 1980년대 중반에 시작된 케이블 채널들 중에서 가장 비싼 요금이었다.[20]

악화되는 할리우드의 유통 네트워크

디즈니의 이런 고자세는 어쩌면 세계 최고의 어린이 대상 콘텐츠를 만드는 그들의 경쟁력이고 자존심일 수 있다. 콘텐츠 사업자로서는 부러운 모델이다. 이때 IPIntellectual Property(미키 마우스 같은 지식재산권)와 콘텐츠 왕국인 디즈니의 힘을 실감했다. 그것은 콘텐츠의 가치를 제대로 평가받고자 하는 그들의 철학이었다.

이처럼 글로벌 스트리밍 이전에도 할리우드는 콘텐츠 배급과 자체 채널을 운영해서 글로벌 유통 네트워크를 구성하고 있었다. 그러나 글로벌 스트리밍처럼 단일하고 강력하게 직접 안방으로 침투하는 그런 모델은 아니었다. 느슨하고 간접적으로 이루어진 유통 네트워크였다. 할리우드가 콘텐츠의 최종 소비자에게 직접 공급하는 방식이 아니라 콘텐츠 유통 과정에 중개자가 있었던 것이다. 예를 들면 영화는 극장이 있고, 방송은 케이블 TV나 위성방송에 자신이 운영하는 채널을 제공하는 방식이었다. 앞서 살펴본 것처럼 디즈니 채널을 국내 위성 사업자인 스카이라이프를 통해서 제공하거나 OCN 채널에 디즈니 영화나 드라마의 방영권을 판매하는 식이다.

할리우드의 이 같은 거대한 힘에 변화가 오고 있다. 넷플릭스를 시작으로 아마존과 애플이 스트리밍 서비스에 참여하면서부터다. 특히 넷플릭스가 할리우드에 끼친 영향력은 생각보다 강력하다. 한 세기를 걸쳐 구축한 할리우드라는 문화 제국의 상징이 글로벌 스트리밍에 밀려 서서히 퇴조하는 모습이다. 콘텐츠 제작과 배급을 쥐락펴락했던 할리우드의 대안 세력이 등장한 것이다. 바로 빅테크가 운영하는 가격도 저렴하고 시청하기도 편리한 글로벌 콘텐츠 유통 플랫폼의 탄생이다. 빅테크발 폭풍에 지금 할리우드의 헤게모니가 흔들리고 있다.

빅테크의 각축장이 된 텔레비전

글로벌 스트리밍의 패권을 두고 할리우드와 빅테크 진영이 치열하게 경쟁하고 있다. 하지만 할리우드가 빅테크와의 경쟁에서 어려움을 겪고 있고, 특히 글로벌 플랫폼의 구축에서 힘들어하고 있다. 바로 인터넷 시대를 이끌던 빅테크 기업의 플랫폼 운영 능력 때문이다.

빅테크가 글로벌 스트리밍 경쟁에서 유리할 수밖에 없는 몇 가지 이유가 있다. 우선 빅테크는 이미 콘텐츠의 유통과 제작을 통합했고 글로벌 D2C를 장악했다. 또한 본업을 통해 얻은 막대한 수익으로 콘텐츠에 투자할 여력이 크고, 자사의 기술력을 스트리밍 사업의 글로벌 확장에 적극적으로 활용할 수 있다. 여기에다 대규모 투자를 해서 확보한 퀄리티 콘텐츠를 기반으로 다양한 수익 모델도 개발하고 있다. 빅테크는 할리우드가 지금까지 만나보지 못했던 버거운 경쟁 상대다. 하지만 빅테크도 텔레비전 산업에 진입하는 것은 쉽지 않았다. 빅테크는 왜 TV 산업에 진입하려는 것일까?

사람들의 여가 시간을 장악한 영상 시청

오늘날 미디어 간 경쟁에서는 '시청자의 시간'이 경쟁의 대상이다. 시청자의 '관심'을 얻어야 상품이나 서비스, 또는 상품이나 서비스 구매를 유도하는 광고를 시청자에게 판매할 기반이 마련된다. 이 때문에 시청자의 관심이 곧 '화폐 가치'가 된다. 사람들의 관심이 디지털 시대의 화폐라면 모든 기업은 사람들의 관심이 쏠리는 곳으로 향할 수밖에 없다. 바로 영상 시청이다.

영상 시청은 사람들이 여가를 보내는 가장 보편적 수단이다. 사람들이 영상을 시청하는 데 쓰는 시간보다 더 많은 시간을 소비하는 건 딱 두 가지다. 일과 잠뿐이다.[21] 영상은 우리의 여가를 완벽히 장악했다. 더구나 영상 소비가 더 늘어날 수 있는 환경이 만들어지고 있다. 스마트폰, 태블릿 같은 모바일 디바이스도 하루가 다르게 성능이 좋아지고 있다. AR과 VR을 활용한 영상 기술도 진화하고 있다. 앞으로 완전 자율주행Full Self-Driving(FSD)이 이루어지면 자동차 안에서도 영상 시청이 가능하다. 기업은 인쇄 광고보다 영상 광고에 더 큰 돈을 쓰고 있다.

《유튜브 레볼루션》의 저자 로버트 킨슬Robert Kyncl은 "미래는 영상이 지배할 것이다. 우리의 시선이 닿는 곳마다 영상이 재생되고 있을 것"이라고 했다.[22] 2008년 당시 구글 CEO였던 에릭 슈미트Eric Schmidt는 자신들이 1000억 달러의 매출을 올리는 최초의 미디어 기업이 될 것이라고 했다. 어떻게 가능할까? 슈미트는 "소규모 광고로는 거기에 도달하지 못하죠. 큰 사업이 필요해요. … 지금 우리 앞에 놓인 가장 큰 것은 텔레비전이에요. 큰 시장에 수익 구조도 잘 잡혀 있고 쉽게 자동화할 수 있죠"라고 말했다.[23] 당시 구글은 TV, 모바일, 클라우드 비즈니스를 미래의 주요 사업 분야로 생각하고 있었고, 지금은 모두가 현실이 되었다. 유튜브를 통한 TV, 안드로이드를 통한 모바일, 구글 클라우드 서비스(아마존, MS에 이어 3위를 차지)가 바로 그것이다. 이처럼 구글의 TV에 대한 야망은 오래전에 시작되었다.

필자가 생각하기에 구글의 TV 사업은 아직 완성되지 않았다. 구글은 2006년에 유튜브를 인수했고 지금은 사용자 제작 콘텐츠 플랫폼을 완전히 장악했다. 텔레비전 산업의 마지막 전장인 글로벌 스트리밍 시장에는 참여하지 않고 있지만 구글의 진입은 시간문제로 보인다. 미디어콘텐츠 비즈니스의 중심인 TV 산업이 빅테크의 각축장이 될 수밖에 없는 이유다.

넷플릭스의 등장과 수세에 몰린 할리우드

빅테크도 초기에는 할리우드 스튜디오 중심으로 구축된 미디어 콘텐츠 산업에서 경쟁하기가 쉽지 않았다. 돌파구는 의외로 빅테크 기업이 아니라 실리콘밸리의 무명의 스타트업인 넷플릭스가 만들어 냈다. 넷플릭스는 서비스 론칭 후 이른바 코드 커팅Cord-cutting(케이블TV 같은 유료 방송 해지) 현상을 촉발하며 케이블TV 중심의 유료 방송 시장을 빠르게 와해시켰다. 넷플릭스가 텔레비전 산업과 할리우드 영화 산업에 던진 충격은 생각보다 훨씬 강력했다. 할리우드도 더는 보고만 있을 수 없었다. 자신의 사업 기반이 뿌리부터 흔들리고 있었기 때문이다.

넷플릭스가 10여 년 이상 독주하던 글로벌 스트리밍 시장에 드디어 할리우드 진영도 참여했다. 2019년 11월 디즈니+를 시작으로 워너브라더스(맥스), NBC유니버설(피콕), 파라마운트(파라마운트+)가 속속 발을 들였다. 100년간 제작한 방대한 콘텐츠 라이브러리(신작 개념에 반대되는 구작)와 최고의 제작 노하우를 보유하고 있었던 할리우드 진영은 넷플릭스에 대한 콘텐츠 라이선싱을 중단하고 그동안 제공했던 콘텐츠도 회수했다. 이들은 자사의 콘텐츠를 독점화하면서 넷플릭스를 긴장시켰다. 그러나 넷플릭스가 10년 이상 구축한 글로벌 플랫폼을 단기간에 따라잡기는 쉽지 않았다. 콘텐츠를 제작하는 것과 글로벌 차원으로 플랫폼을 구축하는 일은 전혀 달랐기 때문이다. 할리우드 진영이 서비스 시작 후 불과 3년 정도 지난 2022년 하반기부터 분위기가 반전되었다. 콘텐츠에 대한 공격적 투자를 바탕으로 한 가입자 성장 우선에서 수익성을 중시하는 방향으로 전환한 것이다. 공격적인 콘텐츠 투자 및 적극적으로 추진하던 해외 진출이 연기되거나 보류되었다. 맥스와 파라마운트+의 한국 진출도 지연되었다. 맥스의 해외 확장도 당초 계획보다 많이 늦어졌다. 파라마운트+, 피콕은 사실상 글로벌 스트리밍의 경쟁에서 이탈한 것으로 보인다. 따라서 할리우드에서는 디즈니+ 정도만 남았다.

넷플릭스나 아마존보다 글로벌 진출 시기가 10년 이상 늦은 디즈니+는 해외의 주요 거점 국가에서 넷플릭스나 아마존에 크게 뒤지고 있다. 생각처럼 경쟁이 쉽지 않은 것이다. 디즈니는 폭스로부터 대규모 가입자를 인수받은 인도 외에는 해외에서 거점을 확보하기가 쉽지 않았다. 급기야 밥 아이거Robert Alan Iger 디즈니 CEO는 해외 진출에서도 우선순위를 두겠다고 밝혔다. 이는 디즈니+의 해외 진출 전략의 변화로 보인다. 초기의 가입자 성장 중심에서 수익성을 높이려는 쪽으로 경영 방침이 변화한 결과다. 따라서 이들이 단기간에 넷플릭스나 아마존을 따라잡기는 어려워 보인다.

할리우드가 처한 혁신가의 딜레마

그렇다면 100년간이나 글로벌 미디어콘텐츠를 지배하고 풍부한 콘텐츠 라이브러리를 확보하고 있는 할리우드는 왜 이렇게 고전하는 것일까? 한마디로 말하면 '혁신가의 딜레마Innovator's Dilemma'(시장을 선도한 기업이 어느 시점에서 더 이상 혁신을 이루어 내지 못하고 후발 사업자의 기술에 시장 지배력을 잠식당하는 현상) 때문이다. 할리우드를 딜레마에 빠지게 한 것은 바로 자기 잠식cannibalization이다. 새로운 제품이 자사의 기존 제품에 손해를 끼치는 현상이다. 자기 잠식이 할리우드 스튜디오를 어떻게 어려움에 빠지게 하는지를 디즈니의 사례를 통해 알 수 있다.

글로벌 D2C인 디즈니+는 방송사 같은 중개자를 거치지 않고 구독자에게 직접 디즈니의 콘텐츠를 배포한다. 문제는 디즈니+라는 스트리밍이 사실상 자체 사업 부문의 붕괴를 불러오고, 이로 인해 상당한 수준의 단기 손실을 감수해야 한다는 점이다. 예를 들면 넷플릭스에서 픽사와 마블, 스타워즈를 포함해 디즈니의 모든 TV 프로그램을 내리도록 만들고 자체 구독 서비스에 통합할 경우 디즈니는 수억 달러의 라이선싱 수익이 줄어들 수 있다.[24] 디즈니가 스트리밍 서비스인 디즈니+ 론칭 후 겪고 있는 가장 큰 어려움은 역시 디지털 제품(스트리밍)에 의한 전통 제품(선형 TV)의 자기 잠식이다. 스트리밍이 수익을 내지 못하는 정도를 넘어 기존의 사업에 부담까지 주고 있는 것이다.

디즈니+, 훌루라는 스트리밍은 디즈니가 운영하는 채널의 가입자를 잠식한다. 케이블 채널(디즈니 채널, ESPN, FX 등)의 가입자가 감소함에 따라 디즈니의 광고 수입도 줄어든다. ESPN+(스트리밍)는 ESPN(케이블 채널)을 잠식한다. 이런 예로 디즈니의 선형 TV 부문에는 ABC와 8개 지역 TV 방송국과 ESPN, 디즈니 채널, FX, 프리폼Freeform, NGC 등과 같은 다수의 케이블 채널이 있다. 디즈니의 선형 TV는 2022 회계연도에 85억 달러의 이익을 창출했다. 여전히 디즈니의 수익 창출원이라 할 수 있다. 그런데 디즈니+의 성장은 코드 커팅을 초래하고, 이는 디즈니의 선형 TV 부문의 수익을 감소시킨다. 또 디즈니+를 통한 영화 공개는 디즈니 사업의 근간인 극장 개봉 수입도 잠식한다. 자기 돈을 써 가며 스트리밍이라는 호랑이를 키우고 있는 것이다. 딜레마에 빠진 상황이다. 그렇다고 미래 사업인 디즈니+를 포기할 수도 없고, 돈을 벌어주는 선형 TV에만 집중할 수도 없다. 이러한 상황에 대해 밥 아이거는 지금은 잘 돌아가고 있지만 미래가 의심스러운 사업 부문을 스스로 무너뜨리는 결정은 실로 적잖은 용기가 필요하다고 했다. 장기 성장을 기대하면서 의도적으로 단기 손실을 감수해야 하는 결정이기 때문이라는 것이다.[25]

레거시 미디어를 지배하던 할리우드는 넷플릭스가 촉발한 코드 커팅으로 인해 큰 타격을 입고 나서 미디어의 미래라는 스트리밍 사업을 시작했다. 할리우드의 스트리밍 진출은 자발적 선택이라기보다는 빅테크에 의해 떠밀린 측면이 강하다. 그렇게 스트리밍에 참여는 했지만 이들은 여전히 레거시 미디어와 새로운 미디어 사이에서 어려움을 겪고 있다. 쇠퇴하는 레거시 미디어에서 돈을 벌어 스트리밍에 투자해야 하는 상황이다. 더구나 론칭 초기 스트리밍 부문에서 대규모 손실을 보고 있다. 디즈니+는 론칭 후 약 3년 동안 110억 달러 이상의 적자를 기록했다. 잘못하면 자금줄인 레거시 미디어와 손실을 보더라도 미래를 위해 투자해야 하는 스트리밍이 모두 위험에 빠질 수 있다는 위기의식이 높아지고 있다.

콘텐츠 투자를 축소하는 할리우드

디즈니는 할리우드 진영 중 가장 먼저 스트리밍 서비스를 시작했다. 할리우드 메이저 스튜디오 중 디즈니가 혁신가의 딜레마를 가장 잘 극복해 온 것으로 평가받는다. 그러나 2022년부터 시작된 세계적 거시경제 상황의 악화로 디즈니+도 수익성을 우선하게 되었다. 당연히 콘텐츠에 대한 투자를 축소했고 그 결과 미국뿐 아니라 디즈니+가 진출한 해외에서도 여러 문제가 생겼다. 캐나다에서는 오리지널 제작이 잠정 보류되었고, 인도에서는 킬러 콘텐츠인 인도 하키 리그Indian Premier League의 스트리밍 중계권을 포기했다. 디즈니는 2023년에 7000명의 직원을 해고하고, 비용 절감 차원에서 콘텐츠 지출도 55억 달러를 줄이기로 했다. 스트리밍은 수익성을 최우선으로 한다. 이를 위해 디즈니는 가입자 확보보다 비용 절감과 광고 티어 출시, 가입자당 평균 수입average revenue per user/unit(ARPU) 증가를 위한 가격 인상도 추진하고 있다. 할리우드 진영의 대표 선수인 디즈니마저 어려움을 겪고 있으며 할리우드의 다른 스튜디오 상황도 별반 다르지 않다.

디즈니는 경영상 어려움을 겪으며 콘텐츠 독점화도 완화하고 있다. 디즈니, 워너브라더스, 파라마운트, 유니버설은 자사의 스트리밍 서비스를 론칭한 후 넷플릭스나 경쟁사에 제공했던 콘텐츠를 회수해서 자사의 스트리밍 서비스에만 독점적으로 공개했다. 그러나 최근 이 정책이 바뀌었다. 2023년 6월에 WBD가 HBO의 〈인시큐어〉, 〈볼러스〉, 〈식스 피트 언더〉를 포함해 여러 타이틀에 대한 라이선싱 계약을 넷플릭스와 체결했다. 라이선싱 계약은 다른 드라마 시리즈로도 확대될 계획이다. 2024년 4월부터는 〈섹스 앤 더 시티〉도 넷플릭스에 공개될 예정이다.

디즈니도 콘텐츠 라이선싱을 재개했다. 2023년 12월에 넷플릭스는 디즈니의 〈로스트〉, 〈디스 이즈 어스〉를 포함한 타이틀의 라이선스 계약을 체결했다. 하지만 디즈니는 자사가 소유한 플랫폼을 위해 〈그레이 아나토미〉는 제공하지 않았다. 여전히 독점화에 대한 미련이 남아 있는 것이다. 라이선싱 재개는 할리우드의 정책 변화의 상징적 사례다. 불과 1~2년 전만 해도 상상할 수 없는 놀라운 유턴이다. 수익성을 높여야 하는 할리우드 스튜디오가 처한 현실을 잘 보여 준다.

할리우드는 전기자동차 제조를 두고 전통적 내연기관 자동차 기업인 도요타나 포드가 처한 상황과 매우 닮아 있다. 할리우드가 디트로이트와 같은 어려움을 겪고 있는 것이다. 테슬라는 전기차만 생산한다. 오로지 전기차 생산을 위해 회사의 역량을 집중하고, 전기차 생산을 위해 지속적 혁신을 추구한다. 그 결과 전기차 시장에서는 넘볼 수 없는 사업자로 성장했다. 그에 비해 도요타나 포드는 자금줄인 내연기관 자동차와 팔면 팔수록 손해가 나는 전기차 사이에서 어려움을 겪고 있다. 그렇다고 미래 자동차인 전기차를 포기할 수도 없다. 가장 크게 어려움에 처한 사업자는 도요타다.

도요타는 세계 1위의 자동차 메이커다. 《중앙일보》에 따르면 2022년 도요타는 2만 5000대의 전기차를 팔았다. 도요타는 연간 1000만대의 차를 판매하는데 대부분이 내연기관 차량이다. 테슬라는 2022년에 131만 대를 판매했고, 모두가 전기차다. 도요타는 뒤늦게 전기차 생산 계획을 세웠다. 2025년에 미국에서 전기차를 생산하고, 2030년까지 350만 대의 전기차를 판매하며, 2035년에는 렉서스 전차종을 전기차로 만든다고 발표했다.[26] 테슬라의 2030년도 전기차 판매 목표는 1000만 대다.

도요타는 지금까지 전기차 개발에 소극적이었다. "전기차는 마음만 먹으면 언제라도 만들 수 있다"라고 자신했으나 정작 만들어 보니 그렇지 않았다. 테슬라와의 기술 격차가 생각보다 컸다. 도요타는 기존의 내연기관 차량과 같은 공정으로 전기차를 생산하려 했으나 이게 벽에 부딪혔다는 분석이다. 전임 CEO가 전기차의 부진으로 퇴임할 정도였다. 2023년 4월 후임 사장으로 취임한 사토 고지는 '전기차 퍼스트'를 외치고 있지만 그의 말처럼 될지는 의문이다.

《콘텐츠의 미래The Content Trap》의 저자 바라트 아난드는 콘텐츠 비즈니스에서 디지털 기술이 힘겨운 상대로 느껴지는 이유를 다음과 같이 밝혔다. 첫째 디지털 제품에 의한 전통 제품의 자기 잠식, 둘째 신기술 수용을 거부하는 기존 관리자의 안일함, 셋째 디지털 세상에서 콘텐츠 수익 창출의 악화를 들었다.[27] 바로 할리우드 스튜디오가 처한 지금의 현실이다.

할리우드의 딜레마 상황과는 달리 넷플릭스의 글로벌 스트리밍은 순조롭게 진행되고 있다. 오히려 가속을 내고 있다. 그들은 오로지 스트리밍에만 전념할 수 있기 때문이다. 아마존이나 애플도 본업의 지속적 성장으로 글로벌 스트리밍을 확장시키는 데 어려움이 없다. 데드라인에 따르면 넷플릭스는 주주 서한(2023년 1월)에서 "크고 수익성 있는 스트리밍 사업을 구축하는 것은 쉽지 않다. 그러나 우리는 시청 시간engagement, 매출 및 이익 측면에서 업계를 선도하면서 강력한 위치에 있다. 우리는 스트리밍 사업만 추진하는 회사다. 우리 앞에 놓인 큰 성장 기회에 집중할 수 있다. 왜냐하면 우리는 축소되는 레거시 비즈니스 모델에 얽매이지 않기 때문"이라고 했다.[28]

콘텐츠에서도 뒤처지지 않는 빅테크

콘텐츠 제작·유통과 온라인 플랫폼이라는 서로 다른 영역에서 활동하던 할리우드와 실리콘밸리가 미디어콘텐츠라는 분야에서 서로 경쟁하는 사이가 되었다. 그동안 두 진영은 비교가 어려웠고 또 비교할 필요도 없었다. 하지만 이제 상황이 변했다. 글로벌 미디어콘텐츠 비즈니스의 중심이 전통의 콘텐츠 회사에서 새롭게 부상하는 빅테크로 이동하고 있고, 더구나 콘텐츠 제작이 '쩐의 전쟁'으로 바뀌고 있기 때문이다. 《할리우드 리포터》에 따르면 미국의 투자 은행 니드햄의 애널리스트 로라 마틴은 "디즈니는 악화되는 재무적 어려움을 안고서 미디어콘텐츠 산업에서 빅테크와 경쟁하게 될 것입니다. 그런데 빅테크는 콘텐츠로 결코 돈을 벌 필요가 없습니다"라고 분석했다.[29] 디즈니는 수익성을 확보하기 위해 영화 스튜디오, 선형 TV, 스트리밍 부문 모두에서 콘텐츠 투자를 줄이고 있다. 심지어 자사의 핵심 자산인 콘텐츠를 경쟁사인 넷플릭스에 다시 라이선싱하고 있다. 자사의 콘텐츠로 경쟁자를 키우고 있는 상황이다.

빅테크와 할리우드의 콘텐츠 투자 여력

그럼 빅테크와 할리우드의 재무 상황을 보자.

스트리밍 사업에서 손실은 가입자 확보 경쟁이 치열해지면서 콘텐츠에 대규모 투자를 해서 발생한다. 그러나 투자 여력이 충분한 빅테크는 장기적 관점에서 콘텐츠 투자를 추진할 수 있다. 예를 들어 아마존은 NFL 중계를 단기 성과보다는 장기적 관점에서 투자하고 있다. 아마존의 스포츠 비즈니스를 감독하는 기술고문 제이 마린 Jay Marine은 블룸버그와의 인터뷰에서 "우리는 장기적인 시야를 갖고 있습니다. 첫 번째 경기에 집중하는 동안 성공은 실제로 '지금부터 3년, 5년, 7년, 11년 후 우리는 어떻게 하고 있을까?'가 될 것입니다. 제 머리의 절반은 미래에 집중되어 있습니다"라고 말했다.[30]

도표 1.1 빅테크 대 할리우드의 재무 상황(2022년 기준)

구분	매출 (억 달러)	영업 이익 (억 달러)	당기순이익 (억 달러)	영업 활동 현금 흐름 (억 달러)
애플	3943	1194	998	1221
아마존	5140	122	−27	468
넷플릭스	316	56	45	20
디즈니	827	65	31	60
WBD*	338	−74	−73	43

- 자료원: FnGuide. 애플 2022 회계연도(9월 말), 디즈니 2022 회계연도(9월 말) 기준. 아마존의 2021년 영업 이익은 249억 달러, 당기순이익은 334억 달러. 2023년은 영업 이익 369억 달러, 당기순이익은 304억 달러를 기록했다. 2022년만 예외적으로 당기순손실을 기록했다.
* WBD: 워너브라더스 디스커버리의 약칭.

아마존이나 애플은 스트리밍 사업에서의 손실을 본업의 이익으로 보전하는 것이 가능하다. 본업의 보완재로서 장기적 관점의 콘텐츠 투자가 가능한 것이다. 플랫폼 기업에서 보완재는 플랫폼의 경쟁력을 높이는 데 기여한다. 전통 산업과 달리 자사만의 고유한 진입장벽을 구축한다. 자사 주위에 보완재를 만들어서 장벽을 쌓는 것이다. 이를테면 애플의 앱스토어를 들 수 있다. 앱스토어의 수많은 앱이 애플 이용자를 다른 플랫폼으로 갈아타지 못하도록 장벽을 높인다. 빅테크는 콘텐츠로 돈을 벌지 않아도 된다. 할리우드 진영과의 콘텐츠 경쟁에서 유리할 수밖에 없다. 그러나 재무 상황이 여의치 않은 할리우드는 콘텐츠 투자가 회사의 손익에 바로 영향을 줄 수 있다. 할리우드 진영의 스트리밍은 아직 손실을 보고 있는 상황이어서 투자자들로부터 오히려 콘텐츠에 대한 지출을 더 많이 줄이라는 압박까지 받고 있다.

디즈니 및 WBD는 방영권 확보를 위한 비용을 절약하려고 스트리밍 서비스에서 콘텐츠를 삭감하는 데 1년을 보냈다. 두 회사 모두 잉여 현금 흐름Free Cash Flow(FCF)을 늘리기 위해 지난 12개월 동안 수천 명의 직원을 해고했다. 파라마운트 및 NBC유니버설 모두 2023년에 스트리밍 사업에서 가장 큰 연간 손실이 발생할 것이다. 한편 넷플릭스는 2023년 잉여 현금 흐름 추정치를 50억 달러로 늘렸다. 이로써 넷플릭스는 예상보다 더 많은 현금을 보유하게 되었다.[31]

넷플릭스는 스트리밍 사업에서의 적자로 어려움을 겪고 있는 할리우드와 대비된다. 넷플릭스는 잉여 현금 흐름도 빠르게 증가하고 있어 재정적 기반이 탄탄해 보인다. 잉여 현금 흐름의 증가는 콘텐

도표 1.2 넷플릭스 대 할리우드 스튜디오의 스트리밍 부문 경영 성과(2023년 기준)

구분	가입자(명)	매출(달러)	손익(달러)
넷플릭스	2억 6030만	337억	70억
디즈니(디즈니+, 훌루)	1억 9930만	207억	-17억
WBD(맥스, HBO)	9770만	102억	1억 300만
파라마운트(파라마운트+)	6750만	67억	-17억
NBC유니버설(피콕)	3100만	34억	-27억

- 자료원:《할리우드 리포터》.[33]
- 디즈니 가입자 1억 9930만 명에는 디즈니+ 1억 4960만 명, 훌루 4510만 명과 라이브TV와 SVOD 요금제 결합 460만 명을 합한 수치다.
- WBD의 스트리밍 부문에는 맥스(Max) 외에 HBO(케이블 프리미엄 채널)이 포함된다.

츠 투자, 흔히 CAPEX라고 하는 자본 지출Capital Expenditure 비용을 제외하고도 남는 현금이다. 그만큼 넷플릭스의 콘텐츠 투자 여력이 증가하고 있다는 뜻이다.《할리우드 리포터》가 분석한 2023년 말 기준 스트리밍 부문에서의 손익은 넷플릭스가 70억 달러(약 9조 1000억 원), WBD는 1억 300만 달러(1339억 원)의 영업 이익을 달성했다. 반면에 디즈니 17억 달러, 파라마운트 17억 달러, NBC유니버설은 27억 달러의 영업 손실을 기록했다.[32] 스트리밍 사업에서 넷플릭스와 할리우드 스튜디오가 극명한 대조를 보이고 있다.

2023년 8월 7일 기준 빅테크(애플, 아마존, 넷플릭스)와 할리우드(컴캐스트, 디즈니, WBD, 파라마운트)의 시가총액을 비교해 보자. 애플(2조 8000억 달러), 아마존(1조 4500억 달러), 넷플릭스(1930억 달러) 그리고 컴캐스트(1870억 달러), 디즈니(1580억 달러), WBD(350억 달러), 파라마운트(110억 달러) 순이다.[34] 애플 대비 파라마운트의 시가총액은 불과 4퍼센트 수준이다. 특히 눈에 띄는 것은 100년 기업 디즈니의 시가총액(1580억 달러)이 20년 기업인 넷플릭스(1930억 달러)에 못 미치고 있다는 점이다. 할리우드 스튜디오와 실리콘밸리의 빅테크가 기업 가치에서 커다란 차이를 보이고 있다.

넷플릭스 같은 순수 스트리밍 사업자, 디즈니 같은 전통의 콘텐츠 사업자, 아마존과 애플 같은 빅테크 사업자 모두 경쟁에서 이기고 고객을 확보하기 위한 콘텐츠가 필요하다. 그런데 이들이 찾고 있는 콘텐츠는 하나같이 대규모 투자가 필요한 분야다. 즉 퀄리티 콘텐츠, 블록버스터, 빅리그 스포츠 분야다. 여기서 말하는 퀄리티 콘텐츠란 '흥행도 하고(상업성) 작품성도 있는(예술성)' 콘텐츠다. 스트리밍 사업자에게 필요한 경쟁력의 원천이다.

글로벌 스트리밍 사업자 간의 경쟁은 1차는 플랫폼 영역에서 이루어지고, 2차는 퀄리티 콘텐츠의 요건을 갖춘 블록버스터 영역에서 일어날 수 있다. 빅테크는 본업에서 성장하려면 이용자를 대규모로 유인하는 화제성 있는 콘텐츠가 필요하다. 시청 가치가 높은 콘텐츠에는 대규모 투자가 필요하다. 퀄리티 콘텐츠, 블록버스터, 스포츠 빅리그 중계권 분야의 경쟁이 더욱 치열해질 수밖에 없다.

이 중 특히 돈이 많이 드는 분야는 블록버스터 영화와 드라마 시리즈, 빅리그 스포츠 중계권이다. 그런데 블록버스터 영화와 드라마 시리즈, 빅리그 스포츠에서는 아직 할리우드가 우세하다. 문제는 앞으로의 투자 여력이다. 대규모 투자가 필요한 콘텐츠의 모든 분야에서 빅테크의 추격이 거세지고 있다. NFL, MLB, NBA와 같은 빅리그 중계권이 할리우드의 전통 미디어에서 빅테크로 넘어가기 시작했기 때문이다. 빅리그 생중계는 할리우드가 지배하는 선형 TV의 최후의 보루다. 그런데 아마존, 애플, 구글이 빅리그 스포츠 중계권 시장에 활발히 진출하고 있다.

2019년에서 2021년까지 디즈니를 포함한 할리우드 진영의 스트리밍 참여와 2020년에서 2021년까지 팬데믹으로 인한 재택 문화의 확산으로 스트리밍 사업자는 연간 기록적인 가입자 증가를 확보했다. 넷플릭스도 전례 없는 성장세다. 가입자 수가 2020년 한 해 동안 3660만 명, 2021년에는 1860만 명이 증가했다. 디즈니+도 2019년 11월 미국에서 서비스를 시작한 후 1년여 만에 가입자 1억 명을 넘어설 정도였다. 바로 이 시기 가입자 확보를 위해 글로벌 스트리밍 간의 '콘텐츠 군비 경쟁content arms race'이 벌어졌다.

그러나 2022년 이후 이 경쟁은 다소 잠잠해졌다. 할리우드 진영이 처한 어려움 때문이다. 할리우드가 재무적 어려움으로 인해 콘텐츠 투자를 축소하더라도 빅테크는 축소하지 않을 것이다. 실제로 디즈니는 2023년 비용 절감을 위해 콘텐츠 지출에서 55억 달러를 줄이기로 했다. 하지만 넷플릭스는 약 170억 달러로 전년도 수준을 유지하고 있다. 물론 아마존이나 애플도 콘텐츠 투자를 줄이지 않고 있다. 할리우드의 어려움이 빅테크에는 오히려 기회가 될 것이다. 이제 글로벌 스트리밍 간의 콘텐츠 전쟁에서 주요 전장이 될 세 분야를 살펴보자.

퀄리티 콘텐츠 확보 경쟁

앞서 말했듯이 퀄리티 콘텐츠는 상업성과 예술성을 다 갖춘 콘텐츠다. 넷플릭스의 퀄리티 콘텐츠 시리즈로 〈하우스 오브 카드〉, 〈오렌지 이즈 더 뉴 블랙〉, 〈오징어 게임〉, 〈기묘한 이야기〉, 〈브리저튼〉,

〈오자크〉, 〈더 크라운〉 등이 해당한다. 영화로는 〈돈 룩 업〉, 〈아이리시맨〉, 〈서부 전선 이상 없다〉를 들 수 있다. 다른 스트리밍 사업자의 최근 5년(2019~2023) 간의 퀄리티 콘텐츠로는 디즈니+의 〈만달로리안〉과 〈안도르〉, 애플TV+의 〈세브란스: 단절〉, 프라임 비디오의 〈더 보이즈〉가 해당한다. 스트리밍 사업자는 아니지만 HBO의 〈왕좌의 게임〉, 〈왕좌의 게임: 하우스 오브 드래곤〉, 〈석세션〉 등도 대표적인 퀄리티 콘텐츠로 볼 수 있다.

콘텐츠가 넘쳐나는 시대다. 이럴 때일수록 퀄리티 콘텐츠의 중요성이 부각된다. 넷플릭스가 추구하는 콘텐츠의 중심은 영화가 아니라 TV 시리즈다. 이에 따라 넷플릭스는 구독자들에게 새로운 시청 경험을 제공하기 위해 몰아보기, 서사극적 시청을 통한 '시네마틱 텔레비전cinematic television'이라는 목표를 추구한다. 즉 TV가 아니라 영화를 지향하는데, 영화 같은 드라마 시리즈가 점차 증가하는 이유다. 대표적으로 넷플릭스의 〈기묘한 이야기〉 시즌4의 8화('파파')와 9화('어둠 속으로')를 들 수 있다. 특히 9화의 방영 시간은 2시간 22분에 이른다. 영화 한 편과 마찬가지다.

디즈니+의 〈만달로리안〉 시즌3의 8개 에피소드, HBO의 〈왕좌의 게임: 하우스 오브 드래곤〉 시즌1의 10개 에피소드, 아마존의 〈반지의 제왕: 힘의 반지〉 시즌1의 8개 에피소드도 모두 각각 한 편의 영화라 불러도 모자라지 않다. K콘텐츠가 만든 〈킹덤〉 시즌1~2의 각 6부작도 12시간짜리 영화다. 이처럼 영화를 지향하는 드라마 시리즈는 더욱 증가할 것이다.

블록버스터 확보 경쟁

글로벌 스트리밍 사업자 간의 경쟁이 치열해짐에 따라 가입자를 확보하기 위해서는 블록버스터 드라마 시리즈와 영화에 대한 필요성이 더 커지고 있다. 먼저 블록버스터 드라마를 보면 넷플릭스의 〈기묘한 이야기〉, 〈더 크라운〉 등을 들 수 있고, 디즈니+의 〈완다비전〉과 〈만달로리안〉, 애플TV+의 〈어둠의 나날〉과 아마존의 〈반지의 제왕: 힘의 반지〉 등이 해당한다. WBD 패밀리인 HBO 〈왕좌의 게임: 하우스 오브 드래곤〉, 〈왕좌의 게임〉 등도 꼽을 수 있다.

스트리밍에서 공개하기 위해 오리지널 영화를 제작하는 사업자는 현재로서는 넷플릭스와 아마존뿐이다. 넷플릭스는 최근 몇 년간 매년 50편 이상의 오리지널 영화를 공개하고 있다. 공개하는 편수도 많을뿐더러 2억 달러 가까이 투자된 블록버스터 영화 〈그레이 맨〉, 〈나이브스 아웃: 글래스 어니언〉, 〈레벨 문〉 등과 같은 작품도 꾸준히 제작하고 있다. 앞으로 넷플릭스, 아마존, 애플의 블록버스터 드라마 시리즈의 제작은 더욱 늘어날 것으로 보인다. 스트리밍 서비스를 위한 제작과는 별도로 아마존과 애플은 극장용 영화도 제작하고 있다. 아마존은 2022년 85억 달러를 들여 MGM을 인수했다. 블룸버그는 아마존이 매년 10억 달러 이상을 투자해 극장 개봉용 영화를 제작할 계획이라고 보도했다. 매년 12~15편의 영화를 제작한다는 것이다. 이 정도면 파라마운트픽처스 등 미국의 주요 영화 제작사와 비슷한 수준이다.[35] 애플도 어려운 극장을 지원하기 위해 10억 달러를 들여 영화를 제작하기로 했다.[36] 그 시작으로 2023년에 〈나폴레옹〉과 〈플라워 킬링 문〉을 개봉했으며, 할리우드 스튜디오처럼 극장에서 개봉한 후 자사의 스트리밍 서비스를 통해 공개한다. 앞으로는 아마존 프라임 비디오, 애플TV+의 오리지널 영화가 더 많이 제작될 것이다.

블록버스터 영화와 드라마 시리즈 제작에서는 할리우드 메이저 스튜디오가 아직은 우위에 있다. 할리우드 스튜디오는 영화를 제작해서 극장에 개봉하고 나서 창구화 전략으로 수익을 올리고, 드라마 시리즈는 지상파에서 방송한 후에 지역 방송이나 케이블 채널에 배급하는 신디케이션을 통해 수익을 창출하고 있다. 지금까지 할리우드가 추진해 온 전통 영화의 창구화 전략과 드라마 시리즈의 신디케이션 모델이 아직은 작동한다. 그러나 스트리밍의 성장으로 이런 모델이 점차 시장에서 힘을 잃어 가고 있다. 그에 비해 넷플릭스, 아마존 프라임 비디오, 애플TV+는 글로벌 스트리밍 모델을 통해 영화와 드라마 시리즈의 수익 모델을 만들어 가고 있다. 이렇게 될 경우 블록버스터 영화나 드라마 제작의 주도권도 빅테크로 넘어갈 수 있다. 글로벌 차원에서도 콘텐츠 소비의 퍼스트 윈도first window가 극장이나 선형 TV에서 넷플릭스, 디즈니+ 같은 글로벌 스트리밍으로 바뀔 수 있다.

빅리그 스포츠 중계권 확보 경쟁

미국의 빅리그 스포츠 중계권이 할리우드의 수익 창출원인 선형 TV에서 스트리밍으로 넘어가고 있다. 빅테크의 콘텐츠 투자에서 특히 스포츠 콘텐츠 장악에 주목할 필요가 있다. 스포츠는 방송을 넘어 엔터테인먼트의 중요한 영역이기도 하다. 스포츠는 할리우드가 지배하는 지상파, 케이블 TV, 위성방송과 같은 레거시 미디어의 마지막 보루다. 선형 TV를 먹여 살리는 생명줄인 셈이다. 그런데 아마존, 애플, 구글이 스포츠 빅리그 중계권도 하나씩 장악해 가고 있다. 아마존은 NFL, NBA, 영국 프리미어 리그(EPL)를, 애플은 MLB, MLS 중계권을 확보했다. 구글은 NFL의 하일라이트라는 〈NFL 선데이 티켓〉을 확보했다.

최근 아마존은 스포츠 콘텐츠를 확보하려고 공격적으로 관련 투자를 확대하고 있다. 아마존은 스포츠 분야에서 강력한 플레이어가 되고 있으며 〈목요일 밤 풋볼〉의 독점 중계권을 확보했다. 2022년 시즌부터 11년간의 중계권료는 연간 약 10억 달러 규모다. 아마존의 NFL 중계권 확보를 두고 블룸버그는 "스트리밍 서비스가 미국에서 NFL 게임에 대해 시즌 기간 내내 독점적 권리를 획득한 것은 이번이 처음이다. 이는 수 세대 동안 TV 스포츠를 지배해 온 CBS, ESPN, NBC 및 FOX와 같은 주요 네트워크에 큰 도전을 의미한다"라고 보도했다.[37] 옥타곤octagon(스포츠 에이전시)의 글로벌 미디어 권리 담당 부사장인 대니얼 코언Daniel Cohen은 "이것은 변곡점입니다. 우리는 NFL을 독점적으로 생산하고 배포하는 아마존의 이번 시즌을 스포츠 중계의 터닝 포인트가 될 게임으로 되돌아볼 것입니다"라고 말했다. 아마존에 의한 첫 생중계가 끝나고 온라인 뉴스 데드라인은 "지난 주(2022.9.15) 아마존의 데뷔는 스포츠 방송을 선형 TV에서 스트리밍으로 광범위하게 전환한 가장 대담한 조치였다"라고 평가했다.[38] 2023년 11월 24일에 프라임 비디오는 NFL 사상 최초의 '블랙 프라이데이 경기'를 생중계했다. CNBC에 따르면 아마존의 프라임 비디오가 2024년 NFL 플레이오프 경기를 스트리밍할 수 있는 독점 권한을 확보했다. 2023년 경기는 NBC유니버설이 운영하는 피콕이 중계했다.[39] 스포츠 콘텐츠에 대한 아마존의 확장 정책은 계속되고 있다.

애플도 스포츠 콘텐츠 확보에 적극적이다. 애플은 2022년부터 〈MLB 금요일 밤 야구〉에서 두 경기를 중계하기 시작했다. 이로써 애플은 스포츠 생중계 분야에서 중요한 발자취를 남겼다. 중계권료는 연간 7억 달러 수준이다. 애플의 MLB 중계권 확보를 두고 투자회사 에버코어Evercore는 "스포츠 중계권은 애플의 재정 능력을 활용하여 획득할 수 있는 영역이다. 애플은 뛰어난 사용자 경험을 제공하기 위한 기술 인프라도 갖추고 있다"라고 분석했다. LHB의 CEO 리 버크Lee Berke는 애플과 아마존의 중계권 확보 과정에 관해 "단계적으로 그들은 미국뿐 아니라 전 세계 스포츠 분야에서 매우 실질적인 포트폴리오를 구축했습니다. 이는 제작, 판매, 배급 면에서 전문적 수준의 능력을 가지고 있음을 입증하는 다년간의 과정"이라고 말했다.[40] 애플은 또 MLSMajor League Soccer에 대해서도 10년간 독점 중계권을 25억 달러에 확보했다.

정제원《중앙일보》스포츠 디렉터는 "오피니언: 정제원의 시선, 애플이 스포츠를 먹는다면"이라는 칼럼에서 애플의 MLS 독점 계약에 대해 다음과 같이 말했다. "'축구 황제' 리오넬 메시가 최근 사우디아라비아의 제안을 뿌리치고 미국 인터 마이애미로 이적한 배경을 살펴보면 애플의 빅픽처가 보인다. 메시는 사우디의 알힐랄이 내건 4억 유로(약 5700억 원)의 연봉을 포기하고 미국행을 선택했다.

··· 애플은 세계적 스타 메시를 앞세워 MLS를 띄우겠다는 심산이다. 소셜미디어 팔로워가 4억 명을 넘는 메시의 스타 파워를 통해 애플 TV+의 가입자를 늘리겠다는 전략이다. ··· 스포츠를 통한 애플의 땅따먹기 전략은 이제 막 첫 삽을 뜬 셈이다."[41]

흥미로운 점은 애플의 스포츠 중계가 글로벌화를 추구하고 있다는 것이다. 〈MLB 금요일 밤 야구〉에 대한 글로벌 동시 생중계는 한국, 미국, 캐나다, 호주, 브라질, 일본, 멕시코, 푸에르토리코, 영국 등 8개국에서 시작해 이후 다른 나라로 확대되고 있다. 2024년에는 60개 국가로 늘어나며 스포츠 경기도 글로벌로 생중계될 수 있음을 보여 주었다. 애플은 글로벌 스트리밍의 초국가적 특성을 잘 활용하고 있다. MLS도 글로벌 생중계되는데 2024년에는 100개국 이상으로 확대되었다.

구글은 2022년 12월 빅리그 중계권의 하이라이트인 〈NFL 선데이 티켓〉을 확보했다. 당초 애플과 아마존이 경쟁할 것으로 예상했는데 구글이 결국 승자가 되었다. 2023년 시즌부터 향후 7년간 구글이 지불할 중계권료는 연간 20억 달러에 이른다. 이제 빅리그 중계권 확보는 애플, 아마존, 구글 간의 전쟁이 되고 있다. 빅리그 중계권 확보 경쟁에 자금력이 부족한 넷플릭스는 참여하지 않고 있다. 2023년 8월 월가에서는 애플이 최대 스포츠 채널인 디즈니의 ESPN을 인수해야 한다는 애널리스트의 분석이 화제가 되었다. 애플은 세계에서 가장 많은 현금성 자산을 보유하고 있는 기업이다.

〈NFL 선데이 티켓〉은 왕관의 보석the crown jewel이다. 선데이 티켓은 미국에서 가장 인기 있는 경기로, 많은 사람이 〈NFL 선데이 티켓〉

을 애플이 차지할 것으로 예상했으나 빗나갔다. 〈NFL 선데이 티켓〉에 대한 중계권은 위성방송 사업자인 디렉TV가 연간 15억 달러 이상의 금액으로 계약했으나 레거시 미디어의 부진으로 중계권료를 더 이상 부담하기 어려워 포기하게 된 것이다. 결국 ESPN이 포기한 MLB 경기는 애플이, 위성방송 디렉TV가 포기한 〈NFL 선데이 티켓〉은 구글의 수중으로 들어갔다. 레거시 미디어가 포기한 빅리그 중계권을 빅테크가 확보하기 시작한 것으로 최근의 미디어콘텐츠 비즈니스의 변화상을 잘 보여 주고 있다.

이처럼 NFL, MLB, MLS, NBA와 같은 빅리그 중계권이 하나둘 아마존, 애플, 구글의 품으로 들어가고 있다. 빅리그 중계는 독점적이어서 배타성이 매우 강하고 한 번 계약하면 최장 10여 년을 계약한 사업자만 독점해서 활용할 수 있다. 한 번 배제되면 좀처럼 만회하기가 쉽지 않은 것이다. 다른 나라에서도 스트리밍 사업자의 로컬 스포츠 중계권 확보가 늘어나고 있다.

넷플릭스는 빅리그 중계권 확보보다는 스포츠 관련 TV 쇼 제작에 치중해 왔다. 그러다가 2025년 1월부터 넷플릭스도 레슬링 경기인 〈WWE 월요일 밤 로Monday Night Raw〉를 중계한다고 밝혔다. 10년 동안 중계권료는 연간 5억 달러에 이른다. 넷플릭스도 재무 여건이 더 좋아지면 빅리그 중계권 확보에 참여할 것으로 예상된다. 이후 넷플릭스는 2024년 크리스마스에 벌어지는 NFL 두 게임을 생중계한다고 밝혔다.

바라트 아난드는 《콘텐츠의 미래》에서 스포츠 빅리그 경기가 대규모 시청자를 끌어들일 수 있는 이유로 세 가지를 제시했다.[42] 첫째, 생방송이다. '본방 사수'가 필요해 시청자의 분산을 막고 상대적으로 대규모 시청자를 모을 수 있다. 수많은 프로그램과 채널로 시청자들이 갈라지면서 황금 시간대 프로그램의 시청률이 점점 낮아지고 있다. 신기술로 인해 시청자는 방송사가 정해 준 그대로가 아니라 자신이 원하는 시간에 맞춰 프로그램을 시청한다. 하지만 스포츠 프로그램은 본방 사수가 필요해 시청자의 분산을 막을 수 있다. 드라마는 1시간 늦게 봐도 별로 잃을 게 없지만 스포츠 경기는 1시간 늦게 보면 안 보는 것이나 마찬가지다. 방송사에서 스포츠에 점점 더 많은 투자를 하려는 이유다. 둘째, 빅리그 콘텐츠의 희소성이다. 스포츠 중계권은 영화나 TV 시리즈처럼 제작사가 만들어 낼 수 없다. 20년 전에는 1000만 명의 시청자를 끌어들일 수 있는 콘텐츠가 10여 개가 있었고, 방송사는 그 중에서 선택할 수 있었다. 그러나 오늘날에는 그 정도 시청자를 끌어들일 수 있는 프로그램은 스포츠밖에 없다. 중계권은 한정적인데 지상파, 케이블, 위성방송 그리고 최근에는 스트리밍 사업자까지 중계권 확보전에 가세했다. 셋째, 보완재도 존재한다. 즉 TV 수상기가 점점 더 대형화, 고화질화, 고음질화됨에 따라 스포츠 시청의 즐거움이 증가했다. 스포츠 콘텐츠 시청의 몰입도도 한층 높아졌다.

빅테크 대 할리우드의 콘텐츠 투자 규모

지금까지 글로벌 스트리밍 간의 경쟁이 치열해질 퀄리티 콘텐츠, 블록버스터, 빅리그 중계권에 대해 알아보았다. 이들은 모두 많은 투자가 필요한 콘텐츠다. 그렇다면 최근 빅테크와 할리우드 진영이 자사의 스트리밍을 위해 콘텐츠에 투자하는 규모는 어느 정도일까? 콘텐츠에 투자되는 예산은 산정에 관한 회계 기준이 기업마다 다르다. 직접 제작비와 간접비의 경계도 모호하고, 감가상각에 관한 기준도 다르다. 따라서 동일한 기준으로 비교해 보기가 쉽지는 않지만, 그럼에도 대략적 이해를 위해 공개 자료를 바탕으로 추정해 보았다.

애플TV+의 콘텐츠 투자는 2022년 48억 달러, 2023년 58억 달러, 2024년 66억 달러로 추정된다.[43] 아마존의 2022년 콘텐츠 예산 spending은 166억 달러다. 이 중 70억 달러가 오리지널, 라이브 스포츠, 라이선스 콘텐츠에 할당된다. 2023년 콘텐츠 예산은 189억 달러다. 이 예산은 프라임 비디오, MGM, 프리비Freevee(무료 스트리밍 서비스)와 라이브 스포츠에 지출된다.[44] 디즈니의 콘텐츠 예산은 2023 회계연도는 250억 달러다. 이 중 40퍼센트는 스포츠 콘텐츠 비용이다. 2024 회계연도에도 250억 달러를 지출할 계획이다. 이 중 엔터테인먼트(영화, 스트리밍 및 선형 TV) 부문이 150억 달러, 스포츠 부문이 100억 달러다.[45] 넷플릭스의 콘텐츠 지출은 2022~2023년 170억 달러 수준이다.

이러한 자료를 토대로 종합해 보면 2022년 기준으로 넷플릭스는 170억 달러, 애플TV+는 48억 달러, 아마존 프라임 비디오는 70억 달러로 추정된다. 디즈니의 경우는 다소 복잡하다. 콘텐츠 사업의 내용과 형태가 다양하기 때문이다. 디즈니+(스트리밍)는 디즈니 그룹의 엔터테인먼트 부문에 속한다. 따라서 엔터테인먼트(영화, 스트리밍, 선형 TV) 부문 예산 150억 달러(2024 회계연도 기준으로 산정) 중 스트리밍에 어느 정도 할당되는지는 모르지만 3분의 1 정도라고 가정하면 50억 달러가량이다. 그런데 이를 디즈니+가 모두 사용할 수 없고 다른 스트리밍 사업인 홀루와도 나누어야 한다. 이 경우 디즈니+는 많아도 30억 달러 전후로 추정할 수 있다.

결론적으로 2022년도 기준 사업자별 콘텐츠 지출은 넷플릭스 170억 달러(약 22조 원), 아마존 프라임 비디오 70억 달러(약 9조 원), 애플 TV+ 48억 달러(약 6조 원), 디즈니+ 30억 달러(약 4조 원)로 추정된다. 워너브라더스(맥스), 유니버설(피콕), 파라마운트(파라마운트+)와 같은 사업자는 디즈니+보다는 많지 않을 것이다. 결국 넷플릭스가 다른 사업자보다 콘텐츠 지출이 월등히 많음을 알 수 있다. 예상대로 빅테크가 할리우드에 비해 더 많은 예산을 콘텐츠에 투자하고 있다. 다만 시장 상황에 대한 이해를 넓히려고 필자가 추정한 것이므로 이를 감안해서 이해해야 한다.

빅테크 쪽으로 기울고 있는 스트리밍 전쟁

빅테크 진영의 글로벌 스트리밍 중에는 역시 넷플릭스가 앞서고 있다. 월스트리트와 언론에서 점차 더 많은 이들이 "스트리밍 전쟁은 끝났고 승자는 넷플릭스"라고 분석하기도 한다. 이제는 빅테크끼리 글로벌 스트리밍의 주도권 경쟁을 하고 있다. 본업인 온라인 플랫폼 운영으로 글로벌 기반이 확고한 아마존, 애플, 구글이 넷플릭스에 도전하는 상황이다. 그중 아마존은 미국, 영국, 일본, 인도에서 넷플릭스와 접전을 벌이고 있다. 빅테크는 매출의 50퍼센트 이상을 글로벌 시장에서 창출한다. 따라서 이들은 본업에서 다양한 글로벌 기반을 구축했고, 이를 글로벌 스트리밍 확장을 위한 지렛대로 활용하고 있다.

스트리밍 경쟁에 뛰어든 할리우드는 빅테크와는 다른 방식으로 접근했다. 레거시 미디어 진영은 스트리밍 운영에서도 가능한 한 기존의 사업 방식을 유지하려 했다. 콘텐츠 공개 방식도 넷플릭스처럼 일괄 공개가 아니라 주간 단위 공개 방식을 유지하고 있다. 할리우드가 운영해 온 선형 TV들이 수십 년간 지켜 온 프로그램 편성 방식이다. 사업 모델도 완전 구독 방식이 아니라 광고 모델의 비중을 높이고 있다.

예를 들면 파라마운트+는 SVOD에서도 구독료보다는 광고 판매를 통한 수입을 고려하고 있는 것으로 보인다. 또한 SVOD 서비스가 아닌 광고 기반으로 운영하는 FAST Free Ad-Supported Streaming TV인 플루토 TV도 운영한다. 이는 자사의 풍부한 라이브러리를 활용하기 위해서다. 디즈니, WBD, 유니버설, 파라마운트는 그동안 선형 TV의 운영으로 광고 판매에 대한 노하우가 풍부하다. 할리우드 진영의 이러한 노력은 스트리밍 시장의 질서를 자신들에게 유리한 방식으로 재편해 보려는 의도로도 보인다. 100년간 자신들이 만들어 온 할리우드적 질서의 주도권을 잃기 싫은 것이다. 하지만 지난 3년간의 경쟁을 보면 할리우드의 생각처럼 진행되지 않고 있다. 할리우드의 질서는 이미 흘러간 강물이다.

빅테크와 할리우드가 대결하고 있지만 빅테크 중에서는 넷플릭스의 역할이 매우 크다. 그렇지만 넷플릭스 혼자서 글로벌 텔레비전 시장의 질서를 바꾸어 가기에는 역부족이다. 퍼펙트 스톰이 되기 위해서는 한랭전선, 태풍인 허리케인, 현지 폭풍이 결합되어야 한다. 그래야 더 이상 강할 수 없는 완전한 폭풍으로 발전한다. 아마존과 애플의 행보에 관심을 가져야 하는 이유다. 아마존과 애플의 스트리밍 사업은 그들의 본업을 위한 '액세서리 비즈니스'로 보이는 면도 있다. 이 때문에 빅테크 중 유일하게 넷플릭스만 스트리밍에 전념하는pure 사업자라고 한다. 여전히 글로벌 스트리밍 혁신의 진원지는 넷플릭스다.

소용돌이치는 현재의 글로벌 미디어콘텐츠 산업의 주도권을 두고 세계대전과 국지전이 동시에 벌어지고 있다. 세계대전은 빅테크 진영과 할리우드 진영 간의 대결이다. 이 와중에 많은 나라에서 글로벌 스트리밍이 공격하고 로컬 사업자가 방어하는 전쟁도 진행되고 있다. 전면전의 양상은 빅테크가 공격수이고 할리우드가 수비수다. 글로벌 스트리밍을 두고 빅테크 진영, 할리우드 진영 그리고 로컬 진영이 세 가지 축으로 작동하고 있다. 이들 간에는 경쟁과 협력의 힘이 작용한다.

2020년부터 약 3년간 치열하게 벌어지던 스트리밍 전쟁이 2023년부터는 다소 주춤한 상태다. 앞서 언급했듯이 할리우드 진영이 어려움을 겪고 있기 때문이다. 디즈니, WBD는 최근 넷플릭스에 대한 라이선싱(콘텐츠 방영권 판매)도 다시 시작했다. 할리우드 진영으로서는 매우 중요한 방향 전환이라 할 수 있다. 할리우드 대표 선수인 디즈니와 워너브라더스가 최대 경쟁자인 넷플릭스에 다시 자사의 콘텐츠를 제공하는 것은 중요한 의미가 있다. 일부 분석가들은 할리우드가 경기장에서 '수건을 던진 것'으로 보기도 한다. 경쟁 결과를 좀 더 지켜봐야 하겠지만 사업자 간의 우열이 드러나고 있는 것만은 분명하다.

글로벌 스트리밍 전쟁에서 빅테크 진영이 승리할 경우 이들은 지난 100년을 지배해 온 할리우드보다 질적으로나 양적으로나 더 강력한 지배 세력이 될 수 있다. 빅테크는 본업을 통해 방대한 고객 데이터를 확보하고 또 투자 여력도 풍부하다는 특징이 있다. 이들은 본업의 확장을 위해 미디어콘텐츠 사업에 적극적으로 투자한다. 빅테크는 할리우드에 위협적 존재임이 분명하다.

2023년 5월 월스트리트에서는 애플의 디즈니 인수설이 다시 불거졌다. 미국의 투자 은행 니드햄의 애널리스트 로라 마틴은 "애플은 강력한 유통 플랫폼이며 '성공적이고 건전한 영화 스튜디오'를 인수함으로써 이익을 얻을 수 있다. 만약 그들이 결합한다면 애플의 강력한 아이폰 유통망과 디즈니의 강력한 콘텐츠 사이의 '많은 시너지 효과'로부터 이익을 얻을 것"이라고 내다봤다.[46] 글로벌 미디어콘텐츠 산업의 지형이 실리콘밸리의 플랫폼과 할리우드의 콘텐츠 간의 결합을 필요로 한다. 꼭 애플과 디즈니의 결합이 아니더라도 이런 형태의 통합은 필연적이다. 이미 아마존과 MGM이 결합했다. 애플의 디즈니 인수가 쉽지는 않겠지만 이러한 일이 현실이 되었을 때 글로벌 미디어콘텐츠 산업에 미치는 영향은 결코 작지 않을 것이다.

아마존, 애플, 구글은 하나같이 글로벌 온라인 플랫폼의 최강자다. 애플은 전 세계에 20억 대의 애플 디바이스를 보급하고 있고, 이를

도표 1.3 넷플릭스 대 디즈니+

구분	넷플릭스(빅테크)	디즈니+(할리우드)
가입자 성장	지속 성장	정체 또는 감소
암호 공유 단속	추진	추진(계획)
광고 티어	도입	도입
윈도 조정	파괴적 방식	전통적 방식
시리즈 공개 방식	일괄 공개 원칙(일부는 분할 공개)	분할 공개 원칙(주간 공개)
콘텐츠 투자	이익 증가로 확대	이익 악화로 축소
콘텐츠 확장	게임(넷플릭스, 아마존, 애플)	디즈니(ESPN) 등
	빅리그 스포츠(아마존, 애플, 구글, 넷플릭스)	
레거시로의 회귀*	일부 채택	레거시 장점 유지
손익	흑자	적자

* 레거시로의 회귀: 일괄 공개에서 분할 공개, 월정 구독(SVOD)에서 SVOD와 광고 티어 병행, 라이브 스트리밍 확대 등 레거시 미디어의 모습을 닮아 가는 현상을 말한다.

기반으로 한 애플 생태계를 만들기 위해 iOS 앱스토어를 구축했다. 이제 디바이스 중심에서 서비스 매출의 비중이 증가하고 있다. 애플의 서비스 매출 비중은 22퍼센트를 차지한다.[47] 애플의 서비스 사업에는 앱스토어, 애플 뮤직, 애플 아케이드, 피트니스 플러스, 애플 TV+ 등이 있다. 아마존도 40여 개 나라에서 2억 명이 넘는 프라임 멤버십 가입자를 확보했다. 유튜브의 월간 활성 이용자는 20억 명이 넘는다. 《플랫폼이 콘텐츠다》의 마이클 스미스Michael D. Smith 교수는 온라인 유통 업체는 미국 내 시장뿐 아니라 해외 시장에서도 우위에 있다고 말했다. 오프라인 중심이던 시절에는 1위 사업자의 영향력이 한 국가 안에 머무를 뿐 다른 국가에는 별다른 영향을 끼치지 않았다. 예를 들어 미국에서 지배적인 유통 사업자였던 월마트는 미국 외의 지역에서는 존재감이 미미했다. 그러나 미국 시장에서 우위에 있는 온라인 사업자는 세계 곳곳에서 지배적 위치에 있다.[48] 동영상의 넷플릭스, 전자상거래의 아마존, 앱스토어의 애플, 검색과 유튜브의 구글이 글로벌 스트리밍을 장악해 가고 있다.

글로벌 스트리밍을 두고 빅테크 진영과 할리우드 진영 간의 경쟁 상황은 도표 1.3과 같이 정리할 수 있다.

글로벌 스트리밍의 왕좌를 차지한 넷플릭스

글로벌 스트리밍이라는 마라톤 경주의 초반은 넷플릭스가 경쟁자가 없이 단독 선두로 달렸다. 이후 다수의 할리우드 선수가 추격해 선두 그룹에 합류했다. 그러나 이런 상황도 잠깐이고 넷플릭스가 다시 단독 선두로 치고 나왔다. 넷플릭스와 근소한 차이를 두고 아마존이 뒤에 달리고 있다. 애플은 넷플릭스, 아마존과는 다소 떨어져 있지만 자기 속도를 잃지 않고 꾸준히 달리고 있다. 언제라도 선두 그룹에 합류할 수 있는 선수다. 하지만 할리우드 선수는 점차 뒤처지고 있고, 디즈니만 선두권에 합류하려고 고군분투하는 중이다. 할리우드 선수 가운데 일부는 이미 레이스에 어려움을 겪고 있다. 조만간 경기를 포기하는 선수도 나올 것 같다.

글로벌 스트리밍을 이끄는 기관차

2022년은 넷플릭스에 그야말로 격동의 한 해였다. 동시에 힘겨운 해이기도 했다. 필자도 넷플릭스의 '좋은 시절은 다 간 것인가' 하는 생각이 들 정도였다. 넷플릭스는 2022년 상반기에 100만 명이 넘는 가입자가 감소한 후 위기감이 팽배했으나 3분기에 다시 가입자가 증가하면서 최악을 벗어나는 분위기였다. 그러다 4분기에는 가입자가 770만 명가량 증가했다. 가입자 성장세가 회복한 데 대해 시장도 긍정적으로 평가했다. 언론도 최악의 상황은 지났다고 보도하기 시작했다.

2023년에 들어서자 넷플릭스는 선두로 확실하게 복귀했다. 1분기에 175만 명, 2분기에도 589만 명의 가입자가 증가했다. 연간 잉여 현금 흐름(FCF)의 규모도 50억 달러로 늘어날 것이라고 밝혔다. 가입자 성장에서 어려움을 겪었던 북미 시장에서도 암호 공유 단속의 효과로 2023년 2분기에는 117만 명이 증가했다. 결과적으로 2023년 한 해 동안 무려 2953만 명이라는 대규모의 가입자가 증가했으니 넷플릭스의 성장세는 회복되었다. CNBC는 최근의 넷플릭스 상황에 대해 "스트리밍(넷플릭스)이 성장하고 있다. 현금이 증가하고 있다. 광고는 투자자들을 흥분시켰다. 넷플릭스는 장기간에 걸친 작가와 배우의 파업을 견뎌 낼 수 있는 글로벌 콘텐츠의 꾸준한 파이프라인과 풍부한 라이브러리를 보유하고 있다"라고 평가했다.[49]

2008년 중반 헤이스팅스는 "스트리밍 서비스는 '방송 시장이라는 거대 바다에서 몇 방울의 물'에 불과합니다. 하지만 미국 가정의 하루 평균 5시간의 시청 시간을 놓고 케이블 TV, 위성방송, 통신사와 나란히 경쟁하고 있습니다. 언젠가는 넷플릭스가 영화사, 네트워크 사업자(지상파와 케이블 채널)의 가장 중요한 고객 중 하나가 될 것입니다. 다시 말해 인터넷 TV의 대표주자로서 네 번째 대안이 될 것"이라고 말했다.[50] 그 발언 후 15년 넘게 흘렀다. 헤이스팅스는 겸손하게 넷플릭스가 유료 방송의 네 번째 대안이 될 것이라고 했지만 그의 예상을 뛰어넘어 지상파 및 유료 방송 모두를 위협하는 존재가 되었다. 더구나 미국을 넘어 글로벌 각국의 선형 TV까지 위협하고 있다.

디즈니가 왕국에서 마법을 재현하기 위해 싸우는 동안 넷플릭스는 미디어 산업의 암흑기에서 빛을 발하고 있다.[51] 넷플릭스는 성장과 이익 사이 균형을 맞추려는 새로운 성장 단계에 진입했다. 야후파이낸스는 "넷플릭스: 새로운 비즈니스 단계가 시작된다"(2023. 7.21)라는 기사를 통해 글로벌 스트리밍 전쟁에서 넷플릭스의 선전을 다음과 같이 진단했다.[52] "고품질 콘텐츠는 스트리밍 패권을 위한 전투에서 승자와 패자를 구별하는 데 중요한 역할을 한다. 앞으로도 그럴 것이다. 풍부한 콘텐츠 라이브러리를 갖춘 넷플릭스가 현재 이 전투에서 승리하고 있다. 고품질 오리지널 콘텐츠의 지속적인 제공은 신규 구독자를 유치하고 기존 구독자를 유지하는 데 핵심이다. 시청률 조사 기업 닐슨에 따르면 넷플릭스는 콘텐츠에서 우위를 확보하고 있다. 오리지널 시리즈 부문에서 상위 3개를 포함해 탑 10 중 8개를 차지했다. 넷플릭스는 수년 동안 수익성 확보와 오리지널 콘텐츠 제작 사이에서 균형을 찾고자 노력해 왔다. 스트리밍 산업은 계속해서 성장하고 있지만 넷플릭스의 지배력은 위협받지 않고 있다. … 스트리밍 부문에서 넷플릭스는 TV 시청 시간에서 아마존 프라임 비디오, 디즈니+ 및 피콕 등 주요 경쟁사를 크게 앞서고 있다."[53]

글로벌 스트리밍을 두고 넷플릭스와 경쟁하던 할리우드 진영은 수익성을 달성하기 위해 사업을 통합하고 인력을 감축하는 등 콘텐츠에 대한 지출을 줄이는 상황이다. 그에 반해 넷플릭스는 더 큰 규모로 투자할 수 있게 되었다. 이에 대해 CNN은 "넷플릭스는 시청 eyebal과 수익dollar을 놓고 벌이는 할리우드 전쟁에서 지배적 위치에 있는 것으로 보인다. 지금까지 넷플릭스는 유일하게 수익성 높은 주요 스트리밍 서비스 중 하나로 남아 있다. … 넷플릭스는 10년 넘게 스트리밍 분야의 선두 주자였다"라고 평가했다. 뱅크 오브 아메리카(미국은행)의 미디어 분석가 제시카 에를리히는 CNN 인터뷰에서 "넷플릭스가 '스트리밍 전쟁'에서 승리했다는 사실이 점점 더 분명해지고 있습니다"라고 말했다.[54]

넷플릭스의 해외 진출은 미국 시장의 확장으로도 볼 수 있다. 진출 과정은 캐나다 → 멕시코(라틴 아메리카) → 유럽(영국, 독일, 프랑스, 스페인) → 아시아(일본, 인도, 한국) 순으로 진행되었다. 이들 국가는 현재 넷플릭스의 주요 거점 시장이 되었다. 거점 국가는 가입자를 확보하는 동시에 로컬 콘텐츠도 확보할 수 있는 시장이다. 또한 넷플릭스뿐 아니라 다른 사업자에게도 똑같이 중요한 시장이다. 이들 시장은 초고속 인터넷의 보급, 높은 소득 수준, 신용카드를 통한 손쉬운 결제 같은 인프라가 잘 갖춰져 있고, 로컬 콘텐츠를 확보하면 수익을 창출할 수 있는 곳이다. 그런데 캐나다, 멕시코, 영국, 독일, 프랑스, 스페인, 한국, 일본, 인도와 같은 주요 거점 국가는 거의 넷플릭스가 선점했다. 다만 일본과 인도에서는 넷플릭스가 각각 아마존, 디즈니+ 핫스타에 뒤지고 있다. 넷플릭스는 이들 국가에서도 로컬 오리지널을 확대해 아마존과 디즈니+를 이기려고 노력하고 있다. 해외 진출 시 넷플릭스는 거점 국가뿐 아니라 다른 나라에서도 똑같이 로컬 오리지널을 중시한다. 로컬 오리지널의 글로벌화 전략은 이제 넷플릭스의 핵심 전략이 되었다.

넷플릭스, 디즈니+ 같은 글로벌 스트리밍이 해외에 진출하기 위한 중요 수단을 크게 구분해 보면 결국은 퀄리티 콘텐츠와 이를 가입자에게 도달시키는 전송 품질이다. 그런데 콘텐츠와 달리 이를 전송하는 인터넷 같은 기술 인프라는 글로벌 스트리밍 사업자가 스스로 해결하기 어려운 문제다. 아무리 좋은 콘텐츠도 이를 전송하는 화질이 좋지 않거나 시청 도중에 영상이 자주 끊기는 일이 발생하면 소용이 없다. 따라서 주어진 인터넷 환경이라 하더라도 어떻게든 전송 품질을 개선해야 한다. 이를 위한 넷플릭스의 노력은 남달랐다. 가입자가 영화나 드라마 시리즈를 시청하고자 할 때 이를 '빠르게 재생'(신속 재생)하고 시청 중에는 '영상이 끊기지 않도록'(끊김 방지) 노력하는 것이다. 두 기술은 다른 사업자에 비해 넷플릭스의 중요 경쟁력의 하나가 되었다. 우리가 잘 모르고 있는 넷플릭스의 성공 비결이다. 넷플릭스는 콘텐츠 분야에서만 뛰어난 것이 아니었다.

OCA와 어댑티브 스트리밍

방송(KBS나 tvN 등)과 달리 스트리밍(넷플릭스)은 인터넷으로 콘텐츠가 전송되기 때문에 스트리밍의 품질이 매우 중요하다. 시청자가 재생 버튼을 눌렀을 때는 신속하게 영상이 플레이되고, 재생 중에는 어떠한 경우에도 영상이 중단되지 않아야 한다. 또 재생 중에도 가능한 한 화질이 고르게 유지되는 것이 중요하다. 즉 신속 재생과 끊김 방지가 스트리밍의 핵심이다. 지상파, 케이블 TV 또는 위성방송은 대규모 설비 투자를 통해 자사의 독자적인 콘텐츠 전송 네트워크를 구축하고 있어서 프로그램을 안정적으로 송출할 수 있다. 따라서 방송이 중단되는 방송 사고는 매우 드문 일이다. 인터넷망으로 영상신호를 전송하는 글로벌 스트리밍 사업자도 신속한 재생과 중단 없는 전송은 무엇보다 중요하다. 이를 위해 넷플릭스는 어떠한 노력을 하고 있을까?

넷플릭스는 미국에 본사가 있는 글로벌 콘텐츠 유통 플랫폼이다. 넷플릭스 소유의 콘텐츠가 미국에 있는 서버에서 인터넷을 통해 190개국으로 전달된다면 어떤 일이 벌어질까? 콘텐츠를 저장하고 있는 서버와 콘텐츠를 시청하는 시청자와의 거리가 너무 멀어서 문제가 발생한다. 시청하려는 콘텐츠를 가져오는 데 시간이 많이 걸리고 먼 거리를 전송하는 과정이 불안정할 수 있다. 이 때문에 가입자와 가장 가까운 서버에 콘텐츠를 미리 전송해 두는 것이 최선의 방법이다. 비용도 줄이고 전송 속도도 높일 수 있는 것이다.[55] 이 같은 일을 하는 것이 바로 넷플릭스의 오픈 커넥트 어플라이언스Open

Connect Appliance(OCA)다. 그렉 피터스Greg Peters 넷플릭스 공동 CEO는 "오픈 커넥트의 역할 덕분에 넷플릭스 회원들이 콘텐츠 재생 버튼을 누르면 지구 반대편에서 스트리밍을 시작하는 것이 아니라 집 근처에서 스트리밍할 수 있습니다. 통신 사업자들의 트래픽과 비용이 줄고, 넷플릭스 회원들에게는 최상의 품질을 지연 없이 제공할 수 있습니다"라고 언급했다.[56] 이처럼 OCA는 멀리 떨어져 있는 시청자에게 콘텐츠를 더 빠르게 제공할 수 있는 기술이다.

넷플릭스 구독자는 언제 어디서나 다양한 디바이스를 이용해 고화질로 콘텐츠를 시청한다. 넷플릭스는 이를 위해 어댑티브 인코딩adaptive incoding으로 통신망 속도에 맞는 여러 개의 영상 파일을 생성한다. 넷플릭스는 하나의 콘텐츠에 대해 최대한 여러 가지 포맷의 영상 파일을 만들어 구독자가 사용하는 인터넷 속도와 구독자의 디바이스가 재생할 수 있는 화질 수준에 가장 적합한 영상을 제공하고자 노력한다. 즉 영상 파일의 크기를 줄이고 대역폭 사용을 최적화하는 기술이다. 넷플릭스의 섬세한 노력이 돋보인다.

넷플릭스는 독자적으로 개발한 OCA라는 설비를 글로벌의 주요 통신 사업자에게 무상으로 제공한다. 그렇다면 OCA는 글로벌 스트리밍의 확장 과정에서 어떤 함의가 있을까? 넷플릭스는 OCA를 개발하기 위해 10억 달러 이상을 투자했다고 밝힌 바 있다. 지난 5년간 넷플릭스는 콘텐츠에 600억 달러 이상을 투자했고, 2022년에서 2023년에는 매년 170억 달러 정도를 지출했으니 그에 비하면 큰 금액은 아니다. 콘텐츠 투자 대비 비용이 크지는 않지만 OCA를 통해 글로벌 차원에서 자신만의 인터넷 인프라를 확보해 가는 과정은 넷플릭스의 탁월함이 드러난다. 제1의 글로벌 스트리밍으로서 넷플릭스의 힘을 잘 보여 주는 대표적 사례다.

라몬 로바토 교수는 넷플릭스의 이런 노력에 대해 "OCA는 거대하다. … 넷플릭스는 오픈 커넥트를 통해 양질의 서비스를 제공할 수 있게 되고, 고도의 인프라 비용을 감당하기 힘든 다른 스트리밍 서비스와의 경쟁에서 상당한 우위를 차지하게 된다"라고 지적한다.[57] 이는 스트리밍 간 경쟁에서 매우 중요한 의미가 있다. 글로벌 스트리밍은 말 그대로 글로벌 플랫폼이다. 넷플릭스처럼 로컬 오리지널과 OCA와 같은 글로벌 차원의 인프라를 확보하지 못하면 경쟁에서 승리하기 어려운 구조다. 다른 글로벌 스트리밍 사업자는 물론이고 로컬 스트리밍 사업자가 넷플릭스와 경쟁하기 힘든 이유다.

넷플릭스는 OCA를 통해 자신만의 고속 전용 차선을 확보했다. 이는 대규모 투자 없이도 빠르고 안정적인 콘텐츠 전송을 위해 세계 각국에서 자신들만의 인터넷 전송 인프라를 확보한 셈이다. 넷플릭스는 해외 진출의 두 축인 로컬 오리지널과 OCA라는 인터넷 인프라를 통해 퀄리티 콘텐츠를 최상의 전송 품질로 시청자에게 서비스하고 있다.

OCA는 단순히 기술만의 문제가 아니다. 넷플릭스는 OCA를 175개국 6000여 곳의 인터넷 서비스 제공자Internet Service Provider(ISP, KT 같은 초고속 인터넷 서비스 제공 사업자)의 통신망 서버 내에 설치했다. 넷플릭스는 이를 위해 전 세계 160개 이상의 통신사 및 ISP와 협력하고 있다. 사실상 거의 모든 국가의 주요 통신사와 협력하고 있는 셈이다. 넷플릭스는 ISP의 지역 데이터센터 내에 자사의 OCA를 설치한다.

통신사의 핵심 시설에 자사의 설비를 설치하고 관리하는 것으로, 이는 마치 통신사의 안방에 들어간 상황이다. 어떻게 이런 일이 가능할까? 물론 ISP와의 협상 결과물로, 넷플릭스만의 경쟁력이라고 할 수 있다. 그렇다면 디즈니+ 같은 다른 글로벌 스트리밍 사업자도 가능한 일이 아닐까? 현재 글로벌 미디어의 지형도를 고려하면 쉽지 않아 보인다. 넷플릭스는 ISP와의 협상 시 가장 많은 가입자를 확보한 글로벌 미디어로서의 힘을 보여 주고 있다. 후발 사업자가 쉽게 따라하기 어려운 일이다.

넷플릭스가 글로벌 인터넷 인프라를 확보해 가는 과정은 단순한 설비 투자의 차원을 넘어서고 있다. 넷플릭스는 해외 '로컬 가입자 확보 → 가입자 증가 → 협상력 증가 → 인터넷 인프라 확보 가속 → 가입자 확보 가속'이라는 플라이휠 효과flywheel effect(선순환 구조)를 만들어 냈다. 그 결과 오리지널 제작 및 방영권 확보에서 규모의 경제적 이점이 더욱 확대되고 있다. 글로벌 차원에서 기술 인프라의 지형을 구축하는 것은 대규모 투자와 동시에 플랫폼으로서의 협상력도 필요하다. 투자 여력이 큰 빅테크가 유리할 수밖에 없다. 결국 글로벌 스트리밍 시장은 넷플릭스 같은 소수의 사업자가 장악하게 된다. 더구나 넷플릭스는 아마존과 더불어 사업성 있는 국가와 지역을 선점했다. 이를 바탕으로 넷플릭스는 가입자 확보 및 유지에서도 더 유리할 수밖에 없다. 넷플릭스의 독주 시대가 다시 시작되었다.

결론적으로 넷플릭스가 글로벌 스트리밍의 왕좌를 차지한 이유는 세 가지로 정리할 수 있다. 첫째는 퀄리티 콘텐츠의 제작이다. 스트리밍이 판매하는 상품의 핵심은 콘텐츠다. 그 중에서도 퀄리티 콘

도표 1.4 넷플릭스의 3대 경쟁력

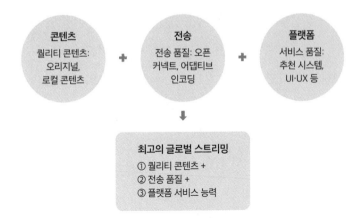

콘텐츠
퀄리티 콘텐츠:
오리지널,
로컬 콘텐츠

+

전송
전송 품질: 오픈
커넥트, 어댑티브
인코딩

+

플랫폼
서비스 품질:
추천 시스템,
UI·UX 등

↓

최고의 글로벌 스트리밍
① 퀄리티 콘텐츠 +
② 전송 품질 +
③ 플랫폼 서비스 능력

텐츠와 로컬 콘텐츠가 승부처가 되고 있다. 넷플릭스는 경쟁사 대비 가장 많은 퀄리티 오리지널을 제작해 왔다. 이제 할리우드 메이저 스튜디오와 경쟁할 수 있는 실력을 갖추었다. 50여 개 국가에서 제작하는 로컬 오리지널 콘텐츠도 중요한 역할을 하고 있다. 둘째는 OCA와 어댑티브 인코딩을 통해 가입자에게 최적의 상태로 콘텐츠를 도달시키는 전송 품질이다. 셋째는 온라인 글로벌 콘텐츠 유통 플랫폼으로서의 서비스 품질이다. 넷플릭스는 데이터에 대한 지배력과 분석력을 통해 개인별 추천 시스템, 편리한 사용자 인터페이스User Interface(UI)와 사용자 경험User Experience(UX)을 제공하고 있다. 넷플릭스는 다른 사업자에 비해 퀄리티 '콘텐츠×전송 품질×플랫폼 서비스의 최적화된 결합'을 보여 주고 있다. 글로벌 스트리밍의 왕좌를 차지하고 최고의 글로벌 스트리밍으로 탄생한 이유다.

넷플릭스발 연쇄 파도

넷플릭스는 1997년 창업한 후 지난 25년여 동안 미디어콘텐츠 산업의 파괴적 혁신자였다. 시작은 1998년 영화 DVD를 온라인으로 대여하는 서비스였다. 2007년부터는 비디오 스트리밍 서비스를 시작했다. 지금까지 없었던 새로운 유형의 텔레비전이 탄생했다. 넷플릭스는 2010년부터 해외 진출을 시작했다. 글로벌 스트리밍을 향한 담대한 여정의 출발이었다. 2013년부터는 오리지널 제작을 통해 스튜디오를 지향했다. 더구나 제작된 드라마 시리즈 전편을 일시에 공개해 텔레비전 산업계를 충격에 빠뜨렸다. 2013년 2월 1일 〈하우스 오브 카드〉 시즌1의 13편이 동시에 공개된 것이다. 이로써 방송의 역사는 이 드라마의 전과 후로 나뉜다는 평가를 들었다. 2015년에는 멕시코에서 최초의 로컬 오리지널 〈클럽 디 쿠에르보스〉를 공개했다. 로컬 오리지널의 글로벌 확장 전략이 시작되었다. 2016년에는 190개국으로 서비스를 확대해 글로벌 스트리밍으로 성장했다. 이후 2021년 〈오징어 게임〉을 통해 로컬 콘텐츠를 새로운 성장 모델로 만들었다. 넷플릭스는 빅테크 및 할리우드 진영과의 경쟁에서 이제는 제1의 글로벌 스트리밍으로 성장했다. 이들의 혁신과 실험은 앞으로도 계속될 것이다.

《넷플릭스 효과》의 저자 케빈 맥도널드 교수는 "넷플릭스가 오리지널 콘텐츠로 전환한 것 외에 최근 역사에서 가장 중요한 발전은 글로벌 확장에 대한 전념"이라고 언급했다.[58] 넷플릭스는 다른 사업자에 비해 해외에 먼저 진출했고 가입자 수에서도 앞서고 있다. 이들은 2010년부터 해외 진출을 시작해 13년이나 지났다. 넷플릭스는 사업 초기부터 해외 진출에 많은 공을 들였다. 그럼에도 해외 시장을 파악하는 데는 몇 년이 걸렸다. 넷플릭스는 글로벌 각국에서 벌어지는 다양한 상황에 맞게 사업을 추진해 왔다. 해외의 주요 거점 국가인 멕시코-영국-스페인-독일-프랑스-한국-일본-인도 등의 시장에 진출하면서 로컬 콘텐츠의 제작 및 라이선스 확보, 사회적 문화적 경제적 인프라의 활용, 콘텐츠 전송에 대한 노하우도 축적해 왔다. 넷플릭스는 이를 토대로 국가별로 서로 다른 어려움을 극복해 왔고, 미래에도 글로벌 스트리밍을 선도해 갈 것으로 보인다.

일론 머스크의 테슬라가 2008년 최초의 전기차 로드스터를 공개했을 때 세상의 반응은 차가웠다. 심지어 그를 사기꾼이라고 하며 전기차 시대는 절대 오지 않는다고 조롱하기까지 했다. 테슬라가 만든 전기차를 사람들은 자동차가 아니라고까지 말했다. 외관은 거칠고 차 안의 인테리어도 조잡하다는 것이었다. GM이나 도요타와 같은 내연기관 자동차를 만드는 회사는 마음만 먹으면 언제든지 전기차를 만들 수 있다고 공언했다. 그러나 최근에는 전통적 내연기관차들의 전기차 제조 능력이 의심받기 시작했다. 내연기관 자동차 제조 1위의 도요타는 이제야 전기차 도래의 심각성을 알아차렸으나 이미 때는 늦은 것 같다. 2023년 초 사장까지 교체하면서 본격적으로 전기차 시장에 뛰어들겠다고 선언했지만 테슬라를 따라잡는 것은 사실상 불가능하다는 게 자동차 업계의 평가다.

자동차는 1903년 설립된 포드사로 시작했다. 지난 100년 동안 자동차의 상징이 된 포드는 2023년 1분기 실적 발표에서 자사가 만들고 있는 전기차의 영업 이익률이 마이너스 100퍼센트를 넘어간다고 공개했다. 이는 5만 달러짜리 전기 자동차를 만들어 팔면 5만 달러 이상의 영업 손실이 발생한다는 뜻이다. 자동차의 역사인 포드조차 전기차 제조가 쉽지 않다는 말이다. 그렇다고 미래의 자동차인 전기차를 포기할 수도 없다. 100년 기업인 할리우드 스튜디오가 처한 상황과 비슷하다. 전통의 자동차 업체들 즉 레거시 자동차 제조사는 여전히 엔진 구동 자동차를 팔아서 돈을 벌고 있다. "언제든지 마음만 먹으면 만들 수 있다"던 전기차의 기술력은 테슬라와 좁혀지지 않고 있다. 양산 능력 및 가격 경쟁에서 테슬라를 이기지 못하고 있는 것이다. 더구나 전기차의 경쟁력은 이를 구동시키는 소프트웨어다. 내연기관차가 따라가기 더 어려운 영역이다. 인재는 혁신 기업인 테슬라로 모이고 있다. 테슬라는 이제 전기차의 브랜드가 되었다.

자동차 산업에서 벌어지고 있는 일이 지금 글로벌 미디어콘텐츠 산업에서도 똑같이 일어나고 있다. 넷플릭스는 글로벌 스트리밍의 브랜드가 되었다. 이들은 미디어콘텐츠 산업에서 혁신을 지속하고 있다. 글로벌 스트리밍 사업의 핵심은 콘텐츠 제작 및 유통에 있다. 넷플릭스는 스토리와 스토리텔링에서 혁신을 거듭했다. 즉 선형 TV가 다루지 못한 파격적인 소재와 스토리텔링을 선보였다. 창작자들에게 더 많은 창작의 자유도 주었다. 글로벌 동시 공개, 드라마 시리즈의 일괄 공개, TV를 통한 오리지널 영화의 개봉과 같이 콘텐츠 유통에서의 혁신도 계속되고 있다.

넷플릭스가 추진하는 실험 중에서 영화와 TV 간의 통합은 특히 주목할 만하다. 영상 콘텐츠의 두 축은 영화와 TV 쇼다. TV 쇼는 드라마 시리즈가 대표이므로, 영화와 드라마가 미디어콘텐츠 비즈니스의 핵심이다. 전통적으로 영화는 극장에서 먼저 개봉되고 그다음 TV로 이동한다. 이것이 지난 100년간의 문법이었다. 그런데 넷플릭스가 오리지널 영화와 드라마를 제작하면서부터 영화와 텔레비전의 관계가 변했다. 라몬 로바토는 넷플릭스의 사업 모델이 특이하다고 했다. 몰입감 높은 전문 콘텐츠를 제공하는 넷플릭스 모델이 다소 비현실적이라는 것이다. 미국에서조차 넷플릭스는 다른 주요 플랫폼과 전혀 다른 모습이라고 했다.[59]

프라임 비디오는 아마존이 운영하는 전자상거래 플랫폼의 미끼 상품이다. 애플은 아이폰 같은 기기를 판매하기 위해 애플TV+를 활용한다. 이처럼 스트리밍을 제공하는 빅테크가 지향하는 텔레비전은 그 모습이 서로 다르다. 한편 할리우드는 스트리밍을 새로 등장한 윈도의 하나쯤으로 생각하는 것처럼 보인다. 반면에 넷플릭스는 스트리밍이 전부다. 이들은 자신들만의 독특한 텔레비전의 미래를 만들어 가고 있다. 그렇다면 넷플릭스가 추구하는 새로운 텔레비전의 모습은 무엇일까?

할리우드가 지배하던 시절에는 그들이 추구한 창구화 전략의 결과로 영화(극장)와 TV가 한몸처럼 움직였다. 이 둘이 서로 긴밀하게 연결된 구조로, TV는 극장에서 개봉된 영화가 공개되는 후속 창구 역할을 했다. 디즈니+는 여전히 이러한 모습을 보인다. 그러나 넷플릭스는 전혀 다르다. 넷플릭스로 인해 영화와 TV가 독자성을 갖기 시작했다. 넷플릭스가 글로벌 스트리밍만의 영화를 제작하면서 영화와 TV가 분리되고 영화와 텔레비전의 연계성이 약화되었다. 이는 할리우드가 넷플릭스에 콘텐츠 제공을 거절한 결과로 나타난 현상이기도 하다. 그런데 이 현상을 뒤집어 보면 영화와 텔레비전이 새로운 모습으로 통합되는 것으로 보이기도 한다. 차이는 할리우드 시절에는 영화가 주主가 되고 TV가 부副였던 데 비해 넷플릭스의 스트리밍 시대에는 텔레비전이 주이고 영화가 부가 된다. 주와 부가 뒤바뀐 것이다.

예를 들어 넷플릭스의 〈레벨 문〉 같은 블록버스터 영화도 이제는 TV를 통해 개봉된다. 넷플릭스나 아마존이 많은 돈을 들여 제작한 최고 수준의 영화도 더 이상 극장 개봉을 위한 콘텐츠가 아니다. 이를 과도기적 현상으로 이해할 수도 있다. 앞으로 극장과 TV가 콘텐츠 제작과 유통을 두고 어떤 관계를 설정하느냐는 관심 거리가 될 것이다. 최근 미국이나 국내에서 영화의 위기를 말하는 이들이 많다. 사람들이 왜 극장에 가지 않는지를 묻기도 한다. 한편 영화에 대한 정의를 바꾸어야 한다는 주장도 있다. 이러한 현상의 근본 원인은 바로 영화(극장)를 대신하려는 넷플릭스의 야망이 자리하고 있다. 글로벌 미디어콘텐츠 산업이 소용돌이치는 이유다.

넷플릭스의 실험은 여전히 현재 진행형이다. 헤이스팅스는 이미 2016년에 "파일럿pilot(시험 제작), 시청률rating, 가을 시즌fall season(미국 지상파가 9월에서 12월의 시즌에 새로운 프로그램을 편성하는 패턴), 특정 길이의 프로그램까지 모두 넷플릭스가 없애 버린 오래된 TV 산업의 덫입니다. 넷플릭스가 영화 산업에서도 같은 일을 하기를 기대합니다"라고 말한 바 있다.[60] 2022년 11월 넷플릭스는 TV 광고 시장에 전격적으로 뛰어들었다. TV 광고는 선형 TV의 마지막 생명줄이다. 넷플릭스로 인해 미국의 텔레비전 및 영화 산업은 충격과 공포를 경험하고 있다. 넷플릭스발 퍼펙트 스톰이 글로벌 각국으로 빠르게 확산되는 중이다.

글로벌 텔레비전 슈퍼파워의 등장

할리우드 경영진 일부는 미래에 스튜디오로 남을 사업자의 수가 극적으로 줄어들 것이라고 예상해 왔다. 업계의 한 베테랑은 "결국 서너 개의 플랫폼이 남게 될 것이고, 다른 플랫폼은 모두 어려움에 처하고 인수될 것입니다. … 애플, 아마존, 넷플릭스 그리고 다른 하나가 남을 것입니다. NBC유니버설, 워너브라더스, 파라마운트를 합친다면 살아남을 수 있을 것입니다"라고 내다봤다.[61]

빅테크가 주도하는 승자독식의 시장

글로벌 스트리밍 사업자 간의 우열이 드러나고 있다. 넷플릭스가 다시 선두로 복귀하고 론칭 당시 큰 기대를 모았던 디즈니+는 생각보다 부진하다. 나머지 할리우드 사업자는 글로벌 스트리밍의 경쟁 레이스에서 탈락하기 시작했다. 월가의 분석가나 업계 전문가는 글로벌 스트리밍이 소수의 사업자로 재편될 것으로 예상한다. 필자도 이에 동의한다. 앞으로 수년 안에 글로벌 스트리밍은 3~4개 정도의 사업자 중심으로 재편될 수 있다. 이 경우 글로벌 온라인 플랫폼의 특성상 승자독식 시장이 만들어질 가능성이 높다.

과연 글로벌 스트리밍이라는 플랫폼의 영역에서 승자독식 시장은 가능할까? 《플랫폼 레볼루션》의 저자 중 하나인 제프리 파커 Geoffrey Parker는 승자독식 시장에서는 특정 기업이 해당 산업에서 10년 이상 지속 가능한 우위를 차지한다고 말했다. 이러한 시장에서는 사용자들이 자신이 사용하던 플랫폼을 버리고 하나의 플랫폼으로 이동하게 된다. 파커는 승자독식 시장을 특징짓는 요소로 네 가지를 들었다. 규모의 공급 경제, 강력한 네트워크 효과(규모의 수요 경제), 높은 멀티호밍multi-homing 비용과 전환 비용, 특화된 틈새 전문화 부족이다.[62] 글로벌 스트리밍은 파커가 제시한 승자독식 시장의 네 가지 특징을 보이고 있을까?

첫 번째 특징인 규모의 공급 경제 측면이다. 이는 산업화 시대에 시장 지배력의 근원이었다. 공급에서 규모의 경제가 이루어진 산업에서는 생산량이 중요하다. 생산에 들어간 비용을 더 많은 구매자가 나눠서 감당한다면 이윤이 많이 남기 때문이다. 이러한 특성을 글로벌 스트리밍에 적용해 보자. 콘텐츠 제작과 유통에서는 규모의 공급 경제가 작동한다. 예를 들어 3억 5000만 달러(추정)를 들여 제작한 영화 〈아바타: 물의 길〉은 관람객이 많아질수록 관람객 한 명이 부담하는 제작비가 낮아진다. 1억 명이 관람하면 1인당 3.5달러이고 3억 5000만 명이 관람하면 1인당 1달러의 제작비를 부담하게 된다. 만약 영화 관람료가 10달러라면 관람객이 3500만 명을 넘어서는 순간부터 수익이 급격하게 커진다. 관람객이 증가해도 원가(영화 제작비)는 늘어나지 않기 때문이다. 이처럼 할리우드 스튜디오의 영화 제작에는 규모의 공급 경제가 작동한다. 넷플릭스, 아마존, 애플의 콘텐츠 제작도 할리우드 스튜디오처럼 규모의 공급 경제가 발생할 수 있다. 가입자가 3억 명에 가까운 넷플릭스는 〈오징어 게임〉에 1000억 원 정도의 제작비도 투자할 수 있다. 하지만 티빙은 그럴 수 없다. 국내에서 방송된 드라마 방영권을 구매할 때도 마찬가지다. 아마존은 세계에서 2억 명의 프라임 멤버십 가입자가 좋아할 만한 드라마라면 우리가 상상할 수 없는 돈을 들여서도 방영권을 구매할 수 있다. 글로벌 스트리밍의 콘텐츠 제작과 유통에는 이 같은 규모의 경제가 작동한다.

　두 번째 특징인 강력한 네트워크 효과의 측면이다. 네트워크 효과는 플랫폼에 참여하는 사용자들이 다른 사용자가 창출하는 가치에 미치는 영향력이라고 할 수 있다. 흔히 멧칼프의 법칙Metcalfe's law으로 설명하곤 한다. 즉 전화망의 가치는 전화망 수가 증가할수록 비선형적nonlinear으로 증가하며, 이에 따라 가입자들 간에 더 많은 연결을 만들어 낸다. 단 한 대의 전화기만으로는 누구에게도 전화를 걸 수 없지만 사람들이 전화기를 더 많이 구매할수록 전화기의 가치는 높아진다.[63] 네트워크 효과는 인터넷 시대의 시장 지배력의 원천이 되고 있다. 긍정적 네트워크 효과로 많은 사용자가 플랫폼 생태계에 참여할수록 기업들이 창출하는 가치와 이들이 얻는 이익률이 모두 증가한다. 네트워크 효과는 '규모의 수요 경제'라고도 한다. 네트워크 효과는 특정 플랫폼으로 더 많은 사용자를 끌어온다는 점에서 승자독식을 강화시킬 수 있다.

이러한 특성을 글로벌 스트리밍에 적용해 보자. 예를 들어 넷플릭스, 아마존, 애플, 유튜브는 강력한 네트워크 효과를 보유하고 있다. 글로벌 스트리밍에서는 소수 취향의 틈새 콘텐츠라도 글로벌로 확대되면 충분한 크기의 시청 집단이 형성된다. 글로벌 취향 집단의 탄생과 같은 것이다. 따라서 틈새 콘텐츠라도 그에 대한 수요에서 규모의 경제가 발생한다. 한국어로 제작된 〈오징어 게임〉이 공개된 후 글로벌 시청자는 28일 동안 누적으로 16억이 넘는 시간 동안 시청했다. 상상하기 어려운 규모의 수요를 창출한 것이다. 넷플릭스, 아마존, 디즈니+ 등 글로벌 스트리밍은 광고 티어를 도입했다. 글로벌 스트리밍의 가입자가 증가할수록 광고 매체로서의 효과는 급상승할 것이다. 또한 영화를 편당 판매하는 새로운 수익 모델도 만들 수 있다. 3억 명의 가입자를 보유한 넷플릭스와 380만 명을 보유한 티빙을 통해 만들어지는 콘텐츠 소비량은 비교하기 어렵다.

세 번째 특징인 높은 멀티호밍과 전환 비용이라는 측면이다. 멀티호밍은 사용자가 동일한 목적을 이루기 위해 다수의 플랫폼에 참여하는 것이다. 멀티호밍을 통해 사용자들은 여러 플랫폼이 제공하는 혜택을 누릴 수 있다. 그러나 거기에는 당연히 대가가 따른다. 한편 전환 비용은 한 플랫폼을 떠나 다른 플랫폼으로 이동할 때 발생하는 비용이다. 높은 전환 비용은 시장의 집중도를 높이고 소수의 대형 기업이 시장을 지배하도록 한다.

이를 글로벌 스트리밍에 적용해 보자. 예를 들어 넷플릭스, 디즈니+, 아마존 프라임 비디오, 티빙과 웨이브를 모두 구독하는 시청자는 각각의 플랫폼이 제공하는 독점 영화, TV 쇼를 시청할 수 있다. 물론 여러 스트리밍을 구독하려면 매월 상당한 액수의 구독료를 지불해야 한다. 여러 조사에 따르면 미국과 한국의 시청자는 평균 서너 개 정도의 스트리밍 서비스를 구독하는 것으로 나타났다. 따라서 스트리밍 시장은 멀티호밍 비용이 들고 전환 비용도 발생한다. 말하자면 넷플릭스를 해지하고 디즈니+로 이동할 때 비용이 발생한다는 것이다. 다만 현재는 전환 비용이 크지는 않다. 케이블 TV나 IP TV처럼 약정에 따른 위약금도 없다. 자신이 보고 싶은 콘텐츠를 다 시청한 후에 다른 스트리밍으로 쉽게 이동할 수 있다. 이를 두고 '스트리밍 사냥'이라는 비유도 나온다. 현재는 높은 멀티호밍 비용과 비교적 낮은 전환 비용이 발생하는 상황이다. 물론 전환 비용이 꼭 경제적 비용만을 의미하지 않는다. 플랫폼을 옮김으로써 발생하는 비경제적 비용도 많다. 즉 넷플릭스를 떠나면 그동안 넷플릭스가 구축해 놓은 개인별 시청 데이터에 근거한 정교한 추천의 이점이 사라진다. 또 자신의 취향에 꼭 맞고 넷플릭스만 제공하는 오리지널 영화나 드라마 시리즈도 더 이상 시청할 수 없다.

하지만 향후 글로벌 스트리밍 시장이 서너 개 정도의 소수 사업자로 재편되고 이들의 시장 지배력이 강화된다면 구독자의 전환 비용은 점차 높아질 것이다. 현재 글로벌 스트리밍의 경쟁 상황을 보면 넷플릭스, 아마존 중심의 빅테크가 할리우드 진영을 앞서고 있다.

할리우드가 스트리밍 시장에 진입한 2019~2021년부터 이들은 자사의 콘텐츠를 넷플릭스에 제공하지 않았다. 이러한 상황에도 불구하고 넷플릭스, 아마존의 시장 지배력이 높아지고 할리우드 진영의 사업자는 스트리밍에서 대규모 손실이 발생했다. 2023년에 들어서 디즈니, WBD가 넷플릭스, 아마존에 다시 콘텐츠를 제공하기 시작하며 콘텐츠 라이선싱을 재개한 일은 빅테크의 경쟁력을 강화시켰다. 넷플릭스는 디즈니나 워너브라더스로부터 라이선스를 확보하면서 더 저렴한 비용으로 할리우드 콘텐츠를 구입해 경제적 효율을 높일 수 있기 때문이다. 이는 수익 증가로 이어지고 그러면 더 좋은 오리지널을 더 많이 제작할 수 있는 여건이 마련된다.

그에 비해 디즈니나 WBD가 수익성을 높이려면 자사의 스트리밍에서 오리지널을 축소하고, 넷플릭스라는 경쟁 사업자에게 자사 콘텐츠를 더 많이 공급해야 한다. 이렇게 되면 콘텐츠 경쟁력은 더 떨어질 수 있다. 결국 넷플릭스는 다른 스튜디오로부터 구매한 콘텐츠뿐 아니라 자사의 오리지널까지 제공함으로써 콘텐츠 경쟁력을 더욱 높일 수 있다. 선순환 구조가 강화되는 것이다. 이 경우 점점 더 많은 가입자가 넷플릭스 하나만 구독해도 되는 상황이 온다. 이는 이미 현실이 되고 있다. 넷플릭스는 콘텐츠 경쟁력을 바탕으로 2024년에도 구독료를 인상할 계획이다. 이들은 이미 가장 저렴한 베이직 상품을 폐지했다. 앞으로 글로벌 스트리밍이 소수의 사업자 중심으로 재편되고 스트리밍의 가격이 높아지면 전환 비용도 더 많이 발생할 것이다.

마지막으로 네 번째 특징인 플랫폼 서비스의 틈새 전문화 부족이라는 측면이다. 상품을 소비하는 수요의 크기에 영향을 주는 요인으로, 특정 사용자들의 독특한 취향에 맞추는 틈새 전문화가 있다. 틈새 서비스가 제공되면 시장 수요가 분산되는 효과가 발생하므로 틈새 상품이나 이를 통한 차별화가 적을수록 승자가 거의 모든 시장을 차지한다. 틈새 전문화의 여지가 거의 없거나 아예 없는 시장일수록 승자독식 효과가 클 수밖에 없다. 하나의 사업자가 모든 취향의 소비자를 다 만족시킬 수 있기 때문이다. 따라서 승자독식 효과가 크면 클수록 이러한 시장을 장악하려는 플랫폼 간의 경쟁은 더욱 치열해진다. 이런 시장에서는 최후의 승자가 모든 것을 차지할 수 있다.

이를 글로벌 스트리밍에 적용해 보자. 마이클 쿠수마노Michael A. Cusumano는《플랫폼 비즈니스의 모든 것》에서 차별화 및 틈새 경쟁은 경쟁자들이 특별한 서비스로 이용자들의 관심을 끄는 차별화된 틈새 플랫폼이 존재하는 경우에 발생한다. 따라서 승자독식 시장이 되기 위해서는 틈새 시장이나 틈새 상품이 존재할 가능성이 적어야 한다. 글로벌 스트리밍 시장에서는 사업자별로 틈새 상품을 통한 전문화가 사실상 쉽지 않다. 예를 들어 K콘텐츠만 제공하는 전문적인 스트리밍 서비스로 차별화할 수는 있지만 이러한 틈새 사업자가 넷플릭스처럼 모든 시장을 목표로 하는 글로벌 스트리밍과 글로벌 차원에서 경쟁하기는 어렵다. 영국이나 스페인에서 넷플릭스와 K콘텐츠 전문 스트리밍이 가입자를 확보하려고 경쟁한다면 어떨까? 결과는 쉽게 예측할 수 있다. 그렇다면 글로벌 스트리밍 사업자인 넷플릭스, 아마존 프라임 비디오, 애플TV+, 디즈니+ 간의 차별화는 가능할까?

스트리밍 서비스 간의 차별화는 크게 콘텐츠 영역과 플랫폼 서비스 영역으로 구분할 수 있지만 사실 두 부문에서 사업자 간의 차별화는 쉽지 않다. 먼저 콘텐츠 영역에서의 차별화를 보자. 글로벌 스트리밍은 자사의 상품인 콘텐츠를 SVOD라는 번들 형태로 제공한다. 번들 상품의 제공에서는 번들의 크기가 클수록 경쟁에서 유리하다. 즉 콘텐츠를 확대해 최적의 결합상품을 제공한다면 돈을 낼 의향이 있는 모든 고객을 확보할 수 있다. 글로벌 시장조사 분석 회사인 앰페어 애널리시스에 따르면 아마존은 1만 872개 타이틀, 넷플릭스는 8391개 타이틀, 디즈니·훌루는 9578개(이 중 디즈니+는 2525개)의 타이틀을 제공한다.

이처럼 제공하는 콘텐츠가 1만 개 타이틀에 이르면 구독자 입장에서는 사실 차별화를 느끼기 어렵다. 거의 모든 가입자가 자신의 취향에 맞는 콘텐츠를 시청할 수 있다. 아이러니하게도 스트리밍 사업자가 제공하는 콘텐츠를 집합적 차원에서 보면 사업자별로 차별화되기가 쉽지 않다. 다만 현재는 넷플릭스와 디즈니+가 제공하는 콘텐츠 수에서 넷플릭스가 크게 앞서고 있다. 하지만 앞으로 넷플릭스, 디즈니+, 아마존 프라임 비디오, 애플TV+가 제공하는 콘텐츠의 수가 더욱 증가한다면 이들 간의 차별화도 줄어들 것이다. 이런 상황에서 각국의 로컬 스트리밍 사업자가 콘텐츠 차별화로 넷플릭스 같은 글로벌 스트리밍 사업자와 경쟁하기는 더 어려워진다. 로컬 스트리밍 사업자는 단지 틈새 서비스로 생존할 뿐이다. 이것은 생존 전략이지 글로벌 사업자와의 경쟁 전략이 아니다. 넷플릭스와 티빙, 웨이브와의 관계를 보면 알 수 있다.

다음으로 플랫폼 서비스 영역에서의 차별화를 보자. 플랫폼 영역에서 차이는 콘텐츠 추천 시스템, UI(사용자 인터페이스)나 UX(사용자 경험) 같은 소프트웨어 개발 능력이다. 하지만 글로벌 스트리밍을 주도하는 넷플릭스, 아마존, 애플, 구글 같은 빅테크는 플랫폼 운영 능력의 차이가 크지 않다. 모두 글로벌 최고 수준이다. 서비스의 차별화가 크지 않은 소수의 글로벌 스트리밍 사업자 간의 경쟁은 앞으로 더욱 심화되고 점차 그들만의 게임이 될 것이다.

종합해 보면 글로벌 스트리밍 산업에 승자독식 시장이 형성될 수 있는가 하는 질문에 대한 답은 "가능성이 매우 높다"이다. 제프리 파커에 따르면 승자독식 시장에서는 경쟁이 유독 심해지는 경향이 있다.[64] 현재 글로벌 스트리밍 시장에 나타나고 있는 모습이다. 이렇게 되면 글로벌 스트리밍의 승자가 글로벌 텔레비전 산업을 독차지할 가능성이 높다.

글로벌 텔레비전의 '슈퍼파워'

소수의 글로벌 스트리밍이 글로벌 미디어콘텐츠 시장을 장악하면 각국의 전통 미디어는 로컬을 기반으로 운영될 것이다. 그러나 글로벌 스트리밍은 방송의 개념에서 국가를 소멸시켰다. 글로벌 스트리밍은 지역 나누기를 거부한다. 할리우드의 전통 미디어가 나누기를 한다면 글로벌 텔레비전은 통합한다. 글로벌 스트리밍에 의해 국경 없는 방송, 국경 없는 콘텐츠가 더욱 득세할 것이다. 소수의 글로벌 스트리밍이 글로벌 TV 시장을 장악하면 이러한 현상은 더욱 가속화될 것이다. 캐나다의 미디어 학자 마셜 맥루한Marshall McLuhan은 과학기술과 통신의 발전으로 전 세계가 쉽게 왕래하고 소통할 수 있는 세상이라는 뜻으로 지구촌global village이라는 용어를 사용했다. 지구를 한 마을처럼 생각한 것이다. 이게 1988년의 일이다. 그런데 맥루한이 말한 지구촌이 글로벌 스트리밍이라는 지구 TV를 통해 실현되고 있다.

글로벌 스트리밍으로 인해 지구인의 텔레비전 시청 방식도 크게 달라졌다. 글로벌 스트리밍의 확장으로 지상파와 유료 방송(케이블과 위성방송)의 영향력이 급속히 감소했다. 레거시 미디어 시절의 시청자는 케이블 TV나 위성방송과 같은 다채널 제공 사업자의 서비스를 통해 자신의 채널 레퍼토리를 구성했다. 연구에 따르면 사람들은 일반적으로 개인적인 선호 채널이 10여 개 정도 있다고 한다. 영화, 드라마 시리즈, 스포츠, 리얼리티 쇼, 애니메이션, 다큐멘터리, 음악 등 자신이 좋아하는 콘텐츠가 주로 방송되는 채널로 이루어진다. 그런데 글로벌 스트리밍 시대에는 개인별 선호 채널이라는 것도 의미가 없다. 소수의 글로벌 스트리밍 서비스를 구독하면 모든 것이 해결된다. 스트리밍을 통해 자신이 보고 싶은 콘텐츠를 언제든 골라보면 되기 때문이다.

미국이나 한국의 시청자는 평균 3개 내외의 스트리밍 서비스를 구독한다. 글로벌 스트리밍 시대에는 넷플릭스, 아마존 프라임 비디오, 디즈니+, 애플TV+ 및 티빙, 웨이브 같은 스트리밍 서비스 중에서 자신이 보고 싶은 프로그램을 채널이 아니라 해당 콘텐츠를 직접 선택해서 시청할 수 있다. 글로벌 스트리밍이 더욱 확장되면 소수의 글로벌 텔레비전만으로도 자신의 콘텐츠 레퍼토리를 구성할 수 있다. 넷플릭스TV, 아마존TV, 애플TV, 구글TV, 디즈니TV, 그리고 티빙TV 등으로 자기 취향에 맞는 영화, 드라마 시리즈, 스포츠, 애니메이션, 리얼리티 쇼 등 어떤 콘텐츠라도 골라볼 수 있다.

팬데믹 이후 극장으로 관객이 돌아오지 않는다고 한다. 이유 중 하나는 영화를 TV로 감상할 수 있기 때문이다. 글로벌 스트리밍이 선형 TV를 넘어 극장까지 대체하고 있는 것이다. 글로벌 시청자는 소수의 글로벌 텔레비전만 구독하면 원하는 세상의 모든 콘텐츠를 언제 어디서나 편리하게 접근할 수 있다. 이전에 볼 수 없었던 강력한 글로벌 텔레비전의 등장이다. 유튜브는 전 세계에서 20억 명 이상이 이용한다. 앞으로 소수의 글로벌 스트리밍이 유튜브처럼 수억 명의 가입자를 확보하고 'TV계의 유튜브'가 될 수 있다. 이 경우 지구인 모두가 즐기는 '유니버스TV Universe Television'가 탄생할지도 모른다. 미래는 이미 우리 곁에 와 있다. 다만 널리 퍼지지 않았을 뿐이다.

2장
글로벌 스트리밍과
로컬 콘텐츠

"오늘날 전 세계 넷플릭스 회원의 60퍼센트 이상이 〈지금 우리 학교는〉, 〈이상한 변호사 우영우〉, 〈피지컬: 100〉 등 적어도 한 편 이상의 한국 작품을 넷플릭스에서 시청하고 있습니다. 한국만이 아닙니다. 유럽 전역에서도 프랑스의 〈뤼팽〉, 스페인의 〈종이의 집〉과 〈엘리트들〉, 영국의 〈더 크라운〉, 노르웨이의 〈트롤의 습격〉, 그리고 독일의 〈서부 전선 이상 없다〉 등 세계적 히트작이 탄생했습니다."(그렉 피터스 넷플릭스 공동 CEO)[1]

넷플릭스가 두 차례에 걸쳐 발표한 2023년(1월~12월) 시청 시간 자료engagement report에 따르면 비영어권 콘텐츠가 전체 시청 시간의 3분의 1을 차지하고 있다. 콘텐츠 소비의 글로벌화가 빠르게 진행되고 있음을 알 수 있다. 로컬 콘텐츠는 글로벌 스트리밍 성장의 원인이며 동시에 결과이기도 하다. 글로벌 스트리밍이 성장할수록 로컬 콘텐츠도 계속해서 증가할 것이다.

01

부상하는 로컬 콘텐츠

2023년 2월 28일 현재 기준 넷플릭스의 콘텐츠(오리지널 및 라이선스) 중 가입자들이 가장 많이 시청한 TV 시리즈 및 영화의 순위를 보자. 순위는 드라마 시리즈나 영화가 공개된 후 처음 28일 동안의 총 시청 시간 기준이다.[2]

도표 2.1은 톱 14 중 한국과 스페인에서 현지어로 제작된 콘텐츠가 4개 타이틀을 차지하고 있다. 특히 〈오징어 게임〉은 2021년 9월 17일에 공개되어 글을 쓰는 현재까지 영어로 제작된 넷플릭스의 오리지널을 제치고 압도적 1위를 차지하고 있다. 〈기묘한 이야기〉 시즌4가 2022년 5월에 공개되었을 때 〈오징어 게임〉을 추월할 것으로 예상했으나 결국 실패했다. 한국의 〈오징어 게임〉과 〈지금 우리 학교는〉이 순위에 들어가 K-드라마의 세계적 선호를 보여 준다. 스페

도표 2.1 넷플릭스에서 가장 많이 시청한 TV 프로그램 순위

순위	타이틀	장르	시청 시간(백만)	콘텐츠 언어
1	〈오징어 게임〉 시즌1	서바이벌 스릴러	1,650	한국어
2	〈기묘한 이야기〉 시즌4	SF	1,350	영어
3	〈웬즈데이〉	초자연적 블랙코미디	1,240	영어
4	〈다머〉	연쇄살인 범죄	856.2	영어
5	〈종이의 집〉 파트5	스릴러	792.2	스페인어(스페인)
6	〈브리저튼〉 시즌2	로맨스	656.3	영어
7	〈브리저튼〉 시즌1	로맨스	625.5	영어
8	〈종이의 집〉 파트4	스릴러	619	스페인어(스페인)
9	〈기묘한 이야기〉 시즌3	SF	582.1	영어
10	〈루시퍼〉 시즌5	판타지	569.5	경찰 프로시주얼*, 영어
11	〈지금 우리 학교는〉	좀비 스릴러	560.8	한국어
12	〈위쳐〉 시즌1	판타지 쇼	541	영어
13	〈애나 만들기〉	범죄	511.9	리미티드 시리즈**, 영어
14	〈지니 & 조지아〉 시즌2	드라메디(dramedy)	504.8	영어

- 출처: CNET. 한국에서 공개된 타이틀 명으로 한다.
* 경찰 프로시주얼(police procedural): 에피소드 시작 시 범죄의 실행 또는 발견, 후속 조사, 에피소드 종료 시 가해자의 체포 또는 유죄 판결을 포함한다(위키피디아). ** 리미티드 시리즈(limited series): '한정 시리즈'라는 말 그대로 대개 하나의 시즌으로 종결된다. 따라서 에피소드 수도 상대적으로 적다.

인의 〈종이의 집〉도 2개 파트가 포함되었다. 이처럼 한국이나 스페인에서 제작된 로컬 콘텐츠가 미국에서 영어로 제작된 콘텐츠와 당당하게 경쟁하고 있다.

로컬 콘텐츠의 확장

글로벌 스트리밍에서 점차 관심이 커지는 로컬 콘텐츠란 무엇일까? 로바토 교수는 로컬의 정의가 상당히 유연해 보인다고 말했다. 영어를 사용하는 시장에서 로컬은 영국과 미국 콘텐츠의 혼합을 의미할 수 있다. 스페인이나 멕시코 드라마는 남미 지역에서, 이집트와 터

키 드라마는 아랍 지역에서 각각 로컬 콘텐츠로 받아들인다.[3] 임종수 교수는 미디어 산업에서는 현지local와 지역region을 구분해 사용하기도 한다고 밝혔다. '현지'는 문화 사회적 특성을 반영하면서도 행정 구역이나 사업 구역으로 정의하는 데 비해, '지역'은 인위적 국경이나 사업 권역과 무관하게 문화적 영역을 지칭한다고 했다.[4] 현지 콘텐츠와 지역 콘텐츠의 개념을 구분하고 있는 것이다. 이를테면 스페인어로 제작되고 마약상 이야기를 다룬 드라마 시리즈 〈나르코스〉는 콜롬비아에서는 로컬 콘텐츠이며, 스페인어를 사용하고 비교적 동일한 문화권으로 볼 수 있는 라틴 아메리카에서는 지역 콘텐츠라고 할 수 있다.

영어, 스페인어, 중국어, 아랍어 콘텐츠는 이 언어를 쓰는 다양한 국가에서 만들 수 있다. 동일한 언어를 쓰더라도 국가는 서로 다를 수 있다는 뜻이다. 미국, 캐나다, 영국, 호주, 뉴질랜드에서 영어로 만든 콘텐츠는 로컬 콘텐츠이면서 지역 콘텐츠가 될 수 있다. 아랍어로 만든 콘텐츠는 중동의 많은 국가에서는 지역 콘텐츠가 될 수 있다. 그래서 지리적 관점에서 보면 국가 < 지역 < 글로벌로 볼 수 있다. 로컬 콘텐츠 → 지역 콘텐츠 → 글로벌 콘텐츠 또는 로컬 콘텐츠 → 글로벌 콘텐츠로 확장하는 것이다.

이러한 관점에서 보면 로컬 콘텐츠란 기본적으로 해당 국가에서 만든 콘텐츠로 정의할 수 있다. 해당 국가의 문화가 반영되고 현지의 언어로 현지의 창작팀이 제작한 콘텐츠다. 그러나 개념적 정의처럼 로컬 콘텐츠가 명확하게 구분되지는 않는다. 이런 의미에서 보면 로컬 콘텐츠는 형식적 구분의 성격이 강하다. 제작 현장에서는 제작비를 투자하는 주체나 제작사, 창작자의 구성이 매우 다양하게 조합될 수 있기 때문이다. 특히 국제 공동 제작 같은 콘텐츠 제작의 글로벌화로 이 같은 현상은 더 증가하고 있다.

로컬 콘텐츠는 국가 단위로 정의할 수 있지만 미디어콘텐츠의 산업적 관점에서 보면 할리우드 콘텐츠냐 아니냐로 나눌 수도 있다. 결론적으로 로컬 콘텐츠는 '할리우드가 아닌 해당 국가에서 현지 언어로 현지의 창작 팀이 제작한 콘텐츠'로 정의할 수 있다. 일부에서는 '비영어 콘텐츠'를 로컬 콘텐츠의 개념으로 쓰기도 한다. 하지만 이 경우 영국, 캐나다, 남아프리카공화국 등에서 영어로 제작된 콘텐츠는 로컬 콘텐츠에 해당하지 않는다는 문제가 있다. 따라서 언어의 문제가 아니라 할리우드(미국)와 대비되는 개념으로 구분하는 것이 글로벌 스트리밍과 글로벌 미디어콘텐츠 산업을 이해하는 데 더 유용하다.

그렇다면 로컬 콘텐츠라는 관점에서 영화 〈옥자〉는 어디에 속할까? 국내에서 제작된 영화 〈옥자〉는 배우 브래드 피트가 운영하는 미국 제작사 플랜B가 제작했고, 제작비는 넷플릭스가 투자했으며, 감독은 한국의 봉준호다. 주요 연기자는 미국과 한국의 배우다. 따라서 한국어로 제작된 이 영화는 한국의 로컬 오리지널이다. 그러면 애플TV+가 만든 〈파친코〉는 로컬 오리지널 콘텐츠일까? 대부분 한국어로 제작되었고 주로 한국(계) 배우가 출연하지만 미국 제작사 미디어 레즈Media Rez가 제작했다. 제작비는 애플이 투자했으니 국제 공동 제작의 성격이 강하다. 그럼에도 〈파친코〉는 로컬 콘텐츠라기보다는 할리우드 콘텐츠에 더 가깝다. 다음으로 〈오징어 게임〉은 한국어, 한국 제작사, 한국의 배우가 출연하고 한국의 창작자들만 참여했다. 물론 제작비는 넷플릭스가 투자했다. 따라서 〈오징어 게임〉은 로컬 콘텐츠의 정의에 가장 가깝다. 영국에서 영어로 제작된 드라마 시리즈 〈더 크라운〉도 로컬 콘텐츠로 분류된다.

이 책에서는 영어의 'local content'를 로컬 콘텐츠 또는 현지 콘텐츠로 혼용해서 사용한다. 다만 지역 콘텐츠regional content와는 구분된다. 중요한 것은 로컬의 정의는 고정되어 있지 않고 상당히 유연하게 적용될 수 있다는 점이다. 이는 콘텐츠 제작보다는 소비자의 관점에서 볼 경우 더 그렇다. 예를 들어 콜롬비아에서 제작된 로컬 콘텐츠 〈나르코스〉는 국경을 넘어 라틴 아메리카나 미국의 히스패닉 그리고 스페인으로 확장되면 글로벌 콘텐츠로 그 성격이 바뀐다. 로컬 콘텐츠에서 지역 콘텐츠 그리고 글로벌 콘텐츠가 되는 것이다. 〈오징어 게임〉도 한국을 넘어 넷플릭스의 글로벌 구독자들이 가장 많이 시청한 콘텐츠가 되었다. 마찬가지로 로컬 콘텐츠가 글로벌 콘텐츠로 그 성격이 바뀐 것이다. 이처럼 로컬 콘텐츠의 개념은 복합적이며 중의적重義的이다.

로컬 콘텐츠를 말할 때 등장하는 중요 개념이 이동성travelability이다. 이동성은 영어식 표현으로 어떤 콘텐츠가 국경을 넘어 다른 나라로 '여행travel'을 한다는 의미다. 이동성은 해당 콘텐츠의 확장성으로도 해석할 수 있다. 확장성은 퀄리티 콘텐츠가 갖추어야 할 요소 중 하나다. 이동성이 높은 콘텐츠는 해당 국가를 넘어 다른 나라의 시청자도 공감할 수 있는 스토리, 캐릭터, 스토리텔링이 포함된다. 말하자면 국경에 관계없이 누구나 공감할 수 있는 콘텐츠다. 여기서는 이동성을 기본으로 하되 확장성의 의미로도 사용할 것이다. 사실 그 동안 이동성이 높은 대표적 콘텐츠가 바로 할리우드 콘텐츠였다. 할리우드 콘텐츠는 거의 모든 나라에 배급되고 가장 많이 소비되었다. 영어가 아닌 현지어로 만든 콘텐츠가 해외로 이동하는 것은 쉽지 않았다. 특히 비영어 콘텐츠가 미국이나 유럽 같은 주류 시장으로 진입하기는 더더욱 어려웠다. 그런데 글로벌 스트리밍의 등장으로 로컬 콘텐츠도 할리우드 콘텐츠처럼 이동할 수 있음을 보여 주었다.

넷플릭스는 현지인의 취향을 반영한 로컬 콘텐츠를 제작하지만 동시에 현지인을 넘어 글로벌 시청까지 염두에 두고 있다. 이처럼 로컬 콘텐츠가 글로벌 콘텐츠로 확장될 수 있기 때문에 창작자들은 로컬 시청자와 글로벌 시청자 중 누구를 타깃으로 할 것인지 고민이 생겼다. 이 문제는 제작사나 창작자에게는 매우 중요하다. 코넬리오 마리 교수에 따르면 넷플릭스는 멕시코에서 〈클럽 디 쿠에르보스〉와 〈언거버너블〉, 콜롬비아에서 〈나르코스〉, 브라질에서 〈3%〉를 제작했는데, 그들은 라틴 아메리카를 넘어 전 세계에서 이 드라마를 시청할 가능성이 있음을 알고 있었다. 따라서 넷플릭스는 라틴 아메리카 지역 시청자들이 선호하면서도 동시에 보편성을 띤 범죄, 가족, 사회 불평등, 축구 등의 주제를 다룬 시리즈를 만들었다.[5] 김민영 넷플릭스 APAC 콘텐츠 담당 부사장은 "우리가 아시아에서 처음 시작했을 때 많은 제작자들이 … 넷플릭스는 글로벌 플랫폼이므로 한국과 일본에서 글로벌 쇼를 만들어야 한다고 말했다. 그러나 〈킹덤〉, 〈오징어 게임〉 및 〈아리스 인 보더랜드〉 등의 시리즈를 통해 제작자들은 자신의 언어로 콘텐츠를 만들 수 있음을 알게 되었다. …

자신의 언어로 만든 로컬 콘텐츠가 글로벌 쇼가 될 수 있음을 깨달 았다"라고 강조했다.[6] 또 "한국 콘텐츠를 만들 때는 한국의 현지 시 청자를 우선해야 한다. … 스트리밍 사업자의 우선 순위는 글로벌 성공을 위해 의식적으로 노력하기보다는 먼저 현지 시장에서 호응 을 받는 프로그램을 만드는 것"이라고 말했다.[7] 그는《버라이어티》 와의 인터뷰에서는 "진정한authentic 로컬 이야기는 국경과 문화를 초 월하는 힘을 가지고 있다"라고 언급하기도 했다.[8]

로컬 콘텐츠가 부상하는 구조적 요인들

로컬 콘텐츠가 글로벌 스트리밍의 새로운 콘텐츠 공급 경로가 되고 있다. 글로벌 스트리밍의 새로운 성장 동력이라는 말이다. 분석 회 사 디지털 아이digital i는 2030년까지 유럽의 넷플릭스 및 아마존 프라 임 비디오 구독자의 시청 시간 중 최소 절반 정도는 비영어 콘텐츠 가 될 것이라고 전망했다.[9] 영국의 조사기관 엔더스 애널리시스Enders Analysis에 따르면 넷플릭스는 2022년에 총 1846시간의 오리지널을 제작했다. 이 중 로컬 콘텐츠가 1045시간으로 절반이 넘어 56.6퍼센 트를 차지했다. 미국의 콘텐츠가 50퍼센트 이하로 낮아진 것이다. 지역별 오리지널 프로그램 수급을 보면 미국과 캐나다 801시간, 스 페인 123시간, 일본 109시간, 한국 93시간, 영국 92시간, 멕시코 81 시간, 기타 547시간이다.[10]
　이처럼 로컬 콘텐츠의 시청과 제작이 늘어나는 이유는 무엇일까? 한마디로 로컬 콘텐츠가 할리우드 콘텐츠보다 현지 시청자에게 문화적 근접성이 더 높기 때문이다. 현지 시청자는 일반적으로 할리우드 콘텐츠보다 로컬 콘텐츠에 더 친숙하다. 미디어 분석가들은 일본 미디어콘텐츠 시장의 특징으로 일본 시청자들이 자국 콘텐츠를 훨씬 더 선호하는 것이라고 말한다. 넷플릭스는 일본에 진출할 때 콘텐츠 타이틀의 40퍼센트 정도를 일본 콘텐츠로 채웠다. 하지만 일본 시청자들에게 그 정도는 충분하지 않았다. 반면에 아마존 프라임 비디오는 일본에서 제작된 로컬 콘텐츠를 대규모로 확보해 제공함으로써 넷플릭스와의 경쟁에서 앞서나갔다. 일본뿐 아니라 한국, 스페인, 인도 같은 나라도 로컬 콘텐츠의 선호도가 특히 높은 것으로 알려졌다.

현지 시청자들이 로컬 콘텐츠를 더 선호하는 경향은 있지만 글로벌 스트리밍이 제공하는 할리우드 콘텐츠에도 여전히 관심이 높다. 문제는 넷플릭스나 디즈니+가 제공하는 할리우드 콘텐츠가 현지 시청자들에게 어떻게 받아들여지느냐에 있다. 할리우드 콘텐츠에는 양면성이 존재한다. 일반적으로 할리우드 콘텐츠는 로컬 콘텐츠에 비해 더 많은 돈이 투자되고 잘 만든다는 강점이 있다. 다만 미국인의 문화와 취향이 자연스럽게 반영될 수밖에 없으므로 콘텐츠 품질과 문화적 낯섦이 상충할 수 있다. 이에 대해 로바토 교수는 "시청자들은 일상생활에서 로컬 콘텐츠와 글로벌 콘텐츠 사이에서 원하는 것을 하나만 선택하는 것이 아니라 이 두 가지를 모두 선택한다. 즉 시청자들은 때와 목적에 따라 이러한 구분의 경계를 오가고 있다. (예를 들어) 시청자들은 뉴스, 스포츠, 코미디, 리얼리티 쇼 등은 로컬 프로그램이, 하이엔드 드라마나 스릴러 등은 미국에서 수입된 콘텐츠가 더 낫다고 생각한다"라고 분석했다.[11] 넷플릭스의 〈하우스 오브 카드〉, 〈오렌지 이즈 더 뉴 블랙〉, 〈기묘한 이야기〉, 〈브리저튼〉 같은 시리즈는 나라에 따라 선호도가 다르다. 디즈니+가 제공하는 마블의 슈퍼히어로 영화나 드라마 시리즈에 대한 호불호도 나라마다 다르다. 결국 현지화된 로컬 콘텐츠와 할리우드 콘텐츠가 경쟁하는 상황이다.

BBC 뉴스는 넷플릭스의 로컬 콘텐츠 제작에 대해 "글로벌 혁명"이라고 보도했다. 글로벌 스트리밍 사업자는 전 세계적으로 구독자 기반을 구축하는 데 주력해 왔다. 그들은 전통적 할리우드 스튜디오가 절대 확보할 수 없는 비영어권 영화에 자금을 지원하고 배급하고 홍보해 왔다. 영화 〈로마〉와 〈서부 전선 이상 없다〉는 모두 넷플릭스의 오리지널 콘텐츠다. 〈오징어 게임〉은 넷플릭스에서 가장 많이 본 시리즈로 남아 있다. 글로벌 영화 및 TV 시리즈가 시청자들에게 그 어느 때보다 쉽게 받아들여지고 있다.[12] BBC는 넷플릭스가 아니었다면 〈서부 전선 이상 없다〉 같은 영화는 등장하기 어려웠을 것이라고 공언했다. 야후 파이낸스에 따르면 넷플릭스는 글로벌 콘텐츠를 성공시키기 위해 모든 노력을 다하고 있다. 이들은 미국 시장이 포화 상태가 됨에 따라 해외 구독자를 확보하기 위해 콘텐츠에 막대한 비용을 지출하고 있다. 계속 확장되는 넷플릭스의 외국어 콘텐츠 포트폴리오는 넷플릭스의 주요 성장 동력이다. 이 때문에 넷플릭스는 현지화된 외국어 콘텐츠의 제작 및 배급에 대해 막대한 투자를 하고 있다. 결국 넷플릭스는 다양한 콘텐츠 포트폴리오를 구축해서 스트리밍 영역을 계속 지배할 것이다.[13]

그렇다면 글로벌 스트리밍이 전통 미디어보다 로컬 콘텐츠 확장에 유리한 구조적 이유를 살펴볼 필요가 있다. 이를 통해 글로벌 스트리밍에서 로컬 콘텐츠가 증가할 수밖에 없는 이유를 이해할 수 있다. 구조적 요인으로 결합상품의 확장에 기여, '로컬 콘텐츠 가치 확장 메커니즘', 로컬과 글로벌의 동시 공략 수단, 자막과 더빙을 통한 콘텐츠 제공의 효율성 등 네 가지를 들 수 있다.

SVOD 결합상품의 확장에 기여

MBC나 tvN 같은 선형 TV가 일주일 동안 방송하기 위해 필요한 콘텐츠 분량은 최대 168시간(24시간×7일)을 넘지 못한다. 그러나 스트리밍은 정해진 시간에 정해진 순서에 따라 콘텐츠를 제공하는 방식이 아니다. 서버라는 가상 공간에 콘텐츠를 저장하고 시청자가 필요할 때마다 찾아서 보는 방식이다. 따라서 스트리밍은 전통적 선형 TV의 한계였던 진열할 수 있는 공간의 제한을 없앴다. 더구나 디지털로 인해 이론적으로는 무한한 콘텐츠 제공(저장)이 가능하다. 넷플릭스 구독자는 자신이 원하는 콘텐츠를 시청하고 싶을 때 회사가 제공하는 모든 콘텐츠, 예를 들면 1만 개의 타이틀(시간으로 계산하면 이보다 훨씬 많음) 중에서 원하는 콘텐츠를 선택할 수 있다. 1만 개는 타이틀당 5시간으로 계산해도 분량이 무려 5만 시간에 이른다. 이는 선형 TV가 약 6년 동안 방송할 수 있는 엄청난 분량이다. 사실 어떤 가입자도 이 많은 콘텐츠를 모두 시청할 수는 없다. 그런데 넷플릭스는 왜 이렇게 많은 콘텐츠를 제공할까?

넷플릭스의 사업 모델은 주문형(VOD) 콘텐츠를 제공하는 플랫폼에 접근할 권한을 판매하는 것으로, 콘텐츠는 낱개가 아니라 묶음bundling으로 제공된다. 매장에서 판매되는 DVD처럼 물리적 상품이라면 개별 제품마다 제작 및 유통 비용이 들어가기 때문에 이와 같은 대규모 결합은 거의 불가능하다. 그러나 디지털 콘텐츠는 한곳에 모아놓는 대규모 결합이 가능하다. 연구에 따르면 대규모 결합상품 중심의 사업 모델이 개별 상품 판매형 모델보다 더 많은 수익을 창출할 수 있다.[14] 소비자 편에서 보면 어떤 판매자가 경쟁사보다 더 다양한 제품을 결합상품으로 판매하고 이것이 소비자에게 더 큰 편의를 제공한다면, 소비자들은 더 적극적으로 지불 의사를 갖게 되고 경쟁사에 눈을 돌리는 일도 줄어든다. 또 두 회사의 결합상품이 경쟁할 경우 결합상품의 규모가 클수록 이익도 커진다. 콘텐츠 확보 측면에서도 더 큰 결합상품을 보유한 판매자가 그렇지 않은 판매자보다 유리하다.[15]

2023년 3분기 기준 스트리밍 사업자가 제공하는 콘텐츠 타이틀 수를 보면 아마존 프라임 비디오 1만 872개, 넷플릭스 8391개, 디즈니+ 2525개, 맥스 6928개, 피콕 6411개, 파라마운트+ 3606개다.[16] 특이한 점은 넷플릭스가 디즈니+에 비해 3배 정도 많은 콘텐츠를 제공한다는 것이다. 결합상품의 제공이라는 측면에서만 보면 넷플릭스와 아마존의 경쟁력이 월등하다. 특히 넷플릭스는 다양한 장르의 콘텐츠를 결합한 상품을 제공한다. 마이클 스미스 교수는 넷플릭스 구독자는 거의 알려지지 않은 영화를 시청할 수도 있지만 〈하우스 오브 카드〉 같은 유명 작품도 감상할 수 있는 점을 지적하면서 이런 식의 조합은 상당히 강력하다고 밝혔다.[17] 이처럼 글로벌 스트리밍

간 경쟁에서는 더 많은 결합상품을 제공하는 것이 유리하고, 로컬 콘텐츠는 글로벌 스트리밍 사업자가 결합상품의 규모를 키울 수 있는 좋은 방법이 된다.

로컬 오리지널 제작은 할리우드에서의 제작비보다 매우 저렴하다. 로컬 콘텐츠에서 경쟁력이 있는 한국이나 스페인에서의 제작비라도 할리우드 대비 10분의 1 수준에 불과하다. 넷플릭스는 50여 개 나라에서 오리지널을 제작하고 로컬 콘텐츠의 라이선스도 저렴하게 확보할 수 있다. 예를 들면 넷플릭스가 국내에서 〈사내맞선〉의 방영권을 확보하는 데 든 비용은 미국에서 〈슈츠〉나 〈못말리는 패밀리〉 같은 시리즈 방영권을 확보하려고 사용한 비용보다 훨씬 저렴하다. 이처럼 넷플릭스는 로컬 오리지널과 라이선스를 통해 해외의 다양한 틈새 콘텐츠를 확보해 자사의 결합상품을 확장하고 있다.

묶음 판매의 진정한 가치는 서로 유사한 제품의 묶음이 아니라 서로 다른 선호도를 가진 고객을 위한 묶음이라는 데에서 기인한다.[18] 이것이 넷플릭스가 독특한 장르 영화와 TV 시리즈의 오리지널을 제작하는 이유다. 결합상품의 가치를 높이기 위해 선호나 취향이 서로 다른 시청자에게 필요한 다양한 장르의 콘텐츠를 제공하는 것이다. 넷플릭스의 글로벌 가입자가 늘어날수록 콘텐츠에 대한 취향 집단도 세분화된다. 하지만 이들 취향 집단이 소수는 아니다. 아무리 틈새 장르의 콘텐츠라도 일정 규모의 수요가 존재한다. 따라서 넷플릭스가 시청할 만한 다양한 장르의 오리지널을 늘리고 콘텐츠 가치를 높이면 고객이 느끼는 만족도도 높아진다. 최적의 결합상품을 구성한다면 이론적으로는 돈을 낼 의향이 있는 모든 고객을 가입시킬 수 있다. 글로벌의 어떤 시청자라도 넷플릭스에 가입하면 자기 취향에 맞는 콘텐츠를 볼 수 있기 때문이다. 이것이 넷플릭스가 독특한 장르의 콘텐츠를 확보하고자 하는 이유다. 해외 각국의 독특한 로컬 콘텐츠는 결합상품의 가치를 높인다.

로컬 콘텐츠 가치 확장 메커니즘

넷플릭스의 특수성은 국경을 초월한 콘텐츠의 제공만이 아니라 하나의 플랫폼에서 로컬 및 글로벌에 쉽게 접근할 수 있다는 점이다. 그리고 필터링filtering이라는 마법으로 다양한 콘텐츠를 동시에 구성해 내는 것이다. 플랫폼으로서 넷플릭스는 로컬과 글로벌의 경계를 허물어 놓는다.[19] 마이클 스미스는 온라인 플랫폼의 등장으로 '롱테일 가치 창출 프로세스'가 중요하다고 강조했다. 그에 따르면 엔터테인먼트 산업에서 롱테일(틈새 상품) 효과를 평가할 때는 제품이 아닌 프로세스에 초점을 맞추는 것이 효과적이다.

롱테일 제품의 가치 창출 프로세스는 두 가지 과정으로 이루어진다. 먼저 콘텐츠를 선택하는 과정이다. 이는 시청자가 다양한 작품을 고를 수 있도록 통합 플랫폼을 설계하는 일이다. 다음으로는 시청자 만족의 과정이다. 만족을 높이려면 시청자가 원하는 작품을 고를 수 있도록 면밀하게 돕는 데이터 분석과 추천 서비스가 중요하다. 그런데 온라인 플랫폼에서는 어떤 작품을 판매대(서비스)에서 가장 잘 보이게 할지를 전문가가 아닌 기술이 판단한다.[20] 즉 롱테일 가치 창출 프로세스는 플랫폼이 다양한 틈새 상품을 제공하되 개인별로 맞춘 정교한 추천 기능을 통해 틈새 콘텐츠라도 인기 콘텐츠가

될 수 있도록 만들어 가는 과정이다. 플랫폼이 제공하는 일종의 '소프트웨어 알고리즘'이다. 롱테일 가치 창출 프로세스는 할리우드에 비해 틈새 콘텐츠일 수밖에 없는 로컬 콘텐츠에 매우 중요한 시사점을 제공한다.

필자는 마이클 스미스의 '롱테일 가치 창출 프로세스'의 개념을 '로컬 콘텐츠 가치 확장 메커니즘'이라는 모델로 확장해 보았다. 즉 틈새 콘텐츠로 제작되거나 라이선스된 로컬 콘텐츠가 글로벌 스트리밍이라는 플랫폼을 만나서 글로벌 히트작으로 탄생하는 과정을 말한다. 로컬 콘텐츠 가치 확장 메커니즘이 작동하려면 세 가지 요소가 필요하다. 첫째는 잘 만든 로컬 콘텐츠다. 말하자면 퀄리티 콘텐츠로, 상업성과 작품성을 고루 갖춘 콘텐츠다. 둘째는 이러한 콘텐츠를 글로벌로 유통시키는 플랫폼의 서비스 능력이다. 즉 개인화된 추천 기능과 홍보 마케팅이 중요하다. 셋째는 틈새 상품인 로컬 콘텐츠를 시청하려는 취향 집단의 존재다. 더 많고 다양한 취향 집단이 존재하려면 시청자 집단의 절대 규모가 필요하다.

넷플릭스 같은 글로벌 유통 플랫폼을 통해 다양한 로컬 콘텐츠가 제공되고, 플랫폼의 추천 서비스나 홍보 마케팅을 통해 로컬 콘텐츠도 글로벌 히트작으로 탄생할 수 있다. 여기서 중요한 점은 로컬의 독특한 틈새 콘텐츠를 시청자 취향 분석을 통해 전 세계에 흩어져 있는 잠재 시청자에게 추천해 주는 기능이다. 〈오징어 게임〉이나 〈종이의 집〉은 이러한 과정을 통해 글로벌 콘텐츠로 탄생한 대표적 사례다. 두 드라마는 원래 로컬 가입자를 염두에 두고 만들었다. 그런데 넷플릭스를 통해 '로컬 콘텐츠 가치 확장 메커니즘'이 작동해서 글로벌 히트작이 되었다. 넷플릭스라는 글로벌 플랫폼의 '히트 메이킹 파워'를 보여 주었다.

  최근 넷플릭스는 글로벌 콘텐츠 유통 플랫폼으로서의 자사의 경쟁력을 네 가지 측면에서 강조한다. 더 좋은 콘텐츠slate, 더 강력한 도달 범위reach, 더 쉬운 발견discovery, 더 많은 팬덤fandom이 그것이다. 2024년 1분기 주주 서한에서 "넷플릭스는 엔터테인먼트를 찾는 많은 사람이 가야 할 곳이 되었다. … (다른 사업자가) 복제하기 어려운 도달 범위, 추천, 팬덤의 조합을 통해 넷플릭스는 극소수만이 따라올 수 있는 방식으로 스토리를 문화에 접목할 수 있다"라고 강조했다.[21] 이는 넷플릭스가 경쟁 사업자에 비해 로컬 콘텐츠 가치 확장 메커니즘이 작동하기 유리한 이유를 말하고 있다. '더 좋은 콘텐츠' 측면은 해외의 많은 나라에서 오리지널이나 방영권 확보로 우수한 로컬 콘텐츠를 제공한다는 점이다. '더 강력한 도달 범위' 측면은 넷플릭스가 글로벌 스트리밍 중 가장 많은 가입자를 확보하고 있으니 로컬 콘텐츠의 글로벌 도달 범위가 넓다는 것이다. '더 쉬운 발견'의 측면은 넷플릭스가 정교한 추천 시스템으로 로컬의 틈새 콘텐츠라도 글로벌 시청자에게 추천할 수 있다는 점이다. 마지막으로 '더 많은 팬덤'의 측면으로, 넷플릭스는 190개 나라에 존재하는 다양한 팬덤 즉 취향 집단을 기반으로 다양하고 특색 있는 로컬 콘텐츠를 제작할 수 있다는 것이다. 취향 집단은 콘텐츠 제작 및 소비의 글로벌화를 이끄는 핵심 동력이다. 정리하면 잘 만든 로컬 콘텐츠, 정교한 추천 알고리즘, 다양한 팬덤이 결합해서 넷플릭스만의 로컬 콘텐츠 가치 확장 메커니즘이 작동한다.

《롱테일 경제학》의 저자 크리스 앤더슨도 롱테일 즉 틈새 상품(로컬 콘텐츠)의 수요를 적극적으로 창출할 수 있다고 했다. 그에 따르면 롱테일 수요를 창출하려면 수요와 공급을 이어 주는 것이 중요하다. 이는 고객에게 새로운 제품을 소개함으로써 꼬리 부분(롱테일)의 수요를 늘리는 것이다. 그런데 수요와 공급의 연결에서 중요한 것은 양질의 상품을 찾을 수 있도록 도와주는 추천 목록과 고객에게 가장 적합한 상품을 제시하는 필터filter라는 도구다. 리드 헤이스팅스 넷플릭스 CEO는 추천 제도는 수요를 창출하는 힘을 갖고 있으면서 비용이 들지 않는다고 했다. 끝없이 이어지는 추천 영화는 고객에게 무한히 광고를 전하는 것과 같은 역할을 한다.[22] 앤더슨은 넷플릭스의 추천 제도는 광고를 할 수 없는 영화에 무료 마케팅을 제공하고, 이로써 틈새 영화를 비롯해 그동안 주목을 받지 못했던 영화의 수요가 점점 확대되고 있다고 했다. 로컬 콘텐츠를 글로벌 히트작으로 만들기 위해서 넷플릭스 같은 글로벌 스트리밍 플랫폼의 서비스 역량이 중요하다는 점을 지적하는 것이다.

말했듯이 필자도 넷플릭스를 통해 덴마크, 네덜란드, 노르웨이, 브라질, 아랍권의 영화를 시청할 수 있었다. 넷플릭스 앱에서 잘 작동되는 검색 기능으로 아주 손쉽게 영화를 찾고 화면에 제공되는 메타 데이터로 작품의 주요 내용을 파악한다. 그리고 필요하면 예고 영상까지 본다. 드라마 시리즈나 영화 시청이 끝나면 넷플릭스는 다섯 편의 콘텐츠를 추천하고 이들의 예고 영상을 차례로 보여 준다. 넷플릭스의 추천도 해외 로컬 콘텐츠를 찾는 데 도움이 된다. 넷플릭스는 추천 시스템이라는 필터를 통해 로컬 콘텐츠의 글로벌 수요를 만들어 내는 탁월할 기술이 있다. 예를 들어 스마트폰에 설치한 넷플릭스 앱의 검색란에 '인도'라는 단어만 입력하면 인도의 다양한 로컬 콘텐츠가 소개된다. 넷플릭스는 추천 시스템을 통해 3억 명에 가까운 시청자들에게 그들이 좋아할 만한 개인화된 콘텐츠를 추천한다. 필자에게 추천된 예시를 보면 '회원님을 위해 엄선한 오늘의 콘텐츠', '미국TV 프로그램', 〈원더우먼 1984〉와 비슷한 콘텐츠', '좋아요'로 평가하신 〈나의 아저씨〉와 비슷한 콘텐츠, '해외 시리즈', '오늘의 발견' 등 30여 가지의 다양한 유형으로 추천 콘텐츠를 제공한다.

나원정《중앙일보》기자는 독립 영화나 예술 영화도 넷플릭스 같은 글로벌 플랫폼을 만나서 그 가치가 확장될 수 있음을 보여 주었다고 강조했다. 그는 "독립·예술 영화의 흥행 부진은 스타가 없는 데다 사회 비주류 소재 작품이란 거리감 탓이 크다. 관객 1만 명을 겨우 넘긴 독립 영화 〈불도저에 탄 소녀〉(2022), 〈혼자 사는 사람들〉(2021)도 넷플릭스 출시 후 주간 인기 영화 1위와 5위에 오른 바 있다. 요즘 글로벌 시장에서는 비주류 서사가 오히려 주류로 떠올랐다"라고 분석했다.[23]

그러면 '로컬 콘텐츠 가치 확장 메커니즘'이 작동한 몇 가지 사례를 살펴보자. 넷플릭스의 로컬 오리지널 중에서는 스페인의 〈종이의 집〉, 한국의 〈오징어 게임〉을 들 수 있다. 로컬 콘텐츠는 아니지만 넷플릭스가 방영권을 확보한 틈새 콘텐츠로 미국 드라마 시리즈 〈슈츠〉도 있다. 먼저 〈종이의 집〉을 보자.

　이 드라마 시리즈는 스페인의 지상파인 안테나3과의 공동 제작으로 시작되었다. 시즌1이 지상파에 방송되었지만 시청률이 그리 성공적이지 않았다. 넷플릭스는 〈La casa de papal〉이라는 제목으로 방송된 이 드라마의 라이선스를 확보해 타이틀 이름도 〈Money Heist〉로 바꾸고 파트1과 파트2로 나누어 2017년 글로벌에 공개했다. 그러자 순식간에 세계적으로 폭발적 반응을 보이며 글로벌 인기 순위 2위까지 올랐다. 당시 1위는 〈기묘한 이야기〉였다. 예상치 못하게 글로벌 시청자로부터 큰 인기를 얻자 넷플릭스는 이를 오리지널로 제작하기로 했다. 2019년에 넷플릭스의 오리지널이 된 〈종이의 집〉 파트3이 공개되었고 이후 파트4(2020), 파트5(2021)까지 나왔다. 이 드라마는 〈오징어 게임〉이 등장하기 전까지만 해도 가장 성공한 로컬 콘텐츠로 평가받았다. 오리지널 시리즈의 성공으로 2022년에는 한국 버전인 〈종이의 집: 공동경제구역〉도 공개되었다. 2023년에는 이 드라마의 프리퀄인 〈베를린〉 시즌1이 공개되었고 시즌2도 제작될 예정이다. 〈종이의 집〉이 더 큰 프랜차이즈로 확장된 것이다. 〈종이의 집〉은 총 5개 파트가 제작되었고, 스페인은 물론 멕시코, 콜롬비아 같은 스페인어 국가에 대한 지속적 투자로 이어지는 계기가 되었다. 대표적 사례로는 스페인의 또 다른 히트작이 된 〈엘리트들〉,

영화 〈안데스 설원의 생존자들〉(2023), 멕시코 드라마 시리즈 〈누가 사라를 죽였을까〉 등이다.

넷플릭스의 스페인 오리지널 콘텐츠 부사장인 디에고 아발로스는 "원래 이 작품은 국내 채널 안테나3과의 공동 제작이었습니다. 시청률은 평균 정도에서 시작해 하락했습니다. 그러나 결국 전 세계적으로 수백만 명의 시청자를 발견했습니다. 이 드라마는 전 세계 많은 나라에서 엄청난 히트작이 되었습니다. 스페인은 넷플릭스에서 처음으로 이 쇼(드라마)를 재발견했습니다"라고 말했다.[24] 이러한 성공은 넷플릭스가 기존의 텔레비전과는 전혀 다른 플랫폼이라는 것을 잘 보여 주었다. 이 현상에 대해 〈종이의 집〉의 작가 겸 제작자인 알렉스 피나Alex Pina는 "당시(2018년) 190개국에서 동시에 〈종이의 집〉을 시청할 수 있었던 것은 넷플릭스만이 할 수 있었습니다. 시청자들은 미국 기준에서 볼 때 그들에게 익숙한 것과는 다른 이국적인 것을 볼 수 있었어요. … 그래서 (공개 후) 무슨 일이 일어날지 전혀 예상하지 못했고 전혀 설명할 수 없었어요"라고 언급했다.[25] 〈종이의 집〉은 넷플릭스 로컬 콘텐츠의 판도를 바꾸는 역할을 했다.

다음은 전형적인 로컬 오리지널 〈오징어 게임〉 사례다. 〈오징어 게임〉도 넷플릭스가 다양한 나라에서 제작한 로컬 오리지널의 하나였을 뿐이다. 일반적으로 로컬 오리지널은 현지어로 제작되고 현지 배우가 출연함으로써 할리우드에서 제작된 콘텐츠에 비해 비용이 훨씬 덜 든다. 할리우드 콘텐츠와 비교하면 전형적인 틈새 콘텐츠인 셈이다. 당연히 〈오징어 게임〉의 제작 목적은 한국에서 가입자를 확보하기 위한 것이었다. 그렇다고 이 드라마가 한국의 가입자에게만 공개되는 것은 아니다. 이런 점이 글로벌 스트리밍과 레거시 미디어 간의 콘텐츠 유통에서 결정적 차이다.

〈오징어 게임〉은 2021년 9월 17일 한국의 추석 연휴가 시작되기 전날 저녁 시간에 한국을 포함해 글로벌에 공개되었다. 한국 시청자뿐 아니라 전 세계에 거주하는 2억 명이 넘는 구독자가 동시에 시청할 수 있었다. 넷플릭스 구독자는 어느 나라에 있든 상관없이 자신이 보유한 TV, 스마트폰, PC, 태블릿으로 쉽고 편리하게 〈오징어 게임〉을 시청할 수 있다. 넷플릭스는 '글로벌 에브리웨어global-everywhere'(세상 어디에도 존재한다)를 추구한다. 이전까지 접근이 어려웠던 해외의 다양한 로컬 콘텐츠도 클릭 한 번으로 간편하게 시청할 수 있다. 글로벌의 수많은 시청자가 〈오징어 게임〉을 동시 시청할 수 있는 조건을 갖춘 것이다.

190개국 2억 명에게 공개되었더라도 그때까지 K-드라마에 관심이 없거나 한 번도 시청해 본 경험이 없는 미국이나 유럽 가입자들은 〈오징어 게임〉에 무관심할 수 있다. 그런데 드라마가 공개되자마자 〈오징어 게임〉 시청이 가파르게 증가했다. 이때부터 넷플릭스는 한국뿐 아니라 다른 나라 가입자들의 시청 데이터에 주목하기 시작했을 것이다. 미국, 유럽, 아시아, 라틴 아메리카 등에서 〈오징어 게임〉과 유사한 긴장감 넘치는 스릴러 시리즈를 좋아할 만한 구독자에게 넷플릭스의 정교한 추천 시스템이 작동하기 시작했을 것이다. 〈오징어 게임〉을 시청한 구독자는 이 드라마의 신선한 스토리와 파격적 스토리텔링에 놀랐을 테고, 당연히 입소문이 나기 시작했을 것이다. 이것이 난생처음 시청해 보는 한국어로 된 낯선 드라마가 순식간에 글로벌 현상으로 바뀌는 시점이다. 이러한 일련의 흐름을 자사의 정교한 알고리즘과 시청 데이터로 면밀히 관찰하고 있던 넷플릭스는 이즈음부터 홍보 마케팅을 강화했을 것이다. 〈오징어 게임〉은 공개 후 28일 동안 글로벌 1억 4200만 가구의 구독자가 누적 16억 6000만에 이르는 시청 시간이라는 새로운 기록을 세웠다.

마지막으로 드라마 〈슈츠〉의 사례를 보자. 라이선스로 확보한 콘텐츠가 넷플릭스를 통해 이전에 발견하지 못한 가치를 창출하는 경우다. 〈슈츠〉는 미국 케이블 채널인 USA 네트워크의 오리지널이었다. 2011~2019년까지 9개 시즌이 공개된 법정 드라마로 당시에는 크게 주목받지 못했다. 그런데 4년 전에 끝난 드라마가 넷플릭스에 공개되자 2023년 여름 넷플릭스 구독자들로부터 큰 인기를 끌었다. 갑작스러운 흥행으로 이 드라마의 스핀오프spin-off (기존의 TV 시리즈나 영화에서 일부 캐릭터를 기반으로 만든 새로운 콘텐츠)까지 나왔다. 이에 대해 서랜도스는 "우리의 배포 규모heft와 추천 시스템 덕분에 때때로 스튜디오(제작사)의 IP에 그들이 할 수 있는 것보다 더 많은 가치를 고유하게 추가할 수 있습니다. … 우리의 추천과 도달 범위 덕분에 넷플릭스는 〈슈츠〉 같은 쇼(드라마)를 부활시킬 수 있습니다"라고 강조했다.[26]

넷플릭스는 2023년 말 기준 2억 6000만 명의 가입자를 확보했다. 이러한 대규모 가입자를 기반으로 넷플릭스라는 글로벌 콘텐츠 유통 플랫폼은 방영권을 확보한 틈새 콘텐츠의 가치 확장에 점점 더 큰 힘을 발휘하고 있다. 틈새 작품도 글로벌 히트작으로 만드는 강력한 힘을 보여 주고 있는 것이다. 스포츠도 좋은 사례가 될 수 있다.

벨라 바자리아Bela Bajaria 넷플릭스 최고 콘텐츠 책임자는 넷플릭스의 프로레슬링 WWE의 글로벌 동시 중계에 관해 "넷플릭스의 도달 범위, 추천, 팬덤을 WWE와 결합함으로써 우리는 WWE의 시청자와 구독자에게 더 많은 기쁨과 가치를 제공할 것"이라고 말했다.[27]

대규모 가입자를 확보한 글로벌 콘텐츠 유통 플랫폼에는 어떤 콘텐츠라도 일정 규모의 잠재적 시청 집단이 존재한다. 플랫폼은 추천 알고리즘으로 다양한 유형의 취향 집단을 만들어 내고, 이들이 좋아할 만한 콘텐츠를 제작하고 라이선스하기 위해 노력한다.《유튜브 레볼루션》의 저자 로버트 킨슬에 따르면 15억 명에게 접근할 수 있는 유튜브 시장 안에서는 대중성이 낮은 콘텐츠라도 실제로는 꽤 큰 시청자층을 사로잡을 수 있다. 유튜브 사용자는 자신의 성향에 맞는 콘텐츠를 찾아서 시청하기 때문이다. 사용자의 시청 데이터와 관심사를 분석하는 알고리즘도 발전했다. 또 개인 맞춤형 추천 시스템으로 각기 다른, 완벽히 개인화된 콘텐츠가 사용자에게 제공된다.[28] 넷플릭스 가입자가 유튜브 이용자만큼은 되지 않겠지만 향후 5억 명, 7억 명으로 증가할 경우 로컬 콘텐츠의 가치 확장 메커니즘은 더욱 빛을 발할 것이다.

로컬과 글로벌의 동시 공략 수단

넷플릭스가 해외로 진출하면서 제작한 로컬 콘텐츠는 원래 현지 가입자를 확보하려는 목적이었다. 〈나르코스〉, 〈종이의 집〉, 〈오징어 게임〉도 마찬가지였다. 그러나 잘 만든 로컬 콘텐츠는 점차 국경을 넘어가기 시작했다. 이에 따라 글로벌 스트리밍이 특정 국가에 진출할 때 현지 가입자를 유치하려고 제작한 로컬 콘텐츠를 전 세계 구독자에게도 마케팅하기 시작했다. 이로써 로컬 콘텐츠는 해당국은 물론 글로벌 시청자까지 동시에 확보할 수 있는 수단이 되었고, 이것이 넷플릭스가 추구하는 로컬 콘텐츠의 글로벌화 전략이 되었다. 로컬 콘텐츠는 글로벌 스트리밍의 해외 진출을 위해 꼭 필요하다. 해당 국가에서 가입자를 확보하고 유지하기 위한 핵심 수단이기도 하다.

일반적으로 넷플릭스가 진출한 190개국에서는 해외 콘텐츠보다 현지 콘텐츠를 더 선호한다. 예를 들면 일본에 진출하기 위해서는 일본인이 좋아하는 애니메이션이 꼭 필요한 것과 같다. 이렇게 만들어진 일본의 애니메이션은 당연히 국경을 넘어 해외 가입자에게도 제공된다. 영어로 만든 〈더 크라운〉 같은 영국 드라마, 일일 연속극 같은 텔레노벨라Telenovela 형식의 멕시코 드라마 〈클럽 디 쿠에르보스〉, 한국어로 만든 〈더 글로리〉, 독일어 드라마 〈다크〉처럼 넷플릭스는 로컬 콘텐츠를 글로벌 콘텐츠로 만들어 가는 데 점점 더 능숙해지고 있다.

넷플릭스는 〈오징어 게임〉을 통해 하나의 시장(한국)을 대상으로 하는 콘텐츠가 어떻게 글로벌 현상으로 변할 수 있는지를 잘 보여주었다. 앞서 설명했듯이 아시아와 유럽의 현지 제작은 할리우드의 유사한 제작보다 훨씬 저렴하므로 넷플릭스는 콘텐츠 예산을 훨씬 더 효율적으로 사용할 수 있다.[29] 〈오징어 게임〉은 당초 한국을 대상으로 한 드라마였으나 예상과 다르게 글로벌에서도 흥행함으로써 넷플릭스는 이 드라마를 통해 로컬 콘텐츠를 글로벌 콘텐츠로 확장시키는 전략에 자신감을 갖게 되었다.

다른 글로벌 스트리밍은 아직 로컬 콘텐츠 제작이 더딘 편이다. 디즈니+도 해외 진출을 확장하려면 로컬 콘텐츠 확대가 필수적이라는 점을 잘 알고 있다. 우리나라에서도 〈그리드〉를 시작으로 K-드라마에 투자했지만 넷플릭스에 비해서는 큰 성과가 없었다. 그러나 2022년 12월 공개된 〈카지노〉와 2023년 8월 공개한 〈무빙〉이 화제를 끌었다. 특히 〈무빙〉은 한국을 넘어 글로벌 차원에도 디즈니+의 대표적 로컬 콘텐츠가 되었다. 그럼에도 한국이나 일본에서 디즈니+는 넷플릭스에 비해 로컬 콘텐츠 확보가 부족하고 그 결과 가입자 확보에서도 많이 뒤처져 있다. 아마존, 애플도 아직 로컬 콘텐츠에 본격적으로 투자하지는 않고 있다. 그러나 글로벌 스트리밍 사업자 간의 로컬 가입자 확보 경쟁이 치열해질수록 로컬 콘텐츠는 더욱 중요해질 것이다.

자막이나 더빙을 통한 콘텐츠 제공의 효율성

글로벌 스트리밍 이전에는 해외 콘텐츠를 시청하는 데 가장 어려운 점은 언어였다. 넷플릭스가 등장하기 전에는 KBS나 tvN 같은 채널을 통해 스페인이나 독일 같은 나라의 콘텐츠를 시청하기는 쉽지 않았다. 하지만 이제 넷플릭스 같은 글로벌 스트리밍을 통해 노르웨이어나 태국어로 된 영화를 TV로 시청할 수 있다. 글로벌 스트리밍은 독특한 로컬 콘텐츠를 제작하거나 라이선스를 확보해 글로벌에 동시 공개하고, 콘텐츠 제공 시에는 자막이나 더빙을 사용해 언어 장벽을 해소한다. 이를 통해 많은 나라의 시청자가 해외의 로컬 콘텐츠를 자신의 모국어로 제작된 자막이나 더빙을 통해 감상한다. 글로벌 스트리밍 덕분에 TV도 1인치 자막의 벽을 넘어섰다.

콘텐츠 업계에서는 드라마 시리즈나 영화 제작 과정을 이해하기 쉽게 다음과 같이 분류한다. 프리 프로덕션pre-production → 프로덕션 production → 포스트 프로덕션post-production이라는 3단계로 구분하는 것이다. 그런데 넷플릭스는 이런 과정을 거쳐 제작된 오리지널을 바로 글로벌에 공개할 수 없다. 넷플릭스는 190개국 2억 6000만 명에게 동일한 콘텐츠를 제공하는 글로벌 스트리밍이다. 따라서 자사의 오리지널이나 라이선스 콘텐츠를 자막이나 더빙을 추가해서 글로벌 가입자에게 제공해야 한다. 이 때문에 자막이나 더빙은 위의 3단계 제작 프로세스에 추가되어야 할 정도로 매우 중요하다. 즉 제4 단계의 제작 과정이다. 자막이나 더빙의 품질은 구독자의 콘텐츠 시청 경험에 매우 중요한 영향을 미치기 때문이다. 1000억 원을 들여 제작된 〈오징어 게임〉도 자막이나 더빙이 부실하면 작품의 가치가 결정적으로 훼손될 수 있다.

넷플릭스가 2016년 1월 자신이 글로벌 TV 네트워크라고 선언할 당시에는 해외에서 20개 이하의 언어로 자막이나 더빙을 넣어 콘텐츠를 제공했다. 이후 점차 증가하여 2022년에는 30개 이상의 언어로 자막과 더빙을 제공했다. 넷플릭스의 비영어 드라마 시리즈 중 〈오징어 게임〉, 〈뤼팽〉, 〈종이의 집〉은 대표적인 글로벌 히트작이다. 이 같은 비영어 콘텐츠 시청이 증가하는 데에는 자막이나 더빙이 큰 역할을 했다. 《LA타임즈》는 "더빙이 넷플릭스 비즈니스에 훨씬 더 중요한 이유"(2022.2.28)라는 기사에서 "넷플릭스는 최대 37개 언어로 자막을 제공하고 최대 34개 언어로 더빙한다. 더빙 및 자막 팀은 수십 명의 직원을 고용해 지난 4년 동안 규모가 2배 이상 커졌다"라고 보도했다.[30]

넷플릭스는 현지화된 프로그램이 국경을 넘어 매력적으로 보이도록 하려고 자막 및 더빙 작업에 착수했다. 〈오징어 게임〉이 출시되었을 당시는 31개 언어로 자막이 추가되었고 13개 언어로 더빙되었다. 〈오징어 게임〉 시청자의 95퍼센트는 해외에서 유입되었다.[31] 돈강 넷플릭스 한국 콘텐츠 담당 부사장은 "오리지널 및 브랜드 타이틀의 경우 13~30개 언어로 더빙 및 자막을 제공한다. 넷플릭스가 한국 콘텐츠 산업에 가져온 가장 큰 차이점 중 하나는 언어에 대한 진입 장벽을 낮추고 한국 밖에서는 시청자들이 자신의 모국어로 한국 쇼를 볼 수 있게 한 것이다. 이는 한국 콘텐츠에 대한 시청자 기반을 엄청나게 확장시켰다"라고 강조했다.[32]

글로벌 스트리밍은 독특한 로컬 콘텐츠를 대량으로 제작하거나 방영권을 확보해서 글로벌에 동시 공개하고, 콘텐츠 제공 시에는 자막이나 더빙을 통해 언어 장벽을 해소했다. 또 추천 시스템이나 편리한 UI를 통해 시청자가 로컬 콘텐츠에 쉽게 접근할 수 있게 했다. 이를 통해 글로벌 스트리밍은 로컬 콘텐츠에 대한 글로벌 차원의 수요를 자극했다. 컨설팅 기업인 마운트 플레전트Mount Pleasant의 마리벨 로페즈는 "콘텐츠를 최대화하려면 하나의 언어로 된 콘텐츠를 가져와서 모든 언어로 액세스할 수 있도록 해야 한다. … (자막이나 더빙은) 매우 현명한 전략이다"라고 분석했다.[33] 자막이나 더빙을 통해 로컬 콘텐츠 제공의 경제적 효율성도 높일 수 있다는 주장이다. 제프리

허시Jeffrey A. Hirsch 스타즈Starz CEO는 "오늘날 존재하지 않지만 앞으로 무엇이 TV 표준이 될까요?"라는 질문에 "국경 없는 콘텐츠. 인공지능 기술은 콘텐츠의 자막과 더빙을 간단하게 만들 것입니다. 인공지능은 제3자가 더빙하지 않고도 모국어로 콘텐츠를 볼 수 있게 해 줍니다. 콘텐츠 관점에서 세상은 그렇게 축소됩니다"라고 전망했다.[34]

넷플릭스는 그들이 진출하고 있는 시장의 다양한 문화와 언어에 호소하기 위해 콘텐츠를 더빙하고 자막을 처리하는 데 중점을 두었기 때문에 성공했다. 이를 통해 더 많은 시청자가 콘텐츠에 더 많이 연결돼 서비스를 계속 사용하도록 장려한 것이다.[35] 넷플릭스는 글로벌 콘텐츠 유통 플랫폼으로서 로컬 콘텐츠의 수요를 적극적으로 창출한다. 자막이나 더빙은 로컬 콘텐츠 가치 확장 메커니즘의 효과를 높이기 위해서도 중요하다.

02

넷플릭스와 디즈니의 로컬 콘텐츠 전략

"미국에서 스페인어 프로그램의 시청자를 찾은 것은 넷플릭스에게 놀라운 결과로 보입니다. 이러한 성공을 미래 성장 모델로 활용할 수 있습니다. 새로운 국가에서의 서비스를 위해 현지 프로그램을 확보하는 한편 넷플릭스는 모국어로 된 프로그램에 접근하려는 시청자를 찾을 수 있습니다"라고 말했다. (테드 서랜도스 당시 넷플릭스 콘텐츠 최고 책임자)[36]

넷플릭스의 로컬 콘텐츠 전략

넷플릭스는 현지인의 취향을 반영한 로컬 콘텐츠를 제작하지만 동시에 현지인을 넘어서 글로벌 시청자까지 염두에 두고 있다. 콜롬비아의 〈나르코스〉, 브라질의 〈3%〉는 라틴 아메리카는 물론 글로벌 가입자도 시청할 수 있음을 해당 콘텐츠 제작 시 이미 알고 있었다. 로컬 콘텐츠는 기본적으로 현지 구독자를 대상으로 하지만 동시에 미국 및 글로벌 시청자까지 고려한다. 이것이 넷플릭스 로컬 오리지널 전략의 핵심이다.

〈오징어 게임〉도 정확히 이러한 유형의 콘텐츠다. 우리는 잘 몰랐지만 넷플릭스는 이미 2015년부터 〈나르코스〉를 통해 라틴 아메리카에서 이러한 실험을 시작했다. 잘 만든 로컬 콘텐츠는 언제라도 국경을 넘어 글로벌 콘텐츠가 된다는 사실을 알아차렸다. 넷플릭스의 로컬 콘텐츠 글로벌화 전략이 시작된 것이다. 넷플릭스가 추구하는 로컬 오리지널 전략은 크게 세 가지로 정리할 수 있다. 경쟁 사업자에 비해 압도적 우위, 선 로컬 후 글로벌, 로컬 창작 업계와의 관계 강화가 그것이다.

경쟁자를 압도하는 투자 규모

엔터테인먼트 분야의 컨설팅 기업 앰페어의 분석에 따르면 2022년 2분기에 넷플릭스는 미국 이외 지역에서 97개 타이틀의 새로운 오리지널 TV 시리즈 또는 영화를 발주했다. 해외 콘텐츠 발주가 7분기 연속해서 미국 내 발주를 앞질렀다. 넷플릭스는 2020년 초부터 아마존 프라임 비디오, 디스커버리+, 디즈니+, 파라마운트+, 맥스 및 피콕을 합친 것보다 더 많은 로컬 오리지널을 발주했다.[37] MPAMedia Partners Asia(아시아태평양 지역의 미디어·통신 부문에 대한 리서치 및 컨설팅 회사)의 보고서에 따르면 넷플릭스는 2023년 아시아 지역에서

19억 달러를 콘텐츠에 지출할 예정이다. 이 금액은 아시아 지역에서의 예상 매출 40억 달러의 거의 절반을 차지한다.[38] 넷플릭스는 다양한 콘텐츠 포트폴리오와 현지화된 외국어 콘텐츠의 제작 및 유통에 막대한 투자를 한다. 이들은 고객 중심의 현지 콘텐츠로 스트리밍 영역을 계속 지배할 것으로 보인다.[39]

넷플릭스가 로컬 오리지널을 제작하는 이유는 다양하다. 제공하는 결합상품의 확장, 로컬 콘텐츠의 글로벌 확장성, 로컬과 글로벌 가입자 확보 등이다. 이 외에도 할리우드 대비 높은 가성비, 디즈니+ 및 맥스 같은 할리우드 진영 사업자와의 차별화 등이 있다. 넷플릭스는 해외 진출에서 주도권을 강화하기 위해 로컬 콘텐츠에 대규모 투자를 진행하고 있다.

이에 비해 디즈니+는 주로 스타워즈, 마블 같은 자사의 전통 브랜드 콘텐츠의 프랜차이즈를 중심으로 제공하고, 로컬 오리지널은 이를 보완하기 위한 수단이다. 디즈니+는 2023년 캐나다에서 로컬 콘텐츠 제작을 잠정적으로 중단했다. 맥스, 파라마운트+, 피콕 같은 할리우드 진영의 스트리밍 사업자는 해외 진출 자체에 어려움을 겪고 있다. 해외 진출보다는 로컬 스트리밍 사업자에게 자사의 콘텐츠를 라이선싱하고 있다. 예를 들면 워너브라더스, 파라마운트, 유니버설은 인도에서 직접 스트리밍에 진출하지 않고 로컬 스트리밍 사업자인 지오시네마JioCinema에 콘텐츠를 라이선싱한다. 아마존은 로컬 오리지널보다 현지 콘텐츠의 방영권 확보가 우선이다. 애플도 아직은 로컬 콘텐츠 제작에 소극적이다. 넷플릭스는 글로벌 스트리밍의 로컬 오리지널 제작에서 경쟁자보다 훨씬 앞서간다. 로컬 오리지널은 넷플릭스의 새로운 성장 동력이다.

선 로컬 후 글로벌 전략

넷플릭스는 고품질의 로컬 오리지널로 현지는 물론이고 전 세계 다른 나라 가입자의 관심을 끌 수 있다는 것을 발견했다. 넷플릭스는 현지인의 취향을 반영한 로컬 콘텐츠를 제작하면서도 글로벌의 시청자까지 고려한다. "우리는 한국 콘텐츠를 만들 때 한국의 현지 시청자를 우선시해야 한다고 진심으로 믿습니다. … 한국, 일본, 인도의 시청자 모두 고품질의 콘텐츠를 선호하는 경향이 있기 때문에 스트리밍 사업자의 우선순위는 글로벌 성공을 위해 의식적으로 노력하기보다는 현지 시장에서 성공할 수 있는 쇼를 만드는 것입니다."[40] (김민영 넷플릭스 APAC 콘텐츠 담당 부사장) "따라서 할 수 있는 최선은 한국 시청자들에게 한국에서 통할 수 있는 콘텐츠에 집중하는 것입니다. … 한국에서 통할 때 한국 밖에서도 꽤 좋은 반응을 얻습니다."[41] (돈강 넷플릭스 한국 콘텐츠 담당 부사장) "문화적으로 인도의 콘텐츠는 우리의 매우 독특한 취향을 반영합니다. 그리고 그것이 고유하기 때문에 실제로 이동할 부분이 있을 것입니다."[42] (모니카 셔길 넷플릭스 인도 콘텐츠 담당 부사장) "우리의 초점은 현지 시청자를 위한 현지 콘텐츠에 있습니다. 그렇다고 해서 한 가지 언어로 제작되어야 한다는 의미는 아닙니다."[43] (아발로스 넷플릭스 스페인 오리지널 콘텐츠 담당 부사장) "세계적으로 성공하려면 먼저 현지에서 승리해야 합니다."[44] (가타 사카모토 넷플릭스 일본 콘텐츠 담당 부사장)

이렇듯 주요 거점 국가에서 넷플릭스 오리지널 제작을 지휘하는 책임자들은 한결같이 "먼저 로컬 시청자에게 초점을 맞추고 글로벌은 그다음"이라고 말한다. 로컬에서 성공하면 글로벌에서도 성공할 가능성이 커진다는 진단이다.

로컬 창작 업계와의 우호적 관계 구축

"각 국가별 창작 커뮤니티와의 관계를 더욱 깊게 형성하며, 넷플릭스는 차세대 인재 양성을 위해 1억 달러 이상 규모의 창작 발전 기금creative equity fund을 조성해 투자하고 있습니다. 프랑스의 시네마테크Cinémathèque, 영국 아카데미시상식(BAFTA), 이탈리아의 아카데미아 델 시네마를 비롯해 35개국에서 100개의 프로젝트에 걸쳐 80개 기관과 함께하고 있습니다."[45] (그렉 피터스 넷플릭스 공동 CEO)

넷플릭스는 전 세계 창작자들과 독점 계약을 맺어 로컬의 핵심 인재를 확보한다. 넷플릭스 부사장 디에고 아발로스Diego Avalos는 스페인에서의 전략에 대해 "우리의 초점은 창작자들이 자신의 스토리를 말할 수 있는 최고의 공간place이 되는 것입니다. 우리는 몇 가지 계약을 했는데 이는 넷플릭스 전략의 일부입니다. 우리는 알렉스 피나와 독점 관계를 유지하고 있습니다. 그 덕분에 〈종이의 집〉과 영화 〈스카이 로호〉를 의논할 수 있었습니다"라고 밝혔다.[46]

넷플릭스는 가입자 확보뿐 아니라 로컬 콘텐츠 확보에서도 중요 역할을 하는 거점 국가에서 현지의 핵심 창작자 및 제작사와 관계 강화를 적극적으로 추진하고 있다. 이들은 로컬의 대표 창작자들과의 독점 계약으로 경쟁자에 비해 더 많은 퀄리티 콘텐츠를 확보하고 있다. 더 나아가 해당국의 콘텐츠 제작 생태계를 위해 창작자 양성,

제작 시설 확보, 영상 제작 기술 회사의 인수 같은 다양한 지원 방안
도 마련하고 있다. 2023년 6월 한국 방문 시 서랜도스 넷플릭스 공
동 CEO는 "한국 내 창작 생태계의 활성화를 위해 신인 감독 발굴 등
차세대 창작자들을 육성해 갈 것"이라고 말했다. 이처럼 넷플릭스
는 현지 창작 업계와의 우호적 관계를 위해 많은 공을 들이고 있다.
현지 창작자에게 돈과 기회, 창작의 자유까지 제공하는 것이다.

디즈니의 로컬 콘텐츠 전략

디즈니+의 콘텐츠는 디즈니 그룹의 콘텐츠 제작 및 배급 전략의 하
부 구조로 이해할 수 있다. 디즈니+의 오리지널 제작은 두 가지 방
향으로 나누어진다. 첫째는 스타워즈, 마블과 같은 슈퍼 IP를 활용
한 프랜차이즈의 확대다. 디즈니+는 스타워즈와 마블의 드라마 시
리즈를 중심으로 제작한다. 디즈니+의 오리지널은 스타워즈의 〈만
달로리안〉과 마블의 〈완다비전〉으로부터 시작되었다. 2019년 11월
론칭과 동시에 공개된 〈만달로리안〉은 디즈니+의 첫 번째 오리지널
이었다. 둘째는 글로벌 콘텐츠에 대한 투자 강화다. 금융 뉴스 웹사
이트인 더스트리트TheStreet에 따르면 밥 채펙 CEO가 "(디즈니+는) 현재
개발 및 제작 단계에 있는 500개 이상의 다양한 로컬 오리지널 타이
틀을 보유하고 있다. 이 중 180개 타이틀이 올(2022년) 회계연도에
공개될 것이며, 매년 300개 이상의 글로벌 오리지널로 확대할 예정"
이라고 밝혔다.[47] 로컬 오리지널이 디즈니+ 콘텐츠 수급 전략의 두
축 가운데 하나로 자리 잡았다는 말이다. 바로 브랜드 콘텐츠와 로

컬 오리지널 전략이다.

"APAC의 현지 제작은 마블, 스타워즈, 픽사 같은 프랜차이즈 콘텐츠를 보완하기 위한 것이다."(디즈니 아태지역 콘텐츠 및 개발 총괄 제시카 캠벨)[48] 디즈니는 넷플릭스, 아마존과 벌이는 글로벌 스트리밍 경쟁을 위해 자사의 브랜드 콘텐츠와 상호 보완적인 로컬 오리지널 콘텐츠 개발 전략을 추진하고 있다. '디즈니 D23 엑스포'(2022년 9월)에서 레베카 캠벨Rebecca Campbell 회장도 "디즈니, 마블, 스타워즈, 픽사 등 미국 스튜디오에서 생산하는 글로벌 브랜드 콘텐츠가 세계 일부 지역에서는 미국에서처럼 공감을 얻지 못하기도 합니다. … 이런 '콘텐츠 공백'을 메우기 위해 지역별로 공감대를 이끌어 낼 수 있는 로컬 콘텐츠 개발에 초점을 맞추고 있습니다"라고 언급하기도 했다.[49]

이 같은 언급은 디즈니의 로컬 오리지널 전략의 방향성을 보여 준다. 디즈니는 자사의 브랜드 콘텐츠를 보완하기 위해 로컬 오리지널을 제작한다. 디즈니가 말하는 콘텐츠 공백이란 할리우드에서 제작된 콘텐츠가 다른 나라에서는 공감도가 떨어짐으로써 발생한다. 이를 보완하기 수단으로 로컬 오리지널이 필요하다는 뜻이다. 디즈니의 로컬 콘텐츠의 지향점이 넷플릭스와는 상당히 다르다는 것을 알수 있다.

특히 드라마를 선호하는 한국에서는 로컬 콘텐츠의 성공 없이는 글로벌 스트리밍 가입자를 확보하기가 쉽지 않다. 이런 면에서 디즈니+의 국내 오리지널 제작은 한국에서 가입자를 확보하는 데 매우 중요하다. 그러나 넷플릭스와 비교할 때 성공작이 많지 않다는 평가가 우세하다. 이유가 무엇일까? 답하기 쉽지 않은 문제다. 발주자의 기획 의도와 제작사 및 창작자를 관리하는 능력 등도 영향을 줄 수 있으니 디즈니+의 실험을 좀 더 지켜봐야 할 것 같다. 콘텐츠의 성공에는 우리가 쉽게 파악하기 어려운 많은 요인이 작용한다. 콘텐츠 자체 요소와 콘텐츠 유통 상황 같은 외적 요소도 영향을 미친다. 콘텐츠 자체 요소로는 스토리, 캐릭터, 스토리텔링이 조화롭게 어울려야 한다. 제작 역량이 필요하다는 말이다.

디즈니의 루크 강 APAC 총괄 사장은 《할리우드 리포터》와의 인터뷰를 통해 아시아에서 디즈니+ 론칭 후 자사가 추진해 온 로컬 콘텐츠 전략을 다음과 같이 평가했다. "우리의 글로벌 프랜차이즈 콘텐츠는 모든 곳에서 반향을 일으키고 있습니다. 이는 우리가 알기에 빵과 버터(필수적인 요소)와 같은 것입니다. 하지만 우리는 시청 시간과 서비스 품질을 향상시키기 위해 무엇을 더 할 수 있을지 자문해 봐야 합니다. 시간은 우리가 한국의 실사 콘텐츠와 일본 애니메이션에 자원을 집중함으로써 가장 큰 가치를 얻을 수 있다는 우리의 초기 믿음을 입증해 주었습니다. …이것(K콘텐츠와 일본 애니메이션)은 여행 중인 카테고리입니다."[50] 이런 언급을 보면 로컬 오리지널에서 나라별로 선택과 집중을 택하고 있음을 알 수 있다.

넷플릭스 대 디즈니+의 로컬 콘텐츠 전략

필자는 글로벌 콘텐츠 왕국이 운영하는 디즈니+에서 볼 만한 콘텐츠가 없다고 말하는 시청자들을 만나곤 한다. 왜 이런 평가가 나오는 것일까? 이 문제를 알아보려면 디즈니 그룹 전반의 콘텐츠 전략을 이해할 필요가 있다. 디즈니+의 콘텐츠 전략은 디즈니 그룹의 사업 구조와 콘텐츠 전략의 결과이기 때문이다.

디즈니의 사업 영역과 조직 구성

디즈니의 사업 영역은 광범위한데 크게 네 부문으로 이루어져 있었다. 첫째 소비자 직접 제공 및 인터내셔널D2C and International 부문이다. 여기에는 스트리밍 서비스인 디즈니+, 훌루, ESPN+와 콘텐츠의 해외 배급 부문이 포함된다. 둘째는 스튜디오 엔터테인먼트 부문이다. 영화, TV 프로그램의 제작과 배급 등이 포함된다. 셋째는 미디어 네트워크다. 지상파(ABC) 및 케이블 채널(FX, 디즈니 채널, ESPN 등) 운영 등이다. 넷째는 놀이공원, 체험 및 상품Parks, Experiences and Consumer Products 부문이다. 테마파크, 리조트, 디즈니 크루즈, 상품 판매 부문이 여기에 해당한다. 그런데 밥 아이거가 CEO로 다시 취임한 후 2023년 2월에 이전의 4개 부문의 사업을 3개의 사업군으로 조정했다. 즉 ① 엔터테인먼트(영화, TV, 스트리밍), ② ESPN(ESPN, ESPN+), ③ 파크·체험과 상품 부문이다. 전체 사업 내용은 달라지지 않았으나 사업 간의 구조를 조정했다. 특이한 점은 ESPN을 중심으로 스포츠 부문이 독립해 조직화된 것이다.

참고로 디즈니의 사업 실적을 먼저 살펴보자. 디즈니의 2022 회계연도 매출은 837억 4500만 달러다. 이 중 ① 미디어와 엔터테인먼트 배급이 550억 4000만 달러로 65.7퍼센트, ② 파크·체험과 상품은 287억 500만 달러로 34.3퍼센트를 차지한다. 실적에서 나타나듯이 디즈니의 주 수입원은 미디어와 콘텐츠 배급 부문으로 65퍼센트 이상을 차지한다. 역시 미디어콘텐츠가 사업의 근간이다. 2023 회계연도 디즈니의 매출 구성을 보면 엔터테인먼트 45퍼센트(406억 달러), 파크·체험 36퍼센트(325억 달러), 스포츠 19퍼센트(171억 달러)로 나타났다. 이 같은 디즈니의 사업 포트폴리오에서 드러난 특징이 있다. 즉 전통의 선형 TV와 스트리밍이라는 새로운 미디어 사업을 동시에 운영한다는 점이다. 이로 인해 디즈니는 디즈니+(훌루, ESPN+)라는 스트리밍을 추진하면서 흔히 말하는 '혁신가의 딜레마' 상황에 처해 있다. 할리우드 진영의 사업자가 스트리밍 비즈니스를 추진하면서 겪는 어려움이다.

디즈니의 미디어콘텐츠 전략

디즈니의 미디어콘텐츠 사업 전략을 보면 세 가지로 구분할 수 있다. 첫째는 블록버스터 전략이다. 블록버스터를 제작하기 위해서는 IP가 중요하다. 디즈니는 자사의 IP를 기반으로 영화, TV 시리즈의 프랜차이즈를 강화하고 있다. IP에는 전통의 디즈니와 새로 인수한 픽사, 마블, 스타워즈(루카스필름)라는 빅3가 있다. 디즈니의 역사는 IP 확장의 역사로, 이들은 최고의 IP를 보유하고 있다. 둘째는 멀티 창구화 전략이다. IP와 프랜차이즈화를 통해 제작된 영화는 극장 → DVD → VOD → 유료 채널 → 지상파 순으로 배급된다. 하나의 콘텐츠를 다양한 플랫폼을 통해 순차적으로 배급하고 이것으로 수익을 극대화한다. 셋째는 사업 확산 전략이다. 디즈니 사업의 시작은 블록버스터 영화를 중심으로 한 콘텐츠다. 영화, TV 시리즈로 제작

도표 2.3 디즈니의 미디어콘텐츠 사업의 3대 전략

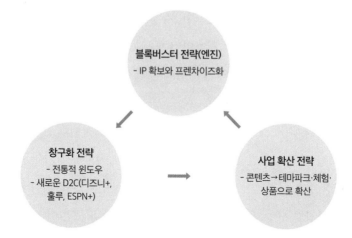

된 콘텐츠는 테마파크, 체험(리조트) 및 상품 등 다양한 분야의 사업적 기반이 된다.

마이클 아이스너Michael Eisner의 뒤를 이어 디즈니의 CEO가 된 밥 아이거는 영화와 텔레비전이 최종 목적지가 아니라 새로운 출발이라는 아이디어를 내세웠다. 말하자면 만화, 비디오 게임, 대체 현실 게임, 테마파크 놀이기구에 이르기까지 거미줄처럼 얽힌 복잡한 스토리를 엮어 갈 구심점이 될 수 있다는 것이다.[51] 아이거는 "애니메이션이 사라지면 우리 회사도 사라집니다. 히트한 애니메이션 한 편은 커다란 파도가 되고 그에 따른 잔물결이 우리 사업의 각 부분으로, 퍼레이드 캐릭터에서부터 음악과 테마파크, 비디오 게임, 텔레비전, 인터넷, 소비재에 이르기까지 모든 부분으로 흘러갑니다. 파도를 일으키는 게 없으면 우리 회사는 성공할 수 없습니다"라고 강조했다.[52] 극장 개봉으로 얻는 수입인 박스오피스 매출은 디즈니의 전체 매출에서 상대적으로 적은 부분을 차지한다. 그러나 디즈니 그룹의 전체 사업 전략에서는 매우 중요한 의미가 있다. 디즈니는 극장에서의 성공을 다른 많은 부문에서 활용하기 때문이다. 예를 들면 스타워즈, 마블 영화, 아바타, 픽사와 같은 프랜차이즈는 극장을 넘어 테마파크, 텔레비전 쇼에 활용된다. 그리고 영화에 등장한 캐릭터는 상품화되어 판매된다. 디즈니에서 블록버스터 영화는 창구화 전략과 사업 확산 전략을 추진하는 엔진이다. 이처럼 디즈니의 세 가지 사업 전략은 상호 연결되어 있고 서로 영향을 주고받는다. 디즈니의 거대하고 복잡한 사업 내용을 이 세 가지 관점에서 살펴보면 더 쉽게 이해할 수 있다.

따라서 디즈니+의 오리지널(로컬 오리지널 포함)도 당연히 디즈니 그룹의 사업 포트폴리오의 구조 아래에서 결정된다. 예를 들어 2022년 11월에 개봉한 넷플릭스와 디즈니의 영화를 비교해 보면 알 수 있다. 넷플릭스 영화 〈나이브스 아웃: 글래스 어니언〉과 디즈니 마블 영화 〈블랙팬서: 와칸다 포에버〉가 극장과 스트리밍(넷플릭스 대 디즈니+)에 공개되는 과정에서 보인 대조적 모습이 매우 흥미로웠다. 최근의 미디어콘텐츠 산업을 이해할 수 있는 좋은 사례다.

두 영화는 2022년 추수감사절이 있는 11월에 개봉되었다. 〈블랙팬서: 와칸다 포에버〉는 11월 11일(금), 〈나이브스 아웃: 글래스 어니언〉은 추수감사절 연휴 시작 전날인 11월 23일(수)에 미국에서 개봉되었다. 두 영화의 극장 개봉 방식은 완전히 달랐다. 〈나이브스 아웃: 글래스 어니언〉은 넷플릭스 오리지널 영화다. 넷플릭스는 일부 영화를 스트리밍에 공개하기 전에 극장에서 먼저 개봉한다. 그런데 극장에서 개봉하는 경우도 할리우드의 전통적 개봉 모델과는 다르다. 넷플릭스는 흔히 제한 상영 limited release이란 형식으로 극장에 상영하는데, 개봉하는 극장의 수가 적고 개봉 기간도 매우 짧다. 개봉 기간은 보통 7일에서 20일 정도다. 〈나이브스 아웃: 글래스 어니언〉은 미국의 700여 개 극장에서 7일 동안만 상영되었다. 넷플릭스는 극장 개봉일 기준으로 정확히 한 달 후 스트리밍을 통해 이 영화를 공개한다고 사전에 밝혔고, 예정대로 12월 23일 공개했다.

그러나 디즈니 영화 〈블랙팬서: 와칸다 포에버〉는 언제 디즈니+에 공개될지는 아무도 모른다. 이는 극장에서의 흥행 여부와 DVD 배급이나 VOD 등 다른 윈도의 배급 결과에 따라 정해지기 때문이다. 표준적인 윈도 순서에 따라 배급된다고 가정하면, 극장 상영이 끝나고 VOD 등을 거쳐 영화 개봉일 기준 90일 전후에 디즈니+에 공개할 것으로 보인다. 이 경우라면 2023년 2월 11일경이다. 그렇다면 디즈니+에는 실제로 언제 공개되었을까? 2023년 2월 1일이었다. 극장 개봉 후 82일 만이다. CNET 보도에 따르면 이는 2022년 5월에 개봉한 디즈니 영화 〈닥터 스트레인지: 대혼돈의 멀티버스〉의 47일, 7월에 개봉된 〈토르: 러브 앤 썬더〉의 62일에 비하면 상당히 늦은 편이다.[53]

이처럼 디즈니 영화는 디즈니+를 위해 일정을 맞추는 것이 아니라 기본적으로 디즈니 그룹의 배급 정책에 따라 정해진다. 디즈니는 2025년까지 마블 영화의 개봉 일정을 미리 공개했다. 마블 시네마틱 유니버스 Marvel Cinematic Universe(MCU)의 페이즈4 phase4는 2022년 말로 끝났다. 페이즈5는 2023~2024년 말까지이고, 페이즈6은

2025~2026년 말까지다. 디즈니+의 오리지널로 공개되는 드라마 시리즈는 사전에 계획된 일정에 따라 공개된다. 그러나 영화는 디즈니+에 언제 공개될지 알 수 없다. 사실상 디즈니+만의 영화 오리지널은 없는 셈이다. 또 다른 예로 코로나 기간인 2021년 디즈니의 영화 5편이 극장과 동시에 디즈니+에 공개된 적이 있다. '디즈니+ 프리미어 액세스'라는 이름으로 서비스되었다. 그러나 2022년부터는 더 이상 추진되지 않는다. 디즈니+에 공개되는 영화는 디즈니 그룹의 정책에 따라 개봉되기도 하고 그러지 않기도 한다.

디즈니+의 콘텐츠 수급은 디즈니 그룹의 미디어콘텐츠 사업의 운영 전략에 따라 결정된다. 따라서 디즈니의 대표적 콘텐츠인 마블 영화나 스타워즈 같은 대작이 언제 디즈니+에 공개될지는 예상하기 어렵다. 디즈니 그룹의 사업 방향이 상황에 따라 언제라도 바뀔 수 있기 때문이다. 더구나 디즈니+의 론칭으로 디즈니의 전통적 창구화 전략도 혼란을 겪고 있다.

레거시 미디어(선형 TV)와 새로운 미디어(스트리밍)에 콘텐츠를 배급하는 순서는 여전히 명확하지 않다. 현재까지의 상황만으로 보면 극장 및 레거시 미디어가 디즈니+보다 우선하는 것으로 보인다. 새로운 콘텐츠를 레거시 미디어(FX, 디즈니 채널)와 스트리밍(디즈니+, 훌루) 중 어느 쪽으로 먼저 보낼지 어려운 문제가 되었다. 이른바 혁신가의 딜레마에 빠진 것이다. 디즈니는 다양한 사업을 추진하는 미디어, 콘텐츠, 엔터테인먼트의 복합 기업이다. 디즈니의 영화와 드라마 시리즈는 테마파크와 상품 부문의 사업과도 밀접하게 연결되어 있다. 이 때문에 다른 사업과의 연관성도 콘텐츠 공개 순서의 중요한 고려 요소다.

디즈니+가 론칭되기 전에는 디즈니의 콘텐츠는 전통적인 윈도 순서에 따라 배급되었다. 100년의 시간을 통해 자리 잡은 질서였다. 그러나 디즈니+라는 스트리밍의 등장으로 공개 순서가 흔들리는 상황이다. 디즈니에서는 어떤 영화나 TV 시리즈를 만들고 이를 어떤 윈도로 먼저 보내느냐가 더욱 중요해졌다. 예를 들면 백화점에 납품할 정도의 품질을 가진 상품을 '극장이라는 백화점'에서 먼저 판매할 것인지 아니면 '극장이면서 아울렛인 스트리밍'으로 바로 보낼 것인지의 고민이다. 디즈니+라는 매장 성격이 기존의 극장이라는 백화점과 충돌하는 것이다. 아직까지는 디즈니+의 정체성이 명확하지 않다. 즉 '백화점'일 수도 있고 '아울렛'이 될 수도 있다. 아니면 어정쩡하게 그 중간 어디쯤일 수도 있다.

디즈니+에서 공개하는 콘텐츠는 오리지널과 라이브러리(구작)로 구분할 수 있는데, 이 중 라이브러리는 디즈니 그룹에서 제작된 콘텐츠만 활용한다. 그런데 같은 그룹에 속한다고 해서 디즈니, 픽사, 마블, 루카스필름(스타워즈), 20세기 스튜디오 등에서 제작된 콘텐츠를 자유롭게 활용할 수 있는 것도 아니다. 이들 스튜디오에서 제작된 콘텐츠가 이미 외부의 미디어 사업자에게 방영권이 판매되었거나 판매될 수 있기 때문이다. 물론 오리지널 제작도 디즈니 그룹 차원의 전략 아래에서 이루어진다. 따라서 앞서 살펴본 것처럼 디즈니+의 로컬 오리지널이 디즈니가 할리우드에서 만드는 브랜드 콘텐츠를 보완하기 위해서라는 점이 이해가 될 것이다.

디즈니+의 오리지널은 스타워즈, 마블의 프랜차이즈가 핵심이다.

디즈니+는 스타워즈 최초의 드라마 시리즈인 〈만달로리안〉(2019)을 시작으로 〈보바 펫〉(2021), 〈오비완 케노비〉(2022), 〈안도르〉(2022)를 오리지널로 공개했다. 마블 최초의 디즈니+의 오리지널은 〈완다비전〉(2021)이었다. 이어서 〈팔콘과 윈터 솔져〉(2021), 〈왓 이프〉(2021), 〈호크 아이〉(2021), 〈문 나이트〉(2021), 〈미즈 마블〉(2022), 〈쉬 헐크〉(2022), 〈왓 이프〉 시즌2(2022) 등으로 이어졌다. 해외에서 가장 선호하는 디즈니+의 오리지널이 바로 이런 드라마 시리즈들이다. 디즈니+라는 글로벌 스트리밍이 한국이나 일본 등 해외에 진출할 때 제공하는 콘텐츠로는 ① 영화 〈스타워즈〉나 마블 영화, 애니메이션 영화 〈겨울왕국〉 같은 디즈니의 브랜드 콘텐츠와 ② 디즈니+ 오리지널로 제작된 스타워즈나 마블의 드라마 시리즈다. 그런데 크게 보면 두 유형이 모두 디즈니가 제작하는 브랜드 콘텐츠에 속한다. 디즈니+는 해외에 진출할 때 일반적으로 나라의 구분 없이 ①과 ② 유형의 콘텐츠를 중심으로 제공한다.

그런데 한국이나 일본의 시청자는 이런 유형의 콘텐츠만으로는 만족하지 못한다. 앞서 디즈니가 말하는 '콘텐츠 공백'이 발생하는 것이다. 디즈니는 이를 보완하기 위해 ③ 한국, 일본 등 해외에서 로컬 콘텐츠를 제작한다. 디즈니+가 로컬 오리지널을 제작하는 목적이다. 디즈니의 브랜드 콘텐츠를 보완하려는 것이다. 그러나 필자가 보기에 디즈니의 이러한 전략은 한계가 있다. 여전히 할리우드적인 접근법이라는 뜻이다. 말하자면 할리우드 콘텐츠가 글로벌 각국의 가입자에게도 잘 통할 것이라고 생각하지만 지금은 할리우드의 시대가 아니라 글로벌 스트리밍 시대다. 따라서 로컬 오리지널이 강

도표 2.4 넷플릭스의 콘텐츠 양면 활용 전략

구분	오리지널	라이선스(라이브러리)
형태	일괄 공개: 시즌별 완전체로 제공	라이선스 콘텐츠 + 라이브러리화된 오리지널
목적	새로운 시청자 유치	기존 가입자 유지
마케팅	브랜드 강화를 위한 홍보 마케팅 역할	가입자를 붙잡아 두는 역할

력한 넷플릭스와의 경쟁에서 디즈니가 추구하는 '보완 전략'이 통할지는 의문이다. 멕시코, 영국, 스페인, 한국, 일본, 인도 같은 거점 국가에서 디즈니+의 로컬 오리지널은 넷플릭스와 경쟁하기 어려운 상황이다.

넷플릭스의 콘텐츠 전략

디즈니와 달리 넷플릭스의 콘텐츠 전략은 매우 단순하다. 오로지 글로벌 스트리밍만 고려해서 제작하고 공개한다. 일부 오리지널 영화는 극장에서 일주일 정도 제한 상영하기도 하지만 극장 상영의 목적이 수익 확보가 아니다. 아카데미 시상식의 자격을 갖추기 위한 최소한의 요건을 충족하거나 가입자 확보를 위한 홍보 수단이다. 넷플릭스의 로컬 오리지널 전략은 디즈니가 추구하는 보완 전략이 아니다. 할리우드와 로컬의 '병행 전략'이다.

넷플릭스가 한국, 일본 등 해외에 진출할 때 제공하는 콘텐츠는 ① 드라마 시리즈 〈하우스 오브 카드〉나 영화 〈아이리시맨〉과 같은 할리우드에서 제작된 오리지널과, ② 한국이나 일본 등 현지에서 제작된 로컬 오리지널이다. 즉 ①과 ②는 모두 넷플릭스 오리지널이다. 여기에 더해 ③ 할리우드나 해외 각국에서 방영권을 확보한 라

도표 2.5 넷플릭스의 3대 콘텐츠 전략

혁신 전략 (파괴자)	• 제작 혁신: 오리지널을 통한 스토리, 스토리텔링의 혁신과 창작의 자유 • 유통 혁신: 일괄 공개 → 몰아보기 → 서사극적 시청 → 몰입 극대화 → '새로운 TV' 경험 제공 • 새로운 TV: SVOD 모델, 영화 같은 TV(Cinematic TV) 지향 • 스트리밍 품질 확보: 오픈 커넥트와 어댑티브 인코팅
프리미엄 전략 (퀄리티 콘텐츠)	• 가입자 유치와 유지에 기여 • 퀄리티 콘텐츠 제작의 일관성(지속성) • 상업성과 작품성을 갖춘 퀄리티 콘텐츠 추구 • 블록버스터와 롱테일의 결합
단계적 전략 기고(crawl) → 걷고(walk) → 뛰는(run)	• 수급 방식: 라이선스 중심 → 라이선스 and 오리지널 병행 • 콘텐츠 구성: 롱테일 중심 → 롱테일과 블록버스터 결합 • 오리지널 제작: 외주 중심 → 외주 and 직접(자체 제작 시설의 확충) 병행 • 장르 확장: 영화 → 드라마 시리즈 → 애니 → 다큐 → 게임 → 라이브 → 스포츠 • 오리지널 확장: 할리우드 중심 → 할리우드와 로컬 공존 • IP 확장: 확보(개발, 인수) → 확장 IP화

이브러리 콘텐츠다. 크게 보면 오리지널과 라이브러리다. 넷플릭스는 미국이나 해외에 진출한 국가에 관계없이 오리지널과 라이브러리 콘텐츠의 목적이 다르다. 오리지널을 통해서 새로운 가입자를 확보하고 라이브러리를 통해서 가입자를 지킨다. 이 둘은 서로 보완하며 상승 효과를 낸다. 넷플릭스의 콘텐츠 '양면 활용' 전략이다.

2007년 넷플릭스가 스트리밍 서비스를 시작하고나서 해외에 진출한 2010년부터 추구해 온 콘텐츠 전략의 방향은 크게 세 가지로 유형화할 수 있다. 바로 혁신 전략, 프리미엄 전략, 단계적 전략이다. 넷플릭스의 로컬 오리지널 전략도 넷플릭스가 추구하는 3대 콘텐츠 전략의 특성을 그대로 보여 준다.(도표 2.5 참조)

이제 넷플릭스와 디즈니+의 로컬 오리지널 전략에서의 차이점을

구분	넷플릭스	디즈니+
수급 구조	단일 윈도	멀티 윈도의 하부 구조
라이브러리	거의 모든 메이저 스튜디오 (경쟁사도 포함)	디즈니 그룹 (디즈니, 픽사, 마블, 스타워즈 등)
오리지널	– 다양한 장르와 유형 – 롱테일과 블록버스터의 병행 – 할리우드와 로컬의 균형 추구 – 로컬 콘텐츠의 글로벌화	– 슈퍼 IP 기반 프랜차이즈 –주력은 할리우드, 로컬은 보완 콘텐츠
타깃	모든 타깃(성인 지향성 강함)	가족 중심(어린이 청소년 중심)
콘텐츠 성격(컬러)	강렬함(세고 독하다)	담백함(약하고 순하다)

정리해 보자. 넷플릭스는 글로벌 콘텐츠 유통 플랫폼을 운영하는 것이 비즈니스의 전부다. 디즈니처럼 영화를 만들어 극장 등에 배급해 수익을 확보하고 나중에 디즈니+에도 공개하려는 목적이 아니다. 반면에 디즈니는 자사의 오리지널을 통해 수익도 확보하고, 디즈니+의 가입자 확보 및 유지도 해야 하는 목표를 동시에 갖고 있다. 디즈니는 이 전략이 쉽지 않아서 어려움을 겪는다. 극장, 선형 TV, 스트리밍은 서로 다른 매체이며 목표로 하는 고객도 다르기 때문이다. 넷플릭스와 디즈니+의 콘텐츠 수급 구조의 차이는 도표 2.6과 같이 정리할 수 있다.

디즈니와 넷플릭스 간의 콘텐츠 비교는 사과와 오렌지를 비교하는 것과 같다. 두 사업자는 사업 구조와 이에 따른 콘텐츠 전략이 매우 다르기 때문이다. 형태는 비슷한 글로벌 스트리밍이지만 콘텐츠를 제작하고 유통시키는 모습과 지향점은 상당히 다르다. 디즈니와 넷플릭스의 콘텐츠 전략을 동일 기준이나 잣대로 비교하는 것은 큰 의미가 없다. 다만 글로벌 스트리밍으로서 넷플릭스와 디즈니+를 비교하는 것은 어느 정도 의미가 있다. 이 경우도 로컬 콘텐츠를 포함한 디즈니+의 콘텐츠 전략이 미디어, 콘텐츠, 엔터테인먼트를 운영하는 디즈니 그룹의 전체 구조에서 나올 수밖에 없다.

03

글로벌 주요 거점 국가와 로컬 콘텐츠

넷플릭스의 글로벌 확장 전략은 매우 독특하다. 먼저 현지에서 제작한 로컬 오리지널로 현지 시장에서 승리한다. 승리를 위한 핵심 고리가 바로 로컬 오리지널인 것이다. 이런 과정을 거쳐 한 나라씩 현지 시장을 차지하며 캐나다 → 멕시코 → 영국 → 스페인(프랑스·독일·이탈리아) → 한국 → 일본과 인도로 확장해 갔다. 이들 국가는 글로벌 미디어콘텐츠 시장에서 거점 역할을 한다. 멕시코, 영국, 스페인, 한국, 일본, 인도와 같은 나라에서 정도의 차이는 있지만 '넷플릭스 효과'는 강력한 영향력을 발휘하고 있다.

넷플릭스의 성장은 해외 확장의 역사다. 이제 넷플릭스는 세계 모든 나라에 서비스되고 있다. 글로벌 스트리밍 간 경쟁에서 승리하기 위해서는 주요 거점 국가를 선점하는 것이 매우 중요하다. 거점 국가는 가입자 확보와 동시에 로컬 콘텐츠의 확보를 위한 전략적 시장이기 때문이다. 넷플릭스는 주요 거점 국가를 선점하기 위해 로컬 오리지널 콘텐츠를 지렛대로 활용하고 있다. 2022년 현재 넷플릭스는 50여 개 국가에서 로컬 오리지널을 제작한다. 이들 중 멕시코, 영국, 스페인, 한국, 일본, 인도 등이 넷플릭스 로컬 오리지널 제작의 허브로 떠올랐다. 프랑스, 독일 등도 로컬 오리지널 제작에서 두각을 나타내고 있지만 이들 국가는 아직 유럽을 대표하는 국가로 성장하지는 못한 상황이어서 제외했다.

로컬 오리지널의 시작, 멕시코

멕시코는 넷플릭스가 실질적으로 해외에 진출한 첫 번째 나라다. 로컬 오리지널인 〈클럽 디 쿠에르보스〉가 공개된 2015년을 기점으로 멕시코에서 넷플릭스의 로컬 오리지널 전략이 시작되었다. 당시 넷플릭스 콘텐츠 최고 책임자였던 테드 서랜도스(현 공동 CEO)는 "멕시코 지역에 로컬 프로그램을 추가하면 해당 국가local territory뿐 아니라 넷플릭스를 통해 전 세계에서 시청자를 찾을 수 있다"라는 의미심장한 발언을 했다.[54] 지금 돌아보면 이때부터 이미 로컬 콘텐츠의 중요성을 간파한 것으로 보인다.

넷플릭스는 2011년 멕시코에 진출해 4년째인 2014년부터 로컬 오리지널을 준비하기 시작했다. 2014년 4월 넷플릭스는 멕시코의 유명 영화 감독 게리 알라즈라키Gary Alazraki의 〈클럽 디 쿠에르보스〉라는 코미디 시리즈 제작 계획을 발표했다. 이 시리즈는 라틴 아메리카와 스페인 배우를 캐스팅하고 촬영은 멕시코에서 진행한 다국적 제작 형식으로, 라틴 아메리카인에게 친숙한 축구 이야기와 텔레노벨라적 특성도 포함하고 있었다. 멕시코 최초의 로컬 오리지널인 〈클럽 디 쿠에르보스〉는 2015년 8월에 공개되었다. 2016년에는 오리지널 시리즈 〈언거버너블〉도 공개되었다.

마약상 파블로 에스코바르의 삶을 그린 콜롬비아의 〈나르코스〉 역시 2015년 8월에 공개되었다. 〈나르코스〉의 감독 호세 파디아Jose Padilha와 주연 와그너 모라Wagner Moura는 모두 브라질 국적의 창작자들이고, 드라마 대사의 대부분은 스페인어다. 이 드라마에는 칠레, 콜롬비아, 멕시코, 미국 등 다양한 국적의 배우가 출연한다.[55] 2023년 8월 현재 〈나르코스〉는 시즌3이 공개되었고, 〈나르코스: 멕시코〉(2018~2021)도 시즌3까지 공개될 정도로 글로벌 히트작이 되었다.

여기서 특이한 점은 〈나르코스〉는 미국 제작사가 만든 미국 작품으로 분류된다는 것이다. 드라마 내용 또한 할리우드 콘텐츠와 로컬 콘텐츠의 성격이 섞여 있다. 일반적으로 멕시코는 라틴 아메리카로 분류되지만 북미로 보기도 하는데 이런 지리적 특성을 반영하는 것이다. 멕시코와 콜롬비아는 이제 스페인어 콘텐츠 제작에서 스페인과 더불어 중요한 축이 되었다.

멕시코의 로컬 오리지널 제작에서는 다른 나라에는 없는 독특한 특성이 있다. 바로 로컬local(멕시코·콜롬비아), 지역regional(라틴 아메리카), 글로벌global(스페인, 미국 내 히스패닉) 콘텐츠로의 확장이다. 이는 스페인어를 사용하고 상당한 정도의 사회 문화적 동질성을 지니고 있는 라틴 아메리카 지역의 특성을 반영한다. 아시아나 유럽에서는 찾아보기 어려운 독특한 현상이다. 멕시코는 넷플릭스의 로컬 오리지널 전략이 시작된 곳이다. 따라서 넷플릭스가 멕시코·콜롬비아에서 추진한 오리지널 제작의 시사점을 알아볼 필요가 있다.

첫째는 스페인어라는 언어적 동질성과 문화적 유사성을 활용해 멕시코를 넘어 라틴 아메리카 시장까지 고려하고 있다. 로컬 콘텐츠의 확장성이다. 이럴 때 개념적으로 멕시코는 로컬이고 라틴 아메리카는 지역이며 미국, 스페인 등 해외는 글로벌이다. 이 경우 현지 드라마는 멕시코 시장을 넘어 글로벌 시장으로 확대됨으로써 제작에서 규모의 경제를 시도할 수 있다. 총 유효시장Total Addressable Market(TAM)의 확장으로 로컬 콘텐츠 제작에서도 규모의 경제가 가능하다. 이는 퀄리티 콘텐츠 탄생의 필요조건이다. 판매할 수 있는 시장이 커지므로 제작비 투자의 규모를 늘릴 수 있기 때문이다. 어차피 로컬 콘텐츠를 제작해야 하는 넷플릭스로서는 큰 이점이 아닐 수 없다.

둘째는 다국적 제작이다. 멕시코에서 제작된 드라마 시리즈에는 멕시코, 칠레, 콜럼비아, 스페인과 미국 배우까지 캐스팅되었다. 제작진도 다국적이다. 언어는 스페인어와 영어로 제작되었다. 북미와 남미의 창작자가 하나의 팀으로 참여했다.

셋째는 라틴 아메리카 공통의 이슈나 관심사를 주로 다루었다. 예를 들어 라틴 아메리카의 관심을 반영한 축구, 마약, 불평등과 같은 문제다. 당연하겠지만 이런 주제는 멕시코와 라틴 아메리카인의 취향이나 고민을 담고 있어서 현지 또는 지역의 시청자가 선호하면서도 보다 보편적 스토리가 될 수 있다. 드라마 장르도 현지인이 선호하는 '텔레노벨라' 형식을 애용한다. 텔레노벨라는 라틴 아메리카

드라마의 특성을 상징하는 용어가 되었는데, 우리나라에 브라질, 멕시코, 콜롬비아 드라마를 주로 방송하는 '텔레노벨라'라는 이름의 채널까지 등장할 정도다. 라틴 아메리카는 매우 독특한 콘텐츠 제작과 소비 환경을 가지고 있다. 배경은 스페인, 라틴 아메리카, 미국 내 히스패닉을 포함해 전 세계 6억 명에 가까운 스페인어 사용자들이다. 스페인어 사용자와 이들이 공유하는 문화적 동질성은 콘텐츠의 제작과 소비의 중요한 기반이 되고 있다.

멕시코에서 시작된 넷플릭스 오리지널 전략은 현재 더욱 빛을 발하여 멕시코는 이제 스페인과 더불어 스페인어 콘텐츠 수급의 허브가 되었다. 넷플릭스에서 인기를 얻은 〈누가 사라를 죽였을까〉, 〈검은 욕망〉 같은 드라마 시리즈도 멕시코에서 제작되었다. 이런 유형의 드라마는 앞으로 계속 제작되어 스페인어를 사용하는 시청자의 사랑을 받을 것이다. 규모의 경제가 작동해 글로벌 스트리밍의 대규모 제작비와 멕시코의 제작 역량이 결합하면 우리가 보지 못했던 글로벌 히트작이 탄생할 수도 있다. 이처럼 멕시코는 글로벌 스트리밍에 오리지널뿐 아니라 텔레노벨라로 일컬어지는 라틴 아메리카 드라마의 공급처가 되고 있다. K-드라마가 아시아의 많은 나라에 공급되는 것과 유사하다.

멕시코 로컬 오리지널이 주는 함의

앞에서 살펴본 것처럼 멕시코의 로컬 오리지널 제작은 다른 나라에는 없는 독특한 특성이 있다. 그렇다면 멕시코에서 이루어진 넷플릭스의 로컬 오리지널 전략이 K콘텐츠에 주는 함의는 무엇일까?

첫째는 로컬에서 글로벌로의 확장이다. 아시아는 지리적으로는 지역region을 이루고 있지만 문화적으로 현지성local을 공유하지 않는다. 라틴 아메리카처럼 언어와 문화적 동질성이 존재하지도 않고, 사용하는 언어도 전혀 다르다. 한국 중국 일본이 크게는 한자가 통용되는 나라로 분류할 수 있지만 한국은 점점 한자를 사용하지 않는 추세다. 이 세 나라를 넘어서 아시아 차원에서의 문화적 동질성은 더더욱 발견하기 어렵다.

둘째는 다국적 제작이다. 아시아의 역내 국가들 간 다국적 제작은 초기 단계다. 한·중·일 중심으로 다국적 제작이 시도되고 있지만 아직 활발하지는 않은 편이다. 2022년 칸 영화제 수상작인 〈브로커〉, 〈헤어질 결심〉은 한·중·일이 참여한 다국적 제작으로, 한국이 투자와 제작자인 경우다. 〈브로커〉는 일본인 감독(고레에다 히로카즈)과 한국의 연기자(송강호, 강동원, 아이유)가 출연했다. 〈헤어질 결심〉은 박해일과 중국 배우 탕웨이가 주연을 맡았다. 두 영화 모두 CJ가 투자한 작품이다. 2021년 한·일 합작 영화 〈당신은 믿지 않겠지만〉은 일본이 투자와 제작을 주도했고 한국의 창작자가 참여한 경우다.

아직 넷플릭스나 디즈니+ 같은 글로벌 스트리밍이 한·중·일이 참여하는 공동 제작을 추진한 경우는 많지 않다. 성격이 다소 다르지만 애플TV+는 2022년 국제 공동 제작의 성격이 강한 드라마 〈파친코〉를 공개했다. 디즈니+가 제작한 드라마 〈커넥트〉도 한·일 공동 제작으로 볼 수 있다. 연출은 일본인 감독 미이케 다카시가 맡았다. 넷플릭스는 아직 영화나 드라마 시리즈에서 한·중·일 간 공동 제작을 추진하지 않았다. 앞으로 넷플릭스, 아마존, 디즈니+, 애플TV+의

한·중·일 또는 아시아 국가 간 공동 제작이 증가할지 속단하기는 어렵다. 다만 글로벌 스트리밍의 확장으로 그 가능성은 높아졌다. 최근 넷플릭스 주도하에 한국과 일본의 창작자가 참여하는 드라마 제작이 추진되고 있다.

셋째는 아시아가 공유하는 스토리다. 아쉽게도 아시아인이 공유하는 스토리를 찾기는 어렵다. 한·중·일이 한자 문화권으로 볼 수는 있으나 역사적으로 뿌리 깊은 갈등이 자리 잡고 있다. 물론 선, 불교, 유교 이념은 어느 정도 공유된 가치로 볼 수 있으나 여기에도 한계가 있다. 이에 더하여 해외의 한국어 사용자는 히스패닉계와는 비교가 되지 않는다. 아시아는 라틴 아메리카와 다르게 언어적, 문화적 동질성이 거의 없다. 어찌 보면 유럽의 상황과 유사하다.

K콘텐츠가 아시아적 가치를 담아 내는 콘텐츠를 제작하기는 쉽지 않아 보인다. 하지만 글로벌 스트리밍 시대에는 지리적, 문화적 동질성보다 글로벌에 존재하는 취향 집단이 더 중요해지고 있다. 바로 넷플릭스가 강조하는 더 많은 글로벌 팬덤의 등장이다. 탈아시아를 지향하는 K콘텐츠에는 더 긍정적 요인이 될 수 있다.

지상파와도 겨룰 수 있는 경쟁력, 영국

영국을 살펴보기 전에 잠시 유럽의 상황을 보자. 유럽은 북미와 더불어 넷플릭스의 핵심 시장이다. 유럽 중에서 스트리밍 시장의 규모나 로컬 오리지널 제작에서 주요 국가는 영국, 스페인, 프랑스, 독일, 이탈리아로 볼 수 있다. 그런데 유럽 국가 중 미디어콘텐츠 비즈니스 환경에서 프랑스는 매우 독특한 태도를 취하고 있다.

넷플릭스는 프랑스를 중심으로 한 유럽에서 문화적 충돌을 빚고 있다. 특히 자국 콘텐츠 산업 보호에 적극적인 프랑스가 가장 방어적이다. 그러나 넷플릭스로 인해 프랑스에서도 변화가 일고 있다. 《할리우드 리포터》에 따르면 넷플릭스는 2022년 2월 프랑스 영화 길드(창작자, 제작자 및 영화 소유주의 이익을 함께 대변하는 단체)와 향후 '3년 동안 최소 10편의 프랑스 및 유럽 영화에 최소 4000만 유로(약 600억 원)를 투자한다'는 내용의 약정을 체결했다. 이는 프랑스에서 스트리밍을 제공하는 사업자로서는 최초다. 주요 내용으로 첫째는 프랑스에서 발생한 연간 순매출net revenue의 최소 4퍼센트를 프랑스와 유럽의 영화 제작에 투자한다는 것이다. 프랑스어 영화에는 최소 3000만 유로(약 450억 원)를 투자하기로 했다. 둘째는 영화 투자 중 저예산 영화(제작비 400만 유로 미만)에 최소 17퍼센트를 투자한다는 것이다. 이번 약정은 넷플릭스가 프랑스 방송 당국과 연매출의 20퍼센트를 시리즈와 영화 등 프랑스 콘텐츠에 투자하기로 약속한 협정 pact에 따른 것이다.[56]

프랑스는 영화가 극장에서 개봉되는 시점과 온라인(넷플릭스 같은 스트리밍 서비스)에서 공개할 수 있는 시점이 유럽 국가 중에서 가장 긴 36개월이었다. 이 같은 홀드백holdback 기간이 이번 약정을 계기로 15개월로 단축되었다. 그동안 영화의 제작 및 배급을 두고 칸 영화제 측과 넷플릭스는 갈등을 겪어 왔다. 칸 영화제는 경쟁 부문에 참여하는 넷플릭스 영화를 프랑스 극장에서 개봉하도록 요구했다. 극장에 개봉해야 영화로 인정하겠다는 것이다. 그래서 넷플릭스는 칸 영화제에 자사의 영화를 출품하지 않았다. 2017년에 봉준호 감독의 〈옥자〉를 두고도 칸 영화제와 넷플릭스가 충돌한 적이 있다. 그러나 프랑스 영화 길드와 넷플릭스 간 약정 체결로 보수적인 프랑스에서도 영화 개봉 후 스트리밍 플랫폼에 공개할 수 있는 기간이 획기적으로 단축되었다.

이제 영국의 상황을 보자. 넷플릭스는 영국 스트리밍 시장에 진입하기 위해 콘텐츠를 현지화하는 한편 가입자를 확보하려고 현지의 방송통신 사업자, 온라인 플랫폼 사업자와 제휴했다. 콘텐츠 현지화의 방안으로는 로컬 오리지널 제작 및 지상파 콘텐츠의 라이선스를 확보했다. 이후 넷플릭스가 투자하고 제작한 로컬 콘텐츠는 영국의 미디어콘텐츠 지형을 크게 바꾸고 있다.

넷플릭스 입장에서 보면 영국에서 제작되는 콘텐츠는 다른 나라의 로컬 콘텐츠에 비해 이점이 있다. 영어로 제작된 콘텐츠이기 때문에 영국은 물론이고 미국, 캐나다, 호주 같은 시장도 고려할 수 있어서다. 더군다나 영어로 된 콘텐츠를 할리우드보다 저렴하게 제작할 수 있다. 이 때문에 영국은 할리우드와 더불어 영어 콘텐츠를 만드는 또 하나의 축이 되고 있다. 결국 미국 기반의 글로벌 스트리밍 사업자에게 영국은 매력적인 시장이 될 수밖에 없다. 이것이 스트리밍 사업자가 영국 콘텐츠에 투자를 확대하는 이유다.

넷플릭스는 2020년에서 2023년 말까지 4년 동안 영국 콘텐츠에 60억 달러 정도를 투자할 것이라고 밝혔다. 2020년 이후 영화와 TV 시리즈에 매년 약 15억 달러를 지출하는 셈이다.[57] 2022년 넷플릭스는 콘텐츠 지출액 약 170억 달러 중 15억 달러 정도를 영국에 투입했다. 비율로 보면 8.8퍼센트에 이른다. 미국을 제외하고 영국이 가장 큰 제작 시장이 된 것이다. 넷플릭스는 2022년 한국에서 콘텐츠에 투자한 규모를 공개하지는 않았지만 약 8000억 원 정도로 추산한다. 이를 기준으로 두 나라를 비교해 보면 영국에는 한국 대비 2배 이상이 투자되었다. 2022년 기준 가입자 규모에서 영국은 약 1700만 명이고 한국은 650만 명 정도로 추정되어서 영국이 2.6배가량 많다. 2022년 기준 넷플릭스의 영국 매출은 15억 파운드(약 2조 5000억 원)로, 7733억 원인 한국의 3배가 넘는다. 이처럼 영국과 한국을 비교하면 영국이 가입자는 2.6배, 콘텐츠 투자는 2배 이상, 매출은 3배 이상으로 나타났다.

영국에서 제작된 콘텐츠가 로컬 콘텐츠인가 하는 논란이 있을 수 있다. 그러나 1장 로컬 콘텐츠의 정의에서 밝힌 것처럼 영국에서 제작된 콘텐츠도 글로벌 스트리밍의 관점에서 보면 로컬 콘텐츠다. 영국의 콘텐츠는 기본적으로 할리우드 제작 시스템에서 탄생한 콘텐츠가 아니라는 점에서 로컬 콘텐츠로 분류할 수 있다.

가장 성공한 넷플릭스의 영국 로컬 오리지널은 시즌6까지 공개된 〈더 크라운〉(2016~2023)을 들 수 있다. 2023년 현재 넷플릭스 오리지널 드라마 시리즈 중 영국에서 제작된 〈더 크라운〉 시즌4(2021)가 유일하게 에미상에서 드라마 작품상을 수상했다. 영국의 로컬 오리지널이 최초로 에미상 드라마 작품상을 넷플릭스에 안겨준 셈이다. 이는 넷플릭스뿐 아니라 글로벌 스트리밍 사업자에게 퀄리티 콘텐츠 제작 능력을 입증함으로써 영국의 중요성을 보여 주었다.

넷플릭스는 영국에서 글로벌 스트리밍 중 가장 많은 가입자를 확보하고 있으며 시청 시간에서도 지상파와 경쟁할 수 있는 기반을 확보했다. 여기서 영국 방송 시장의 변화 가운데 눈여겨봐야 할 점이 있다. 글로벌 스트링은 해외에 진출하면서 로컬 오리지널의 제작을 확대하고 있다. 그 과정에서 특히 넷플릭스가 로컬 콘텐츠 제작 생태계에 큰 영향을 미치며 공격적인 방식을 취한다. 넷플릭스가 영국의 방송 시장에 미친 영향력은 다른 어떤 나라보다도 강력하다. 이는 역으로 영국이 글로벌 스트리밍에게는 매우 중요한 시장이라는 의미도 된다. 영국은 가성비 높은 영어 콘텐츠를 제작할 수 있기 때문이다.

영국에서는 지상파들이 점차 증가하는 드라마 제작비를 충당하기 위해 넷플릭스의 돈을 필요로 한다. 온라인 뉴스 데드라인에 따르면 넷플릭스가 투자한 지상파 드라마는 넷플릭스에서 가장 많이 시청하는 프로그램 상위 순위에 포함된다. 예를 들면 BBC1의 〈솔즈베리 포이즈닝스〉, ITV의 〈다운튼 애비〉, 채널4의 〈애클리 브릿지〉와 같은 드라마다. 더 나아가 BBC의 〈더 서펀트〉, 〈드라큘라〉와 같은 화려한 히트작은 넷플릭스의 투자 없이는 제작이 불가능했다.[58] "넷플릭스가 대규모 자금을 지원하는 오리지널 프로그램의 발주로 공동 제작물 수가 감소할 것이다. 이는 기존 방송사의 경쟁력에 영향을 미칠 수 있다"라는 것이 엔더스 애널리시스의 분석이다. 즉 드라마 제작비의 규모가 증가함에 따라 넷플릭스가 지상파와 공동으로 제작하는 드라마의 타이틀 수가 줄어들었고, 이에 따라 지상파에서 방송하는 드라마도 줄어들고 있다는 것이다.

영국에서는 지상파의 넷플릭스에 대한 '의존의 악순환'이 벌어지고 있다. 데드라인은 "넷플릭스는 2014년 영국 오리지널 시장에 진출한 이후로 〈오티스의 비밀 상담소〉, 〈더 크라운〉 및 〈하트스토퍼〉와 같은 세간의 이목을 끌고 대규모 예산이 투자되는 드라마를 발주해 왔다. 이 기간 동안 넷플릭스는 제작 부문에서 주요 투자자가 되었다. (이를 통해) BBC, ITV, 채널4(공공 지상파) 및 채널5(민영 지상파) 같은 지상파, 그리고 유료 TV의 거대 기업 스카이와 경쟁자가 되었다"라고 평가했다.[59]

유럽 콘텐츠 제작의 허브, 스페인

넷플릭스의 로컬 콘텐츠에서 한국과 더불어 스페인에서 제작한 콘텐츠의 초강세 현상이 나타나고 있다. 이제 스페인은 글로벌 스트리밍의 콘텐츠 제작 허브로서 확고하게 자리 잡았다.

미국의 대중 잡지 《버라이어티》는 "넷플릭스와 아마존은 스페인의 엔터테인먼트 비즈니스 확장을 위한 주요 투자자"(2023.5.10)라는 기사에서 스페인 콘텐츠 산업의 부상을 "스페인 콘텐츠 제작의 새로운 새벽"이라고 언급했다. 2018년 4월 넷플릭스는 〈종이의 집〉이 미국 스트리밍 서비스에서 가장 많이 본 비영어권 시리즈가 되었다고 발표했다. 스페인어 시리즈는 넷플릭스가 콘텐츠를 세계적 차원으로 전환시킨 최초의 외국어 블록버스터라는 영예를 얻었다. 스페인은 넷플릭스에서 가장 많이 시청한 비영어 영화 및 TV 프로그램 20개 중 7개를 차지했다. 이는 한국(4개), 프랑스(2개), 독일(2개) 등 다른 어떤 국가보다 많다.[60] 스페인의 영화와 드라마 시리즈의 인기가 예사롭지 않다.

필자는 유럽의 전통적 콘텐츠 강국인 영국, 프랑스, 독일을 제치고 스페인이 떠오르는 이유가 무엇인지 궁금했다. 스페인이 만든 작품에 그 원인이 있을 것이라 생각해 스페인의 영화와 드라마 시리즈를 가능한 한 많이 시청했다. 우선 '넷플릭스에서 가장 많이 시청한 비영어권 영화 순위' 탑 10[61]에 오른 스페인 영화 〈더 플랫폼〉(2019), 〈스루 마이 윈도〉(2022), 〈빌로우 제로〉(2021)를 시청했다. 〈더 플랫폼〉은 스토리와 스토리텔링이 매우 독특한 스릴러 영화다. 인간 사회와 삶의 부조리에 관한 은유와 상징이 넘쳐나는 매우 철학적 메시지를 담고 있었다. 다음으로 〈스루 마이 윈도〉는 2021년 네이버가 인수한 글로벌 웹소설 플랫폼 왓패드wattpad에 연재된 것을 원작으로 한 십 대들의 로맨스 영화다. 〈빌로우 제로〉는 범죄 스릴러이지만 폭력성은 K콘텐츠보다 약한 저예산 영화로 보였다. 딸의 살해범을 자신의 손으로 직접 응징하려는 전직 경찰관 아버지의 복수를 그린 이야기로, 두 사람이 죄수 이송 차량이라는 좁은 공간에서 벌이는 심리가 잘 묘사되었다. 법보다 주먹이 빠르다는 현실의 부조리도 담고 있었다. 영화 세 편을 통해 어떤 경향성을 발견하기는 어렵지만 〈더 플랫폼〉과 〈스루 마이 윈도〉는 독특한 스토리텔링을 보여 주었고, 스페인의 콘텐츠 제작 수준을 가늠할 수 있었다. 넷플릭스에서 공개된 이른바 '강하고 쎈' 성인 지향의 한국 영화와는 다른 느낌이었다.

스페인의 대표적 드라마 시리즈로는 〈종이의 집〉과 〈엘리트들〉이 있다. 〈종이의 집〉은 5개의 파트로 마감했는데, 5개의 파트 중 파트3부터가 넷플릭스 오리지널이다. 교수(알바로 모르테)라 불리는 한 천재가 8명의 범죄자를 규합해서 스페인 조폐국, 스페인 중앙은행의 지하 금고를 습격하는 내용이다. 전형적인 강도heist 장르의 드라마 시리즈로, 이 드라마는 퀄리티 콘텐츠의 조건을 갖추고 있다. 드라마에 등장하는 교수라는 리더와 도시의 이름으로 불리는 8명의 캐릭터 간의 '케미'가 돋보인다. 긴박감을 주는 스토리텔링도 우수하다. 특히 빨강색 작업복과 달리(화가 살바도르 달리)의 가면은 강렬한 시각적 효과를 드러낸다. 〈오징어 게임〉에서 게임 참가자들의 청색 운동복과 작업자들의 빨강색 작업복과의 대비가 연상된다. 특히 파트1~파트2와 다르게 넷플릭스의 오리지널로 제작된 파트3~파트5는 블록버스터 드라마 시리즈의 특성을 잘 보여 준다.

〈종이의 집〉은 글로벌 히트작으로 평가받으며, 이러한 성공을 기반으로 더 큰 프랜차이즈로 확장 중이다. 〈종이의 집〉의 한국 버전인 〈종이의 집: 공동경제구역〉(2022)이 공개되었고, 〈종이의 집〉 프리퀄인 〈베를린〉 시즌1(2023)이 공개되고 시즌2도 제작 중이다. 2017년 시작된 〈종이의 집〉은 8년이 지난 지금도 여전히 진행 중이다. 이 드라마의 작가 겸 제작자인 알렉스 피나는 세계적 명성을 얻었다. 스페인 오리지널의 원조 격인 〈엘리트들〉도 스페인의 대표적 로컬 드라마 시리즈다. 2018년 시즌1을 시작으로 2023년 10월 시즌7까지 공개되었다. 파격적인 스토리텔링과 빈부 갈등, 세대 간 문화 충돌 같은 스페인을 넘어서는 시대정신을 읽을 수 있는 스토리를 담고 있다.

스페인에서는 드라마 〈종이의 집〉이나 영화 〈더 플랫폼〉, 〈안데스 설원의 생존자들〉(2024) 같은 퀄리티 콘텐츠가 지속적으로 나오고 있다. 이로써 스페인에 퀄리티 콘텐츠를 제작할 수 있는 건강한 제작 생태계가 갖추어졌음을 짐작할 수 있다. 그렇다면 콘텐츠 제작의 생태계 관점에서 스페인이 콘텐츠 제작의 허브로 주목받는 이유는 무엇일까?

넷플릭스, 아마존 프라임 비디오의 스페인 콘텐츠 책임자와 담당자 그리고 스페인 현지 창작자들의 견해를 종합하면, 스페인의 콘텐츠가 부상하는 이유를 몇 가지로 정리해 볼 수 있다. 첫째는 스페인의 콘텐츠 제작 생태계가 잘 작동하고 이를 구성하는 창작자들의 제작 역량이 우수하다는 점이다. 둘째는 촬영하기 좋은 스페인의 자연경관과 기후적 장점이다. 더 중요한 것은 문화적 다양성과 풍부한 유산까지 보유하고 있다는 점이다. 셋째는 대규모 스페인어 사용자 기반이다. 이 점은 스페인어 콘텐츠 제작에서 매우 중요한 의미를 갖는다. 말했듯이 스페인, 라틴 아메리카, 미국 내 히스패닉계를 합하면 전 세계 6억 명에 가까운 사람들이 스페인어를 사용한다. 이들은 스페인어 콘텐츠 소비의 확실한 후원자이자 기반이다. 넷째는 세금 환급(인센티브 시스템)을 중심으로 한 스페인 정부의 강력한 정책적 지원이다. 각각의 내용을 자세히 살펴보자.

건강한 콘텐츠 제작 생태계: 제작 역량과 가성비

디에고 아발로스 넷플릭스 스페인 부사장은 다음과 같이 강조했다. "스페인은 로컬 콘텐츠에 대한 욕구가 정말 강합니다. 이곳 스페인에서는 수년 동안 텔레비전의 품질이 놀라울 정도였습니다. 이로 인해 넷플릭스가 이 시장에 진출하고 생태계의 일부가 되는 것이 훨씬 쉬웠습니다."[62] 스페인은 넷플릭스가 진출하기 전부터 이미 높은 콘텐츠 제작 역량을 갖추고 있었다는 설명이다. 이는 한국의 상황과도 매우 흡사하다. 한국 시청자들의 K-드라마에 대한 선호는 어느 나라에도 뒤지지 않기 때문이다. 이 점은 K-드라마 성장의 가장 강력한 힘이 되었다. 오래전부터 한국의 드라마는 국내 시청자들의 사랑을 받기 위해 치열하게 경쟁하고 있었고, 그 결과 아시아를 넘어 세계 최고 수준의 드라마 제작 역량을 축적하게 되었다.

에릭 바맥Erick Barmack 넷플릭스 전 국제 오리지널 부사장은 "〈종이의 집〉, 〈그랜드 호텔〉, 〈벨벳〉 및 〈마드리드 모던걸〉은 모두 미국 예산의 10분 1 수준이지만 뛰어난 제작 가치를 보유하고 있습니다. 한정된 수의 첨단 스튜디오에서 환상적인 세계를 만들었습니다. … (스튜디오 제작을 통해) 예산이 줄어들었는데, 이는 스페인에 정말 뛰어난 기술 인력이 있기 때문"이라고 설명했다.[63] 스페인은 스튜디오 내 세트 중심의 제작을 통한 제작비 절감 및 역량 있는 기술 스태프가 강점이다. 한국에서 〈오징어 게임〉이 제작된 상황과 매우 닮았다. 〈종이의 집〉 파트1~파트2는 조폐국 내부에서 벌어지는 장면, 경찰의 지휘 텐트, 교수의 지휘 본부 같은 장면은 세트를 통한 촬영이 가능한 구성으로, 야외 로케이션 장면이 많지 않았다. 〈오징어 게임〉도 대부분의 장면이 스튜디오 세트를 활용해 촬영되어서 상대적으로 야외 로케이션이 적은 편이었다.

로케이션에 적합한 자연과 문화 인프라

스페인은 야외 촬영에 적합한 문화 유산과 거대한 산맥, 사막이나 해변 같은 자연 경관을 보유하고 있고 기후적으로도 장점이 많다. 또 가톨릭 문화와 이슬람 문화가 융합된 문화적 다양성과 이에 따른 풍부한 문화 유산도 지니고 있다. 미국의 대중문화 매체《할리우드 리포터》는 쉽게 접근할 수 있는 다양한 장소 또한 스페인을 매우 매력적으로 만든다고 했다. 여기에 1년에 3000시간의 일조량을 자랑하는 스페인의 지중해식 생활 방식과 기후를 다른 지역이 따라 하기는 어렵다.[64] 알다시피 스페인은 전 세계에서 가장 선호하는 관광지 중 하나다.

6억 명에 이르는 스페인어 사용자 기반

스페인어를 사용하는 6억 명에 이르는 사람이 스페인 콘텐츠를 시청할 잠재적 소비자다. 스페인을 포함해 라틴 아메리카 및 미국 내 히스패닉계 같은 스페인어 사용자들과의 연결이 가능하다는 점은 스페인어 콘텐츠 소비의 글로벌화가 다른 로컬 콘텐츠보다 쉽다는 뜻이다. 즉 콘텐츠의 확장성이 매우 크다는 말이다. 그 결과 스페인어 콘텐츠는 제작에서 규모의 경제가 가능하며, 대규모 제작비를 투입한 퀄리티 콘텐츠가 등장할 가능성도 높다. 예를 들면 〈종이의 집〉 파트3~파트5와 같은 블록버스터형 드라마 시리즈가 해당된다. 에릭 바맥은 "스페인어 구조를 기본적으로 이해하는 로망스어 Romance-langue(라틴어 또는 신라틴어로 불리며 스페인어, 포르투갈어, 프랑스어, 이탈리아어 등이 포함) 국가를 추가하면 영어 시장의 2배인 10억 명에 도달

하게 된다"라고 분석했다.[65]

정부의 정책적 지원

스페인을 매력적으로 만드는 다른 특징도 있다. 스페인수출투자
처(ICEX)는 스페인에서 촬영하는 것이 유럽의 다른 '최상위' 지역보
다 약 20퍼센트 정도 저렴하고, 인건비도 협상이 가능하다고 강조
했다. '스파게티 웨스턴Spaghetti Western'(1960~1970년대에 제작되었던 이탈리
아산 저예산 미국 서부영화)부터 〈닥터 지바고〉(1965), 〈아라비아의 로렌
스〉(1962)가 스페인에서 촬영된 대표적 작품이다. 스페인영상위원
회의 테레사 아즈코나Teresa Azcona 이사는 스페인의 지리적 위치, 현지
의 기술적이고 창의적인 전문 집단, 관광 산업, 높은 수준의 안전 및
공공 서비스 등이 (촬영 시 얻을 수 있는) 스페인의 매력적 요소라고 언
급했다.[66] 2023년 1월 스페인은 세금 감면을 도입해 세계에서 가장
경쟁력 있는 제작 환경이 마련되었다.[67]

《버라이어티》는 스페인 콘텐츠가 부상한 원인 중 하나로 정부 정
책을 꼽았다. 그러나 강력한 시장의 힘과 더불어 한 분야를 진정으
로 재편하기 위해서는 새로운 세대의 예술적 야망과 조화를 이루어
야 효과가 있다고 지적했다. 이러한 움직임이 스페인의 애니메이션
과 비디오 게임 산업 전반에 걸쳐 일어나고 있다.[68] 정부 지원도 중
요하지만 이보다 더 중요한 것은 잘 작동하는 시장과 창작자들의 예
술적 열망이 결합해야 강력한 추동력을 얻을 수 있다는 말이다.

스페인은 영상 콘텐츠 산업의 진흥을 위해 어떠한 정책적 지원을
할까? 2021년 3월 스페인 총리 페드로 산체스는 스페인의 시청각

부문에 16억 유로(2조 3000억 원)를 투자하는 '스페인 시청각 허브 계획The Spain Audiovisual Hub Plan'(AVS)을 발표했다.[69] 이 계획은 2025년까지 스페인을 유럽 최고의 영화 및 TV 콘텐츠 산업의 허브 중 하나로 만드는 것이다.[70] AVS의 특징은 공공과 민간의 협력을 모델로 한다는 점이다. 정부가 보조금을 제공해서 시청각 콘텐츠 부문을 전략 산업으로 추진하고, 콘텐츠 산업이 팬데믹의 회복 과정에서 중요한 역할을 할 수 있도록 하겠다는 것이다.[71] 즉 스페인 정부는 AVS를 통해 스페인의 영화 및 TV 콘텐츠 산업을 팬데믹 이후를 대비하는 '디지털 재산업화digital reindustrialization'의 핵심 동력으로 만들고자 한다.[72] AVS는 2021년부터 2025년까지 16억 유로의 공공 투자를 진행해 네 가지 중요 분야에서 추진되고 있다.

첫째는 외국인 투자 유치 및 촬영, 둘째는 금융 및 세금 징수 방법 개선, 셋째는 여성을 중심으로 한 인재 양성, 마지막으로 규제 개혁과 행정 장벽의 제거다. 이 계획의 목표는 2025년까지 스페인에서 영화 및 TV 콘텐츠 제작을 30퍼센트 증가시키고, 이를 통해 스페인이 제작의 리더가 되는 것이다. 동시에 스페인을 투자, 제작 인력의 지원 및 글로벌 촬영을 위한 매력적 장소로 만들고자 한다.[73]

세상에 저절로 되는 일은 없다. 필자는 넷플릭스에서 스페인의 드라마 시리즈와 영화가 글로벌 시청자로부터 사랑받는 이유가 궁금했었다. 이제 그 이유를 이해할 수 있을 것 같다. 앞서 살펴본 것처럼 스페인 콘텐츠가 부상하는 요인이 몇 가지 있지만 더 큰 영향을 준 것은 스페인 정부의 콘텐츠 육성 정책이다. 2021년부터 시작된 AVS가 서서히 그 효과를 발휘하고 있다. 물론 스페인 정부의 정책 시행

도표 2.7 넷플릭스에서 가장 많이 시청한 비영어권 시리즈 순위[74]

순위	타이틀	국가	공개 연도
1	〈오징어 게임〉 시즌1(오리지널)	한국	2021
2	〈종이의 집〉 파트5(오리지널)	스페인	2021
3	〈종이의 집〉 파트4(오리지널)	스페인	2020
4	〈지금 우리 학교는〉 시즌1(오리지널)	한국	2022
5	〈더 글로리〉 시즌1(오리지널)	한국	2022-2023
6	〈종이의 집〉 파트3(오리지널)	스페인	2019
7	〈이상한 변호사 우영우〉(오리지널+라이선스)	한국	2022(해외에서는 넷플릭스 오리지널)
8	〈카페 콘 아로마 데 무헤르〉 시즌1(라이선스)	콜롬비아	2021(한국에는 미공개)
9	〈뤼팽〉 파트1(오리지널)	프랑스	2021
10	〈엘리트들〉 시즌3(오리지널)	스페인	2020

– 자료원: 콜라이더(Collider). 2023년 6월 현재. 넷플릭스의 모든 비영어권 프로그램 중에서 출시 첫 28일 동안의 가장 많은 누적 시청 횟수accumulated views를 기록한 시리즈로, 오리지널과 라이선스를 확보한 타이틀을 포함한다.

이전에도 스페인은 콘텐츠 제작 생태계가 비교적 잘 작동하고 있었지만 여기에 AVS가 촉매제가 되었다. 정부는 스페인을 유럽의 할리우드로 만들려는 확고한 목표가 있다. 콘텐츠 산업이 스페인 경제에서 전략적 역할을 하리라고 보는 것이다.

도표 2.7에서 보는 것처럼 넷플릭스 구독자가 선호하는 드라마의 상위권을 스페인과 한국이 휩쓸고 있다. K-드라마로는 〈오징어 게임〉, 〈지금 우리 학교는〉, 〈더 글로리〉, 〈이상한 변호사 우영우〉가 랭크되었다. 스페인의 대표작인 〈종이의 집〉과 〈엘리트들〉도 인기다. 한국에 〈오징어 게임〉과 〈지금 우리 학교는〉이 있다면 스페인에는 〈종이의 집〉과 〈엘리트들〉이 있다. 특히 드라마 시리즈에서 스페인의 경쟁력이 돋보인다. 차이가 있다면 〈오징어 게임〉과 〈지금 우리 학교는〉은 지금까지 하나의 시즌만 공개되었다. 반면에 〈종이의 집〉

은 5개의 파트와 한국 버전인 〈종이의 집: 공동경제구역〉, 프리퀄인 〈베를린〉까지 확장 프랜차이즈로 성장했다는 점이다. 〈엘리트들〉도 이미 시즌7까지 공개되었고 시즌8도 제작될 예정이다. 이런 점에서 K-드라마는 이제 시작이라고 할 수 있다.

스페인과 한국은 글로벌 스트리밍의 로컬 콘텐츠 제작에서 두 축을 이룬다. 공통점으로는 건강한 콘텐츠 제작 생태계를 구축해 제작 역량과 우수한 창작자를 보유하고, 할리우드 콘텐츠 대비 가성비가 좋다. 스페인은 드라마 시리즈 및 영화, 애니메이션, 게임, 광고 등 영상 콘텐츠의 다양한 분야에서 고루 성장하고 있다. 한국과 매우 유사한 상황이다. 물론 다른 점도 있다. 한국은 스페인과 같은 다양한 문화 유산과 인프라, 야외에서 촬영하기 좋은 최상의 기후와 자연 경관, 전 세계 6억 명에 가까운 스페인어 사용자 기반 같은 것은 없다. 스페인이 조상으로부터 물려받은 이점을 한국은 어느 것도 갖지 못했다. K콘텐츠는 오로지 제작 역량만으로 글로벌 콘텐츠 제작의 허브로 성장했다.

로컬 콘텐츠의 글로벌 모멘텀, 한국

한국을 살펴보기 전에 먼저 아시아 시장을 잠시 보자. 넷플릭스, 디즈니+와 같은 글로벌 스트리밍이 아시아에서 가입자를 확보하려면 반드시 제공해야 하는 3대 콘텐츠가 있다. 바로 K-드라마, 일본 애니메이션, 할리우드 콘텐츠다. 글로벌 스트리밍의 아시아 로컬 콘텐츠 전략의 두 축은 K콘텐츠와 일본 애니메이션이다. 데드라인에 따르면 넷플릭스는 2023년 APAC에서 매출은 12퍼센트 늘리고, 콘텐츠 투자는 15퍼센트 강화할 예정이다. 이는 예상 매출 40억 달러의 절반 정도(47퍼센트)를 콘텐츠에 투자하는 것이다. APAC에서의 콘텐츠 투자는 한국과 일본이 중심이 될 것이고, 인도와 인도네시아도 높은 성장세를 보일 것이다. 싱가포르의 미디어·통신 분야 리서치 및 컨설팅 회사 MPA의 분석가인 디비아 티는 넷플릭스의 아시아 콘텐츠에 대한 투자 확대로 "글로벌 영향력"이 더 커질 것이라고 전망했다.[75]

넷플릭스의 K콘텐츠에 대한 투자 규모

이제 한국 시장을 살펴보자. 2022년 넷플릭스의 한국 매출액은 7733억 원으로, 전년 대비 22퍼센트 성장한 수치다. 넷플릭스의 2022년 매출은 314억 6985만 달러로, 이를 근거로 계산해 보면 넷플릭스에서 한국의 매출 점유율은 약 2퍼센트 수준이다. 2022년 일본의 매출은 약 9억 달러(약 1조 2000억 원)로 추정된다(일본이 넷플릭스의 아시아 매출 35억 7000만 달러의 4분의 1을 차지할 것이라는 MPA의 추정을 근거로 산정). 이를 근거로 한국과 일본을 비교해 보면 매출은 약 7800억 원 대 약 1조 2000억 원이다. 앞서 보았던 2022년 기준 넷플릭스의 영국 매출은 15억 파운드(약 2조 5000억 원)이므로, 한국은 일본의 65퍼센트, 영국의 31퍼센트 수준이다. 이를 통해 세 나라 중 한국의 매출 규모가 어느 정도인지 가늠해 볼 수 있다.

자료에서 보듯이 한국의 구독 시장은 절대 작지 않다. 이것이 넷플릭스가 한국 콘텐츠에 투자하는 중요 이유 중 하나다. 한국은 K콘텐츠를 확보할 수 있는 시장이기도 하지만 아시아에서 일본, 호주 다음으로 큰 구독 시장이다. 따라서 한국이라는 중요 시장에서 넷플릭스나 디즈니+가 우선적으로 국내 구독자를 확보하기 위해서는 K콘텐츠가 반드시 필요하다.

넷플릭스는 2016년 한국에 진출한 후 2021년까지 K콘텐츠에 1조 원 이상을 투자한 것으로 알려졌다. 2021년에는 5000만 달러를 투자하겠다고 구체적 수치를 밝혔으나 2022년부터는 수치를 공개하지 않았다.[76] 넷플릭스의 2022년 한국 콘텐츠 투자액은 8000억 원 전후로 추산된다. 넷플릭스는 국내에 서비스를 론칭한 이후 130개 이상의 타이틀을 제작하고 투자해 해외에 소개했다.[77] 2023년에는 2021년 타이틀 수의 2배 이상인 34개 타이틀의 TV 프로그램과 영화를 공개할 계획이다. 이 중 영화는 6~7편 정도로 제작 타이틀 수의 약 20퍼센트에 해당한다.[78] 넷플릭스는 한국 진출 후 2023년 말까지 6년간 총 22편의 오리지널 영화를 공개했다.

넷플릭스는 K콘텐츠에 공격적으로 투자하고 있다. 아시아에서도 일본이나 호주, 인도보다 더 많은 투자를 이어 가고 있다. 2017년 〈옥자〉, 2019년 〈킹덤〉, 2021년 〈오징어 게임〉, 2022년 〈지금 우리 학교는〉과 〈더 글로리〉, 2023년 〈경성크리처〉로 진화하고 있다. 넷플릭스는 한국 진출 후 2022년까지 10억 달러 이상을 한국의 TV 시리즈와 영화에 투자했고, 2023~2026년까지 4년간 25억 달러(약 3조 2500억 원)를 투자하겠다고 밝혔다. 향후 투자할 금액을 연간 평균으로 환산하면 매년 6억 달러 이상으로 약 8000억 원에 이른다.

디즈니+도 2021년 11월 국내에 진출한 후 2022년부터 국내 오리지널을 공개하기 시작했다. 기대와 달리 한국에서의 부진을 만회하기 위해서라도 로컬 오리지널의 확대가 필요해 보인다. 2022년 최초의 오리지널 〈너와 나의 경찰수업〉부터 미스터리 SF인 〈그리드〉와 〈커넥트〉, 〈카지노〉 등이 공개되었다. 2023년에도 다수의 드라마 시리즈가 공개되었는데 〈무빙〉은 글로벌 차원에서 호평을 받았다. 《할리우드 리포터》는 〈무빙〉의 인기에 대해 "디즈니가 〈오징어 게임〉의 순간을 보내고 있는 것 같다"라고 평가했다.[79]

〈오징어 게임〉이 에미상을 수상한 것은 언어의 장벽을 허물었다는 데에도 큰 의의가 있다. 〈오징어 게임〉의 에미상 수상은 20여 년간 축적된 한류의 힘과 해외로 확장하려는 넷플릭스의 의지가 결합된 성과다. 그동안 K콘텐츠는 세계 진출에 대한 열망이 강했는데 그 와중에 글로벌 확장을 공격적으로 추진하는 넷플릭스와 만난 것이다. 넷플릭스는 K콘텐츠에 새로운 기회를 선사했고, K-드라마는 해외 진출을 공격적으로 확장하려는 넷플릭스에 날개를 달아 준 셈이다. CNET의 조안 솔즈만 기자는 "〈오징어 게임〉의 에미상 수상은 한국의 문화 현상을 할리우드라는 TV 신전pantheon으로 끌어올리기 위해서는 넷플릭스라는 미국 서비스의 세계화가 얼마나 필요했는지를 보여 주는 것"이라고 분석했다.[80] 코넬리오 마리 교수는 넷플릭스라는 글로벌 스트리밍이 로컬 콘텐츠에는 그동안 금단의 땅으로 남아 있던 할리우드와 직통으로 연결시켰다고 했다. 〈오징어 게임〉이 이를 잘 보여 주고 있다. 이 드라마는 K콘텐츠는 물론이고 글로벌 스트리밍에게도 '역사적 순간'이 되었다.

〈오징어 게임〉의 효과

〈오징어 게임〉 같은 한 편의 드라마가 미국을 포함한 글로벌 차원에서 이렇게 강력한 효과를 발휘하는 경우는 매우 드문 현상이다. 이는 '콘텐츠'와 '창작자'의 힘을 실감할 수 있는 사례다. K콘텐츠의 축적이 만들어 낸 〈오징어 게임〉이 글로벌 스트리밍에 미친 영향력을 다섯 가지로 정리해 보자.

>> 로컬 콘텐츠의 세계적 현상 미국 시청자들은 일반적으로 외국어 영화를 틈새 콘텐츠로 여겼다. 〈오징어 게임〉 이전에는 비영어권 TV 시리즈가 시대정신의 일부가 된 경우는 거의 없었다.[81] 〈오징어 게임〉이 공개된 후 5개월이 지난 2022년 1월에 새런도스 공동 CEO는 "이제 우리는 세계 어디에서나 영화와 시리즈를 가지고 전 세계를 즐겁게 할 수 있다고 확신했습니다. … 우리는 프랑스에서 〈뤼팽〉, 스페인에서 〈종이의 집〉과 〈엘리트들〉, 그리고 2021년에는 역대 최대 시리즈가 된 〈오징어 게임〉으로 세계적 돌풍을 일으켰습니다"라고 역설했다.[82] 밥 아이거 디즈니 CEO는 이전에는 영화처럼 극장 개봉을 통해서만 세계적 영향력을 미치는 것이 가능했는데, 이제는 스트리밍 콘텐츠로도 영향력을 키우기 시작했다고 말했다. 콘텐츠의 힘이 극장big screen의 영화에서 TVsmall screen로 이동하고 있다는 점을 지적한 것이다. 그러면서 TV 콘텐츠의 힘을 보여 주는 사례로 〈오징어 게임〉을 들었다.[83] 〈오징어 게임〉은 한국에서 만든 콘텐츠의 글로벌한 매력을 보여 준 사례로 단지 시작일 뿐이다. 〈오징어 게임〉은 넷플릭스가 미국과 유럽 외의 지역에서 제작되는 시리즈에 수십억 달

러의 예산을 지출하기로 한 결정이 옳았다는 증거가 되었다.

>> **넷플릭스 로컬 콘텐츠 전략의 모멘텀** 〈오징어 게임〉은 2020년부터 시작된 글로벌 팬데믹 시기에 넷플릭스가 글로벌 진출을 위해 로컬 오리지널 확장을 공격적으로 추진하는 시점에 탄생했다. 이 드라마는 2015년 멕시코의 〈클럽 디 쿠에르보스〉로부터 시작된 넷플릭스의 로컬 오리지널의 효과에 대한 확신을 심어 주는 계기가 되었다. 로컬 오리지널을 제작해 이를 글로벌로 확장시키는 전략이 확실히 성공할 수 있음을 입증한 셈이다. 〈오징어 게임〉은 또 하나의 성공한 실험이 되었고, 넷플릭스의 로컬 콘텐츠 글로벌화 전략은 이제 아마존과 디즈니+ 같은 사업자에게 롤모델이 되었다.

>> **글로벌 시청 문화의 변화** 넷플릭스는 현지화된 콘텐츠를 매력적으로 만들기 위해 자막 및 더빙 작업에 착수했다. 자막 및 더빙은 시청자들이 다른 언어로 만들어진 콘텐츠에 접근할 수 있도록 한다. 〈오징어 게임〉이 공개될 때는 31개 언어의 자막과 13개 이상의 언어로 더빙이 제공되었다.[84] 봉준호 감독이 말한 것처럼 "자막의 1인치를 넘어선 현상"이 영화 〈기생충〉에서 텔레비전의 〈오징어 게임〉으로 확장되었다. 미국인들은 이제 극장에서는 물론이고 TV에서도 자막을 통해 해외 영화나 TV 시리즈를 시청한다. 이에 대해 미국 NBC뉴스는 "K-드라마는 미국인의 시청 습관에 대한 통념을 무너뜨렸다. … 한국 드라마가 미국에서 메가 히트작이 된 것은 매우 중요한 변화의 신호다. 한국 드라마는 외국어로 제작된 콘텐츠에 대한

미국인들의 관심과 관련된 통념을 뒤엎었다"라고 평가했다.[85] 영국의 신문 《가디언》은 〈오징어 게임〉이 공개된 2021년 9월 이후 듀오링고Duolingo(세계적인 언어 학습·평가 플랫폼)를 통해 한국어를 배우는 사람의 수가 76퍼센트가 늘었다고 보도했다. 〈오징어 게임〉을 자막 없이 보고 싶어서 한국어를 배우는 사람들이 늘고 있다는 것이었다. 미국인은 자막 있는 영화는 보지 않는다고 했다. 아니 볼 수 없다고 했다. 그런데 〈오징어 게임〉이라는 K-드라마가 미국인들의 시청 습관을 바꿔 놓았다.

>> **로컬 오리지널 경쟁의 촉발** 〈오징어 게임〉은 2021년 로튼 토마토에서 가장 인기 있는 넷플릭스 타이틀이 되었다. 드웨인 존슨, 갤 가돗 및 라이언 레이놀즈가 출연한 〈레드 노티스〉 같은 넷플릭스 최고의 영화마저 제쳤다.[86] 넷플릭스가 2억 달러를 들여 제작한 〈레드 노티스〉 같은 블록버스터 영화를 능가했다는 것이다. 〈오징어 게임〉으로 인해 전 세계적으로 K콘텐츠의 인기가 높아지면서 디즈니, 아마존, 애플, WBD 같은 글로벌 사업자들도 이에 자극을 받았다. 글로벌 스트리밍 사업자는 구독자를 유치하기 위해 현지 언어로 된 영화와 오리지널 시리즈에 투자를 확대하고 나섰다. 디즈니+는 한국 진출 후 2022년에는 〈카지노〉, 2023년에는 650억 원이 투자된 〈무빙〉을 공개했고, 애플은 2022년 3월에 1000억 원이 들어간 드라마 〈파친코〉를 애플TV+에 공개했다. 〈오징어 게임〉이 로컬 콘텐츠 확보 전쟁을 촉발시킨 것이다. 앞으로 글로벌 스트리밍 간 로컬 오리지널을 확보하기 위한 경쟁은 더욱 치열해질 것으로 보인다.

>> **K콘텐츠에 대한 '스필오버 효과' 창출**   《한국일보》에 따르면 〈오징어 게임〉이 공개된 뒤 넷플릭스에서 인기 콘텐츠의 한국 점유율이 2배 이상 뛰었다. 해외 시청자들이 한국 콘텐츠를 더 적극적으로 찾고 있다는 말이다. 세계 대중문화 산업의 중심지인 할리우드는 '한국적 이야기' 발굴에 팔을 걷어붙였다. 2021년 4분기 인기 콘텐츠 제작의 국가 점유율 순위에서 한국(11.87퍼센트)은 미국(58.9퍼센트)에 이어 2위를 차지했다. 〈오징어 게임〉이 공개되기 전인 2021년 2분기(4.49퍼센트로 5위)보다 점유율이 2배 이상 올랐다.[87] 《버라이어티》는 "한국 시리즈는 몇 년 동안 넷플릭스의 필수품이 되었다. 그러나 〈오징어 게임〉 현상에 따라 전 세계 시청자는 좀비 드라마 같은 전형적인 K-드라마뿐 아니라 한국의 스릴러, 리얼리티 시리즈만으로는 충분하지 않다"라고 강조했다.[88] 〈오징어 게임〉의 성공이 K콘텐츠의 다른 장르에 대한 관심을 유발시켰다는 뜻이다.

2021년 넷플릭스에서 K콘텐츠를 시청한 글로벌 가입자들의 시청 시간이 2019년에 비해 6배 이상 증가했다. 〈오징어 게임〉의 성공 이후 많은 사람이 더 수준 높은 콘셉트의 비영어권 드라마를 찾기 위해 아시아로 눈을 돌렸다. 재미있는 사례도 있다. '오징어 게임 효과'로 공개된 지 1년이나 지난 일본 드라마 〈아리스 인 보더랜드〉(2020)가 여러 나라에서 인기 순위에 오르는 일까지 벌어졌다.[89]

한국 콘텐츠는 지속적으로 히트하고 있다. 이는 〈오징어 게임〉이 일회적 현상일 뿐일 것이라는 주장과 배치된다. 한국 콘텐츠를 이용하는 사람의 수unique users(방문자 수)가 〈오징어 게임〉 전후 모두 꾸준히 증가했다. K콘텐츠의 인기는 〈이상한 변호사 우영우〉, 〈더 글로리〉

와 예능의 〈피지컬: 100〉으로 이어지고 있다.[90] 앞에서 살펴본 것처럼 〈오징어 게임〉이 만들어 낸 다양한 효과는 현재 진행형으로 계속 확장되고 있다. 2024년에 공개된 시즌2가 성공한다면 그 영향력과 효과는 더 커질 것이다.

이제 K콘텐츠는 아시아의 맹주가 되었다. 싱가포르 컨설팅 업체 MPA는 아시아 지역에서 넷플릭스의 2021년 인기 콘텐츠 유형 및 2022년 전망을 공개했다.《할리우드 리포터》에 따르면 선호하는 콘텐츠 유형은 미국 시리즈(33퍼센트), 한국 시리즈(32퍼센트), 유럽 및 기타 지역 콘텐츠(13퍼센트), 미국 영화 및 일본 애니메이션(각각 11퍼센트) 순이다.[91] 2021년 넷플릭스 일본 가입자가 소비하는 콘텐츠의 약 25퍼센트가 한국 드라마다. 이는 '넷플릭스의 핵심적인 경쟁 차별화 요소'다. 미국 콘텐츠는 시청의 15퍼센트를 차지했다.[92] MPA는 "〈빈센조〉와 〈오징어 게임〉이 이끄는 한국 오리지널과 방영권을 확보한 콘텐츠가 이동성travelability과 영향력impact이 강하다"라고 분석했다.[93] 특히 일본에서 K-드라마가 넷플릭스의 차별화 포인트라는 점은 놀랍다. 전 세계 OTT(스트리밍) 플랫폼 내 콘텐츠 시청 순위 집계 사이트인 플릭스패트롤FlixPatrol의 '2022년 일본 넷플릭스의 탑 TV 쇼'를 보면 상위 10개 프로그램 중 K-드라마가 무려 8개나 차지했다.

시간이 갈수록 아시아에서 한국 콘텐츠의 선호도가 높아지고 있다. 2023년 아시아 지역에서 미국 콘텐츠는 시청 시간의 20퍼센트 정도를, 한국 콘텐츠는 약 30퍼센트를 차지했다.[94] 《버라이어티》는 "한국 TV 시리즈와 영화는 동아시아 전역의 스트리밍 시청자에 대한 영향력이 더욱 커지고 있다"라고 언급했다. AMPD(MPA의 조사 전문 자회사)의 조사에 따르면 동아시아 9개국(인도네시아, 일본, 한국, 말레이시아, 필리핀, 싱가포르, 대만, 태국, 베트남)에서 K콘텐츠는 2023년 1월부터 6월까지 스트리밍 시청의 50퍼센트를 차지했다. MPA는 "한국이 동아시아 지역에서 온라인으로 가장 많이 이동하는 콘텐츠로서의 입지를 유지할 것"이라고 내다봤다.[95]

2022년 APAC에서 넷플릭스의 국가별 콘텐츠 투자액은 한국 7억 5000만 달러, 일본 4억 5000만 달러, 호주 1억 2000만 달러로 추정된다. 한국이 콘텐츠 투자에서도 일본을 앞섰다.[96] 한국이 로컬 오리지널 제작에서 일본을 압도하고 있고, 더구나 제작된 콘텐츠의 글로벌 성공에서도 일본과는 비교되지 않을 정도다.

글로벌 트렌드에 둔감한 제작 역량, 일본

앞으로 살펴볼 일본과 인도는 넷플릭스가 추진하는 로컬 오리지널 전략에서 다른 거점 국가와 크게 다르지 않다. 그럼에도 글을 쓰는 현재 시점까지 두 국가에서는 글로벌 히트작이 탄생하지 않고 있다. 그 이유는 무엇일까? 한마디로 퀄리티 콘텐츠를 제작할 수 있는 제작 역량의 차이다. 즉 콘텐츠 제작 생태계가 아직 튼튼하지 못하다는 방증이다. 콘텐츠 제작 생태계를 이루는 핵심은 제작사와 창작자다.

일본은 아시아에서 가장 큰 스트리밍 시장으로, 아마존과 넷플릭스가 일본에서 글로벌 스트리밍을 두고 선두 경쟁을 하고 있다. MPA의 분석에 따르면 2023년 기준 가입자 수에서는 아마존이 앞서

지만 구독자의 시청 시간에서는 넷플릭스가 앞섰다. 월간 활성 이용자(MAU)가 아마존의 절반 이하인 넷플릭스의 구독자가 더 많은 콘텐츠를 소비하고 있는 것이다.[97] 넷플릭스 가입자는 아마존 프라임 비디오의 가입자보다 더 많은 시간 동안 콘텐츠를 시청한다. 넷플릭스는 가입자의 콘텐츠 소비 시간에서 2021년에는 프라임 비디오에 뒤졌지만 2023년에는 앞서고 있다. 이는 넷플릭스의 콘텐츠 경쟁력이 강화되었음을 드러내는 수치로, 넷플릭스가 오리지널을 포함해 일본의 로컬 콘텐츠를 강화한 결과로 보인다.

일본의 콘텐츠 소비 환경은 매우 독특하다. 일본은 영상 콘텐츠에서 애니메이션의 중요성이 절대적이다. 따라서 넷플릭스, 아마존, 디즈니 같은 글로벌 스트리밍도 가입자 확보를 위해서는 일본인이 좋아하는 애니메이션에 우선적으로 투자할 수밖에 없다. 이 점에서 넷플릭스도 예외가 아니다. 로컬 콘텐츠 투자에서 애니메이션이 우선이고 그다음이 영화나 드라마 같은 대본 콘텐츠다.《할리우드 리포터》도 이 점을 지적한다. 기사에 따르면 일본의 스트리밍 서비스에서도 애니메이션이 콘텐츠 소비의 핵심이다. 일본의 로컬 타이틀, 특히 라이선스를 구매한 애니메이션이 일본 아마존 프라임 비디오 콘텐츠 소비의 거의 70퍼센트를 주도했다. 반면에 미국 영화 및 시리즈는 시청 시간의 20퍼센트를 차지했다. 아마존과 마찬가지로 넷플릭스도 라이선스를 확보한 애니메이션이 '콘텐츠 소비의 핵심 동인'이다.[98] 이처럼 일본에서는 글로벌 스트리밍의 콘텐츠 소비에서 애니메이션이 핵심이며 다음으로 K-드라마와 할리우드 콘텐츠가 경쟁한다.

넷플릭스도 이러한 환경을 고려할 수밖에 없다. 일본에서 넷플릭스의 콘텐츠 수급 전략은 '선先 애니메이션 후後 실사' 오리지널이다. 이에 따라 넷플릭스는 2015년 일본에 진출하면서 우선 애니메이션에 대한 방영권을 확보하고 제작에 투자하기 시작했다. 넷플릭스는 아마존뿐 아니라 유넥스트U-NEXT 같은 로컬 사업자와 경쟁하기 위해서도 로컬 애니메이션에 대규모 투자를 지속했다. 이후 일본에서 어느 정도 자리를 잡아 가면서 실사 오리지널로 확장했다. 넷플릭스도 일본에서 영화, 드라마에 대한 투자를 늘리고 있지만 아직은 글로벌 차원의 성공작이 없다. 말했듯이 그 원인은 일본의 콘텐츠 제작 생태계에서 찾을 수 있다.

《할리우드 리포터》의 패트릭 브르제스키 기자는 "넷플릭스가 일본 TV 시장을 목표로 하는 이유"(2021.8.12)라는 기사에서 선형 TV 중심의 일본 콘텐츠 제작 생태계에 대해 다음과 같이 평가했다. "글로벌 차원에서 일본의 대본 콘텐츠 섹터는 한국의 강력한 드라마 산업과 달리 최근 몇 년간 국경을 넘는 콘텐츠를 거의 제작하지 못했다. 지상파의 의사 결정자들이 지닌 보수 성향으로 인해 국내외 시청자와 더 많이 소통할 수 있는 참신한 스토리텔링을 콘텐츠 업계에서 기피하게 만들었다. 일본은 베스트셀러 만화 IP를 재빠르고 저렴하게 각색하는 것에 습관적으로 의존하고 있다. 또한 대부분의 일본 TV 프로그램은 저예산을 추구한다. 이로 인해 전반적으로 일본 내부에 초점을 맞추고 있다. 결국 일본 프로그램은 기이할 정도로 강렬한 조명을 활용하며, 고품질 시리즈 스토리텔링에서 일어나는 글로벌 차원의 혁명과는 동떨어진 느낌이다." [99]

이 기사는 일본 콘텐츠 제작 산업의 현실을 신랄하게 비판하고 있다. 한마디로 글로벌 트렌드를 따라 가지 못하고 현실과 동떨어진 방식을 고수하고 있다는 것이다. 일본의 콘텐츠 부진에는 여러 가지 원인이 있겠지만 한마디로 말하면 일본 콘텐츠의 '낮은 이동성' 때문이다. 이동성이 낮은 것은 일본의 제작 역량이 미흡하다는 방증으로, 제작 역량은 스토리×캐릭터×스토리텔링을 최적의 상태로 결합할 수 있는 능력이다. 즉 제작 역량이다. 일본에는 흥행성과 작품성을 갖춘 퀄리티 콘텐츠를 만들 수 있는 제작사와 창작자가 부족하다. 넷플릭스가 영화나 드라마 분야를 확대하고 있지만 이런 상황에서 적어도 단기적으로는 성과가 나기 쉽지 않아 보인다. 로컬 콘텐츠의 부진을 돌파하려고 넷플릭스가 노력하고 있지만 그 결과는 좀 더 지켜봐야 할 것 같다.

하지만 애니메이션 분야는 다르다. 일본의 애니메이션은 영화나 드라마 같은 실사 콘텐츠보다 상대적으로 이동성이 높다. 일본의 애니메이션은 로컬이면서 글로벌로 확장될 수 있는 콘텐츠다. 한국으로 치면 K-드라마와 같은 역할을 한다. 알다시피 일본의 애니메이션은 세계 최고 수준이다. 애니메이션의 상징과도 같은 디즈니에도 뒤지지 않는다. 디즈니는 1928년 미키 마우스가 탄생한 〈증기선 윌리〉부터 2019년 〈겨울왕국2〉 등 애니메이션의 역사라 해도 지나치지 않다. 이런 디즈니도 디즈니+의 일본 진출을 위해 일본의 애니메이션을 확보하려 노력하고 있다. 한 예로 디즈니는 오리지널 애니메이션을 공동 제작하기 위해 일본 만화 출판의 강자 고단샤Kodansha와 파트너십을 맺었다. 일본 애니메이션의 힘을 보여 주는 사례다. 디즈니도 일본에서는 일본의 애니메이션이 필요하다. 당연히 넷플릭스나 아마존도 일본에서 애니메이션 확보를 위해 애쓰고 있다.

따라서 일본에서는 넷플릭스의 오리지널 제작을 위한 전략이 이원적으로 추진된다. 먼저 일본형 애니메이션에 더 많은 투자를 한 다음 영화나 드라마 시리즈는 일본이 만들어 온 기존의 제작 방식과 다르게 '차별화'하는 것이다. 이에 따라 일본에서는 애니메이션에 막대한 투자를 계속하고 있다. 그런 사례로 넷플릭스는 2021년에 전년 대비 2배 증가한 40개 이상의 오리지널 애니메이션 타이틀을 공개하기로 했다. 둘째는 애니메이션과 달리 실사 오리지널에서는 기존 방식을 유지하기보다 '대조의 매력'을 만든다. 즉 애니메이션은 일본의 전통 방식을 따르지만 드라마나 영화는 전통과 다른 새로운 방식을 추구하는 것이다. 이를테면 '애니메이션은 배우고 영화와 TV 시리즈는 혁신한다'는 전략이다.

넷플릭스가 일본에서 로컬 오리지널을 제작하는 데 있어 우리가 주목해야 할 점이 있다. 오리지널 투자에서 현지의 기대에 부응하기보다는 맞서고 있다는 것이다. 넷플릭스가 추진하는 3대 콘텐츠 전략(혁신 전략, 프리미엄 전략, 단계적 전략) 중 바로 혁신 전략이다. 가타 사카모토 넷플릭스 일본 콘텐츠 책임자는 "50개 이상의 대본이 있는 일본 오리지널의 목록은 점점 더 보수적이고 비용 중심적인 일본의 TV 산업에서는 시도되지 않은 것들입니다. 우리는 아직 알려지지 않은 스토리와 영상의 접근 방식에서 한 번도 시도된 적이 없는 것을 찾고 있습니다"라고 강조했다.[100]

넷플릭스는 일본에서 참신한 스토리와 독특한 영상의 스토리텔링으로 혁신을 시도하고 있다. 그런 도전이 성공할지는 아직 미지수다. 이처럼 넷플릭스는 로컬 오리지널을 통해 각국의 제작 생태계까지 바꾸려 노력한다. 일본의 경우도 기존 선형 TV는 수익 감소로 콘텐츠 투자에 방어적이다. 일반적으로 쇠퇴하는 산업의 특징으로 축소 지향적일 수밖에 없다. 반면에 글로벌 스트리밍은 성장 산업으로서 확장 지향적이다. 선형 TV와 글로벌 스트리밍의 대조적 모습이다.

말했듯이 넷플릭스가 일본 오리지널에 적극 투자하는데도 불구하고 애니메이션 외에는 아직까지 글로벌 히트작이 없다. 《버라이어티》는 "넷플릭스 드라마 '첫사랑'은 글로벌 성공으로 성장해 가는 징후다"(2022.12.6)라는 기사에서 일본 오리지널 제작의 변화상에 대해 다음과 같이 보도했다. "일본 콘텐츠는 히트작인 SF 시리즈 〈아리스 인 보더랜드〉(2020)는 예외적이지만 글로벌 빅히트작인 〈오징어 게임〉을 포함해 한국 콘텐츠의 그늘에 있었다. 한 가지 이유는 일본 콘텐츠 제작자들이 오랫동안 훨씬 더 큰 국내 시장에 초점을 맞추면서 글로벌 판매는 뒷전으로 미루었기 때문이다. 그러나 넷플릭스는 이러한 사고방식을 바꾸려고 노력해 왔다. 〈퍼스트 러브 하츠코이〉(2022)의 성공은 그들의 노력이 아시아에서 결실을 맺고 있다는 신호다. 아시아는 일본의 음악, 패션, 애니메이션 및 기타 창의적 콘텐츠가 대규모로 진출한 곳이다. 넷플릭스는 일본 만화 원작의 드라마 시리즈인 〈마이코네 행복한 밥상〉(2023) 등을 공개해 이러한 모멘텀을 구축할 계획이다."[101]

그러나 직접 시청해 본 결과 〈퍼스트 러브 하츠코이〉도 성공작으로 평가하기는 어려워 보인다. 물론 가능성을 볼 수는 있었다. 대신에 드라마 〈아리스 인 보더랜드〉는 눈길을 끌었다. 일본 만화 원작의 SF 시리즈인 이 드라마는 시즌2까지 공개되었고 일본 드라마의 잠재성을 보여 주는 작품이다.

넷플릭스가 일본 오리지널을 통해 추구하는 전략은 로컬, 지역(아시아), 글로벌을 동시에 고려하는 것이다. 그런데 이 전략이 성공하려면 일본의 콘텐츠가 국경을 넘어 다른 나라로 이동할 수 있어야 한다. 앞에서 강조했듯이 이동성은 퀄리티 콘텐츠가 되기 위한 필요조건이다. 그러나 애니메이션을 제외한 일본 콘텐츠의 확장성은 아직 입증되지 않았다. 특히 스토리텔링에서의 혁신성이 부족해 보인다.

필자가 시청한 영화 〈아사쿠사 키드〉나 드라마 시리즈 〈퍼스트 러브 하츠코이〉를 보면 둘 다 일본인의 취향을 벗어나지 못했다. 글로벌 트렌드나 K-드라마와는 많이 다른 면이다. 앞으로 넷플릭스가 이를 어떻게 극복할 것인지 자못 궁금하다. 2021년 이후 공개된 넷플릭스의 일본 로컬 오리지널 가운데 대표 작품으로 〈살색의 감독 무라니시〉(2019~2021), 〈아리스 인 보더랜드〉 시즌2(2022), 〈신문기자〉(2022), 〈리키시〉(2023)와 영화 〈라이드 오어 다이〉(2021)가 있다. 이 같은 드라마와 영화를 시청하면서 앞으로 일본의 콘텐츠가 어떻게 변화할지, 또 K-드라마와는 어떻게 다른지 생각해 보는 것도 흥미로울 것이다.

아직은 부족한 제작 역량, 인도

인도는 2027년 구독자 수가 1억 8000만 명으로 성장해 미국과 중국에 이어 세계 3대 스트리밍 시장으로 떠오를 것이다.[102] 글로벌 스트리밍 사업자 중에서 디즈니+는 넷플릭스나 아마존에 비해 시작도 늦고, 해외 진출에서도 두 사업자에게 크게 뒤지고 있다. 그런데 주요 거점 국가 중 유독 인도에서만 디즈니가 가입자 확보에서 아마존과 넷플릭스를 크게 앞서고 있다. 따라서 인도는 디즈니+에는 매우 중요한 시장인 데 비해 넷플릭스에는 상당히 어려운 시장이다. 현재 디즈니+는 인도에서 디즈니+ 핫스타라는 이름으로 서비스하고 있다.

인도 시장도 글로벌 사업자인 디즈니, 아마존, 넷플릭스가 경쟁하고 있다. 그런데 특이하게도 인도에서는 로컬 사업자인 지오시네마 JioCinema가 이들 글로벌 스트리밍과 경쟁하고 있다. 로컬 사업자인 지오시네마가 넷플릭스나 아마존 같은 글로벌 사업자와의 경쟁이 과연 가능할 것인지 새로운 실험이 진행 중이다.

넷플릭스는 인도에서 디즈니, 아마존과 선두 경쟁을 벌이고 있다. 그런데 세 사업자의 콘텐츠 전략은 확연히 다르다. 디즈니는 스포츠, 아마존은 인도 영화와 드라마 시리즈의 라이브러리에 집중한다. 디즈니+ 핫스타는 인도 프리미어 리그Indian Premier League(IPL)를 포함해 주로 스포츠 콘텐츠로 성공을 거두었다. 아마존은 10개의 인도 언어로 된 광범위한 콘텐츠를 제공하는데 특히 영화 라이브러리에 강점이 있다. 이들은 인도의 다양한 언어로 된 블록버스터 영화의 40

퍼센트 정도를 확보했다. 반면에 넷플릭스는 인도에서도 로컬 오리지널 제작을 핵심 전략으로 추진하고 있다. 그러나 넷플릭스의 오리지널 전략이 아직은 큰 효과를 발휘하지 못하고 있다. 왜 그럴까?

BBC 뉴스는 "세계에서 가장 큰 스트리밍 사업자 넷플릭스가 인도에서 성공하지 못하는 이유"(2022.1.27)라는 제목의 기사에서 넷플릭스가 인도에서 겪고 있는 어려움을 분석했다.[103] BBC가 분석한 세 가지 어려움 중 하나가 바로 현지에서 제작된 오리지널이 성공하지 못하고 있다는 것이었다.

디즈니+ 핫스타나 아마존과 달리 넷플릭스는 인도에서도 로컬 오리지널 제작에 집중하고 있다. 넷플릭스가 해외에 진출할 때 활용하는 전형적인 로컬 콘텐츠 전략 모델을 따르고 있는 것이다. 이에 따라 2018년에 미스터리 범죄 스릴러인 힌디어 드라마 〈신성한 게임〉을 제작했다. 영국의 주간지 《이코노미스트》는 인도에서 넷플릭스의 첫 번째 오리지널 시리즈를 "구식 힌디 영화의 창작 역량talent, 발리우드 가치 및 실리콘밸리 자본billions의 새로운 조합"이라고 평가했다. 넷플릭스는 30개 이상의 힌디어 영화를 포함해 50개 타이틀 이상의 영화와 쇼를 제작하려고 4억 달러 이상을 투자했다. 그러나 업계의 평가는 그리 좋지 않다. 많은 작품이 기대에 부응하지 못했다는 것이다.

인도의 미디어 컨설팅사 오맥스Ormax에 따르면 넷플릭스 콘텐츠는 2021년에 가장 많이 본 힌디어 스트리밍 콘텐츠 상위 15개 중 단 하나만 포함되었다. 바로 입시 학원의 메카인 도시 코타에서 명문대 입학을 준비하는 학생들의 삶을 그린 드라마 시리즈 〈코타 팩토리〉

다. 그 외 리얼리티 데이트 쇼인 〈매치메이킹: 중매를 부탁해〉, 결혼 풍자 프로그램인 〈우리 이혼합니다〉와 같은 프로그램이 화제를 일으키는 정도였다.

넷플릭스는 인도의 오리지널을 글로벌 차원에서 성공시키려고 자사의 전형적 글로벌 전략을 추진하고 있다. 이는 한국, 스페인 등과 다르지 않은 방식으로, 오리지널 TV 시리즈와 영화 제작을 위해 현지의 최고 제작사 및 창작자와 협력하는 것이다. 그럼에도 제작에 참여하는 창작자들이 스트리밍 콘텐츠를 제작한 경험이 없어 대부분 실패했다는 평가다. 그러나 인도에서 로컬 오리지널의 성공을 위한 넷플릭스의 노력은 계속되고 있다. 야후 파이낸스에 따르면 넷플릭스는 호평을 받고 있는 팬데이Neeraj Pandey 감독의 제작사인 '프라이데이 스토리텔러즈 LLP'와 최근 크리에이티브 파트너십을 통해 인도에서의 입지를 확장하는 중이다. 넷플릭스와 팬데이 감독은 5개월 넘게 인도 상위 10대 TV 프로그램의 하나이며 인도 넷플릭스에서 가장 오랫동안 인기를 끌었던 프로그램 중 하나이기도 한 경찰 스릴러 〈카키: 비하르 챕터Khakee: The Bihar Chapter〉의 제작을 위해 협력했다.[104]

인도에서 넷플릭스의 로컬 오리지널 전략이 성공할지 관심 있게 지켜볼 필요가 있다. 다만 인도의 사례를 통해 넷플릭스의 로컬 오리지널의 성패는 결국 그 나라의 제작 역량에 달려 있다는 점을 다시 확인할 수 있다. 넷플릭스가 대규모로 투자한다고 해서 퀄리티 콘텐츠가 저절로 나오는 것은 아니다. 건강한 콘텐츠 제작 생태계가 구축되어야 하는데, 무엇보다 콘텐츠 제작 생태계의 핵심 요소인 창작자들의 역량이 중요하다. 로컬 오리지널 제작에서 인도와 일본은 유사한 문제를 안고 있다.

핵심은 건강한 콘텐츠 제작 생태계

일본 시청자는 애니메이션을 중심으로 자국 콘텐츠를 매우 선호한다. 따라서 넷플릭스는 일본에서 가입자를 확보하기 위해 애니메이션뿐 아니라 실사 콘텐츠 제작에도 많은 투자를 하고 있다. 더구나 가입자 확보에서도 뒤지고 있는 넷플릭스는 라이브러리 중심의 아마존과 경쟁하기 위해 로컬 영화와 드라마 제작에도 적극적이다. 그러나 한국이나 스페인과 달리 아직 글로벌 히트작이 없다. 그 이유 중 하나는 일본의 콘텐츠 제작 생태계가 아직까지 지상파 중심으로 작동되고 있다는 점이다. 일본은 여전히 선형 TV의 지배력이 강하다. 이들은 과거 패턴을 고집함으로써 점점 시대의 변화와 동떨어지고 있다. 당연히 제작되는 콘텐츠의 글로벌 이동성도 낮을 수밖에 없다.

넷플릭스는 인도에서 2022년까지 100개 타이틀의 로컬 오리지널을 제작했다고 밝혔다. 넷플릭스뿐 아니라 아마존도 인도에서 로컬 오리지널에 대한 투자를 늘리고 있다. 그럼에도 인도 국경을 넘어 글로벌 현상으로 확산되는 콘텐츠는 아직 등장하지 못했다. 결국 넷플릭스의 로컬 오리지널 제작의 성패는 그 나라의 제작 역량에 달려 있다는 것을 잘 보여 준다. 수차례 말했듯이 제작 역량은 콘텐츠의 스토리, 캐릭터, 스토리텔링을 최적의 상태로 조합할 수 있는 능

도표 2.8 거점 국가별 경쟁 상황과 로컬 콘텐츠

거점 국가	경쟁 상황과 로컬 콘텐츠
멕시코	– 라틴 아메리카 진출의 교두보 역할 – 넷플릭스가 주도하는 시장. 디즈니+와 맥스가 선전하고 아마존이 상대적으로 부진 – 넷플릭스의 로컬 콘텐츠 전략이 시작됨(〈클럽 디 쿠에르보스〉) – 스페인과 더불어 스페인어 콘텐츠 제작의 거점 중 하나
영국	– 넷플릭스가 선두를 지키고 아마존이 추격하는 상황. 디즈니+는 기반을 확보한 상황이고 애플TV+는 기반을 구축하는 중 – 넷플릭스의 지상파 드라마에 대한 투자와 라이선스 구매 확대로 '넷플릭스 효과' 확대 – 넷플릭스가 콘텐츠에서 지상파와 경쟁할 정도로 미디어콘텐츠 생태계에 안착 – 대표적인 로컬 오리지널은 〈더 크라운〉
스페인	– 넷플릭스가 주도하는 시장 – 스페인어 콘텐츠 제작의 허브로 부상. 6억 명에 이르는 스페인어 사용자 기반 활용 – 유럽의 콘텐츠 제작 허브 역할 – 자연 경관과 문화 유산, 정부의 정책적 지원으로 유럽의 할리우드로 부상 중 – 콘텐츠 제작 생태계 우수, 할리우드 대비 높은 가성비 – 대표적인 로컬 오리지널은 〈종이의 집〉, 〈엘리트들〉
한국	– 넷플릭스가 압도하는 시장. 디즈니+는 부진하고 아마존은 본격적으로 진출하지 않음 – 콘텐츠 제작 생태계 구축, 할리우드 대비 가성비, 참신한 스토리의 강점 – K콘텐츠의 글로벌 이동성 높음 – 대표적 로컬 오리지널은 〈오징어 게임〉, 〈지금 우리 학교는〉, 〈더 글로리〉
일본	– 아마존이 큰 차이로 앞서고 넷플릭스가 추격하는 상황. 디즈니+는 기반을 다지는 중 – 로컬 애니메이션에 대한 선호도가 압도적으로 높음 – 지상파 중심의 미디어콘텐츠 생태계 유지로 글로벌 트렌드에 둔감 – 애니메이션과 달리 실사 콘텐츠의 글로벌 이동성 낮음 – 대표적인 로컬 오리지널 없음. 단 〈아리스 인 보더랜드〉는 가능성을 보여 줌
인도	– 디즈니+ 핫스타가 앞서고 아마존, 넷플릭스가 추격하는 상황. 로컬 사업자도 경쟁자로 성장 중 – 성장성은 높으나 저가 시장으로 인해 수익성 낮음. 구독료가 상대적으로 높은 넷플릭스는 고전 중 – 최대의 가입자를 확보한 디즈니+ 핫스타는 현지 사업자 릴라이언스의 공격적 콘텐츠 확보로 고전 중. 디즈니와 현지 사업자인 지오시네마 간의 합병 추진 – 제작 역량의 미흡으로 넷플릭스 로컬 오리지널 부진. 아직 대표적인 로컬 오리지널 없음

력이다. 이는 오롯이 창작자들의 몫이다. 이런 맥락에서 보면 K콘텐츠의 경쟁력은 그동안 축적된 한국의 총체적 제작 역량의 결과다. 콘텐츠 제작 역량은 그 나라의 콘텐츠 제작 생태계를 비추는 거울이다. 대규모 투자만으로 퀄리티 콘텐츠가 나오는 것은 아니다. 창작자들이 자신의 역량을 최대한으로 발휘할 수 있는 건강한 콘텐츠 제작 생태계가 뒷받침되어야 한다.

지금까지 살펴본 주요 거점 국가에서 글로벌 스트리밍 간 경쟁 상황과 로컬 콘텐츠는 앞의 표와 같이 정리할 수 있다.

04

로컬 콘텐츠 생태계에 몰아치는 퍼펙트 스톰

넷플릭스의 글로벌 확장 전략은 매우 독특하다. 현지에서 제작한 로컬 오리지널을 통해 먼저 현지 시장을 장악한다. 주요 시장을 장악하는 과정에서 핵심 고리가 바로 로컬 오리지널이다. 멕시코, 영국, 스페인, 한국, 일본, 인도 등은 글로벌 스트리밍이 반드시 진출해야 하는 거점 국가다. 이들 국가는 가입자는 물론이고 로컬 콘텐츠 확보를 위한 핵심 시장이다. 글로벌 스트리밍 중에서도 넷플릭스가 로컬 콘텐츠 제작을 주도하고 있다. 넷플릭스는 로컬 오리지널의 확보 과정에서 넷플릭스의 영향력 즉 '넷플릭스 효과'를 적극적으로 활용한다. 넷플릭스 효과는 시간이 지남에 따라 점점 더 강력해지고 있다.

1장에서 설명했듯이 글로벌 스트리밍의 중요 특성 중 하나가 바로 '콘텐츠 제작과 공급에서 규모의 경제'다. 글로벌 스트리밍이 로컬 콘텐츠 제작에서 규모의 경제를 확장할수록 로컬 미디어콘텐츠 사업자는 더 큰 어려움에 처할 수밖에 없다. 로컬 사업자는 미디어 사업에서뿐 아니라 콘텐츠 제작에서도 글로벌 스트리밍과 경쟁하기는 어렵다. 글로벌 사업자와 로컬 사업자 간의 경쟁은 이미 변곡점을 지난 것으로 보인다. 이른바 심하게 기울어진 운동장이다.

로컬 미디어콘텐츠 사업자에게 글로벌 스트리밍이라는 퍼펙트 스톰이 몰아치고 있다. 그 예로 한국의 경우를 보자. 이미 넷플릭스라는 글로벌 스트리밍의 영향권 아래 들어간 국내 미디어콘텐츠 산업은 어려움이 커지고 있다. 글로벌 스트리밍과의 경쟁에서 가입자를 확보하고 지키기 위해서는 국내 스트리밍도 로컬 콘텐츠를 확보해야 하고, 기업 규모를 키우고 오리지널도 제작해야 한다. 이를 위해 티빙은 2022년 11월 KT의 스트리밍 사업인 '시즌'을 통합했다. 이제 티빙과 웨이브도 통합하기로 했는데, 이는 불가피한 선택으로 이미 예고된 상황이다. 로컬 사업자나 글로벌 사업자나 모두 규모의 경쟁이 벌어지고 있다. 결국 국내도 소수의 사업자로 통합되고 나서 가입자를 확보하고 지키는 데 중요한 로컬 콘텐츠를 얼마나 확보하고 어떻게 확보할 것인지의 경쟁이다.

글로벌 스트리밍의 로컬 오리지널 확대로 인해 국내의 사업자는 감당하기 어려울 정도로 콘텐츠 제작비가 증가했다. 글로벌 스트리밍이 K-드라마의 제작비 경쟁을 촉발시킨 셈이다. 넷플릭스는 〈미스터 션샤인〉, 〈킹덤〉을 시작으로 회당 20억 원 이상의 드라마 시대를 열었다. 이제는 회당 30억 원의 드라마 시대가 시작되었다. 넷플릭스의 〈수리남〉은 회당 58억 원, 디즈니+의 〈무빙〉은 회당 32억 원, 애플TV+의 〈파친코〉는 무려 회당 125억 원이 투자되었다. 조만간 타이틀당 1000억 원 규모의 드라마도 등장할 것이다.

하지만 이런 규모의 제작비도 넷플릭스가 미국에서 제작하는 드라마에 비하면 초라한 금액이다. 넷플릭스는 2023년부터 4년간 25억 달러를 K콘텐츠에 투자할 것이라고 밝혔다. 연간 평균 6억 달러(약 8000억 원)가 넘는 금액이다. 넷플릭스의 오리지널 〈기묘한 이야기〉는 에피소드당 3000만 달러(약 400억 원)가 들었다. 이 돈이면 국내에서 드라마 시즌 하나를 통째로 만들 수 있는 금액이다. 9개의 에피소드로 이루어진 〈오징어 게임〉 시즌1의 제작비는 2140만 달러에 불과했다.

글로벌 스트리밍의 로컬 콘텐츠 투자비는 티빙이나 웨이브 같은 국내 사업자와는 비교할 수 없다. 티빙 같은 국내 사업자의 연간 오리지널 총 투자액은 넷플릭스가 만드는 블록버스터 영화 한 작품이나 드라마 시리즈 하나를 제작하는 금액에도 미치지 못한다. 이런 상황에서 국내 사업자는 오리지널을 제작하기가 점점 더 어려워진다. 예를 들면 웨이브는 2022년에는 4개 타이틀의 오리지널 드라마를 공개했으나 2023년에는 불과 2개 타이틀만 공개했다. 2024년에는 아예 없다고 한다.

한국의 사례를 살펴보았지만 이는 넷플릭스가 진출한 나라 대부분에서 공통적으로 벌어지는 현상이다. 넷플릭스의 로컬 콘텐츠 투자는 할리우드 중심의 콘텐츠 팩토리가 해외의 주요 국가로 분산되고 분업화하는 효과도 가져왔다. 한국은 드라마, 일본은 애니메이션, 멕시코와 스페인은 스페인어로 된 영화와 드라마, 영국은 영어로 된 영화와 드라마 시리즈, 인도는 발리우드 영화 등이다. 로컬 콘텐츠 제작 생태계가 글로벌 스트리밍을 중심으로 재편되고 있다. 글로벌 스트리밍을 주도하는 빅테크의 특기인 자신만의 독자적인 생태계를 구축해 가는 것이다.

로컬 창작 생태계의 변화 단계

넷플릭스처럼 글로벌 스트리밍은 먼저 콘텐츠 유통 플랫폼을 장악한 후 이를 바탕으로 콘텐츠 제작 시장도 차지해 가고 있다. 이들은 로컬 제작 시장을 지배하기 위해 창작 업계와의 협업 강화, 현지 제작 시설의 확보와 지원, 로컬 제작에서 규모의 경제와 같은 다양한 방법을 활용한다. 이러한 수단을 통해 글로벌 스트리밍은 로컬의 창작 생태계를 어떻게 변화시켰을까?

《버라이어티》의 보도 내용[105]을 참고해 넷플릭스의 K콘텐츠에 대한 투자가 실제로 K콘텐츠 제작 생태계를 어떻게 바꾸어 가는지 살펴보자. 이러한 변화는 넷플릭스가 진출한 다른 국가에서도 일반적으로 나타난다.

1단계: 로컬 오리지널로 해당 국가에서 성공

넷플릭스는 〈오징어 게임〉, 〈더 글로리〉 같은 드라마 시리즈로 글로벌 차원의 성공을 거두었다. 또 〈피지컬: 100〉과 같은 비대본 콘텐츠를 로컬 및 글로벌 수준에서 더 많이 선보였다. 이들은 한국에서 제작한 오리지널로 경쟁이 치열한 한국 시장에서 먼저 지배적 사업자가 된다. 이와 동시에 K콘텐츠는 점점 더 국경을 넘어 글로벌로 이동한다. 넷플릭스를 통해 기존의 한류 효과가 동아시아 시장을 넘어 글로벌 차원으로 확장되는 것이다. 넷플릭스는 로컬 콘텐츠가 현지(한국)와 지역(아시아)을 넘어 글로벌로 확장되는 성공 방정식을 만들었다. '로컬 → 지역 또는 글로벌로의 확장' 모델의 탄생이다.

2단계: 경쟁 사업자의 로컬 콘텐츠 투자를 자극

넷플릭스의 한국 오리지널에 대한 투자 확대와 성공 사례는 경쟁 관계에 있는 다른 글로벌 스트리밍 사업자를 자극했다. 그 결과 디즈니+, 애플TV+의 한국 오리지널에 대한 투자를 촉발시켰다. 이들도 한국에서 대규모 제작비가 투자된 드라마를 제작했다. 디즈니는 〈카지노〉와 〈무빙〉을, 애플은 〈파친코〉를 제작했다.

3단계: 로컬 사업자의 콘텐츠 투자도 자극

넷플릭스의 K콘텐츠 투자 확대는 국내 사업자도 자극했다. 티빙이나 웨이브가 국내 가입자를 확보하려면 넷플릭스, 디즈니+와 경쟁해야 한다. 동시에 이들도 글로벌 스트리밍으로 인해 촉발된 한류 효과를 활용하고 싶어 한다. 이를 위해 적극적으로 K콘텐츠에 투자하고 해외 진출도 노린다. 결국 K콘텐츠 생태계가 확장된다. 국내외에서 증가하는 K콘텐츠의 수요에 대응하기 위해 제작사들이 콘텐츠 제작 사업을 확대하는 것이다. 예를 들어 CJ ENM은 새로운 제작 자회사를 출범시켰고, JTBC 스튜디오는 2022년 SLL^Studio LuluLala로 재

출범했다. 둘 다 스튜디오 시스템을 강화하기 위해서다.

4단계: 국내외 사업자의 투자로 로컬 콘텐츠 생태계의 확장

K콘텐츠의 성공으로 세계의 관심은 한국 콘텐츠뿐 아니라 한국 창작자로까지 확대되었다. 또한 넷플릭스의 로컬 오리지널 제작이 시각효과(VFX), 특수효과(SFX), 후반 작업, 제작 금융, 라인 프로덕션line production(제작에 관한 사무적 처리)과 같이 콘텐츠 제작에 참여하는 기업도 함께 성장시켰다. 이른바 '선순환'을 만들었다. 여기에 더해 한국의 더빙 및 자막 사업도 활성화되었다. 디지털 중간체(DI, 영화를 디지털화하고 컬러 및 기타 영상의 특성을 조정하는 것을 포함해 영화의 마무리 프로세스)를 제작하는 덱스터, VFX 회사 웨스트월드와 같은 제작 기술 회사도 동반 성장했다.

이처럼 4단계의 과정을 통해 넷플릭스는 한국 미디어콘텐츠 산업 내에서 '강력한 힘locomotive force'으로 성장했다. 바로 넷플릭스 효과다. 그런데 넷플릭스 효과에는 긍정적 면만 있는 것이 아니다. 로컬의 창작 생태계에 미치는 부정적 영향에 대한 지적도 많다.

로컬 사업자 대비 글로벌 스트리밍의 강점

빅테크가 이끌어 가는 글로벌 스트리밍은 로컬 스트리밍이나 제작사보다 여러모로 유리하다. 글로벌 스트리밍이 등장하기 전에는 미디어콘텐츠 비즈니스는 로컬 사업자 간 경쟁이었다. 그러나 이제는 로컬 사업자와 글로벌 사업자가 경쟁하는 시대다. 이에 따라 게임의 규칙이 바뀌었다. 글로벌 스트리밍은 로컬 사업자에 비해 어떠한 강점이 있을까?

방대한 시청 데이터와 대규모 자본의 결합

넷플릭스의 멕시코 진출 과정을 보면 현지 미디어 기업인 클라로 비디오Claro Video(멕시코 로컬 스트리밍 사업자)가 할리우드 콘텐츠에 의존할 때, 가장 '글로벌하다'는 넷플릭스는 오히려 현지 문화를 자신의 동맹으로 만들었다.[106] 비슷한 예로 우리나라에서도 '왓챠' 같은 서비스는 국내 콘텐츠 방영권 확보나 오리지널 제작에서 넷플릭스나 디즈니+와 경쟁하기가 쉽지 않다. 로컬 사업자는 재정적 어려움으로 인해 불가피하게 더 저렴한 해외 콘텐츠를 제공할 수밖에 없다.

로컬 사업자는 시청자의 데이터 분석에서도 빅테크와 경쟁하기가 버겁다. 따라서 시청자들의 콘텐츠 취향에 관한 정밀한 데이터를 확보하고 콘텐츠 투자 여력에서 앞선 넷플릭스가 국내 사업자보다 더 한국적인 서비스를 하게 된다. 예를 들어 플릭스패트롤에 따르면 2022년도 넷플릭스의 국내 구독자가 가장 선호한 상위 10개가 모두 로컬 콘텐츠다. 적어도 구독자들의 시청 선호도 측면에서만 보면 넷플릭스는 티빙이나 웨이브에 뒤지지 않는 가장 현지화된 서비스다.

할리우드 콘텐츠에 의존하는 로컬 사업자와 달리 넷플릭스는 콘텐츠를 현지화함으로써 로컬 사업자에게 큰 위협이 되고 있다. 일반적으로 로컬 사업자는 오랫동안 할리우드 콘텐츠의 아울렛 역할을 해왔다. 그 과정에서 할리우드 콘텐츠의 선호를 높이고 친숙하게 만들었다. 할리우드 시대가 남긴 유산이다. 예를 들어 한국의 주요 케이블 채널에서도 할리우드 영화와 드라마 시리즈가 시청자를 확보하는 데 중요한 역할을 했다. 하지만 넷플릭스는 오히려 현지 시청자에게 친근한 로컬 콘텐츠로 다가서는 아이러니한 현상이 벌어지고 있다. 넷플릭스가 진출한 국가 대부분에서 똑같이 일어나는 현상이다.

왜 이런 일이 벌어지는 것일까? 한마디로 넷플릭스 같은 글로벌 스트리밍 사업자의 풍부한 투자 여력과 빅테크로서 가지고 있는 방대한 시청 데이터와 분석 능력 때문이다. 이들은 데이터와 자본을 결합해 고품질의 로컬 콘텐츠를 제작하거나 선호도 높은 콘텐츠의 방영권을 우선적으로 확보한다. 글로벌 스트리밍이 확장될수록 이같은 현상은 더욱 가속화될 것이다.

로컬 콘텐츠 제작에서도 규모의 경제가 작동

글로벌 스트리밍 간에 벌어질 콘텐츠 전쟁의 분야로는 퀄리티 콘텐츠, 블록버스터, 빅리그 스포츠 중계권 등이 있다. 그런데 세 영역 모두 대규모 투자가 필요하다. 콘텐츠 투자를 결정할 때 주요한 판단 기준 중 하나가 투자비의 회수 가능성이다. 따라서 유통할 수 있는 시장이 클수록 제작비도 증가한다. 글로벌 스트리밍은 로컬 사업자에 비해 가입자 규모도 크고 대상 시장도 훨씬 넓다. 2023년 말 기준으로 넷플릭스는 190개국에서 2억 6000만 명의 가입자를 확보하고 있는 데 비해 티빙은 한국에서만 380만 명을 확보했다. 넷플릭스와 비교하면 1.5퍼센트에 불과하다. 더구나 넷플릭스는 2023년 한 해에만 무려 2950만 명의 가입자가 증가했다.

글로벌 스트리밍은 로컬 콘텐츠를 글로벌 콘텐츠로도 활용할 수 있고, 이 때문에 자연스럽게 규모의 경제를 추구한다. 향후 글로벌 스트리밍의 성장은 북미보다 해외에 달려 있다. 로컬 오리지널의 제작이 글로벌 스트리밍의 성장을 위해서도 중요하다는 뜻이다. 앞으로 로컬 콘텐츠 확보를 위한 글로벌 스트리밍 간의 경쟁이 증가할 수밖에 없다. 글로벌 스트리밍이 제작하는 로컬 오리지널의 제작비 규모가 증가함에 따라 로컬 제작사는 이들과의 협업을 우선할 수밖에 없다. 국내 제작사의 넷플릭스에 대한 줄서기가 심화되는 이유다.

미국의 빅리그 중계권뿐 아니라 로컬 리그의 중계권도 글로벌 스트리밍을 통해 전 세계로 확장될 수 있다. 이미 그러한 일이 벌어지고 있다. 아마존은 영국의 프리미어 리그(EPL), 유럽의 UEFA 챔피언스 리그, 프랑스 리그1, 호주와 뉴질랜드의 크리켓 리그의 중계권도 확보했다. 예를 들어 아마존이 국내 이커머스 시장에 진출해 본격적으로 국내 가입자 확보 경쟁에 참여할 경우 KLPGA(한국여자프로골프)의 중계권을 확보해서 국내뿐 아니라 전 세계로 중계할 수 있다. 글로벌 스트리밍은 로컬의 영화나 TV 시리즈와 마찬가지로 로컬 스포츠도 세계로 확장시킬 수 있다. 로컬 콘텐츠 가치 확장 메커니즘을 활용할 수 있기 때문이다.

로컬 창작자 커뮤니티와의 협력 강화

김민영 넷플릭스 APAC 콘텐츠 담당 부사장은 APOS(아시아의 미디어, 통신 및 엔터테인먼트 산업을 대상으로 하는 이벤트) 연설에서 로컬 창작자들과의 소통의 중요성을 강조했다. 이를테면 2016년 넷플릭스가 이 지역에 처음 서비스를 시작했을 때 APAC을 담당하는 콘텐츠팀은 로스앤젤레스에서 근무했다. 하지만 현지 창작계와 더 가까워져야 한다는 사실을 깨닫고 방향을 바꾸었다. 일본, 한국, 인도 현지에 팀을 구성하고 크리에이티브 커뮤니티와 소통할 수 있는 최고의 창작자talent를 물색한 것이다. 이러한 과정을 거쳐 한국의 스튜디오드래곤, JTBC 같은 현지 제작사, 일본의 만화 출판사 슈에이샤와의 관계도 구축했다. 김민영 부사장은 "(로컬에서) 이미 성공한 플레이어와 파트너 관계를 맺는 것이 중요하다"라고 강조했다.[107] 넷플릭스는 급성장하는 동남아시아 시장에 진출함에 따라 태국과 인도네시아에서도 파트너십을 구축했다.

넷플릭스는 현지 창작자 및 제작사와의 협업을 통해 현지의 콘텐츠 제작 생태계에 적극적으로 참여한다. 더 나아가 로컬 콘텐츠 제작 생태계에 기여하기 위해 창작자를 양성하는 프로젝트도 진행하고 있다. 정부나 공공 기관 같은 공적 영역에서 추진해야 할 부분에까지 참여하고 있는 것이다. 이러한 일을 가능케 하는 것도 결국 넷플릭스의 투자 여력과 글로벌 플랫폼의 영향력 때문이다.

2023년 3월 넷플릭스는 그들의 유럽 본사가 있는 암스테르담 사무실에서 글로벌 창작자들과의 간담회를 개최했다. 회의에 참석한 각국의 창작자들은 넷플릭스와의 협력으로 그들이 추구하는 스토리를 어떻게 전달할 수 있었는지에 대해 서로 논의했다. 이 자리에는 요르단, 남아프리카공화국, 노르웨이 등의 로컬 창작자들이 참석했다.[108]

2023년 4월, 넷플릭스는 앞으로 4년간 한국 콘텐츠에 25억 달러를 투자한다고 발표했다. 그러면서 "넷플릭스의 투자가 한국, 한국 창작 생태계 그리고 넷플릭스 사이의 장기적 파트너십을 강화할 것이다. … 앞으로도 한국 창작자들과 손잡고 엔터테인먼트의 즐거움을 전 세계 팬들에게 선사해 나가겠다"라고 선언했다.[109] 2023년 6월 한국을 방문한 서랜도스는 "2022년부터 2025년까지 넷플릭스가 선보일 한국 콘텐츠 5편 중 한 편은 신예 작가 혹은 감독의 데뷔작이 될 것"이라고 밝혔다.

이처럼 넷플릭스는 로컬의 창작자가 자신의 능력을 발휘할 수 있도록 제작비를 투자하고, 신인 창작자에게는 데뷔의 기회를 제공하며, 이들이 제작한 콘텐츠를 넷플릭스라는 글로벌 플랫폼을 통해 유통시키겠다는 의지를 보였다. 이 같은 노력을 통해 넷플릭스는 로컬의 창작 생태계에 차근차근 뿌리 내리고 있다.

글로벌 공동 제작의 용이성

글로벌 스트리밍은 로컬 오리지널 제작에서 국제 공동 제작이나 국가별 분업도 가능하고, 이를 통해 콘텐츠 제작의 효율성을 높인다. 이 같은 방식은 로컬 사업자라면 쉽게 시도하기 어려운 일이다. 넷플릭스의 로컬 오리지널의 시작이라고 할 수 있는 멕시코의 드라마 시리즈 〈클럽 디 쿠에르보스〉는 라틴 아메리카와 스페인 배우를 캐스팅하고 멕시코에서 촬영했다. 콜롬비아의 〈나르코스〉에는 다양한 국적(브라질, 콜롬비아, 칠레, 멕시코, 미국)의 감독, 연기자 같은 창작자들이 참여했다. 글로벌 공동 제작은 투자의 효율성이라는 경제적 측면도 있지만 제작에 참여하는 국가의 시청자를 넷플릭스 가입자로 확보할 수도 있다. 일거양득의 전략인 셈이다.

디즈니+의 오리지널 시리즈 〈커넥트〉는 한국과 일본의 협력으로 제작되었다. K-드라마 최초로 일본인(미이케 다카시)이 감독을 맡았고, 제작사는 한국의 스튜디오드래곤이다. 스토리는 신대성 작가의 웹툰을 원작으로 했다. 자본, 스토리, 창작에서 한국과 일본이 공동으로 참여했고, 글로벌 스트리밍인 디즈니+를 통해 공개되었다. 우리가 생각해 볼 수 있는 국제 공동 제작의 이상적 모습이다. 이 작품은 한·일 공동 제작의 새로운 실험으로 볼 수 있다.

2022년 애플TV+에 공개되어 화제가 된 드라마 시리즈 〈파친코〉도 다국적 제작이다. 스토리는 한국계 미국인 작가 이민진의 소설을 원작으로 했다. 제작자와 감독도 한국계 미국인이다. 제작사는 미국의 미디어 레즈다. 제작 스태프는 주로 미국인이 담당했고, 한국인 배우인 김민하, 윤여정, 이민호 등이 출연했다. 드라마 대사는 한국어, 일본어, 중국어, 영어로 이루어졌다. 한·미·일·중의 창작자들이 참여하는 다국적 제작인 셈이다. 앞으로 한·중·일, 한·일 또는 한·중 간 공동 제작이나 아시아의 여러 국가 간 공동 제작이 증가할 수 있다. 다국적 제작은 넷플릭스, 디즈니+ 같은 글로벌 스트리밍이 주도할 가능성이 높다. 이들이 글로벌 스트리밍의 특성을 잘 활용할 수 있기 때문이다. 최근 넷플릭스는 한국과 일본 두 나라의 창작자들이 참여하는 드라마 시리즈의 제작을 추진하고 있다. 여기에는 넷플릭스의 다원적인 의도가 숨어 있다.

넷플릭스는 로컬 오리지널 제작의 주요 허브 국가인 라틴 아메리카의 멕시코, 유럽의 영국과 스페인 및 프랑스·독일·이탈리아, 아시아의 한국·일본·인도 등의 제작사 및 창작자와 다양한 협력을 구축하고 있다. 스페인, 영국, 한국, 일본 등에서는 제작 시설도 확보했다. 이처럼 글로벌 각국에서 접근 가능한 창작자와 창작 인프라를 결합해 글로벌 차원의 공동 제작을 보다 쉽게 추진할 수 있도록 했다. 이는 그동안 할리우드 메이저 스튜디오도 시도하지 않았던 방식이다. 이 같은 글로벌 공동 제작이 로컬의 제작사나 창작자에게 새로운 기회가 되기도 하지만 그늘도 존재한다.

로컬 콘텐츠 생태계에 밀려오는 퍼펙트 스톰

넷플릭스, 아마존, 애플, 디즈니 간의 경쟁은 앞으로 더욱 치열해지고, 우열은 결국 해외 진출에서 결정될 것이다. 해외로 확장하려면 로컬 오리지널의 확보가 더욱더 중요해지고 있다. 지금은 넷플릭스가 로컬 콘텐츠 제작을 주도한다. 하지만 아마존도 일본과 인도 시장에서 우위를 지키기 위해 로컬 오리지널을 꾸준히 확대하고 있다. 현재는 다소 소극적이지만 애플도 이들과 경쟁하려면 로컬 오리지널을 늘리지 않을 수 없을 것이다. 디즈니+도 이미 진출한 나라에서 가입자를 더 많이 늘려야 하는 과제가 있다. 디즈니의 해외 진출 과정에서 넷플릭스에 비해 취약한 점이 바로 로컬 오리지널이다. 이는 디즈니의 콘텐츠 수급 전략의 결과로 볼 수도 있지만 경영 여건이 개선되면 디즈니도 로컬 콘텐츠를 늘려 나갈 것이다.

 넷플릭스의 로컬 오리지널 전략은 다른 글로벌 스트리밍 사업자의 롤 모델이 되고 있다. 넷플릭스가 주도하는 로컬 오리지널 투자로 인해 글로벌 콘텐츠 제작 생태계가 극적으로 변하고 있다. TV가 탄생하고 지난 80년 동안 없었던 일이다. 이제 글로벌 텔레비전 산업은 할리우드 시대와는 다른 새로운 글로벌 콘텐츠 제작 생태계를 만들어 가고 있다. 그렇다면 글로벌 스트리밍이 어떻게 로컬의 미디어콘텐츠 생태계를 변화시키고 있을까?

현지 제작 시설 구축을 통한 창작자 지원

넷플릭스는 북미뿐 아니라 런던, 마드리드, 도쿄, 한국 등 해외에서도 자체 제작 시설을 확충하고 있다. 2019년 4월 넷플릭스는 스페인 마드리드의 트레스 칸토스Tres Cantos 지역에 스튜디오를 개관하면서 유럽에 진출했다. 2019년 7월에는 영국의 세퍼턴 스튜디오 Shepperton Studios와 10년간의 장기 임대 계약을 체결하며 런던에도 제작 기반을 확보했다. 아시아 국가 중에서는 최초로 한국 시장에 진출했다. 삼정KMPG 경제연구원에 따르면 넷플릭스는 2021년 경기도 파주시와 연천군에 위치한 'YCDSMC 스튜디오 139'와 '삼성 스튜디오'를 장기 임대했다.[110] 넷플릭스는 로컬 오리지널을 확대하기 위해 해외의 주요 거점 국가인 스페인, 영국, 한국, 일본 등에서 제작 시설을 확충하고 있다. 자체 시설을 구축하거나 외부 스튜디오를 장기 임대하는 형식으로 제작 시설을 확보하고 이를 창작자들에게 지원한다.

주요 거점 국가 중에는 스페인에서의 제작 시설 투자가 가장 공격적이다. 넷플릭스는 스페인 진출 5년 차였던 2019년 4월 5일 마드

리드의 트레스 칸토스에 유럽에서 최초로 프로덕션 허브인 '트레스 칸토스 캠퍼스'를 출범시켰다. 다음 해인 2020년에는 마드리드 교외에 있는 세쿼이아 스튜디오Secuoya Studios도 인수했다. 2022년에는 기존의 칸토스 제작 시설에 고급 포스트 프로덕션(촬영 후에 이루어지는 제작 과정) 시설을 추가했다. 사운드 스테이지(방음 스튜디오)를 당초 5개에서 2배로 늘린 것이다. 이로써 10개의 최첨단 촬영 세트와 최초의 자체 포스트 프로덕션 시설을 갖춘 다목적 제작 공간이 탄생했다. 넷플릭스 공동 CEO 그렉 피터스는 칸토스 제작 시설에 대해 "넷플릭스가 개척한 클라우드 기술을 통해 드라마 〈종이의 집〉과 최신 프랜차이즈 작품 〈베를린〉의 제작자인 알렉스 피나 같은 창작자들이 촬영을 마친 뒤 (트레스 칸토스에 구축된 클라우드 기반 원격) 편집실에서 전 세계 곳곳에 있는 편집자들과 지연 없이 실시간으로 방금 촬영한 영상을 함께 편집할 수 있는 환경을 제공한다"라고 설명했다.[111] 제작 시설의 활용에서도 글로벌화를 추진하고 있다는 점이 눈에 띈다.

넷플릭스는 스페인 다음으로 영국에서도 제작 시설을 적극적으로 확보했다. 2019년 런던에 있는 스튜디오 시설의 임대를 시작으로 계속 확장하고 있다. 2021년에도 추가 스튜디오 확보를 공격적으로 추진했다. 파인우드 그룹 소유의 전통을 자랑하는 셰퍼턴 스튜디오, 롱크로스 스튜디오Longcross Studios에 대한 임대 및 확장 계약을 체결했다.[112] 영국에서도 콘텐츠 제작이 늘어나고 있음을 보여 준다. 영국은 유럽에서 넷플릭스가 가장 먼저 진출할 정도로 중요 국가다. 영어 콘텐츠를 제작하는 넷플릭스의 주요 제작 허브 역할을 하는 것이다. 넷플릭스는 APAC의 제작 허브가 된 한국에서도 제작 인프라를 확대하고 있다. 2023년 6월 넷플릭스 관계자는 다양한 장비를 전용으로 사용할 수 있는 세트장, 편집 시설 구축 등에 투자할 것이라고 밝혔다.

로컬 제작사 인수를 통한 로컬 창작자 지원

스캔라인Scanline 스튜디오는 시각효과(VFX) 분야에서 혁신을 주도하고 있다. 이제 스캔라인은 새로운 최첨단 기술을 넷플릭스의 시리즈와 영화에 녹여 내기 위해 힘쓰고 있다. 예를 들어 모션 캡처 Motion Capture 같은 이전의 미술 기술보다 훨씬 더 혁신적인 볼류메트릭 캡처Volumetric Capture(3차원 공간을 캡처하는 기술)가 넷플릭스의 히트작인 영화 〈그레이 맨〉에 사용되었다. 이 기술은 부스 내 수백 개의 센서로 배우의 연기를 고해상도 3D로 디지털화할 수 있다.[113] 넷플릭스는 2021년에 VFX 전문회사 스캔라인 VFXScanline VFX를 인수했다. 또 스캔라인의 가상 제작 부문을 담당하는 조직으로 아이라인 스튜디오Eyeline Studios도 운영한다.

스캔라인은 런던, 로스엔젤레스, 뮌헨, 서울, 슈투트가르트, 밴쿠버 등 7개 지역에서 자사의 스튜디오를 운영한다. 이 회사는 넷플릭스의 오리지널 제작을 중심으로 하지만 외부 제작에도 참여한다. 스캔라인 VFX는 넷플릭스가 진출한 나라에서 로컬 오리지널 제작을 지원하기도 한다. 한국에도 스캔라인·아이라인 스튜디오코리아를 두고 있다. 이들은 〈오징어 게임〉 시즌2 제작을 지원하고 있다. 넷플릭스가 로컬 오리지널을 확장함에 따라 스캔라인 VFX의 해외 진출도 늘어날 것이다. 특이한 점은 이 회사가 한국에서 포스트 프로덕

션 분야의 젊은 인재를 양성하려고 일련의 교육 프로그램도 진행할
계획이라고 밝힌 것이다.

서랜도스는 넷플릭스의 한국 자회사인 스캔라인·아이라인 스튜
디오코리아가 이전(2023년 4월)에 발표한 25억 달러의 콘텐츠 투자
외에도 앞으로 6년 동안 1억 달러를 로컬 콘텐츠에 투자할 것이라
고 말했다.[114] 아마 영상 제작 기술과 관련한 투자로 보인다.

이렇듯 넷플릭스는 콘텐츠 제작 기술 분야에도 적극적으로 진출
했다. 오늘날 영상 콘텐츠 제작에서 첨단 시각효과(VFX)는 그 영향
력이 절대적이다. 말하자면 콘텐츠는 영상 제작 기술의 경연장이 되
고 있고, 그 중요성도 날로 커지고 있다. 넷플릭스는 2023년 국내 창
작자들과 가진 간담회에서 전문 기술 인력 육성에 관한 방안도 논
의했다. 넷플릭스가 국내의 창작자, 특히 영상 제작 기술 인력을 양
성하는 분야까지 고려하고 있다는 점은 놀랍다. 로컬 창작자를 넘어
현지의 제작 기술 분야로까지 확장하겠다는 의지다.

로컬 핵심 창작자의 독점화

넷플릭스는 스페인의 〈종이의 집〉 제작자 알렉스 피나와 그가 운
영하는 제작사인 '밴쿠버 미디어', 드라마 시리즈 〈다크〉 및 〈1899〉
의 제작사인 독일의 얀테 프리제Jantje Friese 와 바란 보 오다어Baran bo Odar
를 포함해 다수의 유명 창작자 또는 제작사와 독점 계약을 체결했
다. 또 이들은 유럽 영화를 강화하기 위해 유럽의 저명한 창작자들
과도 계약을 맺었다. 영화 〈신의 손〉(2021)의 감독인 이탈리아의 파
올로 소렌티노Paolo Sorrentino, 독일 영화 〈아미 오브 더 데드: 도둑들〉

(2021)의 감독 마티아스 슈바이크회퍼Matthias Schweighöfer, 프랑스 영화 〈아테나〉(2022)의 감독 로맹 가브라스Romain Gavras 등이다.[115]

넷플릭스는 앞으로 각 나라에서 핵심 창작자와 독점 계약을 더 많이 추진할 것이다. 이 경우 글로벌 스트리밍의 경쟁자는 물론이고 로컬 사업자들은 콘텐츠 확보에서 더 불리해질 수밖에 없다. 이런 움직임은 해당 국가의 건강한 제작 생태계를 교란시킬 수도 있다. 특히 글로벌 스트리밍 사업자와 비교해 투자 여력에서 불리한 현지의 미디어콘텐츠 사업자는 더욱 어려운 처지에 놓일 수 있다. 대규모 가입자를 확보한 글로벌 콘텐츠 유통 플랫폼의 운영과 막강한 투자 여력을 바탕으로 콘텐츠 제작사들과 유리한 입장에서 거래할 수 있기 때문이다. 이른바 '넷플릭스 효과'의 활용이다. 한국에서도 이미 이러한 일이 벌어지고 있다.

지금 나오는 모든 대본의 퍼스트룩first-look(제작비 투자를 목적으로 제작사의 대본을 먼저 확인)은 넷플릭스다. 제작사들 모두 넷플릭스의 선택을 받기 위해 안간힘을 쓴다. 협상의 주도권은 이미 넷플릭스로 넘어갔다. 제작사들의 넷플릭스에 줄서기가 심화되는 중이다. 넷플릭스의 시장 지배력이 확대되면서 국내의 지상파, 유료 방송(케이블 TV, 위성방송, IP TV), 스트리밍 사업자의 경쟁력이 약화되고 있다. 이들의 수익성은 점차 악화되고 그 결과 콘텐츠 투자도 축소될 수밖에 없다. 국내 콘텐츠 제작에서 점점 넷플릭스에 대한 의존도가 높아지는 것이다. 이에 대해《뉴욕타임스》는 "제작사는 최고의 작가, 감독, 배우를 고용하기 위해서는 넷플릭스의 투자가 필요하다. 소위 '의존의 악순환vicious cycle of dependency'이 일어나고 있다"라고 지적했다.[116]

콘텐츠 제작 생태계에서 가장 중요한 요소는 우수한 창작자(제작사)와 이들이 만들고 싶어 하는 스토리에 대한 투자비다. 즉 창작자와 돈인 것이다. 넷플릭스는 한국에 진출한 후 최초의 오리지널 영화 〈옥자〉를 봉준호 감독에게 의뢰했다. 넷플릭스는 2016년 1월 국내에서 서비스를 시작했고, 국내 최초의 오리지널 영화 〈옥자〉는 2016년 4월부터 촬영에 들어가 2017년 6월에 공개되었다. 제작비는 당시 한국 영화 역사상 최고인 5000만 달러(약 550억 원)였다. 또 넷플릭스가 제작 중인 영화 〈전,란〉(2024)에서 박찬욱 감독은 각본과 제작을 맡았다.

이렇듯 넷플릭스는 한국의 대표적 창작자들과의 협력을 강화하고 있다. 창작자와의 긴밀한 파트너십은 넷플릭스가 2013년 미국에서 오리지널을 공개하면서부터다. 넷플릭스 최초의 오리지널 드라마 시리즈 〈하우스 오브 카드〉(2023~2018)는 작가주의 감독으로 명성을 얻고 있는 데이비드 핀처가 제작했다. 이어서 영화 〈로마〉(2018)의 알폰소 쿠아론, 〈아이리시맨〉(2019)의 마틴 스코세이지, 〈맹크〉(2020)의 데이비드 핀처, 〈파워 오브 도그〉(2021)의 제인 캠피온 감독 같은 저명 창작자들이 매년 넷플릭스의 영화나 드라마 시리즈의 제작에 참여하고 있다. 2022년에 공개된 화제의 드라마 시리즈 〈웬즈데이〉는 팀 버튼이 제작과 연출을 맡았다.

로컬 창작자와의 협업 전략에 대해 넷플릭스의 스페인 오리지널 콘텐츠 담당 부사장 디에고 아발로스는 "크리에이터가 자신의 이야기를 전할 수 있는 최고의 공간place이 되는 것이 넷플릭스의 초점입니다. 우리는 알렉스 피나와 독점 관계를 유지하고 있습니다. 그 덕분에 우리는 〈종이의 집〉과 영화 〈스카이 로호〉도 의논할 수 있었습니다"라고 언급했다. 또한 넷플릭스 글로벌 오리지널 영화를 담당하는 테레사 모네오Teresa Moneo는 "넷플릭스의 목표는 최고의 크리에이터들에게 자신의 목소리를 전할 수 있도록 하는 것"이라고 말했다.[17] 창작자들이 만들고 싶어 하는 콘텐츠에 투자하고, 이를 글로벌 플랫폼을 통해 전 세계 시청자에게 전달하겠다는 것이다.

따라서 창작자들에게는 넷플릭스 같은 글로벌 스트리밍이 매력적으로 다가올 수밖에 없다. 돈과 기회를 동시에 제공하기 때문이다. 넷플릭스는 콘텐츠 제작 시 창작의 자유를 최대한 보장하려고 노력하는 것으로 알려져 있다. 제작비와 기회의 제공이 로컬 콘텐츠 제작의 자원을 빨아들이는 블랙홀이 되고 있다. 글로벌 스트리밍은 이러한 이점을 살려 현지의 유력 창작자 및 제작사와의 독점적 계약을 추진하고, 이를 통해 퀄리티 콘텐츠를 지속적으로 제작하려는 것이다. 로컬의 역량 있는 창작자, 제작사의 독점화는 다른 방식보다도 더욱 강력한 힘을 발휘한다. 콘텐츠 제작은 창작자를 빼고는 말할 수 없기 때문이다. 우리가 가장 주목해야 할 부분이다.

《할리우드 리포터》는 "넷플릭스의 유럽 경영진 개편은 더 큰 전략적 변화를 암시할 수 있다"(2022.10.4)는 기사에서, 넷플릭스가 여러 나라에서 다수의 창작자와 독점 계약을 체결하고 있지만 여전히 부족하다고 평가했다. 넷플릭스는 스페인, 독일, 이탈리아, 프랑스 등에서 제작사나 창작자와의 독점 계약을 체결했지만 넷플릭스의 글로벌 콘텐츠의 대부분은 제3의 제작사에서 나온다. 넷플릭스는 〈종이의 집〉이나 〈오징어 게임〉과 같은 비영어권 히트작을 전 세계적으로 제공한 유일한 사업자다. 그럼에도 넷플릭스가 글로벌 측면에서 부족한 점은 영화와 시리즈의 꾸준한 공급을 보장할 수 있는 창작자에 대한 독점적 접근이다. 앰페어의 연구원 앨리스 토프는 "스트리밍 사업자들 간의 글로벌 경쟁이 치열해짐에 따라 넷플릭스는 새로운 콘텐츠의 파이프라인을 확보하기 위해 더 노력해야 할 것입니다. 이를 위한 한 가지 방법은 크리에이터 및 제작사들과 우선투자 계약first-look deal(제작비 투자를 목적으로 제작사의 대본은 가장 먼저 확인하는 계약) 및 일괄 계약overall deal(창작자가 개발하는 영화 및 시리즈의 작품을 모두 포함하는 계약)을 체결하는 것"이라고 말했다.[118]

글로벌 스트리밍은 막강한 투자 여력과 글로벌 플랫폼이라는 강력한 힘을 가지고 있다. 넷플릭스는 한국에 진출한 후 로컬 콘텐츠의 확보 차원에서 국내 드라마 제작의 두 축인 CJ 그룹 및 JTBC 그룹과의 협업을 강화했다. 두 회사와 드라마 라이선스 확보에 관한 다년 계약도 체결했다. 2019년 11월, CJ ENM과 스튜디오드래곤은 2020년부터 3년간 넷플릭스에 21개 타이틀 이상의 오리지널 드라마의 제작 및 라이선싱 계약을 체결했다. 스튜디오드래곤과 JTBC콘텐트리(현 콘텐트리중앙)는 연간 각각 30개, 20개 타이틀의 드라마를 제작한다. 넷플릭스는 아웃풋딜output deal 형태로 두 사업자와 계약해서 국내 최고 수준의 드라마 시리즈를 안정적으로 확보했다.

두 회사가 제공한 드라마는 진출 초기에 넷플릭스의 가입자 확보에 기여했다. CJ 그룹과 넷플릭스의 협업은 지속적으로 확장되고 있다. 넷플릭스는 국내 제1의 드라마 제작사인 스튜디오드래곤의 지분 4.68퍼센트(2022년 3월 기준)를 확보했다. 앞으로 스튜디오드래곤,

SLL과 같은 국내의 대표적 드라마 제작사와 어떠한 관계를 설정할 것인가도 관심사다.

각 나라의 제작 생태계가 글로벌 스트리밍 사업자들의 영향권에 들어갔다. 지금까지 우리가 경험하지 못한 상황이 생길 수도 있다. 각 나라에서 핵심 창작자나 제작사를 글로벌 스트리밍이 독과점하는 것은 건강한 로컬 콘텐츠 제작 생태계를 위해서는 바람직하지 않다. 그러나 당위론만으로 접근할 수는 없다.

강화되는 글로벌 스트리밍 중심의 콘텐츠 생태계

1장에서 살펴본 것처럼 글로벌 스트리밍의 미래상으로 '빅테크가 지배하는 승자독식 시장의 등장'을 예상해 볼 수 있다. 일반적으로 플랫폼 기업에서 네트워크 효과는 시장 내 승자독식 혹은 승자가 시장의 대부분을 차지하는 결과를 낳을 수 있다. 그래서 플랫폼 기업은 자사의 네트워크 효과를 높이기 위해 노력한다. 네트워크 효과를 높이기 위한 방안 중 하나는 더 높은 진입 장벽을 쌓는 것이다. 흔히 말하는 해자moat 다. 이 해자로 진입 장벽을 만들 때 널리 활용하는 방안이 바로 자신만의 생태계 구축이다. 이 경우 새로 진입하는 사업자들은 기존 플랫폼이 구축한 것과 같은 생태계를 단기간에 만들기 어렵다.

빅테크인 아마존, 애플, 구글, MS, 메타와 같은 글로벌 온라인 플랫폼이 잘하는 방식이 자신만의 생태계를 구축하는 것이다. 아마존의 경우를 보자. 아마존은 글로벌에서 2억 명 넘는 프라임 멤버십과 강력한 배송 능력으로 이커머스 생태계를 더욱 공고히 했다. 아마존이 자신만의 강력한 생태계를 구축하는 데 결정적 역할을 하는 것이 바로 '배송 속도'다. 아마존은 지난 2~3년간 배송 인프라 구축을 위해 천문학적 자금을 투자했다. 이를 통해 당일 또는 이틀 내 배송이 가능해졌다. 아마존은 이제 UPS나 페덱스FedEx를 제치고 글로벌 1위 배송 기업이 되었다. 배송 속도를 높여 온라인 상거래 시장의 점유율을 확대하고, 이는 다시 프라임 멤버십의 가입자를 늘려 이익이 증가하고, 다시 배송 속도를 더 높이기 위한 투자로 이어진다. 이제 아마존은 누구도 넘볼 수 없는 자신만의 생태계를 구축했다. 아마존 프라임 비디오도 이러한 생태계를 강화하는 데 큰 역할을 하고 있다.

《유튜브 레볼루션》의 저자 로버트 킨슬은 유튜브의 성공 비결 중하나가 바로 크리에이터들에게 수익금을 지급하는 것이라고 했다. 이들에게 광고 수익을 분배하는 '파트너 프로그램'을 시작해 창작자와 파트너십을 구축했다. 유튜브는 크리에이터들에게 시청자와 소통할 기회를 제공하는 한편 월급도 지급했다. 유튜브는 매달 전세계에서 활동하는 수백만 명의 크리에이터의 계좌로 돈을 보냈고, 이를 통해 동영상을 만드는 일이 취미 활동에서 비즈니스로 바뀌었다.[119] 이 중 수천 명의 크리에이터는 광고 수입만으로 연간 수십만 달러를 벌었고, 지난 몇 년간 그 수는 꾸준히 증가했다.

유명 크리에이터들은 채널을 운영하며 벌어들이는 것 외에도 브랜드 파트너십, 상품 판매, 도서 출간, 투어, 미디어 진출 등으로 엄청난 수익을 내고 있다. 몇몇 크리에이터는 TV나 영화계에서 활동하는 사람들보다 훨씬 더 많은 돈을 벌기도 한다.[120] 크리에이터에게 '수익을 배분하는 파트너십 프로그램'은 유튜브가 성공하는 데 신의 한수였다. 유튜브라는 글로벌 콘텐츠 유통 플랫폼에서 크리에이터들은 시청자를 불러모으고, 시청자는 광고주를 불러들이며, 광고주는 유튜브 생태계를 유지하게 해 준다. 이로써 유튜브만의 독자적 창작 생태계를 공고하게 구축했다. 생태계의 핵심 고리는 '크리에이터'와 이들에게 매월 지급되는 '제작비'다.

아마존이나 유튜브에 비하면 현재 그 효과는 미약하지만 넷플릭스도 자신만의 생태계를 구축하고 있다. 방안 중 하나가 바로 글로벌 콘텐츠 제작 생태계를 구축하는 것이다. 넷플릭스라는 플랫폼에 참여하는 각국의 제작자와 창작자는 유튜브에서 활동하는 크리에이터들과는 그 성격이 다르다. 그러나 본질적인 면에서 유튜브의 크리에이터나 넷플릭스의 제작사·창작자는 유사하다고 할 수 있다. 넷플릭스는 각국에서 '제작사·창작자와 파트너십 프로그램'을 강화하고 있는데, 현재 50여 개 나라에서 로컬 콘텐츠를 제작한다. 넷플릭스는 또한 진출한 국가의 창작 커뮤니티와 우호적 관계를 맺으려 노력한다.

넷플릭스는 차세대 인재 양성을 위한 창작 발전 기금도 운영한다. 이 기금으로 35개국 100개 프로젝트에 걸쳐 80개 기관과 협력한다. 한국에서도 2022년에서 2025년까지 영화나 드라마 시리즈의 20퍼센트를 신인 창작자들의 몫으로 제공하겠다고 밝혔다. 또 국내의 영상 제작 기술 인력을 양성하기 위해 '넷플릭스 VFX 아카데미'도 운영한다. 이처럼 넷플릭스는 각국의 로컬 콘텐츠 창작자 및 제작사들과의 협력 네트워크를 꾸준히 강화하고 있다.

글로벌 스트리밍 사업자가 제작하는 로컬 콘텐츠의 증가는 양날의 칼이다. 로컬 콘텐츠 생태계의 구축에 기여할 수도 있지만 글로벌 스트리밍이 주도하는 미디어콘텐츠 생태계로 편입될 수 있다는 위험도 있다. 글로벌 스트리밍 사업자는 자신만의 글로벌 미디어콘텐츠 생태계를 만들어 가려 한다. 넷플릭스는 한국에 진출한 후 1조 원 이상을 K콘텐츠에 투자했다. 또 2023년부터 4년간 25억 달러를 투자한다고 밝혔는데 이는 3조 원이 넘는 돈이다. 물론 긍정적 영향도 많다. 그러나 가장 크게 우려할 부분은 국내 콘텐츠 제작 생태계가 넷플릭스에 종속되거나 하청 역할을 하지는 않을까 하는 점이다. 글로벌 스트리밍이 주도하는 미디어콘텐츠 생태계에 편입되어 국내의 독자적 생태계가 훼손될 수 있다는 걱정이다.

넷플릭스는 한때 '갓플릭스'(God+Netflix의 합성어)라는 별칭으로 불리기도 했고, 이제 한국 콘텐츠 투자에 큰손이 되었다. 영국에서는 BBC 같은 지상파까지 콘텐츠 제작비를 넷플릭스에 의존할 정도가 되었다. 이 때문에 지상파의 넷플릭스 의존도가 너무 높아진다는 우려가 나온다. 참고로 2022년 기준 넷플릭스의 국내 매출은 7733억 원이다. MBC는 8615억 원, SBS는 1조 130억 원이다. 그런데 2023년에는 넷플릭스 8233억 원, MBC 7453억 원, SBS 8668억 원이다. 향후 지상파의 매출은 감소하고 넷플릭스의 매출은 증가할 가능성이 높다. 이제 넷플릭스는 국내의 유력한 미디어콘텐츠 사업자가 되었다. 글로벌 콘텐츠 유통 플랫폼이라는 강점을 활용해 로컬 콘텐츠의 유통과 제작을 장악해 가고 있다.

3장
글로벌 현상이 된
K콘텐츠

"〈오징어 게임〉은 스트리밍 시작 첫 한 달 동안 무려 16억 시청 시간을 기록하며 넷플릭스 사상 가장 성공적인 TV 쇼로 자리매김했습니다. 그뿐 아닙니다. 오늘날 전 세계 넷플릭스 회원의 60퍼센트 이상이 〈지금 우리 학교는〉, 〈이상한 변호사 우영우〉, 〈피지컬: 100〉 등 적어도 한 편 이상의 한국 작품을 넷플릭스에서 시청하고 있습니다."(그렉 피터스 넷플릭스 공동 CEO)[1]

01

K콘텐츠 축적에서 돌파로

넷플릭스나 유튜브는 미국 기업이 운영하는 글로벌 미디어다. 그러나 우리나라뿐 아니라 세계 많은 나라에서 자국의 미디어보다 시청자들의 일상에 더 크게 자리 잡고 있다. 넷플릭스, 디즈니+ 시청자들은 자신이 보고 싶은 콘텐츠를 언제 어디서나 원하는 때 손쉽게 골라본다는 공통점이 있다. 특히 국내 지상파나 케이블 채널 같은 선형 TV를 통해 시청하던 드라마 시리즈나 영화를 이제는 글로벌 스트리밍으로 시청한다.

글로벌 스트리밍이 국내에 등장하기 전에 K콘텐츠는 주로 국내 미디어에서 소비되었다. 말하자면 콘텐츠 유통의 1차 윈도^{first window}는 국내 방송이었다. K콘텐츠는 국내 방송으로 보는 내수 중심의 산업에서 한류를 기회로 해서 점차 수출로 이어졌다. K콘텐츠의 해외 진출에는 언어를 포함한 문화 장벽과 규제 문제가 상존해 있었다. 그러나 글로벌 스트리밍의 등장으로 콘텐츠의 글로벌 유통 환경이 획기적으로 변화했다. 인터넷을 통해 이루어지는 글로벌 콘텐츠 유통 플랫폼 덕분이다. 글로벌 스트리밍 사업자는 해당국의 규제도 수월하게 뛰어넘는다.

그동안 한류를 통한 콘텐츠 수출은 국내 방송사나 제작사가 주로 해외의 선형 TV에 콘텐츠 라이선스를 판매하는 형식이었다. 국내에서 방송하고 나서 추가 수입을 올리는 부가 사업일 뿐이었다. 따라서 판매하는 국가도 한정되고 콘텐츠 장르도 드라마 중심이었다. 그런데 한류 시대와 달리 글로벌 스트리밍 시대에는 K콘텐츠 유통을 위한 1차 윈도가 국내 미디어가 아니라 글로벌 스트리밍으로 바뀔 수 있다.

이러한 변화는 국내 미디어콘텐츠 산업에 중요한 의미가 있다. 수십 년간 한국의 미디어콘텐츠 비즈니스를 지배하던 규칙이 무너진 것이기 때문이다. 흔히 말하는 패러다임의 전환이다. 물론 K콘텐츠가 아직은 글로벌 스트리밍이라는 새로운 유통 공간에 자신만의 브랜드로 입점한 것은 아니다. 넷플릭스, 디즈니+라는 브랜드로 납품하는 형식이다. 이를테면 OEM 같은 방식이다. 글로벌 스트리밍의 등장은 K콘텐츠와 더 나아가 한국의 미디어콘텐츠 산업이 글로벌 생태계에 편입되는 계기가 되었다.

한류 시대는 기존의 미디어콘텐츠 생태계를 유지하면서 K콘텐츠의 방영권을 판매하는 형태였다. 반면에 글로벌 스트리밍 시대는 로컬 오리지널 제작이나 방영권 판매를 통해 글로벌 미디어콘텐츠 생태계에 더 주도적으로 참여할 수 있다. 중요한 것은 글로벌 스트리밍의 등장으로 퍼스트 윈도 즉 K콘텐츠 소비의 중심축이 바뀌고 있다는 점이다.

주류 시장인 할리우드와 연결된 K콘텐츠

테드 서랜도스는 "K-드라마가 모든 곳에서 성공하지는 못했습니다. 그러나 우리가 제공한 '전달의 용이성ease of delivery'은 K콘텐츠를 주류로 밀어넣었습니다. 작년(2021년)에 〈기생충〉과 봉준호 감독의 오스카상 수상이 사람들의 마음을 열게 한 전환점이었습니다. 하지만 우리는 훨씬 전에 봉 감독과 함께 작업한 〈옥자〉(2017)에서 놀라운 스토리텔링의 문화를 접했고, 전 세계 사람들이 K-드라마를 사랑하고 또 시청할 것이라는 점을 알았습니다"라고 말했다.[2] 넷플릭스라는 글로벌 스트리밍이 K콘텐츠를 세계의 주류 시장으로 연결시켰다. 글로벌 스트리밍으로 인해 세계 콘텐츠의 중심인 할리우드와 직통 차선이 만들어진 것이다.

이제 K콘텐츠도 자동차, 반도체 같은 한국의 대표적 제조품이다. 그동안 콘텐츠 시장은 언어와 문화 장벽으로 인해 범용 상품이 아니었다. 지난 100년 동안은 할리우드에서 영어로 제작된 콘텐츠가 세계의 표준이자 중심이었다. 그런데 글로벌 스트리밍을 통해 제작된 로컬 오리지널이 변화를 일으키고 있다. 다양한 나라에서 제작된 로컬 콘텐츠가 글로벌 스트리밍으로 자연스럽게 할리우드에 소개되기 시작했다. 로컬 콘텐츠도 할리우드라는 주류 시장에 접근할 수 있는 확실한 통로를 확보한 것이다.

결국 그동안 글로벌 콘텐츠가 되기 어려웠던 비영어권 콘텐츠도 이제는 대규모 시청자를 대상으로 하는 보편적 소비 시장에 접근할 수 있게 되었다. 넷플릭스는 사람들이 사는 곳(국가)이 아니라 무엇을 좋아하는지(취향)에 따라 콘텐츠를 수천 개의 '클러스터cluster'로 그룹화하고, 이를 기반으로 추천 시스템이 작동한다. 자연스럽게 국경 없는 콘텐츠를 탄생시켰다. 넷플릭스는 대규모 가입자를 기반으로 로컬 콘텐츠도 글로벌 차원의 히트작으로 만들 수 있다. 〈오징어 게임〉, 〈종이의 집〉이 이를 증명했다. 글로벌 스트리밍 덕분에 콘텐츠 소비의 글로벌 확장성이 증가하고 있다.

K콘텐츠는 글로벌 콘텐츠 소비 시장과 직접 연결되면서 글로벌 생태계의 변화에 곧바로 영향을 받는다. 글로벌 스트리밍의 등장으로 국내 제작사는 국내 플랫폼 중심에서 글로벌 스트리밍을 대상으로 한 콘텐츠 제작으로 옮겨 가고 있다. 앞서 말한 것처럼 1차 윈도가 바뀌고 있는 것이다. 국내 지상파, 케이블 TV 중심의 한정된 시장에서 전 세계를 대상으로 한 콘텐츠가 증가하고 있다. 넷플릭스가 K콘텐츠 생태계에 몰고 온 변화다. 물론 K콘텐츠에는 기회와 위기가 공존한다. K콘텐츠 산업의 성장을 위해서는 K콘텐츠 소비 시장의 확장이 중요하다. 앞으로 K콘텐츠는 글로벌 스트리밍을 중심으로 짜이는 글로벌 미디어콘텐츠 생태계를 적극 활용해야 한다.

K콘텐츠가 글로벌 생태계에 편입됨에 따라 콘텐츠 제작의 경쟁도 전 세계로 확장되었다. 이제 우리나라 창작자나 제작사 간의 경쟁이 아니다. 할리우드는 물론이고 스페인, 영국, 독일, 프랑스, 일본의 창

작자 및 제작사와 경쟁해야 한다. 〈종이의 집〉이 전 세계적으로 성공하면서 이 드라마의 한국 버전인 〈종이의 집: 공동경제구역〉이 제작되었다. 스페인 버전 대 한국 버전의 대결에서 한국판이 완패했다. 콘텐츠 제작의 글로벌화를 두고 〈종이의 집〉의 작가 겸 제작자인 알렉스 피나는 미국의 대중 잡지 《벌처Vulture》와의 인터뷰에서 다음과 같이 말했다. "넷플릭스가 한 일은 전 세계 창작자를 '갱gang'에 포함시킨 것입니다. … 미국 제작자들에게 (닥친) 어려움은 그들이 왜 그 자리에 있는지를 증명해야 한다는 것입니다. 스트리밍 서비스는 우리 모두에게 동일한 기회를 제공합니다. 우리는 세계 1위가 될 수 있는 능력을 갖추었기 때문에 지금이 더 낫다고 생각합니다. … 최고의 사람들만 살아남을 것입니다. 그리고 우리는 결국 더 나은 쇼(드라마)를 선보일 것입니다."[3]

글로벌 스트리밍의 확장으로 콘텐츠 소비와 제작의 글로벌화가 가속화되고 있다. 따라서 할리우드를 포함한 모든 나라의 창작자들이 서로 경쟁하고 있다. K콘텐츠의 창작자나 제작사도 이제는 자신의 제작 역량을 전 세계 시청자들에게 입증해야 한다.

K콘텐츠에 대한 글로벌 소비의 증가

"지금은 일종의 골드러시와 같습니다. 모두 한국 콘텐츠를 원합니다. 한국 콘텐츠가 이 지역에서 인기를 끌고 있는 것은 새로운 일이 아닙니다. 20년 동안 한국 드라마는 동아시아에서 인기를 끌었습니다. 이제 전 세계로 여행할 수 있다는 사실은 새로운 일입니다."(루크

강 디즈니 APAC 총괄 사장의《할리우드 리포터》와의 인터뷰 중에서)[4]

넷플릭스 글로벌 TV 부문 총괄인 벨라 바자리아(현 콘텐츠 최고 책임자)에 따르면 2018년 이후 넷플릭스의 비영어권 콘텐츠 시청은 71퍼센트 증가했고, 미국 내 K-드라마 시청은 200퍼센트 증가했다. 또한 전통적 드라마 장르(로맨틱 코미디, 가족 드라마 등)보다는 다양한 장르의 강한 콘셉트의 드라마가 성공할 것이라고 내다봤다.[5] 돈강 넷플릭스 한국 콘텐츠 담당 부사장은 "2022년 넷플릭스가 전 세계 팬들에게 더욱 다양한 이야기와 장르를 전달하면서 K콘텐츠의 글로벌 인기는 급속도로 상승했습니다. 작년(2022년) 한 해 동안 한국의 시리즈와 영화는 90개국이 넘는 곳에서 꾸준히 글로벌 톱 10에 이름을 올렸고, 넷플릭스의 역대 최다 시청 시리즈 중 3편이 바로 한국 작품"이라고 언급했다.[6] 제시카 캠 엥글Jessica Kam-Engle 디즈니 APAC 콘텐츠 및 개발 책임자는 "조사에 따르면 아시아 소비자들 대부분은 로컬 언어로 된 콘텐츠를 선호합니다. 최근 몇 년 동안 특히 한국 콘텐츠에 대한 수요는 아시아 지역 전체에서 놀라운 성장을 했습니다"라고 강조했다.[7] 그녀는《조선일보》와의 인터뷰에서는 "특히 아시아 지역에서 한국어 콘텐츠에 대한 선호도가 무척 높습니다. … 많은 아시아 국가에서 자국어 콘텐츠 다음으로 한국어 콘텐츠를 좋아한다는 결론에 도달했어요. 동남아, 동북아를 통틀어 한국 드라마와 예능의 인기는 가장 뚜렷하며 가장 많이 선호하는 위치에 있습니다"라고 말했다.[8]

서랜도스는 2023년 4월 25일, 향후 4년간 25억 달러의 K콘텐츠 투자 계획을 발표하면서 K콘텐츠에 대해 다음과 같이 말했다. "한국이 만든 이야기에 대한 사랑이 한국이라는 국가에 대한 전 세계의 관심도에 긍정적인 영향을 주고 있다는 것은 참으로 놀라운 일입니다. 모든 것은 한국 창작자들의 뛰어난 스토리텔링 역량 덕분이라고 생각합니다. 한국 작품은 이제 전 세계 시대정신의 중심에 우뚝 섰습니다."[9]

넷플릭스는 2023년 12월 12일 회사 창립 후 최초로 2023년 상반기 동안 자사가 제공한 1만 8000여 개 타이틀에 관한 구독자들의 '시청 시간 자료What We Watched: Engagement Report'[10]를 공개했다. 데드라인은 넷플릭스가 발표한 시청 시간 데이터를 기반으로 "한국의 TV 현상은 〈오징어 게임〉을 넘어선다"(2023.12.13)라는 기사를 통해 K콘텐츠의 부상을 분석했다.[11] 자료에 따르면 시청 순위 100위권 안에 K콘텐츠가 14개나 차지했다. 〈더 글로리〉, 〈피지컬: 100〉, 〈이상한 변호사 우영우〉 같은 K콘텐츠가 상위권을 차지했다. 〈오징어 게임〉은 120위를 기록했는데 공개된 지 2년이 넘었다는 점을 감안하면 대단한 쾌거다. 송혜교 주연의 〈더 글로리〉는 많이 시청한 타이틀 중 3위를 차지했고, 〈피지컬: 100〉, 〈일타 스캔들〉이 그 뒤를 이었다. 〈차박사〉, 〈영혼의 연금술〉도 많이 본 타이틀에 포함되었다. 특히 〈영혼의 연금술〉 1부와 2부를 합하면 한국 콘텐츠 중에서 두 번째로 많이 본 타이틀이 되었다. 넷플릭스가 공개한 시청 시간 상위 20위 내에 비영어 콘텐츠로는 유일하게 한국의 〈더 글로리〉(3위), 〈피지컬: 100〉(15위), 〈일타 스캔들〉(16위)이 포함되었다. 로컬 콘텐츠의 강자인 스페인과 영국의 콘텐츠는 포함되지 못했다.

또한 넷플릭스가 두 번째로 공개한 '2023년 하반기 시청 시간 자료.[12]에 따르면 비영어 콘텐츠 중 한국어 콘텐츠 시청이 9퍼센트, 스페인어 7퍼센트, 일본어 콘텐츠가 5퍼센트를 차지했다. 이 수치는 놀라운 결과다. 2억 6000만 명이 넘는 글로벌 시청자가 K콘텐츠를 할리우드의 영어 콘텐츠 다음으로 많이 보고 있는 것이다.

2023년 8월에 공개된 디즈니+의 〈무빙〉이 한국의 로컬 오리지널로서는 모처럼 글로벌 차원에서 호평을 받았다. 이에 대해 《할리우드 리포터》는 "디즈니가 〈오징어 게임〉의 순간을 보내고 있는 것 같다"라고 언급했다. 〈무빙〉은 공개 후 단 7일 만에 미국과 전 세계에 걸쳐 디즈니+와 훌루에서 가장 많이 본 K-드라마가 되었다. 한국, 일본, 동남아시아, 홍콩, 대만을 포함한 APAC에서 스트리밍 시간을 기준으로 가장 인기 있는 시리즈가 된 것이다. 이는 아시아 시청자들이 〈만달로리안〉 같은 디즈니의 핵심 프랜차이즈 시리즈보다 〈무빙〉을 더 많이 시청했다는 의미다.[13]

앞서 살펴본 것처럼 K콘텐츠의 글로벌 소비가 극적으로 확장되고 있다. 그렇다면 글로벌 신드롬이라는 말까지 등장할 정도로 전 세계 시청자들이 K콘텐츠에 열광하는 이유는 무엇일까?

K콘텐츠의 경쟁력

적어도 현재까지 K콘텐츠의 대표 선수는 단연 K-드라마다. 물론 영화, 리얼리티 쇼로도 확장되고 있으나 여기서는 K-드라마를 중심으로 살펴본다. 〈오징어 게임〉은 넷플릭스에서 누적 시청 시간을 기준으로 가장 많이 시청한 TV 프로그램 1위(2023년 6월 현재)를 지키고 있다. 〈지금 우리 학교는〉, 〈더 글로리〉 등도 글로벌 히트작이 되었다. 일본, 멕시코, 인도 등에서도 한국 드라마가 인기 순위에 올랐다. 이제 '한국이 만들고 세계가 시청'하는 일이 현실이 되었다.

매월 적지 않은 수의 K콘텐츠가 글로벌 스트리밍을 통해 전 세계에 동시 공개되고, 공개된 콘텐츠에 대해서는 즉각적인 반응이 이어진다. 넷플릭스는 매주 글로벌 시청 순위 톱 10을 공개한다. 넷플릭스를 통해 공개되는 K콘텐츠 대부분이 미국, 유럽, 아시아에서 인기 순위에 지속적으로 랭크되고 있다. 이제 글로벌 시청 순위 1위가 되는 것을 당연하게 생각할 정도다. 미국의 할리우드 관계자, 언론, 평론가와 로튼 토마토나 IMDb 같은 평론 사이트에서도 호평이 이어진다. 화제의 콘텐츠는 유튜브나 SNS를 통해 순식간에 전 지구적으로 확산된다.

한국인은 유난히 드라마를 사랑한다. 한국인의 이 같은 각별한 드라마 사랑이 K-드라마의 저변을 확대하는 토양이 되었다. 한국은 가히 드라마 왕국이었다. 지상파 방송도 드라마에서 성공한 회사를 진정한 승자라고 여길 정도였다. 남녀노소 가릴 것 없이 모두 드라마를 좋아했는데 일일 드라마, 미니시리즈, 주말 드라마, 특집 드라마(추석 특집, 설날 특집, 광복절 특집 등), TV 피처(KBS의 'TV문학관', MBC의 '베스트셀러 극장') 등 형식도 다양했다. 한국에서는 매주 수십 회 분량의 드라마가 쏟아졌다. 이처럼 20년 이상 수많은 드라마를 제작하면서 작가, 감독, 연기자, 기술 스태프의 제작 역량이 하나하나 축적되었다. 지금 세계를 놀라게 하는 K-드라마는 결코 하루아침에 이루어지지 않았다.

K콘텐츠, 축적에서 돌파의 시간

영국 월간지 《더페이스The Face》는 K콘텐츠의 성공 요인을 다음과 같이 진단했다. "지난 25년간 급격히 성장한 한국의 글로벌 문화에 주목해야 한다. 1997년 말부터 김대중 대통령의 한국 영화에 대한 자금 지원과 스크린 쿼터제로 한국 영화 발전의 씨앗이 뿌려졌다. 1999년 영화 〈쉬리〉를 기점으로 드라마 〈겨울 연가〉와 〈대장금〉이 아시아에서 인기를 끌며 한류를 이끌기 시작했다. 정부의 지속적 지원과 기금 덕분에 한국 영화는 서양 시장에도 진출했다. 많은 감독과 배우가 할리우드에 진출해 주요 영화제의 상을 놓고 경쟁했다. 〈올드보이〉(2003)가 개봉한 지 16년 만에 〈기생충〉이 아카데미 4개 부문을 수상했다. 한편 넷플릭스의 한국 콘텐츠에 대한 투자로 K-드라마 역시 TV에서 서구의 시청자를 위한 새로운 시장을 개척해 나갔다."[14] K-드라마 성장에는 이렇듯 30여 년에 가까운 축적의 시간이 있었다.

피터 드러커Peter Drucker와 함께 20세기 경영학의 석학인 짐 콜린스Jim Collins는 좋은good 기업을 넘어 위대한great 기업으로 발전하기 위해서는 축적과 돌파의 과정이 필요하다고 했다. 콜린스는 "좋은 회사에서 위대한 회사로의 지속적 전환은 우든 왕조처럼, 축적 끝에 돌파를 달성하는 일반 패턴을 따른다. 어떤 경우에는 축적에서 돌파에 이르는 단계가 오래 걸리기도 한다. 어떤 경우에는 비교적 단기간에 이루어진다. … 그러나 축적의 단계가 길든 짧든 좋은 회사에서 위대한 회사로의 전환은 예외 없이 똑같은 기본 패턴을 따르다가, 즉 플라이휠을 한 바퀴 한 바퀴 돌려 가며 추진력을 쌓아 가다가

마침내 축적을 돌파로 전환시켰다"라고 주장했다.[15]

2021년은 K콘텐츠가 그동안의 축적을 바탕으로 돌파의 시작을 알리는 해로 기억될 것이다. 영화〈미나리〉의 윤여정이 2021년 아카데미 시상식에서 한국 배우 최초로 여우 조연상을 받았다. 넷플릭스에 공개된〈오징어 게임〉,〈지옥〉은 전 세계적 인기를 얻었다. 2022년에는 영화〈헤어질 결심〉,〈브로커〉가 칸 영화제에서 수상했다. 드디어 2022년 9월〈오징어 게임〉이 에미상에서 영어가 아닌 드라마 최초로 감독상과 남우 주연상 등 6개 부문에서 수상했다. 마침내 K콘텐츠의 돌파가 시작되었다.

K-드라마의 성공 비결

넷플릭스는 2022년 아태지역에서 로컬 콘텐츠에 대한 투자로 한국 7억 5000만 달러, 일본 4억 5000만 달러, 호주 1억 2000만 달러를 할당할 것으로 추정된다.[16] 넷플릭스는 일본과 인도에서도 한국에 뒤지지 않는 규모로 로컬 콘텐츠에 투자하고 있지만 이들 나라에서는 아직 글로벌 히트작이 탄생하지 못했다. 반면에 한국, 멕시코, 스페인, 영국, 프랑스에서는 글로벌 히트작이 계속 제작되고 있다. 과연 그 차이는 무엇일까? 현지의 시청자 특성을 잘 파악하는 넷플릭스의 힘도 있지만 결국은 해당국의 제작 역량이다. 시청자가 원하거나 시청자에게 필요한 스토리는 넷플릭스가 분석한 데이터를 통해 찾아낼 수 있다. 하지만 성패는 데이터가 찾아낸 스토리를 시청가치가 높은 영화나 TV 시리즈로 만들어 내는 창작 능력이다. 즉 제작 역량이 핵심이다.

서랜도스는 2022년 K콘텐츠의 경쟁력에 대해 다음과 같이 말했다. "우리는 (한국의) 재능 있는 커뮤니티와 일해 왔고, 이들은 스토리텔링을 알고 있었습니다. 이러한 스토리텔링은 한국에서 실제로 효과가 있었으므로 (넷플릭스를 위해) 다르게 만들려고 하지 않고 해외로 이동했습니다. 그래서 한국 영화와 드라마에 대한 모든 것을 찾으려 시도했고, 사람들이 새로운 수준의 제작 가치를 볼 수 있도록 영화와 드라마를 발전시켰습니다. 하지만 한국에 가서 훌륭한 콘텐츠를 만드는 방법을 가르쳐야 했던 것은 아닙니다. 한국은 (이미) 놀라운 시장입니다."[17]

미국의 NBC 뉴스는 〈지금 우리 학교는〉과 K-드라마는 미국인의 시청 습관에 대한 통념을 무너뜨리고, 외국어로 제작된 콘텐츠에 대한 미국인의 생각을 바꾸었다고 평가했다. 그러면서 "한국의 드라마는 어떻게 넷플릭스의 히트작이 되었는가"(2022.2.16)라는 분석 기사에서 세 가지 포인트를 제시했다.[18] 첫째는 웹툰과 '넷플릭스 효과'의 만남이다. 여기서 넷플릭스 효과는 로컬 콘텐츠에 대규모로 투자해 현지의 제작사나 창작자에게 미치는 힘이나 영향력이다. 둘째는 예술 영화와 장르 영화 간의 경계를 허물었다는 점이고, 셋째는 한류 효과다. 그러면 이 세 가지 측면을 좀 더 자세히 알아보자.

먼저 웹툰과 넷플릭스 효과의 결합이다. K-드라마는 넷플릭스의 대규모 투자로 그동안 잠재되어 있던 경쟁력을 세계에 입증했다. K-드라마는 경쟁력을 높이기 위해 신선한 스토리의 원천인 웹툰을 활용했다. 가입자를 확보하기 위한 콘텐츠 경쟁이 치열해지면서 웹툰은 한국의 제작자에게 콘텐츠의 소재fodder가 되었고, 스트리밍 사업자에게는 빅히트의 아이템이 되었다. 넷플릭스의 〈스위트홈〉, 〈지옥〉, 〈지금 우리 학교는〉과 애플TV+의 〈닥터 브레인〉, 디즈니+의 〈무빙〉의 스토리는 모두 K웹툰이 원작이다.

둘째는 K-드라마가 예술 영화와 장르 드라마 간의 경계를 허물었다는 점이다. 예를 들면 〈지금 우리 학교는〉은 좀비 드라마를 도덕성morality이라는 주제를 탐구하는 장르와 결합시켰다. 이는 매우 성공적인 K-드라마 모델을 따른 것이다. 좀비 장르와 인간성 문제, 좀비와 사회정의의 문제가 결합된 매우 독특한 접근법이다. 드라마 시리즈 〈킹덤〉도 좀비 드라마이지만 조선 시대를 통해 본 사회 문제 즉 백성의 삶에는 관심 없이 권력만 추구하는 지배층의 타락을 비판하는 내용이다. 이런 점은 미국의 좀비 시리즈 〈워킹데드〉와의 차이다. 할리우드 좀비 드라마의 대표작인 〈워킹데드〉는 사람들이 좀비와의 대결에서 살아남아야 하는 단순한 생존 싸움이다. K-드라마의 이런 특성을 두고 댄 오네일Dan O'Neill 버클리대학교 교수는 NBC 뉴스에서 "한국 영화는 다른 전통에서는 할 수 없었던 방식으로 예술 영화와 장르 영화 사이의 경계를 모호하게" 만들었다고 언급했다. 정아름 쓰촨대학교 피츠버그연구소 교수는 "〈지금 우리 학교는〉은 인간성이 무엇인지, 특히 디스토피아적 환경에서 인간의 존엄성은 무엇이고, 인간의 존엄성이 어떻게 다루어지고 유지될 수 있는지에 질문을 던진다"라고 강조했다.[19]

셋째는 한류 효과의 측면이다. 넷플릭스는 K콘텐츠에 1조 원 이상을 투자했고, 이를 통해 한국의 창작자를 지원하고 그들이 제작한 콘텐츠를 전 세계에 소개하고 있다. 수문이 활짝 열린 지금 한류를 품고 있는 기업과 섹터는 상상외로 많다. 오네일 교수는 "한류는 단지 넷플릭스만의 문제가 아닙니다. SNS에 관한 것입니다. 새로운 플랫폼을 통해 확장하고 우리가 예상할 수 없는 다양한 방식으로 관심을 불러일으키는 영화 문화에 관한 것"이라고 분석했다.

NBC 뉴스가 보도한 K-드라마의 경쟁력 요소를 종합해 보면 K웹툰을 활용한 신선한 스토리를 K좀비라는 매우 독특한 스토리텔링으로 그려 냈다는 점이다. 이렇게 만들어진 K-드라마는 넷플릭스라는 글로벌 스트리밍을 거쳐 세계적 차원의 새로운 문화 현상이 되었다. K-드라마가 글로벌 시청자들의 콘텐츠 소비 방식까지 변화시킨 것이다.

영화 〈신과함께〉 시리즈를 제작한 국내의 영화 제작·배급사 리얼라이즈픽쳐스의 원동연 대표는 유튜브 채널 삼프로TV에 출연해 K콘텐츠의 경쟁력을 다음과 같이 진단했다. 첫째, 플랫폼 입장에서는 가성비가 높다. 미국 드라마의 제작비는 회당 평균 800만 달러 정도인 데 비해 한국 드라마는 200만 달러 정도로 4분의 1 수준이다. 둘째, 소비자 관점에서는 스토리의 참신성이다. 그는 "K-드라마의 스토리는 젊습니다. 솔직하다는 점이 특징입니다. 우리가 사는 동시대의 고민을 보여 줍니다. 반면에 미국 콘텐츠의 원천 소스인 마블, DC코믹스는 100년이 넘은 이야기입니다. 그런데 이들 이야기의 구조는 일반적으로 권선징악"이라는 뻔한 결말이라고 지적했다. 그에 비해 영화 〈기생충〉이나 드라마 〈지옥〉, 〈D.P.〉는 참신하다고 말했다. 우리 시대의 사회 문제를 다루고, 현재 우리가 고민하는 이야기라는 것이다.[20] 일본 배우 다케우치 료마(드라마 〈이태원 클라쓰〉를 리메이크한 〈롯폰기 클라쓰〉에서 주인공 박새로이 역을 맡은 일본의 톱 배우)는 《중앙일보》와의 인터뷰에서 "한국 드라마는 배우나 제작진이 하고 싶은 이야기를 자유롭게 맘껏 표현하고 있다는 느낌이 듭니다. 어느 나라나 규제 같은 게 있겠지만 그것을 돌파해 나가며 스케일이 큰 드라마를 만들어 내는 것이 부러운 부분이기도 하고, 한국 드라마가 세계적인 히트로 이어지는 이유"라고 언급했다.[21]

《매일경제》는 "'넘사벽' 한국 드라마에 막힌 일본⋯ "이번 생엔 한국 못 이겨""(2022.2.26)라는 기사에서 한국 드라마가 인기와 퀄리티 면에서 일본 드라마를 압도하고 있는 이유를 전했다. 그 이유 중 하나로 케이블TV의 등장으로 한국 드라마가 업그레이드되었다는 점을 들었다. 작가 후지와키 구니오는 일본 지상파는 같은 문법과 패턴에 같은 배우를 기본으로 드라마를 기획하는 경향이 강하다. 하지만 한국의 케이블 채널은 배우 유명세에 크게 의존하지 않고 기획에 맞춰 배우를 섭외한다. 한국 드라마는 영상 퀄리티는 물론이고 소재와 스토리, 배우들의 연기력까지 일본 드라마를 앞서고 있다고 했다.[22]

지금까지 살펴본 견해를 종합해 보면 K-드라마의 경쟁력으로 세 가지를 들 수 있다. 첫째는 할리우드에서 볼 수 없는 참신한 스토리다. 둘째는 영상 콘텐츠의 3요소인 스토리, 캐릭터, 스토리텔링을 결합해 퀄리티 콘텐츠로 만들어 내는 제작 역량이다. 셋째는 높은 제작 가치 즉 가성비다. 결국 참신한 스토리를 혁신적인 스토리텔링으로 그것도 저렴하게 만들어 낸다는 것이다. 넷플릭스 같은 글로벌 스트리밍에게는 금상첨화다.

K-드라마의 경쟁력: 할리우드에는 없는 참신한 스토리

K-드라마의 첫 번째 경쟁력인 참신한 스토리는 두 가지 관점에서 접근해 볼 수 있다. 이야기의 신선함인 '현재성'과 이로 인해 세계로 '이동성'이 높다는 점이다. 먼저 스토리의 현재성이란 무엇일까?

>> **현재성** 영화나 드라마 시리즈에서 스토리는 현실과 허구라는 두 기둥 사이 어느 지점에 있다. 온전한 현실도 완전한 허구도 존재하기 어렵다. 정도의 차이가 있을 뿐 현실과 허구는 늘 섞여 있기 마련이다. 이는 대본이 있는 콘텐츠의 특성이다. 이런 점에서 〈오징어 게임〉의 스토리가 현실인지 허구인지를 굳이 따진다면 현실에 좀 더 가깝다. 물론 모호한 표현이기는 하다. 〈오징어 게임〉은 양극화, 불공정, 자본주의 사회의 모순 같은 매우 현실적 이야기를 담고 있다. 사회학자 닉 콜드리Nick Couldry가 말하는 현재성liveness(현실에 대해 서로 공유하는 생각)●을 드러내는 스토리로, 현실의 반영이라고 이해할 수 있다. 〈오징어 게임〉은 가난하고 소외되고 힘없는 자들이 상금을 타기 위해 목숨까지 걸고 벌이는 데스 게임이다. 게임은 공정하게 진행된다고 반복해서 말하지만 사실은 절대 공정하지 않다. 또 〈지금 우리 학교는〉에서는 대다수 비감염자(정상적인 사람)를 살리기 위해 소수의 감염자(좀비가 된 사람)를 희생시킬 것이냐로 논란을 벌인다. 공정이나 올바름의 문제를 제기하는 것이다. 물론 영화나 드라

● 닉 콜드리는 현재성이란 "일반적인 생각을 자연스러운 것으로 만드는 어떤 범주, 즉 미디어를 통해 우리가 한 사회인으로서 우리에게 중요한 '현실들(realities)'에 대한 공통된 관심을 성취해 낸다는 어떤 생각의 범주"라고 말한다. …현재성은 그것이 시청자에게 중요한 현실임을 지각하게 함으로써 시청자들을 공유된 사회적 관계로 이끌어 간다. (《넷플릭스의 시대》, 46~47쪽)

마에 등장하는 스토리에서 현실은 진짜이고 가짜는 현실이 아니라는 의미는 아니다. 여기서 말하는 현재성은 시청자가 현실처럼 받아들일 정도로 공감할 수 있는 스토리이지 현실 그 자체는 아니다.

〈오징어 게임〉에서 극중 프론트맨(이병헌)은 "당신들(게임 참가자들)은 경마장의 말이야"라고 말한다. 지금 벌어지고 있는 죽음의 게임을 장기 게임에 비유하면서 장기를 두는 사람은 VIP이고 게임에 참여하는 사람은 장기판의 말에 불과하다는 것이다. 오징어 게임에 참여하는 456명의 사람은 경마장의 말에 불과할 뿐이라는 디스토피아적 메시지다. 이 드라마는 현실의 불공정도 그대로 보여 준다. 예를 들어 게임 주최 측은 "공정한 게임을 위해서 게임 정보는 사전에 공개할 수 없다"라고 여러 번 강조한다. 하지만 그들의 말과는 달리 게임 정보는 사전에 일부 게임 참가자들에게 은밀하게 유출된다. 한국의 현실에서는 비일비재하게 벌어지는 일이다. 우리가 공감할 수 있는 이야기로, 바로 K-드라마가 보여 주는 현재성이다.

반면에 영화 〈스타워즈〉와 마블의 영화 〈어벤져스〉, 〈가디언즈 오브 갤럭시〉나 드라마 시리즈 〈만달로리안〉은 거대한 우주에서 벌어지는 '거대한 이야기great story'다. 일명 스페이스 오페라 장르라고도 불린다. 우리 현실에서는 결코 일어날 수 없는, 가상의 우주에서 펼쳐지는 장대한 스토리라는 뜻이다. 조지 루카스는 〈스타워즈〉를 통해 광대한 은하계에서 펼쳐지는 거대한 이야기를 담은 영상 오페라를 만들어 냈다. 영화의 흥행과 후속편을 추가 제작함에 따라 〈스타워즈〉는 '스타워즈 확장 우주Star Wars Expanded Universe'로 진화하는 중이다. 디즈니가 2012년에 스타워즈의 루카스필름을 인수하고 나서 그 세계관은 더욱 확장되고 있다. 디즈니는 2015년 〈스타워즈: 깨어난 포스〉를 시작으로 3편의 스타워즈 시퀄 시리즈 영화를 제작했다. 디즈니+의 오리지널로 영화 스타워즈의 스토리를 드라마 시리즈로도 제작했다. 최초의 디즈니+ 오리지널인 〈만달로리안〉(2019)을 시작으로 〈오비완 케노비〉, 〈보바펫〉 등이 제작되었다. 할리우드 영웅주의를 대표하는 MCU로 진화한 마블 영화는 스파이더맨과 스타워즈와도 결합해 더욱 확장되어 가고 있다. 허구의 끝없는 확장이다.

《몰입의 예술》 저자 프랭크 로즈는 "('스타워즈'는) 장엄한 바그너의 오페라와도 같은 대단한 볼거리를 제공하기 때문에 겉은 지나치게 화려한 반면에 진정성이 느껴지는 감성적 부분은 취약한 게 사실이다. 궁극적으로 〈스타워즈〉는 가장 중요한 세부 설명이 결여되어 있다. 우주에서 펼쳐지는 선과 악의 대결이 진짜로 가슴에 와 닿을 만큼 캐릭터들의 깊이가 느껴지지 않는다"라고 언급했다.[23] 거대한 스토리라는 장점이 있지만 이는 그만큼 공허할 수 있다. 스타워즈나 마블의 영화를 보고 있으면 종종 이런 느낌이 들 때가 있다.

퀄리티 콘텐츠일수록 관객이나 시청자들의 몰입도가 높다. 몰입을 높이기 위해서는 영상 콘텐츠의 3요소인 스토리, 캐릭터, 스토리텔링 간의 최적화된 결합이 필요하다. 스토리 차원에서 몰입을 높이는 요소로는 공감, 현실 도피, 현재성을 들 수 있다. 예를 들어 〈스타워즈〉나 〈반지의 제왕〉 같은 판타지를 통해 관객은 자신의 현실로부터 잠시 벗어날 수 있다. 반대로 〈오징어 게임〉에서는 자신이 처한 현실에 위안을 받는다. 현실 도피나 현재성은 모두 관객이나 시청자의 몰입을 높일 수 있는 요소다. 단지 공감을 불러오는 요인이

다를 뿐이다.

넷플릭스의 글로벌 히트작인 〈스위트 홈〉, 〈오징어 게임〉, 〈지금 우리 학교는〉과 같은 드라마를 시청하고 있으면 가난, 소외, 왕따, 증오나 학교 폭력, 자살, 죽음이라는 단어가 자연스럽게 떠오른다. 우리가 살아가는 세상이 죽지 못해 사는 '지옥'으로 그려진다. 지옥 같은 세상에서 그래도 살아가는 사람들의 이야기를 보여 주는 것이다. 동시에 반드시 살아남아야 한다는 메시지도 전한다. 양성희는 "'K 지옥도' 장르의 탄생"(2022.2.16)이라는 칼럼에서 "사회 비판은 한류 콘텐츠의 강점이자 성공 요인으로 꼽혀 왔다. 그러나 지옥 같은 한국 사회가 창작자에게 끊임없는 이야기의 원천이 되었다"라고 강조했다.[24] 한국 사회의 역동성과 변동성은 K콘텐츠 스토리의 토양이고 자양분이다.

〈오징어 게임〉에 이어 글로벌 히트작이 된 〈더 글로리〉도 현재성을 잘 보여 준다. 최근 한국에서는 학교 폭력만큼 강렬한 이슈도 드물다. 다수의 정부 고위 공직자 후보의 자녀가 학폭의 가해자로 밝혀져 사회적으로 논란을 일으켰다. 드라마 〈더 글로리〉는 이처럼 한국에서 현실적 문제이자 뜨거운 이슈인 학교 폭력을 다룬다. 이 드라마는 학폭의 현실을 매우 사실적이고 생생하게 전달한다.

현재성을 다루고 있는 〈오징어 게임〉, 〈지금 우리 학교는〉, 〈더 글로리〉는 한국을 넘어 글로벌 히트작이 되었다. K-드라마는 할리우드의 영웅주의와 달리 우리가 살고 있는 현재의 사회 문제에 대한 고민과 철학을 담고 있다. 하나같이 '현실'에 관한 이야기다. 바로 스토리의 현재성이다. 하지만 중요한 점은 이처럼 심각하고 묵직한 스토리를 쉽게 전달하는 스토리텔링의 힘이다.《버라이어티》는 "한국 드라마의 성공 요인으로 일상에 밀접한 소재를 전 세계 시청자에게 쉽게 전달하는 데 있다"라고 분석했다.[25] 현재성은 할리우드와 다른 K-드라마만의 경쟁력이 되고 있다.

>> **이동성** "오랫동안 질문은 '할리우드 콘텐츠가 아시아에서 어떻게 반향을 일으키고 있는가?'였습니다. 이제 우리는 '아시아 콘텐츠가 서구에서 어떻게 반향을 일으키고 있는가?'라는 새로운 질문을 던지고 있습니다. 스트리밍으로 인해 매우 다른 시대가 된 것입니다. 이는 디즈니뿐 아니라 이 지역의 모든 창작 커뮤니티에게도 매우 흥미로운 일입니다."(루크 강 디즈니 APAC 사장의《할리우드 리포터》와의 인터뷰 중에서)[26]

스토리 관점에서 K-드라마의 두 번째 경쟁력의 요소는 이동성이 높다는 점이다. 영어로 쓴 글을 읽다 보면 'K콘텐츠가 여행을 한다travel'는 표현이 자주 나온다. 처음에는 잘 이해되지 않아 참고가 될 만한 글을 찾아보기도 했다. 영어 단어 '여행하다travel'에서 파생된 '트래블러빌리티travelability'는 콘텐츠의 이동성 또는 확장성으로 해석 가능하다. 이는 특정 콘텐츠가 국경을 넘어 여러 나라에서 사랑받고 공감을 이끌어 낼 수 있다는 의미다. 바로 글로벌 스트리밍이 등장하면서 로컬 콘텐츠가 글로벌로 이동하는 현상이다. 이동성은 콘텐츠가 국경을 넘어갈 수 있는 힘의 원천이다. 로컬 콘텐츠는 이동성이 높아야 글로벌 히트작이 될 수 있다.

헤이스팅스는 2023년 3월 넷플릭스가 EU에서 "국가를 넘나드는 문화의 건설자"라고 언급했다. 그는 '문화 수도cultural capital'로서 넷플릭스의 역할을 강조했다. 특히 '한 국가의 시청자를 다른 국가의 콘텐츠로 끌어들이는 능력'이 중요하다고 했다. 넷플릭스가 국가 간 문화를 교류시키는 중심적인 역할을 하고 있다.[27] 넷플릭스라는 문화의 수도로 다양한 언어의 콘텐츠가 모여들고, 시청자는 넷플릭스라는 문화 도시에서 다양한 언어의 콘텐츠를 향유한다. 그런데 K콘텐츠는 넷플릭스라는 문화 수도에서 할리우드 콘텐츠 다음으로 큰 역할을 하고 있다.

그렇다면 이동성 즉 확장성이 높은 콘텐츠는 어떻게 만들어질까? 해외 각국에서 넷플릭스의 로컬 오리지널을 제작하는 창작자나 오리지널 제작을 지휘하는 넷플릭스 책임자가 말하는 이동성에 관한 생각을 살펴보자. 먼저 고바야시 미추코(일본의 크리에이티브 매니저)는 "로컬 콘텐츠에 대한 우리의 우선순위는 현지 시청자의 공감을 얻는 것입니다. 우리가 각각의 문화에 충실하고 이를 가능한 한 정통하게 만들면 쇼는 보편적인 것과 익숙하게 됩니다"[28]라고 말했다. 가타 사카모토(넷플릭스 일본 콘텐츠 담당 부사장)는 "세계적으로 성공하려면 먼저 현지에서 승리해야"[29]한다고 강조했다. 김민영(넷플릭스 APAC 콘텐츠 부사장)은 "진정한 로컬 스토리는 국경과 문화를 초월하는 힘을 가지고 있다는 것을 알고 있습니다"[30]라고 언급했다. 모니카 셔길(넷플릭스 인도 콘텐츠 담당 부사장)은 "문화적으로 인도 콘텐츠는 우리의 매우 독특한 취향을 반영합니다. 그리고 그것이 고유하기 때문에 실제로 이동할 여지가 있습니다. 우리는 먼저 로컬 시청자를 위한 콘텐츠를 만들고 있습니다"[31]라고 밝혔다. 돈 강(넷플릭스 한국 콘텐츠 담당 부사장)은 "한국은 한국만의 고유한 문화와 이슈를 보여 줄 수 있는 스토리텔링 강국입니다. 전 세계인이 공감하는 보편적 감성을 전달합니다"라고 강조했다.[32] 글로벌 히트작 드라마 〈종이의 집〉의 제작자 알렉스 피나는 "〈베를린〉에서는 글로벌 시청자를 고려하지 않았습니다. 우리는 항상 우리의 정체성을 찾습니다. 그것이 무엇보다 먼저입니다"라고 말했다.[33]

스페인, 한국, 일본, 인도와 같은 주요 거점 국가에서 넷플릭스 로컬 콘텐츠를 담당하는 책임자나 현장 창작자의 의견을 종합해 보면 앞에서 살펴본 '선 로컬 후 글로벌'을 추구한다는 것을 명확히 알 수 있다. 한국적인, 일본적인, 인도적인 콘텐츠일수록 해외로 이동할 수 있다는 의견에는 공감한다. 그러나 여기서 주목해야 할 점이 있다. 일본이나 인도에서 제작된 로컬 오리지널 중에는 아직 글로벌 히트작이 없다는 사실이다. 그렇다면 넷플릭스 또는 현장 책임자들의 의도나 목표와 달리 일본이나 인도의 오리지널이 해외로 활발하게 이동하지 못하는 이유는 무엇일까?

현지 시청자를 염두에 두고 콘텐츠를 만들어야 한다는 말은 원론적으로는 맞다. 그러나 로컬 오리지널이 해외에서도 공감을 얻으려면 결국은 퀄리티 콘텐츠가 되어야 한다. 다른 무엇보다 콘텐츠를 잘 만드는 것이 중요하다. 이동성이 높은 콘텐츠는 로컬이건 글로벌이건 상관없이 퀄리티 콘텐츠가 되어야 한다. 답은 제작 역량에 달려 있다. 해당국의 특성을 반영한 스토리는 이동성을 위한 필요조건이지 충분조건은 아니다. K콘텐츠는 한국적 스토리를 글로벌 시청자도 공감할 수 있는 콘텐츠로 제작한다. 스토리보다도 스토리텔링의 중요성을 보여 준다. 바로 K콘텐츠의 제작 역량이고, 제작 역량의 원천은 창작자다.

K-드라마의 경쟁력: 제작 역량(스토리x캐릭터x스토리텔링)

K-드라마의 두 번째 경쟁력은 제작 역량이다. 이는 콘텐츠 창작 과정에 참여하는 작가, 감독, 연기자, 작곡가, 스태프와 같은 창작자 개인의 수준부터 제작사, 산업, 국가의 수준에도 적용될 수 있는 개념이다. 앞서 살펴봤듯이 제작 역량은 하루아침에 만들어지지 않는다. 복합적인 축적의 과정이 필요하다. 창작자, 제작사 수준의 제작 역량은 영상 제작의 핵심 요소인 스토리, 캐릭터, 스토리텔링을 최적의 상태로 결합할 수 있는 능력이다. 산업적, 국가적 범위에서는 퀄리티 콘텐츠를 지속적으로 만들 수 있는 능력이다. 말하자면 K콘텐츠의 제작 역량은 한국 콘텐츠 산업의 총체적 힘이다. 결국 K콘텐츠의 제작 역량은 건강한 K콘텐츠 제작 생태계로부터 만들어진다.

서랜도스는 일찍이 "한국에 가서 훌륭한 콘텐츠를 만드는 방법을 가르쳐야 했던 것은 아니었다. 한국은 놀라운 시장"이라고 언급했다.[34] 루크 강 디즈니 APAC 담당 사장은 "한국은 조만간 미디어·엔터테인먼트 산업의 글로벌 콘텐츠 파워가 될 것으로 믿고 있다"라고 말했다.[35] 캠 엥글 디즈니 APAC 콘텐츠 및 개발 총괄은 K콘텐츠 시장의 특성으로 "제작 분야의 훌륭한 역량"을 강조했다. 그녀는 "(한국) 콘텐츠 산업이 매우 활기 넘치고 산업적으로 성숙하면서도 수익성을 갖춘 산업으로 이미 자리 잡았고, 능력과 전문성을 갖춘 프로패셔널한 인력도 잘 확보되어 있다. 역량 면에서 한국만큼 탁월

한 나라는 찾아보기 어렵다"라고 평가했다.[36]

K콘텐츠가 글로벌 시청자들로부터 인기를 얻고 동시에 글로벌 스트리밍에 퀄리티 콘텐츠를 계속 공급할 수 있는 것은 K콘텐츠 제작 생태계가 성숙한 결과다. 한국은 이제 아시아 최고의 제작 역량을 갖추었다. 할리우드와는 다른 스토리, 이러한 스토리를 영상화할 수 있는 스토리텔링 능력도 뛰어나다. 제작비와 소비 시장만 확보되면 얼마든지 퀄리티 콘텐츠를 만들어 낼 수 있다. 콘텐츠 창작에 목말라 있는 젊고 유능한 창작자들도 많다. 제작 역량을 높이는 데 있어 창작자만큼 중요한 요소는 없다.

K-드라마의 경쟁력: 가성비

K-드라마의 세 번째 경쟁력은 바로 가성비가 높다는 점이다. K-드라마는 앞서 말했듯이 할리우드와는 다른 참신한 이야기와 이런 이야기를 혁신적 스토리텔링으로 표현해 낼 수 있는 제작 역량을 갖춘 데다 이렇게 제작된 퀄리티 콘텐츠의 제작비까지 저렴하다. 글로벌 스트리밍 사업자가 관심을 가질 수밖에 없다.

글로벌 스트리밍은 해외 확장, 가입자 확보를 위해 여전히 전쟁 중이다. 전쟁의 무기는 단연 콘텐츠다. 그 중에서도 퀄리티 콘텐츠와 로컬 오리지널 확보를 위한 전쟁이 치열하다. 콘텐츠를 확보하려는 경쟁이 심화되면서 단위 콘텐츠의 제작비도 계속 증가하고 있다. 증가하는 제작비는 글로벌 스트리밍의 경영상 부담을 가중시킨다. 상황이 이렇다 보니 디즈니+, 맥스, 파라마운트+ 같은 할리우드 진영의 사업자는 콘텐츠 예산을 오히려 축소하고 있다. 넷플릭스도 최근 1~2년 동안은 콘텐츠 투자를 늘리지 않는 대신에 콘텐츠 수급에서 효율을 추구하고 있다. 따라서 할리우드 콘텐츠보다 상대적으로 저렴한 해외의 로컬 오리지널이 글로벌 스트리밍에 새로운 대안으로 떠올랐다.

현지 콘텐츠에 투자하면 할리우드 스튜디오는 값비싼 지식재산(IP)에 투자하는 비용도 절약할 수 있다. 디즈니+의 〈완다비전〉 또는 〈팔콘과 윈터 솔저〉 같은 마블 시리즈의 에피소드당 제작비는 2500만 달러에 이른다. 여기에는 디즈니가 마블을 인수하기 위해 지불한 40억 달러는 포함되지 않았다. 아마존의 드라마 시리즈 〈반지의 제왕〉 시즌1은 4억 6500만 달러의 제작비가 투자된 것으로 보인다. 아마존은 2017년에 톨킨J.R.R.Tolkien의 자산(원작 소설)에 대한 TV 시리즈화 권리를 확보하려고 약 2억 5000만 달러를 제작비와는 별도로 지불했다.[37] 미국의 대중문화 전문 매체 콜라이더Collider가 2023년에 조사한 지금까지 '가장 비싼 TV 시리즈'의 에피소드당 제작비는 다음 표와 같다(도표 3.1 참조). 2022년 9월 아마존 프라임 비디오에 공개된 〈반지의 제왕: 힘의 반지〉가 가장 많은 회당 5800만 달러(약 750억 원)가 투자되었다. 넷플릭스의 〈기묘한 이야기〉 시즌4는 3000만 달러(약 390억 원)다. 〈반지의 제왕: 힘의 반지〉와 거의 같은 시기에 공개되어 시청률 경쟁을 벌인 HBO의 〈왕좌의 게임: 하우스 오브 드래곤〉은 2000만 달러(약 260억 원)로 〈반지의 제왕〉 드라마 시리즈의 절반 이하다. 애플TV+의 〈어둠의 나날〉은 1500만 달러(약 200억 원)가 투자되어 애플도 드라마 시리즈 제작에 많은 제작비를 쓴 것으로 나타났다.[38]

도표 3.1 가장 비싼 TV 시리즈(2023년 5월 현재)

	타이틀명	제작비 (회당/달러)	공개 연도	플랫폼 (채널)	대규모 제작비가 투자된 이유
1	〈반지의 제왕: 힘의 반지〉	5800만	2022~	아마존 프라임 비디오	– 판타지 장르의 웅장한 이야기 – 호화로운 세트, 의상 – 영화 〈반지의 제왕〉 3부작의 제작비 2억 8100만 달러를 추월
2	〈기묘한 이야기〉 시즌4	3000만	2016~	넷플릭스	– SF, 액션 시리즈 – 더 많은 액션, 더 많은 스릴, 영화처럼 느껴지는 긴 분량의 에피소드(8화, 9화) – 8화: 87분, 9화: 144분
3	〈완다비전〉	2500만	2021	디즈니+	– 〈팔콘과 윈터 솔저〉, 〈로키〉, 〈호크아이〉도 2500만 달러 소요
4	〈왕좌의 게임: 하우스 오브 드래곤〉	2000만	2022~	HBO	– 더 많은 CGI로 제작된 드래곤
5	〈퍼시픽〉	2000만	2010	HBO	– 대규모 전투 장면 – 스필버그와 톰 행크스가 제작에 참여 – 한스 짐머의 음악
6	〈만달로리안〉	1500만	2019~	디즈니+	– SF 시리즈 – 독창적 촬영 기술(StageCraft)*
7	〈어둠의 나날 (SEE)〉	1500만	2019~	애플TV+	– 유명한 제작자(감독, 프로듀서) – 많은 예산이 밴쿠버 호수를 이용한 촬영에 투입
8	〈왕좌의 게임〉	1500만	2011~ 2019	HBO	– 판타지 시리즈 – 영국, 크로아티아, 아이슬란드, 스페인, 몰타, 모로코 등 화려한 해외 로케이션 – 시즌1은 500만~600만 달러에서 마지막 시즌은 1500만 달러로 증가
9	〈샌드맨〉	1500만	2022~	넷플릭스	– 판타지 시리즈
10	〈더 크라운〉	1300만	2016~	넷플릭스	– 세트, 의상, 헤어, 메이크업의 디테일한 제작 – 왕실의 디테일을 재현
11	〈밴드 오브 브라더스〉	1250만	2001	HBO	– 특수효과를 이용한 전투 장면 – 캐스팅에 투입
12	〈헤일로〉	1000만	2022~	파라마운트+	– SF 시리즈 – 비디오 게임으로 프랜차이즈화
13	〈프렌즈〉	1000만	1994~ 2004	NBC	– 후반 시즌의 높은 출연료

– 출처: 콜라이더[39]

* 스테이지 크래프트(StageCraft)는 실시간으로 렌더링할 수 있는 대형 LED 비디오 화면을 통해 배우를 디지털 환경에 몰입시키는 촬영 기법

도표 3.1에서 보듯이 제작비가 회당 1000만 달러(약 130억 원)가 넘는 드라마 시리즈의 특성을 보면 장르로는 SF, 판타지, 전쟁, 액션이 주를 이룬다. 당연히 야외 세트나 해외 로케이션이 많다. 또 특수효과, VFX, CGI 같은 시각화 기술도 적극적으로 활용하고 특수분장, 의상, 헤어, 메이크업 등의 미술 비용도 만만찮다. 스타 캐스팅과 명성 있는 제작사나 제작진을 확보하는 것도 중요하다. 이는 블록버스터 영화나 드라마 시리즈의 제작 시 투입되는 공통적인 제작 요소들이다. 예를 들어 드라마 시리즈 〈반지의 제왕: 힘의 반지〉 시즌1은 호화로운 세트, 의상, 웅장한 이야기를 영화가 아닌 TV 시리즈로 구현하고자 했다. HBO의 〈왕좌의 게임: 하우스 오브 드래곤〉, 넷플릭스의 〈기묘한 이야기〉 시즌4도 좋은 사례다. 이러한 드라마의 공통점은 영화적 TVcinematic TV를 지향한다는 점이다.

넷플릭스로 인해 전 세계 시청자가 점점 더 많은 글로벌 콘텐츠를 시청하고 있다. 넷플릭스는 〈오징어 게임〉을 통해 한 국가를 대상으로 하는 콘텐츠가 어떻게 거대한 글로벌 현상이 될 수 있는지를 잘 보여 주었다. 게다가 아시아와 유럽 현지에서의 제작은 일반적으로 할리우드에서의 제작보다 더 저렴하다. 따라서 넷플릭스 같은 글로벌 스트리밍은 콘텐츠 예산을 훨씬 더 효율적으로 사용할 수 있다. 한국은 전통적인 제조 강국이다. 자동차, TV 수상기, 스마트폰 등은 세계 최고의 품질을 자랑한다. 품질도 좋지만 가격 경쟁력도 갖추고 있다. 한마디로 가성비 좋은 제품이다. 이제 콘텐츠도 한국의 대표적 제조품이다. 품질이 좋으면서 제작비는 할리우드에 비해 매우 저렴해서 가성비까지 좋다는 평가다. 좋은 품질의 제품을 가격도 저렴하게 만든다면 잘 팔릴 수밖에 없다. 콘텐츠도 예외는 아니다.

넷플릭스의 경쟁사는 〈오징어 게임〉의 성공을 응원하고 있다. 로컬 콘텐츠가 성공하면 해외에서의 제작을 더 늘릴 수 있기 때문이다. 그리고 미국의 시청자가 해외 콘텐츠 소비에 익숙해지면 미디어 회사는 콘텐츠 투자에서 돈을 더 절약할 수 있다. 아마존, 애플, 디즈니, WBD, NBC유니버설, 스타즈 및 파라마운트 같은 스트리밍 사업자도 글로벌 시청자의 관심을 끌 만한 새로운 TV 시리즈를 찾고 있다.[40] 해외 제작의 이점은 매우 다양하다. 할리우드의 스타 대신 현지의 연기자 고용도 가능하다. 세액 공제 및 환급(인센티브 제공)을 받을 수도 있다. 엄격한 미국의 노조 규정도 피할 수 있다. 예를 들어 드라마 시리즈에 등장하는 외국의 장면을 할리우드에서 세트를 만들어 촬영하면 영상에 등장하는 거리의 명칭이나 자동차 번호판 등도 세밀하게 바꿔야 한다. 하지만 로컬 콘텐츠는 그럴 필요도 없다.

블룸버그에 따르면 〈오징어 게임〉은 글로벌 인기에 비해 상대적으로 저렴한 비용이 눈에 띄었다. 넷플릭스가 개별 작품의 성과를 평가하는 데 사용하는 지표인 영향력 가치impact value를 기준으로 〈오징어 게임〉은 8억 9110만 달러를 창출했다. 이 드라마의 제작비는 2140만 달러에 불과했다. 회당 약 240만 달러다.[41] 온라인 뉴스 데드라인은 이에 대해 영향력 가치는 구독자 시청을 기반으로 타이틀의 경제적 기여도를 측정하는 넷플릭스만의 기준이라고 밝혔다. 〈오징어 게임〉은 제작비 투자에서 효율적이었다. 이 드라마 9개 에피소드의 제작비가 〈데이브 샤펠: 더 클로저〉 또는 〈더 크라운〉의 몇 개 에피소드보다 저렴하다.[42] 넷플릭스는 〈오징어 게임〉의 총 제작비

2140만 달러 대비 50배가 넘는 부가가치를 창출했다. 이러니 K콘텐츠에 계속 투자할 수밖에 없다. 《월스트리트저널(WSJ)》에 따르면 이제 한국은 낮은 제작비로 고품질 TV 드라마를 만드는 곳이란 명성을 확실히 다졌다. 한국에서 콘텐츠를 제작하는 비용은 할리우드의 10퍼센트 수준이다.[43]

〈기묘한 이야기〉 시즌4는 2개 파트로 나누어 공개되었다. 파트1의 7개 에피소드는 2022년 5월 27일에, 파트2의 2개 에피소드는 같은 해 7월 1일에 공개되었다. 그러나 〈기묘한 이야기〉의 품질은 시즌1 이후로 떨어지고 있다. 이 드라마는 에피소드당 3000만 달러가 들어갔는데 응집력 있는 스토리텔링보다 특수효과에 지나치게 초점을 맞추고 있다는 우려가 나왔다.[44] 회당 제작비를 비교해 보면 〈기묘한 이야기〉가 3000만 달러인 데 비해 〈오징어 게임〉은 약 240만 달러다. 가입자들의 누적 시청 시간에서 〈기묘한 이야기〉를 앞서고 있는 〈오징어 게임〉의 제작비가 〈기묘한 이야기〉 시즌4의 경우와 비교하면 하나의 에피소드에도 못 미친다.

이처럼 〈오징어 게임〉이 할리우드에 비해 저렴하게 제작할 수 있는 이유는 무엇일까? 〈오징어 게임〉은 야외 로케이션이 거의 없고 세트 내 촬영으로 제작비를 최소화할 수 있었다. 가성비 확보를 위한 K-드라마의 모델이 될 수 있는 것이다. 왕가위 감독의 영화 〈중경삼림〉, 〈화양연화〉 등은 홍콩의 주거 여건인 비좁은 아파트의 느낌을 잘 활용했다. 이들 작품은 로케이션을 최소화했지만 관객들로부터 호평을 받았다. 왕가위식 제작비 절감 방법이다. 사실 대작인 〈스타워즈〉도 로케이션은 그리 화려하지 않다. 조지 루카스는 〈스

타워즈: 새로운 희망〉(1977)을 제작할 때 제작비를 줄이기 위해 온갖 아이디어를 구상했다. 제작비 확보에 어려움이 많아서였다. 컴퓨터에 관심을 가진 것도 제작비를 줄여 보고자 하는 의도에서 시작되었다. 이 영화에서 로케이션의 대부분은 사막에서 이루어졌다. 북아프리카 튀니지의 토좌르라는 곳에서 촬영했고, 나머지는 영국의 보어햄우드에 있는 엘스트리 스튜디오Elstree Studios에서 촬영했다. 전투 장면은 CG를 이용했다. 제국의 지휘소 장면은 스튜디오에 만든 세트를 활용해 촬영했다. 이처럼 조지 루카스는 이 영화의 촬영 대부분을 할리우드가 아닌 아프리카 사막과 영국의 스튜디오에서 진행했다. 〈오징어 게임〉의 제작비가 저렴한 데는 제작진의 노력도 있지만 더 큰 이유는 할리우드가 아닌 한국 내 제작 여건과 특성을 반영한다. 근본적으로는 한국이기 때문에 저렴했다.

K-드라마의 경쟁력은 참신한 스토리와 차별적 스토리텔링과 함께 드라마 시리즈를 저렴하게 제작할 수 있는 능력이다. 이런 점을 할리우드를 비롯해 글로벌 스트리밍에 확실하게 보여 주어야 한다. 반도체나 배터리처럼 먼저 잘 만든다는 신뢰를 얻어야 한다. K콘텐츠의 스케일업scale-up(고도화)을 위해서는 무엇보다도 시장의 확장이 중요하다.

그런데 반도체와 K콘텐츠 상품은 평가하는 방법이 다르다. 넷플릭스는 글로벌 D2C 플랫폼이다. 2억 6000만 명이 넘는 글로벌 구독자는 콘텐츠가 공개되자마자 바로 이를 평가한다. 콘텐츠는 반도체나 배터리와 달리 글로벌의 구독자인 최종 소비자가 직접 그 품질을 평가하게 된다. 가입자가 좋아하면 글로벌 스트리밍도 K콘텐츠를 더 많이 필요로 할 테니 정직한 승부가 가능하다. 애니메이션 스튜디오인 픽사가 좋은 사례다. 픽사는 전통의 디즈니처럼 손으로 그리는 애니메이션이 아니라 CG로 애니메이션 영화의 패러다임을 바꾼 주인공이다. 그리고 자신이 제작한 영화를 극장의 관객으로부터 직접 평가받았다. 영화 제작을 발주한 디즈니에 자신의 경쟁력을 입증한 셈이다. K콘텐츠도 자신의 경쟁력을 먼저 글로벌 시청자에게 증명해야 하고, 이미 상당 부분 입증되었다.

할리우드 엔터테인먼트 업계의 한 임원은 CNBC에 "〈오징어 게임〉이 미국의 출연진과 노동조합의 제작 규정에 따라 제작하면 (제작비가) 아마도 5배에서 10배는 더 들 것입니다. (미국의) 노동조합 규정은 한국에서는 허용된 장시간 근무를 금지하고 있습니다"라고 지적했다.[45] CNBC의 보도처럼 K-드라마의 가성비가 국내 창작자의 장시간 작업으로 이루어져서는 안 된다. 콘텐츠 제작은 수많은 창작자가 참여해서 만들어 가는 집단 창작의 산물이다. 콘텐츠 제작비는 자동차 같은 제품의 비용 구조와는 다른 특성이 있다.

콘텐츠 제작비는 제작에 참여하는 수많은 창작자에게 지급되는 인건비 용도의 비용이 대부분이다. 콘텐츠 제작비는 크게 인건비성 경비(작가, 감독, 연기자, 기술 스태프 등)와 기술료(촬영 장비, 후반 작업 장비 등의 사용료)로 이루어진다. 이 중에서도 인건비성 경비가 최소 60퍼센트 이상을 차지하는 것이 일반적이다. 기술료라는 것도 대부분 창작에 참여하는 스태프에게 지급되는 인건비성 경비다. 예를 들어 카메라 사용료는 카메라를 임대하는 비용이라기보다는 카메라맨에게 지급하는 비용으로 볼 수 있다. 흔히 콘텐츠 제작 과정에서 제작비가 모자라면 더 많은 시간 일하고 인건비성 경비는 줄이고자 하는 유혹에 빠질 수 있다. 그러나 분명히 해야 할 점은 K콘텐츠의 가성비가 제작에 참여하는 창작자의 희생에서 나와서는 안 된다는 것이다. 그 경우 K콘텐츠의 경쟁력은 오래가지 못한다. 여기서 말하는 비용 절감은 'K콘텐츠 혁신 클러스터' 같은 첨단 창작 인프라를 구축하고, 이를 활용해 창작자의 창의력을 극대화하는 방식이다.

02

'넷플릭스 효과'의 양면성

넷플릭스 효과란 넷플릭스가 로컬 콘텐츠에 대규모 투자를 해서 현지의 창작자와 제작사 더 나아가 미디어콘텐츠 생태계 전반에 미치는 영향력을 말한다. 이러한 영향력은 로컬의 미디어콘텐츠 생태계에 긍정적 측면과 부정적 측면을 모두 갖고 있다.

로컬 콘텐츠의 실험장이 된 K콘텐츠

넷플릭스는 K콘텐츠에 대규모 투자를 하고 이를 글로벌 스트리밍으로 유통시키며 돈과 기회를 제공함으로써 K콘텐츠의 지평을 획기적으로 확장시켰다. 2016년 1월 16일 넷플릭스가 한국에 진출할 당시 현재의 모습을 예상한 사람은 많지 않았다. 필자가 〈넷플릭스하다〉(2017)에서 지적한 것처럼 국내 미디어콘텐츠 산업계가 안일하게 대응한 것도 사실이다.[46] 기존의 미디어 사업자는 넷플릭스 콘텐츠가 생각보다 볼 만한 것이 없다고 심지어 무시하기까지 했다. 그러나 넷플릭스는 차근차근 로컬 콘텐츠를 준비해 왔다. 넷플릭스가 추구하는 전형적인 해외 진출 모델을 따르고 있었는데 우리가 몰랐을 뿐이다. 그들은 이미 미국과 해외에서 확보한 콘텐츠 번역(자막 및 더빙) → 로컬 콘텐츠 방영권 확보 → 로컬 오리지널 제작의 단계를 하나하나 밟아 가고 있었다.

넷플릭스가 한국에 진출할 때 그들은 이미 5년 이상의 해외 진출 경험을 쌓았다. 헤이스팅스가 말하는 "기고crawl, 걷고walk, 뛰는run" 전략의 과정이었다. 한국에 진출하면서 시작은 '기는' 것이었다. 그런 다음 바로 '걷는' 단계로 이동했다. 그들에게는 다 계획이 있었던 것이다. 넷플릭스는 한국에 진출하자마자 5000만 달러를 투자해 영화 〈옥자〉를 제작하기 시작했다. 이어서 드라마 시리즈와 예능으로 투자를 확장했다. 드디어 2019년 K좀비의 기원인 〈킹덤〉 시즌1을 공개했다. 〈킹덤〉은 K좀비 신드롬을 일으켰던 작품으로 한국 진출 4년 만의 일이었다. 2020년에 〈킹덤〉 시즌2와 〈스위트홈〉에 이어 드디어 2021년 9월에 세계적 히트작 〈오징어 게임〉이 탄생했다.

미디어 컨설팅 회사 MPA는 넷플릭스가 2022년 APAC에서 일본, 호주를 제치고 한국에 가장 많은 투자를 할 것으로 추정했다. 앞서 언급했듯이 투자 금액은 한국(7억 5000만 달러), 일본(4억 5000만 달러), 호주(1억 2000만 달러)의 순이다.[47] 2020~2023년 동안 영국에는 연간 평균 15억 달러 정도가 투자되었다. 한국이 영국보다는 적지만

연도	드라마 시리즈	영화
2016	–	–
2017	–	〈옥자〉
2018	–	–
2019	〈킹덤〉 시즌1	〈페르소나〉
2020	〈킹덤〉 시즌2, 〈스위트홈〉 시즌1	〈사냥의 시간〉, 〈라바 아일랜드〉, 〈콜〉, 〈#살아있다〉
2021	〈지옥〉, 〈오징어 게임〉, 〈D.P.〉 시즌1, 〈마이네임〉	〈차인표〉, 〈승리호〉, 〈낙원의 밤〉, 〈새콤달콤〉, 〈제8일의 밤〉
2022	〈지금 우리 학교는〉, 〈소년 심판원〉, 〈종이의 집: 공동경제구역〉, 〈블랙의 신부〉, 〈수리남〉, 〈더 글로리〉	〈모럴센스〉, 〈야차〉, 〈카터〉, 〈서울 대작전〉, 〈20세기 소녀〉
2023	〈퀸메이커〉, 〈사냥개들〉, 〈D.P.〉 시즌2, 〈마스크걸〉, 〈이두나〉, 〈스위트홈〉 시즌2, 〈경성크리처〉	〈정이〉, 〈길복순〉, 〈스마트폰을 떨어뜨렸을 뿐인데〉, 〈독전〉2, 〈발레리나〉, 〈승부〉

APAC에서는 로컬 콘텐츠 제작의 허브로 확실히 자리 잡았다. 넷플릭스에서 한국어 콘텐츠는 스페인어, 일본어 콘텐츠를 제치고 제1의 비영어 콘텐츠로 인기를 끌고 있다.

　넷플릭스는 2016년 한국 진출 후 2021년까지 1조 원 이상을 투자했다. 이를 통해 130개 이상의 타이틀을 제작하고 투자해 해외에 소개했다.[48] 넷플릭스는 향후 4년간(2023~2026년) 25억 달러를 투자할 계획이다. 연평균 6억 달러가 넘는 액수다. 넷플릭스가 그동안 투자한 대표적인 K-드라마로는 〈킹덤〉, 〈스위트홈〉, 〈지옥〉, 〈오징어 게임〉, 〈지금 우리 학교는〉, 〈더 글로리〉 등이다. 이 중 한 시즌 이상을 제작했거나 제작이 확정된 드라마로는 〈킹덤〉, 〈스위트홈〉, 〈D.P.〉, 〈오징어 게임〉, 〈지금 우리 학교는〉, 〈더 글로리〉 등이다. 물론 아직까지는 시즌3 이상으로 확장된 프랜차이즈는 없다.

　넷플릭스는 로컬 오리지널 영화에도 활발히 투자하고 있다. 2017

년 〈옥자〉를 시작으로 2019년 〈페르소나〉, 팬데믹이 시작된 2020
년에는 〈사냥의 시간〉, 〈#살아있다〉 등 4편으로 늘었다. 2021년에
는 〈승리호〉, 〈낙원의 밤〉 등 5편, 2022년에도 〈카터〉, 〈서울 대작
전〉 등 5편이 공개되었다. 2023년에는 〈정이〉, 〈길복순〉 등 6편이다.
2023년 말까지 6년간 총 22편의 영화가 넷플릭스 오리지널로 공개
된 셈이다. 이 중 〈승리호〉, 〈카터〉, 〈#살아있다〉는 글로벌 시청자들
로부터 좋은 반응을 얻었다. 《할리우드 리포터》에 따르면 넷플릭스
는 2018년에 90편의 오리지널 영화를 공개했고, 2022년에는 85편,
2023년에는 49편을 공개했다.[49] 2023년의 경우를 보면 넷플릭스 오
리지널 영화 49편 중 6편이 한국 영화다.

2020~2021년 팬데믹으로 인한 극장 폐쇄로 개봉을 계획한 다수
의 한국 영화가 넷플릭스로 공개되었다. 2020년 〈사냥의 시간〉을 시
작으로 2021년 〈낙원의 밤〉, 〈승리호〉, 〈차인표〉가 여기에 해당한다.
업계는 방영권료로 제작비를 상회하는 금액을 받은 것으로 알려졌
다. 2022년부터는 넷플릭스가 직접 투자한 오리지널 영화도 공개되
기 시작했다. 제작비는 편당 200억 원 내외로 보인다. 2022년에 공
개된 〈카터〉, 〈서울 대작전〉 등과 2023년의 〈정이〉, 〈길복순〉 등이
해당한다. 이 중 〈서울 대작전〉의 제작비는 200억 원 정도로 알려졌
다. 넷플릭스에 바로 공개되는 오리지널 영화의 제작은 한국 영화계
에도 새로운 시도가 되고 있다.

앞으로 글로벌 스트리밍의 오리지널 영화에 대한 투자는 확대될
것으로 보인다. TV가 극장을 대체하려는 실험이 계속될 것이기 때
문이다. 아마존과 애플도 할리우드 영화 제작에 대한 투자를 늘리고

있고, 해외 영화에도 계속 투자하고 있다. 이런 흐름이 한국 영화계에도 기회가 될 것이다. 물론 스트리밍 전용 영화나 홀드백에 대한 논란은 여전히 진행 중이다. 영화에서는 아직 〈오징어 게임〉 같은 글로벌 히트작이 탄생하지는 못했지만 이건 시간 문제로 보인다.

글로벌로 이동하는 K콘텐츠는 초기에는 K-드라마 장르에 집중되었다. 하지만 최근에는 대본 없는 콘텐츠로도 전 세계 많은 시청자를 끌어들였다. 넷플릭스에 따르면 〈피지컬: 100〉과 〈솔로지옥〉 둘 다 글로벌에서 매우 좋은 성적을 거두었다. 돈 강(넷플릭스 한국 콘텐츠 부사장)은 "선형이든 스트리밍이든 많은 시청이 논픽션 쇼에서 나옵니다. 시청자의 다양한 감정과 취향을 충족시키기 때문입니다. 우리는 2023년에 약 12개의 대본 없는 쇼를 공개할 계획인데, 이는 2022년의 5개에서 늘어난 것"이라고 밝혔다.[50] 넷플릭스 입장에서는 리얼리티 쇼가 드라마보다 투자 대비 효율이 더 좋으므로 그 수는 앞으로 증가할 것으로 보인다.

넷플릭스는 로컬 오리지널 제작뿐 아니라 로컬 콘텐츠의 라이선스 확보도 적극 추진하고 있다. 넷플릭스는 한국 진출 초기부터 CJ ENM과 JTBC 등 국내의 대표적 드라마 제작사와 방영권 확보를 위한 장기 계약을 체결했다. 확보한 드라마는 국내 가입자는 물론이고 글로벌 가입자에게도 공개된다. 넷플릭스가 K콘텐츠의 글로벌 배급사 역할도 하는 것이다.

넷플릭스의 2023년 상반기 시청 시간 자료에 따르면 방영권을 확보한 K-드라마 중 50위 안에는 〈일타 스캔들〉(16위), 〈닥터 차정숙〉(25위), 〈환혼〉 파트1(41위), 〈철인왕후〉(45위), 〈환혼〉 파트2(47위), 〈나

연도	드라마 시리즈	영화
2021	–	–
2022	〈너와 나의 경찰수업〉, 〈그리드〉, 〈사운드트랙#1〉, 〈키스 식스 센스〉, 〈변론을 시작하겠습니다〉, 〈형사록〉 시즌1, 〈커넥트〉, 〈카지노〉 시즌1	–
2023	〈카지노〉 시즌2, 〈사랑이라 말해요〉, 〈레이스〉, 〈형사록〉 시즌2, 〈무빙〉, 〈한강〉, 〈최악의 악〉, 〈비질란테〉, 〈사운드트랙#2〉	–

쁜엄마〉(49위) 등 6개 타이틀이 포함되었다. 이 드라마는 넷플릭스가 2023년 상반기에 제공한 총 1만 8000개가 넘는 타이틀 중에서 50위 안에 들어간 것이다. 놀라운 성과다. 여기에 2022년에 공개되어 다소 시간이 지난 드라마인 〈이상한 변호사 우영우〉도 59위를 기록했다. 이처럼 국내 제작사가 방영권을 판매한 K-드라마도 글로벌 히트작으로 탄생하고 있다. 시장의 확장이 필요한 K콘텐츠에는 새로운 기회가 되고 있다.

디즈니+는 2021년 11월 국내에 진출한 후 2022년부터 로컬 오리지널을 공개하기 시작했다. 기대와 달리 한국에서의 부진을 만회하기 위해서라도 로컬 오리지널에서 선전이 필요해 보인다. 디즈니+는 2022년 최초의 오리지널 〈너와 나의 경찰수업〉부터 〈카지노〉까지 9개 타이틀을 공개했고, 2023년에도 〈무빙〉 등 9개 타이틀을 공개했다. 이 중 〈무빙〉이 가장 성공적이었다. 《할리우드 리포터》에 따르면 〈무빙〉은 공개 후 단 7일 만에 미국과 전 세계에 걸쳐 디즈니+와 훌루에서 가장 많이 본 K-드라마가 되었다. 아시아태평양 지역에서도 스트리밍 시간을 기준으로 가장 인기 있는 시리즈가 되었다. 이는 아시아 시청자들이 〈만달로리안〉 같은 디즈니의 핵심 프랜차이즈 시리즈보다 〈무빙〉을 더 많이 시청했다는 의미다.[51] K콘텐츠가 100년 전통의 브랜드 콘텐츠와 대등하게 경쟁함으로써 K-드라마의 저력을 보여 주고 있다.

앞에서 말했듯이 넷플릭스는 앞으로 4년간(2023~2026년) 한국 영화 및 TV 프로그램 제작에 25억 달러를 투자한다고 밝혔는데, 이는 2016년 이후 한국에 투자한 금액의 2배에 달한다. 넷플릭스의 새로운 투자 계획은 디즈니+ 및 애플TV+ 같은 사업자도 한국 콘텐츠에 투자를 확대하려는 시점에 이루어졌다.[52] 넷플릭스는 성명서를 통해 "이런 결정을 내릴 수 있었던 배경에는 한국 크리에이티브 산업과 관련 창작 생태계가 계속해서 훌륭한 스토리를 선보일 것이라는 확신이 바탕이 되었다. … 이 모든 것은 한국 창작자의 뛰어난 스토리텔링 역량 덕분이라고 생각한다"라고 투자 배경을 설명했다.[53] 영어 콘텐츠의 영국, 스페인어 콘텐츠의 스페인, 애니메이션을 중심으로 한 일본어 콘텐츠의 일본과 더불어 한국은 한국어로 된 K-드라마의 공급처가 되었다.

최근의 K콘텐츠와 넷플릭스의 관계는 1990년대에 픽사가 디즈니와 〈토이 스토리〉(1995), 〈벅스 라이프〉(1998) 등과 같은 히트작 애니메이션 영화를 만들 때의 상황과 유사하다. 픽사는 오로지 제작에만 전념해서 최고 품질의 애니메이션 장편 영화를 만들기만 하면 디즈니가 전 세계에 배급하고 홍보 마케팅까지 했다. 제작비는 전액 디즈니가 투자했다. 픽사는 제작비 확보나 배급 마케팅에 신경 쓸 필요가 없었으니 매력적인 역할 분담으로 상호 원윈의 구조였다. K콘텐츠와 넷플릭스 간에도 이런 구조가 만들어질 수 있다. K콘텐츠는 글로벌 유통 플랫폼을 잘 활용하면 된다. 넷플릭스뿐 아니다. 디즈니+, 아마존, 애플과도 가능하다.

어른거리는 퍼펙트 스톰의 전조

유건식 KBS 공영미디어 연구소장은 넷플릭스가 한국 드라마 시장에 미친 긍정적 영향으로 다양한 스토리 및 대작 드라마의 제작, 드라마 구성의 다양화, 드라마 영상의 고품질화, 글로벌 동시 유통과 함께 마지막으로 제작 과정의 체계화를 꼽았다.[54] 이 중 특히 대작 드라마 제작과 드라마 영상의 고품질화는 퀄리티 콘텐츠 제작과 관련한 중요한 변화다. 넷플릭스 드라마가 '한국형 블록버스터 드라마' 제작을 가능케 했다는 말이다. 대표적으로 〈미스터 션샤인〉, 〈킹덤〉, 〈지금 우리 학교는〉, 〈수리남〉 등이 여기에 해당한다. 넷플릭스는 드라마 영상의 고품질화에도 기여했다. 넷플릭스는 드라마 제작의 화질을 6K, 8K 수준으로 요구해 기술 면에서도 콘텐츠 품질 관리에 철저하다. 빅테크 기업다운 면모다.

　넷플릭스가 K-드라마에 미친 긍정적 요인으로 제작 과정의 체계화도 빼놓을 수 없다. 넷플릭스는 매일 촬영이 끝난 영상을 관련자와 공유하면서 제작 과정에 창작자를 적극 참여시킨다. 이는 픽사의 장점인 집단 창작과 유사한 방식이다. 픽사는 제작 진행 과정을 '일별 리뷰 회의dailies'를 통해 점검한다. 제작이 진행 중인 애니메이션을 매일 감독, 애니메이터, 편집자 같은 창작자가 공개적 방식으로 점검해 품질을 높인다. 또 넷플릭스는 제작사에 제작비를 먼저 지급하고 이에 대한 회계 감사를 마친 후 정산하는 시스템이다. 제작사로서는 안정적으로 제작비를 확보함으로써 수월하게 제작을 진행할 수 있다.

드라마와 영화 시장에서는 제작비 규모가 큰 대작을 텐트폴tent pole이라고 한다. 현대극의 경우 국내에서는 16부작 기준으로 100억 원 정도가 투입된다. 그에 비해 텐트폴은 250억~300억 원 이상의 제작비가 투입되는 작품이다. 〈미스터 션샤인〉(2018)은 제작비가 430억 원이었고, 〈아스달 연대기〉(2019)의 제작비는 540억 원이었다. 〈불가살〉(2021)도 300억 원 수준의 제작비가 투입된 것으로 알려져 있다.[55]

넷플릭스는 한국에서 블록버스터 드라마가 태동할 즈음에 한국형 블록버스터 드라마, 퀄리티 콘텐츠의 확산에 촉매 역할을 했다. 넷플릭스의 드라마 시리즈 〈지옥〉(2021)과 영화 〈정이〉(2022)를 연출한 연상호 감독은《중앙일보》와의 인터뷰에서 "(넷플릭스 덕분에) 제작 환경이 확실히 점점 나아진다. 드라마 예산도 넷플릭스가 크게 높여 놓은 상태"라고 말했다.[56] 넷플릭스는 한국에서 본격적으로 블록버스터 드라마를 제작하는 도화선이 되었다. 디즈니+나 국내 미디어 사업자의 제작비도 증가시키는 트리거가 된 것이다.

긍정적 넷플릭스 효과

앞에서 말했듯이 넷플릭스가 로컬 미디어콘텐츠 생태계에 미치는 영향력인 '넷플릭스 효과'는 긍정적 측면과 부정적 측면이 동시에 있다. 긍정적 요소로는 국내 콘텐츠 투자를 확대하고 이렇게 확보한 콘텐츠를 글로벌로 유통시키는 것이다. 이를 통해 넷플릭스는 국내 미디어콘텐츠 산업의 확장에 기여했다. 이들이 K콘텐츠에 끼친 긍정적 영향을 종합해 살펴보자.

첫째, TV 시리즈와 영화에 대한 대규모 투자다. 투자 분야도 영화에서 시작해 드라마 시리즈, 리얼리티 쇼에 이르기까지 지속적으로 확장되는 중이다. 제작비 규모도 증가하고 있다. 넷플릭스의 투자는 국내 제작 생태계를 활성화시켜서 스튜디오드래곤, SLL 같은 대형 제작사가 글로벌 스튜디오로 성장하는 발판이 되고 있다. 제작사와 창작자는 지속적인 콘텐츠 제작을 통해서만 제작 역량을 높일 수 있다.

둘째, K콘텐츠가 글로벌로 유통될 수 있는 플랫폼을 제공했다. 넷플릭스는 2023년 말 현재 전 세계 2억 6000만 명 이상의 구독자를 확보하고 있다. 오리지널이든 방영권을 확보한 것이든 콘텐츠 경쟁력만 있으면 언제든지 글로벌 히트작이 될 수 있다. 이른바 '로컬 콘텐츠 가치 확장 메커니즘'이 작동한다. 이는 K콘텐츠의 글로벌 수요를 창출하고 소비 시장을 극적으로 확장했다. 창작자들의 해외 진출도 증가하고 있다. 국내 제작진과 연기자가 글로벌로 진출하는 계기가 된 것이다. 〈오징어 게임〉의 황동혁 감독은 세계적 명성을 얻었다. 배우 이정재는 디즈니의 스타워즈 드라마 시리즈인 〈애콜라이트〉에 주연급으로 캐스팅되었다. 앞으로 글로벌 스타가 되는 연기자가 더 많아질 것이다. 〈오징어 게임〉, 〈더 글로리〉 같은 글로벌 히트작의 탄생으로 K콘텐츠에 대한 브랜드가 만들어지고, 이로 인해 글로벌 시청자의 소비도 증가하고 있다. 바로 스필오버 효과다.

셋째, 국내 드라마 유통 시장의 확장이다. 말하자면 '캐치업catch-up'(TV 시리즈에서 지난간 회차 따라잡기) 효과다. 국내에서 방송 중인 드라마가 넷플릭스로 공개되면 그 영향으로 해당 채널의 시청률이 동반해서 올라간다. 예를 들어 JTBC에 방송한 〈재벌집 막내아들〉이나 tvN에서 방송한 〈우리들의 블루스〉 같은 드라마다. 〈이상한 변호사 우영우〉의 사례도 인상적이다. 이 드라마는 ENA라는 신생 채널에서 먼저 방송되었다가 넷플릭스에서 드라마가 공개된 후 넷플릭스 한국 드라마 부문에서 1위를 차지했다. 이는 곧 ENA 채널의 시청률 상승으로 이어졌다. 〈이상한 변호사 우영우〉는 ENA 채널에서 주간 한 개 에피소드가 방송된 후 넷플릭스에 공개된다. 선형 TV인 ENA 채널로 보지 못한 시청자는 넷플릭스를 통해 그때까지 공개된 모든 에피소드를 몰아 본다. 그다음에 새로 공개되는 에피소드는 ENA 채널의 본방송이나 재방송 시간에 맞춰 시청한다. 넷플릭스와 ENA 채널 간의 선순환 효과가 발생하는 것이다. 이로 인해 넷플릭스와 ENA 채널 시청이 동시에 증가하게 된다.

넷째, 국내 콘텐츠 제작 생태계에 기여한다. 〈오징어 게임〉이나 〈피지컬: 100〉의 성공은 디즈니+, 애플TV+ 같은 다른 글로벌 스트리밍으로 하여금 K콘텐츠에 대한 투자를 자극했다. 넷플릭스, 디즈니+의 로컬 오리지널 투자는 이들과 경쟁해야 하는 티빙 같은 국내 스트리밍 사업자의 콘텐츠 투자도 자극한다. 티빙도 국내뿐 아니라 해외 배급까지 염두에 두고 오리지널 제작을 확대하는 것이다. 국내외에서 증가하는 K콘텐츠의 수요에 대응하려고 국내 제작사는 제작 스튜디오를 증설했다. 이로써 K콘텐츠의 제작 시장이 확장된다.

또 글로벌 스트리밍의 K콘텐츠에 대한 투자는 국내의 VFX, 특수효과, 특수분장, 후반 작업과 같은 콘텐츠 제작의 후방 시장도 성장시킨다.

부정적 넷플릭스 효과

하지만 넷플릭스의 K콘텐츠에 투자 확대는 부정적 '넷플릭스 효과'도 불러왔다. 최근 언론이나 학계, 업계에서는 글로벌 스트리밍의 부정적 영향을 두고 우려의 목소리가 커지고 있다. K콘텐츠 투자의 큰손으로 등장한 넷플릭스가 K콘텐츠 제작 생태계를 오히려 황폐화시킨다는 주장이다. K콘텐츠로 넷플릭스가 얻은 성과를 제작사나 창작자에게 공정하게 배분하지 않는다는 의견도 많다.

먼저 K콘텐츠가 글로벌 스트리밍의 하청 기지가 되고 있다는 주장을 살펴보자. "K콘텐츠 제작 생태계가 글로벌 스트리밍에 종속되고 하청 기지화되고 있다. 글로벌 스트리밍의 제작 생태계에 편입되어 K콘텐츠의 독자적 생태계를 구축하기 어렵다"는 비판이다. 로이터는 넷플릭스의 K콘텐츠 투자가 한국 콘텐츠를 발전시키기도 하지만 한국 콘텐츠 시장을 통제할 것이라는 우려가 증가하고 있다고 보도했다.[57] 결국 자금력을 갖춘 글로벌 스트리밍이 좋은 작품을 과점하는 구조로 이어질 가능성이 크다.

한국은 지식재산권(IP)을 확보하지 못한 채 넷플릭스의 외주 제작 국가가 될 것이라는 우려도 나온다.[58] 유건식은 PD저널 기고에서 "K콘텐츠는 여전히 글로벌에서 인기를 끌고 있지만 위기에 처해 있다. 방송사들은 제작비 부담이 너무 커 드라마 편성을 대폭 줄이고 있다. … 해외의 K콘텐츠 인기에 도취해서는 안 된다. … 현 상황을 극복하기 위한 방안을 마련할 골든 타임이 지나가지 않기를 바란다"라고 강조했다.[59] 결국 넷플릭스 같은 글로벌 공룡만 살아남고, 국내 사업자는 위축되어 국내 미디어 생태계 기반이 약화될 가능성이 크다는 것이다.[60] 《뉴욕타임스》는 K콘텐츠의 넷플릭스에 대한 '의존의 악순환'을 지적하기도 했다.

둘째, 불공정한 계약이 이루어지고 있다는 주장이다. 글로벌 스트리밍과 콘텐츠 제작사 간에 이익의 공정한 배분이 이루어지지 않고 있다는 것이다. "성공에 대한 수익 배분이 없고 IP도 글로벌 스트리밍이 소유한다. IP의 배제로 창작자의 권리도 보호받지 못하고 있다. 즉 제작에 대한 수익을 글로벌 스트리밍이 독식한다"라는 비판이다. 예를 들어 〈오징어 게임〉을 납품한 제작사는 제작비와 수수료 수입은 챙겼지만 제작사가 IP를 갖지 못해서 굿즈 판매도 어렵고 가입자 확보에 기여한 성과도 받을 수 없다.[61] 시장의 승자는 여전히 넷플릭스 같은 플랫폼들이다. 제아무리 '대박'을 터트려도 국내 제작사와 창작자에게 돌아가는 수익은 쥐꼬리 수준이다.[62]

넷플릭스 같은 글로벌 스트리밍 사업자는 글로벌 텔레비전 산업의 슈퍼파워로 등장할 수 있다. 이들은 질주하는 기관차로 비유되기도 한다. 그러나 이런 우려에도 불구하고 국내 제작사나 창작자는 넷플릭스로 몰리고 있다. 이유는 간단하다. 글로벌 스트리밍이 창작자나 제작사에게 '돈과 기회'를 제공하기 때문이다. 제작사는 글로벌 플랫폼을 통해 자신의 콘텐츠를 글로벌로 유통시킬 수 있다. 콘텐츠를 생산하고 이를 유통시켜 부가가치를 창출하는 콘텐츠 비즈니스에서는 넷플릭스 같은 유통 플랫폼이 거래의 주도권을 확실하게 쥐고 있다. 티빙 같은 국내 스트리밍 사업자가 글로벌 스트리밍과 경쟁해서 플랫폼 경쟁력을 확보하는 것은 현실적으로 어렵다. 물론 국내의 스트리밍이 글로벌 스트리밍으로 성장한다고 해서 제작사의 구세주가 되는 것도 아니다. 국내 미디어콘텐츠 역사가 이를 잘 말해 준다.

따라서 제작사는 우선적으로 글로벌 스트리밍을 최대한 활용할 수 있는 능력을 길러야 한다. 오리지널을 외주 제작하거나 자사가 돈을 들여 제작한 콘텐츠를 가능한 한 좋은 조건으로 라이선싱하는 것이다. 이런 의견에 바로 반박하는 사람들도 많다. "아니, 넷플릭스가 콘텐츠를 사주거나 외주 제작을 받을 수 있어야 말이지요!"라고. 그러면 이렇게 말할 수밖에 없다. "외주를 받을 수 있는 실력을 길러야 한다." 냉정하고 차분히 생각해 볼 필요가 있다.

비즈니스 세계는 정글의 법칙이 작동한다. 글로벌 스트리밍이 발주하는 외주 제작의 문제점에 대한 비판이 거세다. 제작사가 IP를 확보해야 한다고 말한다. 그러나 IP를 확보한다고 모든 게 해결되는 것도 아니다. 제작사에게 외주 제작은 유용한 방안이 될 수 있다. 단기적으로는 글로벌 스트리밍에 대한 외주 제작 형태, 장기적으로는 국내 제작사가 선투자하는 형식으로 발전할 수 있다. 세상에 공짜가 없다. 제작비 자체 조달 방식은 당연히 투자 리스크가 올라가지만 자기 주도적 사업을 전개할 수 있다. 콘텐츠 배급을 통해 수익을 극대화할 수도 있다. 물론 제작사의 여건에 따라 추진하는 방안은 각기 다를 수 있다. 하지만 외주 제작으로 먼저 제작 역량을 기르고 동시에 투자 자본을 축적하는 것도 현실적인 접근법이다. 〈오징에 게임〉이 공개된 지 2년 정도 지난 시점에 이 글을 쓰고 있다. 〈오징어 게임〉이 불러온 다양한 논란 속에서 그동안 우리의 제작 생태계는 얼마나 더 건강해졌을까? 아쉽게도 크게 달라지지는 않은 것 같다. 여전히 넷플릭스, 디즈니+의 외주 제작 형태를 벗어나지 못하고 있다. 오히려 글로벌 스트리밍에 대한 K콘텐츠의 의존도가 더 심해졌다는 우려도 든다. 하지만 윤리적 당위론만으로 해결될 문제가 아니다.

건강한 콘텐츠 생태계를 위한 과제

그렇다고 이대로 갈 수도 없다. 해결 방안을 찾는 노력을 계속해야 한다. 첫 번째로 수익 배분에 관한 문제다. 업계에서는 정부 역할이 중요하다고 말한다. 그러나 정부가 이 문제를 모두 해결해 줄 수는 없다. 풀어 가야 할 이슈 중 핵심은 역시 제작된 콘텐츠를 통해 얻은 부가가치의 배분 문제다. 말하자면 지식재산권(IP)을 누가 소유하는지가 핵심이다. IP를 확보해 제작사는 물론이고 제작에 참여한 창작자의 권리도 보호해야 한다. 그러나 콘텐츠 제작과 유통을 통한 수익 배분은 기본적으로 글로벌 스트리밍(발주사)과 제작사(수탁사)와의 계약에 관한 문제다. 일반적으로 외주 제작은 매절 계약(콘텐츠 제작에 대한 대가로 일정 금액을 지불하는 계약) 형식을 띠고 있다. 막강한 힘을 가진 글로벌 스트리밍과의 계약에서 제작사가 자신의 몫을 더 많이 확보하기는 쉽지 않다.

하지만 다양한 해결 방안이 제시되고 있으니 불가능한 것도 아니다. 예를 들어 이동훈 엔터미디어 대표는 한국콘텐츠진흥원(KOCCA)과의 대담에서 "스튜디오딜을 하게 되면 판권을 100퍼센트 소유하거나 플랫폼과 공동 소유할 수 있기 때문에 재판매할 수 있는 기회가 8~10년 뒤에 돌아오게 된다"라고 했다. 스튜디오딜이란 '제작사가 기획과 개발을 하는 스튜디오로서 판권을 가지는 계약'을 말한다.[63] 더불어 글로벌 강자인 플랫폼과 중소 규모 제작사 간의 계약에만 맡기지 말고 이해관계를 조정하기 위한 제도화도 필요하다. 이를 통해 창작자의 권리도 보장받고 글로벌 스트리밍이 창출한 이익에 대한 배분도 가능할 것이다. 그러나 제도를 만드는 것도 중요하지만 글로벌 스트리밍과의 협상력은 제작 역량에서 나온다. 국내 제작사가 만든 콘텐츠는 공개되는 즉시 글로벌 시청자의 평가를 받는다. 먼저 글로벌 시청자에게 자신의 제작 역량을 입증한다면 거래에서 보다 유리할 수 있다. 이것이 K콘텐츠의 제작 역량을 고도화해야 하는 이유다.

성과 배분에 관한 할리우드의 사례를 살펴보자. 숀다 라임스Shonda Rhimes는 미국 최고의 TV 프로그램 총괄 책임자인 쇼 러너showrunner 중 한 명이다. ABC의 전설적 시리즈인 〈그레이 아나토미〉(2005~2022년. 현재 시즌19까지 진행)와 〈스캔들〉에서는 공동 쇼 러너로 참여했다. 라임스는 2017년 ABC를 떠나 넷플릭스와 독점 계약을 맺었다. 2021년 라임스가 제작한 〈브리저튼〉은 넷플릭스 구독자들이 가장 많이 본 오리지널 시리즈 중 하나가 되었다. 이 시리즈는 자신의 제작사인 숀다랜드Shondaland를 통해 제작되었다. 그는 드라마의 성공으로 계약을 5년 더 연장했으며, 2021년 넷플릭스로부터 약 4000만 달러의 보너스를 받은 것으로 알려졌다. 라임스가 제작한 넷플릭스 히트작으로는 〈브리저튼〉, 〈애나 만들기〉와 최근에는 〈샬럿 왕비: 브리저튼 외전〉 등이 있다.[64]

숀다 라임스는 성공적인 시리즈 제작을 통해 큰 부를 이루었다. 한국의 콘텐츠 제작사나 창작자도 실력으로 히트작을 만들고 숀다 라임스처럼 성공에 대한 추가 보상을 받아야 한다. 최대한 추가 보상을 확보하고 이를 콘텐츠 제작에 참여한 창작자들에게 돌아갈 수 있는 구조도 만들어야 한다. 건강한 생태계는 이런 과정으로 만들어진다. 제작사와 발주사(글로벌 스트리밍) 간의 계약에 추가 보상권, 수익 배분, 최저 수익 보장이나 창작 기여도에 따른 최소한의 저작권 보유 방안 등도 포함될 수 있다. 그러나 계약은 쌍방의 합의가 필요하다.

해결해 가야 할 두 번째 이슈는 K콘텐츠 산업이 글로벌 스트리밍의 하청 기지화되고 있다는 문제다. 그러나 필자는 하청 기지화된다는 주장에 동의하기 어렵다. 사실 이 문제는 양면성이 있다. 이른바 넷플릭스 효과가 갖는 양면성이다. 문제의 진단과 해결도 매우 복합적이어야 한다. 이 주장이 타당하려면 글로벌 스트리밍이 진출하기 전에는 국내에 건강한 콘텐츠 제작 생태계가 작동했으나 글로벌 스트리밍의 국내 진출 이후로 이러한 생태계가 무너졌다는 비판일 것이다. 그러나 글로벌 스트리밍이 진출하기 이전에도 국내의 콘텐츠 제작 생태계는 문제가 있었다. 한국콘텐츠진흥원의 "스트리밍(OTT)이 드라마 외주 제작 환경에 미치는 영향"에 관한 조사 결과에 따르면 스트리밍 등장 후 방송사는 대체로 '불리해졌다'고 인식하는 반면에 제작사는 '유리해졌다'고 생각하는 경향을 보였다.[65] K콘텐츠의 당면 과제는 글로벌 스트리밍을 적극적으로 활용해서 국내의 콘텐츠 제작 생태계를 건강하게 만들어 가는 것이다.

03

K콘텐츠에 다가오는 새로운 기회

글로벌 스트리밍의 확장으로 K콘텐츠 산업에는 기회와 위기가 동시에 찾아왔다. 그럼에도 K콘텐츠에는 여전히 기회의 측면이 많아 보인다. K콘텐츠 산업이 새로운 돌파구를 마련할 수 있는 측면에서 보면 세 가지 구조적 요인이 있다. 첫째는 로컬 콘텐츠 가치 확장 메커니즘이 작동하고, 둘째는 돈과 데이터만으로는 만들 수 없는 K콘텐츠 제작 역량이 축적되어 있으며, 셋째는 글로벌 스트리밍 사업자 간에 벌어지는 콘텐츠 군비 경쟁이다.

로컬 콘텐츠 가치 확장 메커니즘

2장에서 글로벌 스트리밍이 로컬 콘텐츠 확장에 유리할 수밖에 없는 몇 가지 구조적 이유를 살펴보았다. 결합상품의 확장에 기여, 로컬 콘텐츠 가치 확장 메커니즘, 로컬과 글로벌의 동시 공략 수단, 자막과 더빙을 통한 콘텐츠 제공의 효율성 등이었다. 이 중 로컬 콘텐츠 가치 확장 메커니즘은 K콘텐츠를 글로벌 콘텐츠로 확장시키는 것이다. 2023년 한 해 동안 넷플릭스 가입자의 시청 시간 자료에 따르면 전체 시청 시간 중 30퍼센트는 비영어 콘텐츠가 차지했고, 그중 한국어 콘텐츠를 가장 많이 시청했다.

〈오징어 게임〉을 시작으로 〈지금 우리 학교는〉, 〈더 글로리〉, 〈피지컬: 100〉 그리고 영화 〈길복순〉 같은 K콘텐츠가 한국을 넘어 글로벌 히트작으로 탄생하는 이유는 무엇일까? 물론 콘텐츠 자체가 가지고 있는 본원적인 경쟁력을 들 수 있다. 신선한 스토리와 혁신적 스토리텔링 같은 것이다. 그러나 이것만으로 K콘텐츠의 글로벌 현상을 다 설명하기 어렵다. 그동안 콘텐츠의 글로벌 유통 과정에는 없었던 구조적 요인도 작동하고 있다. 바로 글로벌 스트리밍이라는 플랫폼이 만들어 내는 효과로, '로컬 콘텐츠 가치 확장 메커니즘'(이하 '확장 메커니즘'이라 한다)이다. 글로벌 D2C 플랫폼이 로컬이라는 틈새 콘텐츠를 글로벌 성공작으로 만들어 내는 구조다. 이에 대해서는 2장에서 이미 자세히 설명했다.

그런데 확장 메커니즘이 작동하려면 세 가지 요소가 필요하다. 더 좋은 로컬 콘텐츠, 더 우수한 플랫폼 서비스(추천과 홍보), 더 많은 시청자 규모다. 특히 로컬 콘텐츠에 대한 글로벌 차원의 수요를 만들어 가려면 플랫폼의 추천 시스템이 매우 중요하다. 이 같은 확장 메커니즘에서 우리가 주목해야 할 점이 있는데, 확장 메커니즘의 시작은 우수한 로컬 콘텐츠라는 것이다. 일반적으로 널리 잘 알려진 히트작(또는 이들의 라이브러리)이나 처음부터 콘텐츠 품질이 부실한 작품인 망작대은 확장 메커니즘의 효과를 보기가 어렵다. 추천이나 홍보의 효과도 크지 않다. 따라서 이런 양극단의 콘텐츠보다는 품질은 갖추고 있지만 잘 알려지지 않은 작품이 확장 메커니즘으로 성공할 가능성이 높다. 말하자면 숨어 있는 보물 같은 작품이다. 이런 점에서 넷플릭스는 덜 알려졌지만 역량 있는 감독의 작품이나 그동안 드러나지 않은 콘텐츠를 위한 플랫폼이 될 수 있다. K콘텐츠는 대규모 투자가 뒤따르는 블록버스터보다 할리우드와는 다른 새로운 이야기와 독특한 스토리텔링을 보여 주는 작품을 지속적으로 제작한다. 글로벌 스트리밍을 통한 가치 확장 메커니즘이 작동하기 좋은 조건이다. 이런 점에서 글로벌 스트리밍은 K콘텐츠에 새로운 기회의 땅이 될 수 있다.

돈과 데이터만으로 확보하기 어려운 제작 역량

글로벌 스트리밍은 해외에서 가입자를 유치하고 동시에 콘텐츠도 확보하기 위해 로컬 오리지널에 공을 들인다. 이제 글로벌 스트리밍 사업자에게 로컬 오리지널은 '반드시 확보해야 하는 콘텐츠must have content'가 되었다. 하지만 빅테크의 로컬 콘텐츠에 대한 지배력 강화는 현지의 제작사에게는 커다란 위협이 되고 있다. 지난 20여 년간 글로벌 플랫폼을 장악해 온 빅테크의 가장 큰 자산은 데이터다. 이들은 글로벌 스트리밍 영역에서도 자신들의 강점인 데이터 지배력을 확보했다. 또한 방대한 시청자 데이터를 기반으로 콘텐츠를 제작할 수 있는 풍부한 투자 여력까지 보유했다. 콘텐츠 제작을 위해 언제든지 돈과 데이터를 결합할 수 있는 것이다.

2022년 11월 오픈AI는 생성형 인공지능인 챗GPT를 출시하며 본격적인 AI 시대를 열었다. 지금은 산업 분야에 관계없이 AI를 활용하려고 노력한다. 미디어콘텐츠 산업의 다양한 영역에서도 AI가 활용되고 있다. 당연히 AI를 활용한 콘텐츠 제작에 대한 관심도 높다. AI 시대에는 데이터의 중요성이 더욱 높아진다. 결국 데이터는 콘텐츠 제작과 유통에서 더 중요한 역할을 할 것이다.

넷플릭스와 아마존 둘 다 글로벌 차원에서 2억 명 이상의 가입자를 확보했다. 가입자에 관한 대규모 시청 데이터를 분석할 수 있는 최고의 인력과 기술도 보유하고 있다. 그러면 넷플릭스, 아마존, 애플은 자신들의 데이터를 활용해 로컬의 구독자에게 필요한 퀄리티 콘텐츠를 확보할 수 있을까? 사람들은 넷플릭스 같은 플랫폼이 어떤 콘텐츠에 투자하고 제작해야 하며, 더 나아가 이들 콘텐츠의 성공 요인까지 데이터가 찾아줄 수 있다고 말하기도 한다. 그렇다면 시청자 데이터 분석에서 세계 최고 수준인 넷플릭스 오리지널은 모두 성공해야 한다. 하지만 당연히 그러지 못한다. 넷플릭스의 대규모 투자에도 불구하고 성공작보다 실패하는 작품이 더 많다. 스페인에서 제작된 〈종이의 집〉은 글로벌 히트작이 되었다. 하지만 한국판 〈종이의 집: 공동경제구역〉은 성공하지 못했다. 두 종류의 〈종이의 집〉은 은행 강도 이야기라는 동일한 스토리를 다루지만 제작사에 따라 전혀 다른 작품이 될 수 있음을 생생히 보여 주었다.

데이터가 콘텐츠에 대한 투자 근거나 성공 요인을 찾아냈다 할지라도 이러한 요인을 매력적인 영상으로 만들어 낼 수 있느냐는 또 다른 문제다. 영상 콘텐츠 제작의 어려움이자 묘미다. 넷플릭스가 그들이 분석한 데이터로 학교 폭력을 다룬 드라마를 제작하기로 했다고 가정해 보자. 학교 폭력 이야기를 다루는 드라마 시리즈는 창작자에 따라 전혀 다른 작품이 된다. 〈더 글로리〉라는 드라마는 학교 폭력을 다루었기 때문이라기보다는 이 드라마의 완성도가 높았기 때문에 성공했다. 또 다른 사례로 데스게임이라는 스토리텔링을 보여 주는 일본 드라마 〈아리스 인 보더랜드〉와 한국의 〈오징어 게임〉에 대한 글로벌 시청자의 평가는 완전히 달랐다. 결국 콘텐츠 제작의 성패는 영상화 과정에서 스토리, 캐릭터, 스토리텔링이라는 세 가지 요소를 어떻게 결합시키는가에 달려 있다. 동일한 스토리라도 스토리텔링의 방안은 무한하다. 한마디로 제작 역량에 달려 있다. 콘텐츠 산업에서 창작자가 소중한 이유다.

데이터의 활용과 관련해 전통적 마케팅 이론에서 말하는 4P가 있다. 제품product, 판매 채널place, 가격price, 프로모션promotion이 그것이다. 연구에 따르면 콘텐츠 마케팅을 위한 4P의 측면에서는 제작사보다 플랫폼이 월등히 우월하다. 그렇다면 제작사 대 플랫폼의 대결에서 이미 승부는 정해진 것일까? 만약 그렇다면 제작사는 플랫폼의 기획 의도에 맞게 콘텐츠를 만들어 내는 하청 공장에 불과할까? 짐작하겠지만 당연히 그렇지 않다. 이 때문에 제작사에는 여전히 희망이 있다. 미디어콘텐츠 비즈니스에서 가장 중요한 제품의 생산, 즉 콘텐츠 '제조'에서는 아직 플랫폼이 제작사를 앞섰다고 할 수 없다. 정작 가장 필요로 하는 콘텐츠 제작에서는 데이터를 활용하는 데 한계가 있다. 제작 과정에서 데이터 활용을 두고 논란이 벌어지기도 한다. 오히려 "데이터가 창의성, 창조성을 방해한다"라는 견해도 많다. 현재까지 대체로 동의가 이루어진 점은 데이터가 '어떤 콘텐츠를 만들 것인가(what)'를 알려 주는 좋은 안내자 역할은 할 수 있다는 것이다. 하지만 그 콘텐츠를 '어떻게 만들 것인가(how)'는 알려 주지 않는다. 데이터가 스토리는 알려 줄 수 있지만 스토리텔링까지 알려 주지는 못한다.

콘텐츠 제작 과정에 필요한 창의성은 데이터가 말해 주기 어렵다. 데이터 활용이 더 고도화되는 AI 시대에도 상황은 비슷할 것이다. 넷플릭스가 〈하우스 오브 카드〉나 〈오렌지 이즈 더 뉴 블랙〉, 〈브리저튼〉과 같은 시대정신을 담은 드라마를 기획하거나, 〈킹덤〉처럼 한국형 스타일의 좀비 드라마를 시도하거나, 〈나이브스 아웃〉 같은 탐정 영화를 제작사에 의뢰하더라도 발주사의 기획 의도를 잘 살려서 실제로 영상화하는 작업은 제작사와 창작자의 몫이다. 방대한 시청자 데이터와 세계 최고 수준의 투자 여력을 가진 글로벌 스트리밍이라도 스튜디오드래곤, SLL, 에이스토리 같은 현지 제작사와 경쟁할 수 없는 부분이 있다. 바로 스토리를 영상화하는 창의적 능력이다. 따라서 퀄리티 콘텐츠를 만들 수 있는 제작 역량은 앞으로도 글로벌 스트리밍이 로컬 제작사를 뛰어넘기 어려울 것이다. 여전히 K콘텐츠에 기회가 있다고 하는 이유다.

반도체 산업과 이를 비교해 보자. 엔비디아, 퀄컴, 브로드컴, AMD와 같은 회사를 팹리스fabless라고 부른다. 이들은 다양한 산업 분야에 필요한 반도체 칩의 설계만 하고 생산은 하지 않는다. 이런 회사가 설계한 반도체 칩은 삼성전자, TSMC 같은 파운드리foundry(위탁생산) 회사가 제조한다. 그러나 칩 제조사인 대만의 TSMC가 칩의 설계사인 미국의 팹리스보다 우위에서 거래한다. 팹리스의 설계도대로 칩을 생산할 수 있는 기업은 글로벌에서 극소수이기 때문이다. 더구나 TSMC의 경우 단순히 설계도대로만 제조하지 않는다. 설계에 결함이 있으면 설계도의 수정도 요청할 수 있는 실력까지 갖추었다. 그래서 TSMC는 글로벌에서 시스템 반도체를 가장 잘 제조하는 '슈퍼을'이다. 시스템 반도체 생산의 글로벌 점유율이 60퍼센트가 넘는 절대 강자다. 하지만 계약의 형식에서 보면 TSMC는 엔비디아 같은 팹리스의 하청 업체다. 국내 제작사도 넷플릭스, 디즈니+ 같은 글로벌 스트리밍과의 계약에서 형태는 '을'이고, 외주 제작 시에는 하청 업체가 된다. 그렇더라도 충분히 우위에 설 수 있다. TSMC처럼 경쟁 사업자가 결코 넘볼 수 없는 세계 최고 수준의 제작 능력을 보유하면 된다.

글로벌 미디어콘텐츠 산업에서 힘의 축이 할리우드 제작사에서 글로벌 스트리밍이라는 유통 플랫폼으로 이동하고 있다. 힘의 중심도 디즈니+, 맥스 같은 할리우드 진영의 플랫폼이 아니라 넷플릭스, 아마존, 애플, 구글 같은 빅테크 진영의 플랫폼으로 이동하고 있다. 글로벌 스트리밍의 지배자가 콘텐츠 제작이 본업인 할리우드보다 플랫폼 운영이 본업인 빅테크 중심으로 바뀌는 것도 K콘텐츠에는 기회가 된다. 할리우드 시대에 한국은 할리우드 콘텐츠의 중요한 소비처였다. 그러나 글로벌 스트리밍 시대에 한국은 로컬 콘텐츠의 핵심 생산지가 되어 할리우드에 콘텐츠를 공급하고 있다. 예를 들어 CJ ENM과 JTBC는 넷플릭스의 한국 진출 초기부터 글로벌 스트리밍을 적극 활용했다. 자신들이 제작한 콘텐츠를 넷플릭스에 공급한 것이다. 〈미스터 션샤인〉(2018)에서는 대규모 투자까지 유치했다. 방영권 판매와 오리지널 제작이라는 두 가지 방식을 모두 활용했다. 이러한 힘의 원천이 바로 이들의 제작 역량이다. 글로벌에 통할 수 있는 퀄리티 콘텐츠를 만들 수 있는 능력이다. 국내 제작사는 글로벌 스트리밍이라는 플랫폼을 잘 활용해야 한다. 이는 AI 시대에도 변하지 않을 것이다.

더욱 강력해질 글로벌 콘텐츠 군비 경쟁

스트리밍 서비스 간의 가입자 확보 경쟁이 치열해질수록 스트리밍 사업자들의 콘텐츠 제작에 대한 투자는 증가할 수밖에 없다. 사업자 간 콘텐츠 군비 경쟁이 벌어지고 있고, 그 결과 콘텐츠 확보를 위해 '돈을 태운다'는 말까지 등장했다. 하지만 대규모 투자에도 불구하고 콘텐츠는 그 특성상 경제적 해자를 구축하기가 쉽지 않다. 더구나 특정 사업자가 독점하기도 어렵다.

콘텐츠 소비는 일시적이고 취향의 변화도 빠르다. 순제작비만 3억 5000만 달러를 들여 무려 10년 동안 제작한 블록버스터 영화 〈아바타: 물의 길〉도 3시간 정도의 관람으로 끝난다. 한 번 본 영화를 다시 관람하는 반복 소비도 많지 않다. TV 시리즈도 동일하다. 더구나 시리즈의 일괄 공개와 몰아보기로 콘텐츠의 휘발성이 더 커졌다. 드라마의 한 시즌도 하루이틀 정도면 다 몰아볼 수 있다. 그러면 또다시 새로운 콘텐츠를 찾는다. 끝없는 콘텐츠 제공이 필요한 것이다. 글로벌 스트리밍이 콘텐츠에 매년 막대한 금액을 투자할 수밖에 없는 이유다. 멈추면 죽는 치킨 게임의 양상이다. 금광은 없고 곡괭이로 파는 것이 더 돈벌이가 된다는 비유마저 나온다.

콘텐츠 군비 경쟁은 주로 비싼 콘텐츠 분야에서 벌어진다. 대표적으로 퀄리티 콘텐츠, 블록버스터, 빅리그 스포츠 중계권이다. 여기에 해외 확장을 위해 꼭 필요한 로컬 콘텐츠도 포함된다. 시청 가치가 높아 가입자를 모을 수 있는 퀄리티 콘텐츠의 제작이 증가함에 따라 콘텐츠 제작비도 급격히 상승하는 추세다. 넷플릭스의 드라마 제작비(회당)를 보자. 최초의 오리지널인 2013년의 〈하우스 오브 카드〉와 〈오렌지 이즈 더 뉴 블랙〉은 각각 400만 달러였다. 이어 〈브리저튼〉(2016)은 700만 달러, 〈더 크라운〉(2016)은 1300만 달러, 〈디펜더스〉(2017)는 800만 달러, 〈위처〉(2019)는 1000만 달러에 이르렀다. 이처럼 제작비가 꾸준히 상승해 넷플릭스 최고 히트작인 〈기묘한 이야기〉 시즌4(2022)는 무려 3000만 달러에 달했다. 디즈니+의 제작비도 넷플릭스에 못지않다. 2019년에 공개된 디즈니+ 최초의 오리지널 〈만달로리안〉은 1500만 달러이고, 〈완다비전〉(2021)에서는 2500만 달러로 상승했다. 넷플릭스에 따르면 지난 5년 동안 콘텐츠에 600억 달러(약 79조 원) 이상을 투자했다. 이는 넷플릭스 매출의 절반에 달하는 수준이다.[66] 넷플릭스나 디즈니+의 경우 미국에서의 콘텐츠 투자가 줄어들어도 로컬 콘텐츠에 대한 투자비는 오히려 늘거나 최소한 줄지는 않고 있다.

넷플릭스는 10여 년 넘게 가입자 성장을 거듭해 왔다. 그런데 2022년 상반기 넷플릭스의 가입자 감소는 스트리밍 산업 전반에 큰 충격이었고, 글로벌 스트리밍의 성장 과정에서 변곡점이 되었다. 넷플릭스, 디즈니+ 같은 사업자는 세계적 팬데믹 기간을 거치며 폭발적으로 성장한 가입자를 기반으로 끝없는 콘텐츠 군비 경쟁을 펼쳤다. 1차 콘텐츠 군비 경쟁이 벌어진 시기다. 넷플릭스는 2020년 한 해 동안 무려 3660만 명, 2021년에는 1820만 명의 가입자가 늘었다. 경이적인 수준이었다. 그러다 팬데믹이 잠잠해지면서 2022년 상반기에는 가입자가 감소했다. 넷플릭스는 글로벌 스트리밍 중에서 유일하게 영업 이익을 내는 사업자다. 그럼에도 당분간은 콘텐츠 투자에서 2022년에 지출한 170억 달러 수준을 유지하고 있다.

2019~2020년 사이에 경쟁적으로 자사의 스트리밍을 론칭한 디즈니(디즈니+), WBD(맥스), NBC유니버설(피콕)과 파라마운트(파라마운트+)는 사업 초기에 가입자를 확보하려고 추진했던 대규모 콘텐츠 투자를 줄이기 시작했다. 넷플릭스의 가입자 감소에 충격을 받은 할리우드 진영은 가입자 성장에서 수익성 우선으로 경영 방침을 바꾸었다. 디즈니를 포함한 할리우드 사업자는 스트리밍 부문의 적자를 줄이려고 우선적으로 콘텐츠 투자를 줄였고, 그 결과 2023년에 들어서면서 디즈니+의 가입자는 오히려 감소했다. 스트리밍에서 가입자를 늘리기보다 적자 사업인 스트리밍의 수익성을 개선하기 위해 노력했기 때문이다. 디즈니는 그룹 차원에서 스트리밍 서비스의 적자를 줄이려고 어쩔 수 없이 콘텐츠 투자까지 축소했다. 콘텐츠에 대한 투자보다 콘텐츠 수급의 효율을 강조한 것이다. 그룹 차원

에서 디즈니+에 활용하는 라이브러리(구작)도 효율화하겠다고 밝혔다. 디즈니+의 오리지널 제작도 보수적으로 변했다. 디즈니는 그룹 차원에서 디즈니+, 훌루의 효율적인 콘텐츠 수급 방안을 추진하고 있다. 이에 따라 디즈니+가 제공하는 콘텐츠의 타이틀 수를 줄일 계획이다. 디즈니는 2023년에 콘텐츠에서만 55억 달러를 절감하기로 했다. 이처럼 할리우드 진영의 사업자들은 콘텐츠 투자에 방어적 입장이다. 그럼에도 넷플릭스는 할리우드에 비해 가성비가 좋은 한국, 스페인 등에서의 로컬 오리지널은 확대하고 있다. 지금은 팬데믹 기간 동안 화려하게 전개되었던 글로벌 스트리밍 사업자 간의 콘텐츠 전쟁이 잠시 주춤한 상황이다.

콘텐츠 군비 경쟁을 촉발할 수 있는 구조적 요인으로 콘텐츠 공급망의 변화도 주목해야 한다. 넷플릭스나 아마존이 지금까지 추진해왔던 콘텐츠 수급 구조의 변화 과정을 보면 ① 사업 초기에는 할리우드 콘텐츠의 라이선스 확보에서, ② 다음엔 자체 오리지널 제작으로, ③ 이제는 로컬 오리지널 제작으로 진화했다. 라이선스 확보가 중심이던 시기에 넷플릭스와 아마존은 주로 할리우드의 틈새 콘텐츠를 확보할 수밖에 없었다. 할리우드 스튜디오가 볼 만한 신작 같은 콘텐츠는 의도적으로 제공하지 않았기 때문이다. 하지만 이 시기는 넷플릭스가 모든 할리우드 메이저 스튜디오와의 거래가 가능했다. 시기적으로 보면 2007~2018년까지다.

2019년부터 할리우드 메이저 스튜디오가 자사의 스트리밍 서비스를 시작하면서 상황이 달라졌다. 할리우드는 자신들이 론칭한 스트리밍의 가입자를 확보하려고 자사의 콘텐츠를 넷플릭스로부터 회수하기 시작했다. 디즈니는 〈데어데블〉, 〈제시카 존스〉 등과 같이 넷플릭스와 공동으로 제작한 마블 원작의 드라마 시리즈도 계약 기간이 끝나자 회수해서 디즈니+에만 독점 공개했다. 계약이 만료된 다른 콘텐츠에도 기간 연장을 하지 않았다. 워너브라더스는 2020년의 〈프렌즈〉, NBC유니버설은 2021년의 〈오피스〉 같은 인기 있는 드라마를 넷플릭스로부터 철수시켰다. 2022년에는 파라마운트도 〈크리미널 마인드〉를 넷플릭스로부터 회수했다. 할리우드 진영 간에도 서로 콘텐츠를 회수했다. NBC유니버설은 훌루(디즈니의 패밀리)로부터 〈SNL〉을 회수했다. 콘텐츠 수급이 개방형에서 폐쇄형으로 바뀐 것이다. 할리우드가 콘텐츠 제작사에서 콘텐츠 유통사를 지향했기 때문인데, 일반적으로 제작사는 콘텐츠에 대해 개방 전략을 추구하고 플랫폼은 독점 전략을 추구한다.

이 같은 라이선싱 정책의 변화와 더불어 스트리밍별로 독점 오리지널도 제작했다. 디즈니는 마블의 드라마 프랜차이즈인 〈완다비전〉, 〈로키〉 같은 디즈니+ 독점 오리지널을 공개하기 시작했다. 영화 〈스타워즈〉의 드라마 시리즈로는 〈만달로리안〉을 시작으로 〈오비완 케노비〉 같은 오리지널을 지속적으로 제작했다. 이에 따라 스트리밍별 콘텐츠의 독점화가 강화되었다. '내가 만든 콘텐츠는 나만 활용한다'는 원칙이다. 디즈니는 스트리밍 서비스가 등장하기 전에는 자사 제작의 콘텐츠를 자사의 플랫폼에만 공개하는 것은 아니었다. 가능한 한 국내외 많은 플랫폼에 공급해 수익을 극대화했다. 디즈니가 콘텐츠를 제작하고 배급하는 이유였다. 그러나 디즈니+의 론칭으로 디즈니 콘텐츠 비즈니스의 핵심인 멀티 창구화 전략을 포기했다.

　2019년부터 시작된 디즈니, WBD의 콘텐츠 회수는 2022년까지 지속되었다. 그러나 2023년 상반기부터 할리우드 스튜디오는 자사의 콘텐츠를 넷플릭스에 다시 라이선싱하기 시작했다. 2023년 6월에 WBD가 HBO의 〈인시큐어〉 등에 대한 라이선싱 계약을 넷플릭스와 체결했다. 이는 다른 드라마 시리즈로도 확대될 계획이다. 2024년 4월부터는 인기작인 〈섹스 앤 더 시티〉도 넷플릭스에 공개될 예정이다. 디즈니도 콘텐츠 방영권 판매를 재개했다. 2023년 12월에 넷플릭스는 디즈니의 〈로스트〉를 포함한 타이틀의 라이선싱 계약을 체결했다. 디즈니의 경영이 어려워지자 수익을 높이기 위해 콘텐츠 독점화 전략을 일부 완화한 것이다. 그럼에도 핵심 콘텐츠는 여전히 자사의 유통 플랫폼인 디즈니+에만 독점적으로 활용한다. 예를 들면 스타워즈나 마블의 영화 및 드라마 시리즈, 픽사의 애니메이션은 앞으로도 넷플릭스에 라이선싱하지 않을 방침이다. 디즈니의 경영 여건이 개선되면 개방형 공급 전략이 다시 폐쇄형으로 바뀔 수도 있다. 디즈니는 자사의 스트리밍 서비스인 디즈니+를 포기할 수 없기 때문이다.

　글로벌 스트리밍 시대에 콘텐츠 공급은 플랫폼별 독점화가 대세를 이룰 것이다. 플랫폼은 제작사와 달리 늘 자신만의 독점 콘텐츠를 원한다. 독점 콘텐츠로 자사 플랫폼의 경쟁력을 높여 경쟁 사업자에 비해 더 많은 가입자를 확보해야 하기 때문이다. 따라서 '우리 플랫폼에서만 제공하는 콘텐츠'에 집착할 수밖에 없다. 플랫폼 사업에서 일해 본 필자의 경험이다. 넷플릭스에서만 공개되는 콘텐츠,

디즈니+만 공개하는 콘텐츠가 필요하다. 이는 플랫폼이 갖는 속성이다. 글로벌 스트리밍의 콘텐츠 독점화 전략은 넷플릭스로부터 시작되었다.

넷플릭스로 인해 촉발된 글로벌 스트리밍 사업자별 콘텐츠 공급망의 재구축 현상은 공교롭게도 미국의 다른 산업 분야에서도 나타났다. 팬데믹을 거치며 세계화의 퇴조로 인해 반도체, 전기차 산업에서 글로벌 공급망의 재편이 이루어지듯이 글로벌 스트리밍의 콘텐츠 공급도 폐쇄형으로 바뀌고 있다. 글로벌 제1의 전기차 기업인 테슬라, 스마트 디바이스 메이커인 애플이 자사의 제품을 생산하고 판매하기 위해 자신만의 생태계를 구축한 것과 유사하다. 테슬라나 애플은 자사의 제품을 기반으로 글로벌 플랫폼을 구축하고 있다. 넷플릭스, 아마존, 디즈니도 글로벌 스트리밍 서비스를 위해 자체 콘텐츠 생태계를 구축하고 있다. 방향은 개방형에서 폐쇄형을 지향한다. 글로벌 스트리밍별 폐쇄형 콘텐츠 생태계 구축은 결과적으로 K콘텐츠에 기회가 될 것이다.

글로벌 스트리밍의 일시적인 콘텐츠 군비 축소는 높은 인플레이션, 미국 및 세계 경기의 둔화에 따른 미디어콘텐츠 산업의 환경 변화와도 관련 있다. 이 같은 상황에서 할리우드 진영의 일부 사업자는 글로벌 스트리밍 경쟁 대열에서 이탈하려는 조짐마저 보인다. 예를 들어 파라마운트+, 피콕은 SVOD(구독료를 수입원으로 하는 스트리밍 서비스)보다 FAST(광고를 수입원으로 하는 무료 스트리밍 서비스)를 강화할 것이란 전망도 나온다. 또 스트리밍 사업자 간의 인수 합병이 활발해질 것이라는 분석도 있다. 거시경제 환경의 개선, 스트리밍 사업자 간의 인수 합병을 통한 통합이 완료되면 글로벌 스트리밍은 최종적으로 서너 개 정도의 사업자가 지배하는 승자독식 시장으로 재편될 가능성이 높다. 이렇게 되면 현재의 잠정적인 데탕트Détente(휴전 기간)가 끝나고 글로벌 스트리밍 간의 콘텐츠 군비 경쟁은 언제라도 재개될 수 있다. 콘텐츠 군비 경쟁의 모습도 넷플릭스, 아마존, 애플, 디즈니+ 같은 SVOD 진영과 할리우드 중심의 FAST로 재편될 수 있다. 여기에 유튜브도 SVOD 시장에 진입할 수 있다. 이 경우 SVOD에서는 가입자를 확보하고 구독료를 인상하려고 시청 가치가 높은 콘텐츠 제작의 필요성이 다시 증가할 것이다. 소수만 살아남은 글로벌 텔레비전 슈퍼파워 간의 퀄리티 콘텐츠, 블록버스터, 로컬 콘텐츠 확보를 위한 콘텐츠 군비 경쟁이 1차전보다 더 화려하게 전개될 수 있다. 2차 콘텐츠 군비 경쟁이다.

글로벌 스트리밍 간의 경쟁 심화에 따른 콘텐츠 투자 확대는 K콘텐츠에 기회가 될 것이다. 퀄리티 콘텐츠의 수요 증가는 국내 제작사가 블록버스터 제작의 경험을 쌓고 역량을 강화할 수 있는 좋은 기회다. 미국과 달리 우리나라 미디어 산업은 선형 TV와 스트리밍 진영이 분리되어 있다. 규모의 경제가 어려운 상황이다. 그런데 지상파나 케이블 채널 같은 레거시 미디어의 수익 악화로 이들이 퀄리티 콘텐츠를 제작할 여력이 점차 줄어들고 있다. 당연히 국내의 퍼스트 윈도인 지상파의 콘텐츠 투자도 줄고 있다. 이 경우 글로벌 스트리밍이 K콘텐츠의 퍼스트 윈도로서 역할이 커질 것이다. 글로벌 스트리밍이 발주하는 퀄리티 콘텐츠, 블록버스터를 통해 K콘텐츠의 제작 역량을 키워 가야 한다. 국내 창작자나 제작사의 성장을 위한 기회로 만들어야 한다.

글로벌 스튜디오 탄생의 필요성

넷플릭스가 주도하는 글로벌 스트리밍의 성장으로 국내의 미디어 콘텐츠 생태계도 커다란 변화를 겪고 있다. 퀄리티 콘텐츠를 지속적으로 제작하려면 건강한 콘텐츠 제작 생태계가 만들어져야 한다. 콘텐츠 제작 생태계를 이루는 핵심 요소는 창작자, 다양한 특성을 소유한 (독립) 제작사, 제작사에 콘텐츠를 의뢰하고 이들이 제작한 콘텐츠를 글로벌로 배급해 더 큰 가치를 만들어 낼 수 있는 글로벌 스튜디오다. 이처럼 창작자-제작사-글로벌 스튜디오 간의 선순환 구조를 만들어야 한다. K콘텐츠 산업의 고도화를 위한 새로운 모멘텀이 필요한 시점이다.

한국의 산업화 이후 우리를 먹여 살린 산업은 늘 새롭게 탄생했다. 한국을 대표하는 산업에는 이를 이끌어 온 대표적 글로벌 기업이 있었다. 이제 콘텐츠 산업도 한국을 먹여 살릴 수 있는 산업으로 성장하고 있다. 정부는 콘텐츠 산업을 반도체 산업처럼 국가첨단전략산업으로 육성해야 한다. 한국의 콘텐츠 산업에는 아직 세계적 기업이 탄생하지 못했다. 글로벌 현상으로 자리 잡아 가는 K콘텐츠의 위상에 걸맞게 콘텐츠 산업에도 글로벌 기업이 등장해야 할 때다.

CJ ENM과 JTBC가 그 역할을 맡을 수 있을까? 아니면 최상의 인프라를 보유한 지상파, 미디어콘텐츠 사업에 진출한 통신사, 네이버나 카카오 같은 기술 기업이 할 수 있을까? 아니면 새로운 기업군이 등장할 수 있을까? K콘텐츠 육성을 위한 CJ의 노력은 평가받을 만하다. 이들은 CJ ENM을 중심으로 K콘텐츠 산업의 성장에 기여했다. 〈기생충〉의 오스카상 수상과 칸 영화제에서 〈헤어질 결심〉이 수상한 데에는 CJ의 노력이 절대적이었다는 평가다. 〈미스터 션샤인〉도 드라마 역사에 기록될 만한 작품이다. 후발 주자인 JTBC도 빠르게 성장하고 있다. SLL이 제작·투자한 〈D.P.〉와 〈지옥〉(클라이맥스), 〈오징어 게임〉(싸이런픽쳐스), 〈지금 우리 학교는〉(SLL), 〈마이네임〉(산타클로스) 같은 작품은 넷플릭스를 통해 글로벌 시청자의 사랑을 받았다.

그러나 두 기업도 할리우드와 경쟁하기에는 아직은 역부족이다. 콘텐츠 분야에도 삼성전자 같은 글로벌 기업이 탄생해야 한다. 삼성전자가 애플과 경쟁하듯 이제 디즈니와 경쟁할 수 있는 글로벌 스튜디오가 등장해야 할 때다. 그래야 더 많은 인재가 K콘텐츠 산업에 들어오고 이들이 K콘텐츠의 혁신에 나설 것이다. 블록버스터와 퀄리티 콘텐츠를 지속적으로 제작하려면 규모의 경제가 반드시 필요하다. 이를 통해 국내의 창작자, 제작사도 더 크게 성장할 수 있다.

4장
K콘텐츠의
고도화

"한국이 만든 이야기에 대한 사랑이 한국이라는 나라에 대한 전 세계의 관심에 긍정적 영향을 주고 있다는 것은 참으로 놀라운 일입니다. 이 모든 것은 한국 창작자들의 뛰어난 스토리텔링 역량 덕분입니다. 한국의 작품은 이제 전 세계 시대정신의 중심에 우뚝 섰습니다."(테드 서랜도스 넷플릭스 공동 CEO)[1]

앞으로 K콘텐츠도 할리우드와 경쟁하고 〈스타워즈〉 같은 대작을 만들 수 있는 제작 생태계를 갖추어야 한다. 단순히 희망 사항만은 아니다. 충분히 가능한 일이다. 한국은 할리우드 콘텐츠의 소비처에서 공급처가 되고 있다. 이제 K콘텐츠를 넘어 글로벌 콘텐츠 산업을 이끌 수 있는 제작 역량을 키워야 한다. 이는 건강한 콘텐츠 창작 생태계를 통해서만 가능하다. 영화나 드라마 제작을 위해서는 먼저 사람(창작자)과 이들이 상상하는 스토리를 영상으로 만들 수 있는 돈(제작비) 그리고 제작이 효율적으로 이루어지도록 물리적 창작 기반(인프라)이 필요하다. 즉 창작자, 투자 재원, 혁신적 제작 인프라다.

K콘텐츠가 골든 타임에 진입했다. 특히 글로벌 스트리밍의 로컬 오리지널 제작에서 영국, 스페인 등과 경쟁하고 있다. 이제 할리우드와 겨룰 수 있는 역량을 갖추려면 생태계 전반의 고도화가 필요하다. 필자는 이를 '스타워즈 넘어서기 프로젝트'라고 했다. K콘텐츠 고도화 방안을 인재 육성, 창작 기반 강화, 시장의 확장 그리고 정책적 지원으로 나누어 살펴본다.

글로벌 진출을 위한 인재 육성

영상 콘텐츠 제작은 수많은 분야의 창작자가 협력해서 만드는 전형적 팀워크 작업이다. 따라서 제작 과정에 참여하는 모든 창작자의 역량이 고르게 높아져야 한다. 특정 분야의 인력만 우수해서는 안 된다. 아무리 천재적인 감독이더라도 제작 현장에서 수많은 창작자의 도움 없이는 좋은 영화나 드라마를 만들 수 없다. 한두 사람의 천재가 모든 것을 해결할 수는 없기 때문이다. 어떤 산업보다도 콘텐츠 산업은 인재가 중요하다. 거의 절대적이라고 할 수 있다. 인재 육성을 위한 다양한 방안과 접근법이 필요하지만 여기서는 현실적이면서도 근본적 방안을 고민해 보려 한다. 대표적으로 쇼 러너와 글로벌 창작자의 육성이다.

글로벌 프로젝트를 이끄는 쇼 러너

K콘텐츠가 국내 중심에서 벗어나 글로벌로 확장되고 있다. 이에 따라 콘텐츠 제작과 유통에서 규모의 경제를 이루려면 점차 대규모 제작 프로젝트를 관리할 사람이 필요하다. 할리우드에서는 이를 쇼 러너showrunner라고 부른다. 쉽게 이해하면 콘텐츠를 제작하는 데 가장 중요한 창작자와 제작비를 매니징하는 최고 책임자다. 쇼 러너는 제작자나 총괄 프로듀서보다 더 상위 개념이다. 물론 제작 현장에서는 그 역할이 정형화되어 있다기보다는 제작 상황에 따라 유연하게 변화될 수 있다. '스타워즈 넘어서기 프로젝트'가 성공하려면 역량 있는 쇼 러너가 꼭 필요하다.

할리우드에는 유명 쇼 러너가 많다. 최근 화제가 되고 있는 인물은 TV 시리즈 제작의 숀다 라임스다. 라임스는 ABC의 드라마 〈그레이 아나토미〉 같은 히트작 제작에 참여했고, 최근에는 넷플릭스의 〈브리저튼〉, 〈애나 만들기〉, 〈샬럿 왕비: 브리저튼 외전〉 등을 제작한 각본가이자 제작자 겸 쇼 러너다. 드라마 시리즈 〈그레이 아나토미〉에서도 기획자creator, 수석 작가head writer, 총괄 프로듀서executive producer의 역할을 수행했다. 라임스는 숀다랜드라는 제작사도 설립해 운영하고 있다. 글로벌 히트작이 된 스페인 드라마 〈종이의 집〉 작가 겸 제작자인 알렉스 피나도 쇼 러너로 볼 수 있다.

쇼 러너는 미국의 드라마 시리즈 발전에 큰 기여를 했다. 이들은 복잡한 제작 과정에서 자율성과 통제력의 수준을 결정한다. 1990년대와 2000년대 초 HBO에 편성된 오리지널 시리즈 중 〈더 소프라노스)의 데이비드 체이스David Chase, 〈식스 피트 언더〉의 앨런 볼Alan Ball 같은 사람이다. 이들은 TV 역사상 가장 호평받는 드라마를 제작했다.[2] 쇼 러너가 갖추어야 할 자질은 스토리(작가), 캐릭터(캐스팅), 스토리텔링(스태프)과 감독에 이르기까지 창작자들을 관리하고 매니징하는 능력이다. 또 제작비를 확보하고 배분하는 능력도 중요하다. 지금은 넷플릭스의 공동 CEO인 테드 서랜도스도 쇼 러너를 거쳤다. 그는 넷플릭스에서 오랫동안 최고 콘텐츠 책임자 역할을 맡았고, 넷플릭스 오리지널 제작에도 크게 기여했다. 오늘날의 넷플릭스 콘텐츠를 갖춘 장본인이라 할 만하다. 쇼 러너는 CEO와 창작자 사이에서 가교의 역할을 하기도 한다.

영화 분야에서 쇼 러너는 〈스타워즈〉 오리지널 3편과 프리퀄 3편의 제작을 지휘한 조지 루카스, 마블의 케빈 파이기, 〈스타워즈〉 시퀄의 J. J. 에이브럼스, 〈아이언맨〉의 존 파브로, 〈가디언즈 오브 갤럭시〉의 제임스 건 등을 들 수 있다. 뒤에서 살펴보겠지만 쇼 러너와 관련해 특히 주목해야 할 인물은 케빈 파이기Kevin Feige다. J. J. 에이브럼스는 영화 〈스타워즈: 라스트 제다이〉와 〈스타워즈: 라이즈 오브 스카이워커〉에서 연출director, 각본writer, 제작producer을 담당했다. 에이브럼스는 일찍이 ABC 드라마 〈로스트〉에서 기획과 제작을 담당하기도 했다. 존 파브로Jon Favreau는 영화 〈아이언맨1〉과 〈아이언맨2〉의 감독, 〈어벤져스: 인피니티 워〉의 기획자로 참여했다. 디즈니+ 오리지널 시리즈 〈만달로리안〉에서는 공동 총괄 프로듀서, 기획creator, 각본까지 맡았다. 존 파브로는 많은 영화에서 제작과 연출 그리고 직접 연기까지 하는 다재다능한 제작자이자 작가 겸 감독이다. 제임스

건James Gunn은 마블의 영화 〈가디언즈 오브 갤럭시〉 3부작의 각본과 감독을 맡았고, 〈어벤져스: 엔드게임〉에서는 제작을 담당했다. 3편의 〈가디언즈 오브 갤럭시〉를 완성한 후에는 워너브라더스가 운영하는 DC스튜디오의 공동 CEO가 되었다. J. J. 에이브럼스, 존 파브로, 제임스 건 등은 하나같이 창작자이면서 동시에 제작 프로젝트도 관리한다. 창작과 관리의 영역을 넘나들며, 영화와 드라마 시리즈의 경계도 없다.

앞에서 살펴본 것처럼 쇼 러너의 역할은 다소 복잡하지만 중요한 것은 점차 그 역할이 커지고 있다는 점이다. 할리우드에서는 영화와 드라마 제작에 참여하는 창작자들의 경계가 점점 모호해지고 있다. 두 분야에서 창작 인력의 교류도 일상화되었다. 현재 마블스튜디오 사장으로 할리우드의 '걸어다니는 백과사전'이라는 별명을 가진 케빈 파이기가 쇼 러너의 대표적 인물이다. 그는 MCU Marvel Cinematic Universe라는 마블 영화가 추구하는 지향점이자 MCU라는 거대 프로젝트를 떠올리게 하는 키워드다. 파이기는 MCU를 기획하고 관리하는 인물이다. 그는 2016~2019년 사이 넷플릭스와 디즈니가 공동 제작한 〈데어데블〉 같은 드라마 시리즈의 제작에 총괄 프로듀서로 참여했다. 디즈니+의 오리지널 〈완다비전〉, 〈로키〉, 〈호크 아이〉 같은 다수의 드라마 프랜차이즈도 이끌고 있다. 파이기는 마블의 수많은 영화 간, 영화와 TV 시리즈 간의 연계성을 조정하고 마블의 프랜차이즈를 디자인한다. 그는 마블 영화나 드라마 시리즈의 엔딩 스크롤에 총괄 프로듀서로 소개되는 사람이다.

디즈니는 2009년 8월 마블스튜디오를 인수했다. 인수된 후 13년

이 넘는 기간 동안 MCU는 페이즈phase(단계) 4가 완료된 2022년 말까지 30편의 영화와 8개 타이틀의 TV 시리즈를 제작했다. 디즈니는 이로써 글로벌 최고의 프랜차이즈가 되었다. 이들은 2026년까지의 제작 계획도 이미 공표했는데, 이 많은 콘텐츠를 케빈 파이기가 이끌고 있다. 영화학자 남명희는 마블의 성공 요인으로 슈퍼히어로라는 '이야기의 힘'과 그 이야기를 장기간에 걸쳐 꾸준히 수용자가 이해하도록 안배한 '기획력'을 꼽았다.[3] 쇼 러너로서 케빈 파이기가 그 역할을 하고 있다. 그는 디즈니가 마블스튜디오를 인수하기 전부터 마블 영화를 기획하고 관리해 온 장본인이다.

쇼 러너는 때때로 콘텐츠 기업의 CEO이기도 하다. 예를 들어 디즈니의 전 CEO 마이클 아이스너, 아이스너 재직 시 콘텐츠 최고 책임자 역할을 한 제프리 카젠버그Jeffrey Katzenberg(나중에 드림웍스의 CEO가 됨), 그리고 현재 디즈니 CEO인 밥 아이거도 CEO이면서 총괄 프로듀서 역할을 했다. 이들은 영화의 스토리 개발을 위해 작가를 발굴하고, 영화 대본까지 꼼꼼히 검토하며, 감독도 직접 선정한다. 심지어 영화 음악에 필요한 뮤지션을 발굴하기도 한다. 애니메이션 영화에서는 주요 캐릭터를 연기할 성우까지 결정한다. 창작에 관한 중요 의사결정을 모두 하는 것이다. 쇼 러너는 총괄 프로듀서를 넘어서는 역할도 한다. 그래서 제작사의 경우 CEO를 겸하기도 한다. 앞서 말한 숀다 라임스나 알렉스 피나는 자신이 운영하는 제작사의 CEO이기도 하다. 루카스필름의 조지 루카스도 제작사 CEO였다. 특이한 점은 쇼 러너는 일반 기업의 CEO와 달리 창작 분야에서도 재능이 있어야 한다는 것이다. 따라서 창작자 출신의 쇼 러너가 많지만 꼭 그럴 필요는 없다.

쇼 러너는 콘텐츠 비즈니스에도 탁월해야 한다. 미디어·콘텐츠·
엔터테인먼트의 복합체인 할리우드 스튜디오는 철저히 상업적이
다. 세계를 지배하는 거대 비즈니스 조직이다. 따라서 콘텐츠를 제
작하는 창작자도 중요하지만 콘텐츠의 기획·제작·배급을 통해 수
익을 창출하는 기획 관리자인 쇼 러너의 역할이 매우 중요하다. 필
자의 경험으로도 할리우드 스튜디오에는 비즈니스 정신으로 무장
한 인재들이 많다. 스카이라이프에서 일할 때 할리우드 스튜디오의
고위 임원들과 미팅할 기회가 잦았다. 이들은 창작은 물론이고 비즈
니스에도 탁월한 재능을 보였다. 국내 영화계에도 과거와 달리 단지
영화가 좋아서 입문하는 사람인 '콘텐츠 애호가'보다 콘텐츠 비즈
니스에 관심이 많은 '비즈니스 추구형'도 제법 들어온다고 한다. K
콘텐츠의 고도화를 위해 긍정적이다.

K콘텐츠 산업이 고도화하려면 가장 필요한 것 중 하나가 시장의
확장이다. 이를 위해서는 해외에서 K콘텐츠 소비 시장을 만들어야
한다. 해답은 이것뿐이다. K콘텐츠의 글로벌 시장을 만들어 낼 수
있는 쇼 러너의 등장이 그 어느 때보다 절실한 시점이다. 이들은 콘
텐츠 제작을 위해 필요한 제작 요소인 돈과 창작자를 확보하고 통합
해 콘텐츠를 비즈니스로 조직할 수 있는 인재다. 특히 글로벌 콘텐
츠 비즈니스에 유능한 인재들이어야 한다. 예를 들어 CJ ENM의 글
로벌 사업본부 같은 역할이다. 글로벌 차원에서 콘텐츠 제작 및 배
급을 포괄하는 비즈니스를 추진하는 것이다. 글로벌 스트리밍 시
대는 국내 사업자 간의 경쟁이 아니다. 콘텐츠 창작이나 비즈니스

영역 구분 없이 글로벌 감각이 특히 중요하다. 콘텐츠 소비와 제작의 글로벌화라는 메가 트렌드를 활용해야 하기 때문이다. K콘텐츠에 이런 인재들이 더 많이 진입해야 한다. 바로 역량 있는 쇼 러너들이다.

할리우드 메이저 스튜디오는 전통적으로 명문대 출신이 선호하는 직장이다. 높은 보수에 직업 만족도도 높다. 이와 달리 우리나라는 전통적으로 엔터테인먼트 산업에 부정적 인식이 있다. 이른바 '딴따라'라는 용어가 대표적이다. 우리는 미국의 콘텐츠 산업을 이끌어 가는 '할리우드 키즈'나 '스타워즈 키즈' 같은 인재풀도 없다. K콘텐츠 산업이 첨단 전략 산업으로 자리 잡으려면 콘텐츠 창작이나 콘텐츠 비즈니스가 선망받는 직업, 좋은 직장으로 인식되어야 한다.

그렇다면 역량 있는 쇼 러너는 어떻게 탄생할까? 최선의 방안은 대규모 콘텐츠 프로젝트에 직접 참여하는 것이다. 이들은 콘텐츠 제작 현장에서 육성된다. 방대한 이야기나 큰 프로젝트가 만들어지는 과정은 두 가지 유형으로 나눌 수 있다.

먼저 사전 계획에 의해 이루어지는 경우다. 영화 〈스타워즈〉나 〈아바타〉가 여기에 해당한다. 조지 루카스 감독은 1977년 최초로 〈스타워즈〉가 개봉되었을 때 이미 자신의 이야기를 완성하려면 더 많은 영화를 제작해야 한다고 생각하고 있었다. 그래서 최초로 만든 영화가 스타워즈 시리즈에서 첫 번째 에피소드가 아니라 네 번째 에피소드였다. 에피소드4(새로운 희망, 1977), 에피소드5(제국의 역습, 1980), 에피소드6(제다이의 귀환, 1983)의 순서로 개봉되었다. 흔히 스타워즈 오리지널로 불리는 영화다. 이후 프리퀄prequel(전편보다 시간상으로 앞선 이야기를 보여 주는 속편)로 에피소드1(보이지 않는 위험, 1999), 에피소드2(클론의 습격, 2002), 에피소드3(시스의 복수, 2005)이 만들어졌다. 2012년 디즈니의 루카스필름 인수 후에는 시퀄sequel(후속작)로 에피소드7(깨어난 포스, 2015), 에피소드8(라스트 제다이, 2017), 에피소드9(라이즈 오브 스카이워커, 2019)로 이어졌다. 디즈니가 인수했지만 스타워즈는 여전히 조지 루카스가 구상한 이야기에 바탕을 두고 있다. 스타워즈의 다음 영화(제목 미정)는 2026년, 2027년에 각각 개봉될 예정이다.

제임스 카메론도 자신이 구상하는 거대한 이야기를 완성하기 위해 모두 5편의 〈아바타〉를 제작할 계획이다. 한두 편의 영화로는 자신의 구상을 다 담을 수 없어서다. 지금까지 〈아바타〉(2009), 〈아바타: 물의 길〉(2022) 등 2편이 개봉되었다. 다음 영화에 대해 현재까지 알려진 바로는 〈아바타3〉은 2025년, 〈아바타4〉는 2027년, 〈아바타5〉는 2031년에 개봉될 예정이다. 〈스타워즈〉는 1977년에 시작되었으니 열한 번째 영화가 개봉되는 2027년이 되면 딱 50년이다. 〈아바타〉는 2009년에 시작되어 5편이 완성되는 2031년이면 20년이 넘는다. K콘텐츠에도 조지 루카스나 제임스 카메론 같은 거대한 이야기를 이끌어 가는 쇼 러너가 필요하다.

방대한 이야기가 만들어지는 두 번째 유형은 사전 기획보다 사후에 만들어 가는 형태다. 대표적으로 MCU가 있다. MCU는 마블 영화의 연속적인 흥행으로 영화 제작이 더욱 탄력을 받고 있고, 이를 통해 MCU도 더욱 확장되고 있다. 2008년 영화 〈아이언맨〉으로부터 시작된 MCU는 올해(2022년)로 15년째 계속되고 있다. 이들은 매년 평균적으로 3편 내외의 영화를 개봉했다. 2022년 말까지 30편의 영화와 8개 타이틀의 드라마 시리즈를 공개했다. MCU는 2021년 〈스파이더맨: 노 웨이 홈〉을 시작으로 양자역학에 기반한 다중우주 multiverse로까지 영역을 확장하고 있다. 2023년부터 MCU의 페이즈5 가 시작되었고, 앞으로도 매년 3편 내외의 영화를 개봉할 예정이다. 남명희는 "MCU는 사전 기획에 의한 것은 아니었다. 〈아이언맨〉의 성공 후 할리우드의 마블 영화에 대한 열의가 높아지면서 사후에 완성되어 가는 구조였다"라고 말했다.[4] MCU는 사전 계획에 따라 추진되지 않았고 우여곡절을 거치며 확장되어 왔다. 손쉽게 비유하면 신도시 건설이 아니라 재개발로 볼 수 있다. 케빈 파이기는 "우리는 우주를 건설하려고 시작한 적이 없다"라고 밝히기도 했다. 2008년 〈아이언맨〉이 흥행하고 이를 계기로 "MCU는 단순히 조립되는 것이 아니라 공개적으로 계획되고 있었다"라고 언급했다.[5] 영화가 계속되면서 MCU로 통칭되는 그 나름의 체계를 갖춘 것이다.

스타워즈 확장 세계나 MCU 외에도 스토리의 확장은 소니의 '스파이더버스', 넷플릭스의 '기묘한 이야기 세계관', '오징어 게임 세계관', '그레이 맨 세계관' 등 매우 다양하다. 〈스파이더맨〉도 2002년부터 20여 년 동안 8편의 영화가 개봉되었고, 다수의 애니메이션 시리즈도 제작되었다. 넷플릭스의 인기 드라마 시리즈나 영화도 보다 큰 이야기로 진화하고 있다. 넷플릭스 최대 히트작인 〈기묘한 이야기〉는 시즌4까지 공개되었다. 이를 바탕으로 자사의 모바일 게임으로 제작되었고 애니메이션 시리즈로도 제작되고 있다. 이제 연극

공연으로도 상연될 예정이다. 넷플릭스는 자사의 블록버스터 영화 〈그레이 맨〉(2022)도 독자적 세계관을 갖는 이야기로 발전시킬 계획이다. 이런 경우를 보면 먼저 성공한 영화나 드라마 시리즈가 탄생하고 나서 더 큰 스토리로 확장되어 가는 형태다. 거꾸로 생각해 보면 시작할 때부터 굳이 큰 이야기가 아니어도 나중에 거대한 세계관으로 확장될 수 있다. 사실 대부분의 경우 작고 우연하게 시작되었다.

그런데 사전에 기획된 것이든 사후에 만들어 가는 형태든 중요한 것은 커다란 이야기는 계속되는 콘텐츠 제작을 통해서만 이루어진다는 점이다. 한두 편의 영화나 시리즈로는 불가능하다. 더 많은 제작이라는 실질적인 과정을 거치며 구체화되어 간다. K콘텐츠도 쇼 러너를 키우려면 전 세계에 히트할 수 있는 시리즈나 영화를 지속적으로 제작하는 것이 가장 중요하다. 이 외에 다른 길은 없다.

〈스타워즈〉나 MCU도 결국은 영화와 드라마 시리즈를 지속적으로 제작하면서 확장하고 있다. 따라서 쇼 러너를 키울 수 있는 가장 확실한 방법은 K콘텐츠에 대한 투자 및 제작의 활성화다. K콘텐츠는 아직 거대한 이야기를 만들어 내지 못했다. 어쩌면 당연한 일이다. 거대한 이야기로 확장될 만큼 많은 콘텐츠를 제작하지 못했기 때문이다. 넷플릭스에서 제작이 확정된 시즌까지 포함해서 2개 시즌을 넘어가는 드라마는 〈스위트홈〉(3개 시즌), 〈오징어 게임〉(2개 시즌), 〈더 글로리〉(2개 시즌), 〈지금 우리 학교는〉(2개 시즌) 정도다. 드라마 중에는 2024년 공개된 〈스위트홈〉이 최초로 시즌3까지 확장된 것이다. 그리고 2024년 말에 공개된 〈오징어 게임〉 시즌2는 '오징어 게임 세계관'의 확장 여부를 가늠할 분기점이 될 것이다. 성공하면 더 큰 이야기로 확장될 수 있다.

반면에 스페인의 〈종이의 집〉은 5개 시즌(파트), 한국 버전인 〈종이의 집: 공동경제구역〉과 스핀오프 시리즈인 〈베를린〉도 시즌2까지 확정되었다. 로컬 콘텐츠인 〈종이의 집〉도 할리우드 콘텐츠처럼 확장 프랜차이즈화되고 있다. 스페인의 〈엘리트들〉도 시즌8이 공개될 예정이다. 콜롬비아의 〈나르코스〉도 시즌3까지 공개되었고, 〈나르코스: 멕시코〉도 시즌3까지 공개되었다. K-드라마에도 이 같은 확장 프랜차이즈로 진화할 수 있는 드라마가 나와야 한다. 시즌의 확장은 스토리의 확장뿐 아니라 제작사 및 참여하는 창작자에게 경제적 보상도 커진다. K콘텐츠의 지속 가능한 제작을 위해 매우 중요한 점이다.

박찬욱 감독은 2024년 HBO에서 공개된 드라마 시리즈 〈동조자〉에서 제작, 각본, 연출을 맡았다. 앞으로 이 드라마의 시즌이 계속되어 박찬욱 감독이 할리우드에서도 성공하는 쇼 러너가 되었으면 한다. K콘텐츠는 글로벌 현상이 되었다. 이제 K콘텐츠는 추격자가 아니라 선도자가 되어야 할 때다.

글로벌을 활동 무대로 하는 창작자들

현재 글로벌 스트리밍이 콘텐츠 소비와 제작의 글로벌화를 이끌고 있다. 이에 따라 로컬 중심에서 '로컬과 글로벌' 모두를 지향하는 콘텐츠로 변화하고 있다. 이것이 넷플릭스가 추구하는 로컬 오리지널 전략의 핵심이다. 한국에도 글로벌 스트리밍의 콘텐츠 수급 전략의 변화에 걸맞은 글로벌 인재가 필요하다. 다국적, 다국어 제작을 위한 역량이 K콘텐츠의 글로벌 진출에 중요한 역할을 할 것이다. 점점 더 많은 영화와 드라마 시리즈에서 다양한 언어와 인종이 등장하고 있다. 넷플릭스나 디즈니+는 세계 거의 모든 나라에 서비스된다. 넷플릭스의 로컬 오리지널 전략은 '선 로컬 후 글로벌'이다. 넷플릭스의 최고 콘텐츠 책임자 벨라 바자리아는 "모두에게 어필하는 것을 만들려고 하면 결국 아무에게도 어필하지 못하는 것을 만들게 된다. 따라서 먼저 자국에서 공감을 얻는 콘텐츠를 만드는 것이 목표"라고 밝혔다.

넷플릭스의 로컬 오리지널은 2015년부터 시작되었다. 콜롬비아에서 스페인어와 영어로 제작된 〈나르코스〉(2015)는 감독과 배우들의 국적이 주로 라틴 아메리카(멕시코, 브라질, 칠레, 콜롬비아)였고, 스페인과 미국 배우도 캐스팅되었다. 또 스페인에서 제작된 〈종이의 집〉의 경우 처음에는 넷플릭스와 스페인의 지상파가 공동으로 제작해 스페인 국내를 대상으로 한 콘텐츠였다. 파트1과 파트2가 여기에 해당한다. 이 드라마를 넷플릭스가 방영권을 확보해서 전 세계에 공개했는데, 글로벌 시청자의 반응이 폭발하자 후속작(파트3~파트5)은 넷플릭스가 오리지널로 제작해 글로벌 히트작으로 성공시켰다. 〈종이의 집〉은 스페인의 밴쿠버미디어라는 제작사가 5개 파트를 모두 제작했다. 2022년에 공개된 한국어판 종이의 집인 〈종이의 집: 공동경제구역〉은 한국 제작사 BH엔터테인먼트가 제작했다. 이 경우 국적이 다른 두 제작사의 제작 역량을 비교해 볼 수 있다는 점도 흥미

롭다. 〈종이의 집〉의 사례를 보면 로컬 콘텐츠가 처음에는 창작자들
조차 생각하지 못한 형태로 글로벌화될 수 있음을 알 수 있다. 바로
글로벌 스트리밍 시대의 특성이다. 많은 경우 콘텐츠의 성공은 우연
의 게임처럼 보일 수도 있다. 하지만 우리가 성공의 이유를 모를 뿐
이다. 분명한 점은 이제 K콘텐츠도 늘 글로벌 시청자를 염두에 두어
야 한다는 것이다.

2022년 9월에 공개된 넷플릭스 드라마 시리즈 〈수리남〉에서도 글
로벌 제작, 다국적 제작의 모습을 볼 수 있다. 도미니카공화국에서
진행된 해외 로케이션과 한국, 중국, 미국, 수리남 및 브라질 국적의
배우 캐스팅 및 대사도 복수 언어(한국어, 중국어, 영어)로 이루어졌다.
디즈니+의 드라마 〈커넥트〉도 한국과 일본의 창작자들이 참여한 글
로벌 공동 제작이다. 디즈니+의 오리지널 〈카지노〉의 주된 배경은
필리핀이다. 해외 로케이션과 한국어, 영어로 제작되었고 배우의 국
적도 다양하다. 애플TV+의 〈파친코〉도 다국적 제작의 전형을 보여
준다. 넷플릭스의 국내 최초 오리지널 영화 〈옥자〉는 배우 브래드
피트가 운영하는 제작사 플랜B가 제작했고, 봉준호 감독의 연출에
미국과 한국의 배우가 주연으로 캐스팅되었다. 물론 한국어와 영어
로 제작되었다. 한국에서는 로컬 오리지널의 시작부터 다국적 제작
이었던 셈이다.

이제 K콘텐츠에도 글로벌에서 활동할 수 있는 작가, 감독, 연기자,
스태프가 더 많이 나와야 한다. 중국계의 이안 감독, 장예모 감독, 왕
가위 감독은 활동 영역이 글로벌이었다. 2023년 아카데미 시상식에
서 영화 〈에브리씽 에브리웨어 올 앳 원스〉로 여우 주연상을 받은

양자경(양쯔충)은 말레이시아 출신의 중국계 배우다. 그녀는 아시아 배우 최초로 여우 주연상을 수상했다. 일찍이 대만 국적인 이안 감독의 영화 〈와호장룡〉과 넷플릭스 오리지널 영화로 제작된 〈와호장룡: 운명의 검〉에도 출연했다. 넷플릭스 오리지널 〈위처: 블러드 오리진〉에서도 주요 배역을 맡았다.

이에 비해 할리우드에서 본격적으로 활동하는 우리나라 출신의 감독이나 배우는 아직 많지 않다. 배우 김윤진이 ABC의 드라마 시리즈 〈로스트〉에, 윤여정이 영화 〈미나리〉에 출연했다. 역시 영화 〈미나리〉와 드라마 〈성난 사람들〉에 출연한 스티브 연도 지명도를 쌓고 있다. 〈오징어 게임〉으로 에미상 남우 주연상을 수상한 이정재는 디즈니의 스타워즈 시리즈 〈애콜라이트〉에 출연했다. 배우 마동석은 마블 영화 〈이터널스〉에 캐스팅되었다. 서서히 세계 무대에서 활동하는 이들이 늘어나고 있지만 아직은 갈 길이 멀어 보인다.

창작자를 육성하는 것도 제작 역량만큼 축적의 과정이 필요하다. 이야기를 발굴하고 캐릭터를 창조하는 작가, 이야기와 캐릭터를 살아 있는 주인공으로 탄생시키는 재능 있는 연기자, 스토리를 영상화하는 다양한 분야의 스토리텔러, 혁신 기술을 개발하고 활용할 수 있는 엔지니어, 스토리와 캐릭터(연기자)와 스토리텔링을 결합해 퀄리티 콘텐츠로 만들어 내는 감독도 필요하다. 픽사, 마블스튜디오, 루카스필름 등을 통해 최고의 창작자들과 스토리텔링을 만들어 내는 디즈니를 면밀하게 살펴볼 필요도 있다. 다양한 분야의 창작자 육성은 콘텐츠 기업에서도 담당하지만 공적 영역의 지원도 꼭 필요하다. K콘텐츠 산업의 고도화를 위해 할리우드 현지에 창작자를 키우는 (가칭) 'K콘텐츠 캠퍼스'를 만들면 어떨까. 정부, 기업, 학교가 연합해 할리우드 현장에서 국내 창작자들이 직접 콘텐츠 제작에 참여하도록 하는 것이다. 가장 이상적 방안은 디즈니나 워너브라더스 같은 글로벌 스튜디오의 탄생이다. 글로벌에서 활동하는 창작자를 육성하려면 다양한 접근법이 필요하다.

02

건강하고 경쟁력 있는 콘텐츠 창작 기반 강화

⏸

창작 기반이란 콘텐츠 제작을 위해 창작자와 투자 재원을 보다 효율적으로 결합하는 방안이다. 이는 창작 기반을 마련하려면 어떤 조건이 필요한지에 관한 문제이기도 하다. K콘텐츠의 창작 기반을 튼튼히 하기 위한 방안으로 스튜디오 시스템화, 우수한 창작자의 유입, 영상 제작 기술의 개발 및 슈퍼 IP의 확보에 대해 살펴보자.

글로벌 스튜디오의 탄생을 위한 스튜디오 시스템의 확장

스튜디오 시스템의 기원인 할리우드 시스템의 핵심 특징은 콘텐츠의 대량 생산과 인력의 효과적 분배, 효율적 제작 관리 등 체계적 제작 시스템을 구축한 것이다.[6] 할리우드 시스템은 콘텐츠의 지속적 제작을 위해 필요하다. 할리우드는 스튜디오 시스템으로 제작된 콘텐츠의 배급도 담당한다. 한마디로 말하면 '효율적인 콘텐츠 제작·배급 시스템'이다. 글로벌 스트리밍에서 K콘텐츠는 우리의 예상을 뛰어넘는 흥행을 보여 주고 있다. K콘텐츠의 성공을 이어 나가고 건강한 생태계를 만들려면 퀄리티 콘텐츠의 지속 가능한 제작이 무엇보다 중요하다. 스페인처럼 흥행하는 드라마 시리즈나 영화를 제작하려면 콘텐츠 생태계가 더 튼튼해져야 한다. 효율적이고 지속 가능한 콘텐츠 제작이 중요한 시기에 접어들었다. 스튜디오 시스템의 확장이 필요한 이유다.

이제 〈오징어 게임〉의 뒤를 이를 새로운 글로벌 히트작을 만들어가야 한다. K-드라마를 브랜드화해야 하는데 이를 위해 퀄리티 콘텐츠의 지속적 제작이 필요하다. 할리우드 스튜디오의 전형적 스토리 기둥의 하나인 세상을 구하는 이야기뿐 아니라 세상에 대해 생각하는 이야기도 만들어야 한다. 슈퍼히어로의 이야기, 권선징악의 이야기도 필요하지만 '문화적 시대정신'을 보여 주는 드라마도 제작해야 한다. 그렇다고 할리우드 콘텐츠의 흥행 요소를 잊어서는 안된다. 디즈니의 CEO 밥 아이거는 최근 마블 영화의 부진을 두고 디즈니의 창작자들에게 "메시지(스토리)에 빠지지 말고 스토리텔링에 집중하라"라고 강조했다. 2023년에 대규모 제작비가 투자된 K-드라마가 넷플릭스에 공개되었음에도 〈오징어 게임〉이나 〈더 글로리〉 같은 히트작이 되지는 못했다. K-드라마의 지속 가능성에 대한 우려도 나오고 있다.

따라서 K콘텐츠도 퀄리티 콘텐츠의 일관된 제작이 더욱 중요해졌다. 소수의 창작자에게만 의존하는 불안정한 구조로는 한계가 있다. 콘텐츠 제작에서 규모의 경제를 확보하려면 제작사의 성장이 무엇보다 중요하다. 제작사의 재무 안정성도 확보해야 한다. 이러한 과제를 해결할 수 있는 검증된 방안이 바로 할리우드식 스튜디오 시스템이다. 즉 콘텐츠를 대량 생산하는 '콘텐츠 팩토리content factory'다. 스튜디오 시스템을 통해 콘텐츠 제작에서 오는 위험을 최소화하고 콘텐츠 제작의 효율성과 경제성을 확보할 수 있다. 이것으로 K콘텐츠의 경쟁력 중 하나인 가성비도 유지할 수 있다. 스튜디오 시스템의 확장을 통해 궁극적으로 국내 제작사도 글로벌 스튜디오로 성장해야 한다.

스튜디오 시스템화는 하나의 기업이 콘텐츠 제작과 유통 기능을 통합적으로 수행하는 것이다. 말하자면 콘텐츠 제작과 배급의 효율을 높이기 위한 시스템이다. 스튜디오 시스템을 통해 투자 재원과 인재를 안정적으로 확보하고 이를 통해 퀄리티 콘텐츠를 지속적으로 제작할 수 있다. 스튜디오 시스템의 확장을 위해서는 안정적 재원 확보, 제작의 일관성, 제작 방식의 다양화, 장르의 확장, 데이터의 활용이 필요하다.

제작사의 지속 가능성을 위한 안정적 재원 확보

제작사가 글로벌 스트리밍과의 콘텐츠 거래에서 가장 바람직한 방식은 자체적으로 제작비를 조달해 사전 제작을 하고 이를 라이선싱하는 것이다. 그러면 당연히 IP도 제작사 소유가 된다. 이 방식은 콘텐츠의 성공에 따른 추가 수익도 확보할 수 있다. 문제는 사전에 대규모 투자금을 확보해야 한다는 점이다. 에피소드당 20억 원이 소요되는 드라마 한 시즌만 제작하더라도 200억 원 내외가 필요하다. 자체 조달이란 회사가 보유하고 있는 자금이나 차입을 통해 제작비를 확보하는 것이다. 그러나 국내 제작사가 이 정도의 제작비를 스스로 조달하기란 결코 쉽지 않다. 참고로 영화진흥위원회(2022년)의 자료에 따르면 국내의 상업적인 개봉 영화의 평균 제작비는 120억 원 정도다.

할리우드는 영화 제작은 외부 투자자로부터 조달하지만 TV 시리즈는 신디케이션이라는 그들만의 독특한 제작·배급 방식을 활용한다. 문제는 국내에는 신디케이션 같은 제작과 배급 시스템이 존재하지 않는다는 점이다. 결국 K-드라마는 자체로 제작비를 확보하거나 외부 투자자를 통해 조달할 수밖에 없다. 자체 조달은 제작사로서는 상당한 위험이 따른다. 따라서 대규모 제작비를 조달하기 위해서는 할리우드가 영화를 제작할 때 활용하는 방안이 유용하다.

미국은 일찍부터 할리우드와 월스트리트가 결합했다. 이른바 금융 투자 자본의 활용으로, 이는 투자 규모를 확대하고 투자 리스크도 줄이는 효과적 방안이다. 대규모 투자가 뒤따를수록 리스크 분산이 꼭 필요하다. 다수의 콘텐츠 제작을 통한 위험 분산, 다수의 투자자 유치를 통한 위험 분산 등이 있다. 바로 제작사의 생존을 위해서다.

K콘텐츠도 여의도의 금융 투자 자본과 결합하는 방법을 적극적으로 모색해야 한다. 투자 은행(IB)이나 펀드가 운용하는 투자 자금과 연계해 대규모 제작비를 조달하고 동시에 리스크도 줄일 수 있는 방

법을 찾아야 한다. 투자 재원을 확보하려면 제작사의 특례 상장, 투자자에 대한 세제 감면도 필요하다.

K콘텐츠 브랜드화를 위한 퀄리티 콘텐츠 제작의 일관성

테슬라가 전기차 시장에서 경쟁력을 확보하는 방안은 전기차의 양산 능력이다. 기가 팩토리Giga Factory라 부르는 거대 규모의 공장과 기가 캐스팅Giga Casting이라는 제조 공정의 단순화를 통해 이루어진다. 테슬라는 이런 능력으로 전기 자동차 제조 원가를 극적으로 낮추었다. 자동차 생산과 영화 및 드라마 제작을 비교하는 것은 무리가 있다. 콘텐츠 제작은 자동차나 반도체 제조처럼 통일된 공정으로 양산할 수는 없기 때문이다. 더구나 장치 산업도 아니다. 그럼에도 콘텐츠 산업도 가능한 방법을 활용해 최대한 양산 시스템을 갖추어야 한다. 할리우드 스튜디오 시스템이 추구하는 방식이다.

K콘텐츠도 콘텐츠 팩토리 시스템을 구축해야 한다. '콘텐츠 공장'이라는 표현에 거부감을 가질 수 있지만 상징적 의미로 이해하면 된다. 지속적인 제작을 통해 콘텐츠 제작에서 오는 위험을 최소화하는 동시에 콘텐츠 제작비도 낮추어야 한다. 이를 위한 방안으로 국가 산업 단지로서 'K콘텐츠 혁신 클러스터' 같은 인프라 구축이 꼭 필요하다. 이곳에 제작사는 물론이고 VFX나 특수효과와 같은 최첨단 영상 제작 기술 기업 등을 집적화해야 한다. 최첨단 제작 인프라와 창작자들의 창의력을 결합시키는 모델이다. 이런 혁신 클러스터는 지방자치단체로서는 한계가 있으므로 정부 차원에서 추진되어야 한다.

하루에도 수많은 콘텐츠가 쏟아지고 있다. 가히 콘텐츠 홍수의 시대다. 시청자는 그들의 아까운 돈과 시간을 콘텐츠에 투자하므로 늘 더 좋은 콘텐츠를 찾는다. 이럴 때 고품질의 브랜드 콘텐츠는 시청자의 선택에 길잡이 역할을 한다. K콘텐츠도 브랜드를 만들려면 지속적인 퀄리티 콘텐츠 생산이 중요하다. 할리우드, 디즈니, 넷플릭스, 일본 애니메이션 등은 세계인이 사랑하는 글로벌 브랜드다. K콘텐츠도 글로벌 브랜드가 되려면 콘텐츠 제작의 연속성이 중요하다. K-드라마는 넷플릭스의 국내 진출 이전에도 한류라는 이름으로 아시아를 중심으로 많은 사랑을 받았다. 그러다가 넷플릭스와 〈오징어 게임〉이 만나면서 기존의 한류를 넘어서기 시작한 후 다행히 글로벌 히트작이 연이어 등장하고 있다. 이러한 성공이 5년, 10년 정도 축적되면 K콘텐츠도 디즈니 같은 글로벌 브랜드가 될 수 있다.

제작 여건에 따른 제작 방식의 다양화

제작사는 연간 제작 편수나 투자 자본의 규모가 매우 다양하다. 자사의 형편에 따라 콘텐츠를 제작하는 방식도 각기 다르다. 대규모 자본을 투자하는 블록버스터 전략을 구사할 수도 있고, 반대로 소규모 제작비를 투자해 틈새 콘텐츠(롱테일)를 중심으로 제작할 수도 있다. 블록버스터와 롱테일은 상호 보완적일 수 있다. 대형 제작사와 작은 제작사 간의 연합도 가능하다. 또 연간 한두 편의 콘텐츠만 집중하는 방식도 있다. 각각의 경우를 세부적으로 살펴보자.

먼저 블록버스터 접근법이다. 할리우드의 경우 블록버스터 영화를 제작하려면 대규모 투자와 제작 및 마케팅이 가능한 글로벌 차원의 호소력 있는 소재가 필요하다. 대표적으로 디즈니가 제작하는 마블 영화를 들 수 있다. 투자 자금과 소재의 제한으로 할리우드의 메이저 스튜디오라도 연간 소수의 블록버스터만을 제작한다. 국내 제작사가 할리우드형 블록버스터 영화를 제작한다는 것은 적어도 현재로서는 불가능하다. 그러나 드라마 시리즈에서는 도전해 볼 수 있다. K-드라마는 블록버스터를 만들 수 있는 역량을 갖추었지만 블록버스터를 제작해 판매할 시장을 확보하지 못한 것뿐이다. 제작 역량이라는 필요조건은 갖춘 셈이니 머지않아 K콘텐츠가 만든 블록버스터 드라마 시리즈의 탄생을 기대할 수 있다.

다음으로 롱테일형 접근법이다. 드라마 〈킹덤〉, 〈지금 우리 학교는〉, 〈소년 심판원〉과 영화 〈#살아있다〉는 이른바 K-좀비라는 장르를 개척했다. 좀비와 시대주의를 결합해 할리우드 좀비 장르와의 차별화에 성공했다. 현재성이라는 스토리와 좀비라는 스토리텔링을 결합시켰다. 학교 폭력, 공정公正과 같은 현재성을 보여 주는 스토리와 '생각하는 좀비'라는 혁신적 스토리텔링의 결합이다. 〈지금 우리 학교는〉에서는 '좀비도 아니고 사람도 아닌 존재'가 등장한다. 좀비와 인간의 속성을 모두 지닌 일종의 '중간계中間系'다. 좀비에 물리고도 좀비가 되지 않는 좀비의 등장으로 도시는 일순간 혼돈의 세계로 빠져든다. 창의성이 돋보이는 K콘텐츠다운 발상이다. 진화하는 좀비의 탄생으로 좀비이면서 사람처럼 생각도 한다. 생각하는 좀비가 등장하자 드라마 스토리가 매우 복잡하게 전개되고 드라마의 몰입도를 극적으로 높였다. 스토리텔링의 혁신성이 돋보이는 지점이다.

K-드라마는 특화된 장르도 실험하고 있다. 데스게임 방식의 〈오

징어 게임〉, 판타지 스릴러인 〈지옥〉, 크리처물인 〈스위트홈〉 같은 드라마다. 이처럼 특화된 장르에 대한 수요는 더 증가할 것으로 보이는데, 이는 글로벌 플랫폼으로서 넷플릭스가 갖는 몇 가지 특성 때문이다. 첫째, 넷플릭스에는 독특한 콘텐츠를 선호하는 다양한 글로벌 팬덤이 존재한다. 둘째, 넷플릭스는 콘텐츠를 결합상품(SVOD) 형태로 제공한다. 결합상품은 최대한 다양하고 특색 있는 장르로 구성되어야 그 효용이 커진다. 셋째, 로컬 콘텐츠 가치 확장 메커니즘을 통해 독특한 로컬 콘텐츠도 품질만 좋다면 언제든 글로벌 히트작이 될 수 있다.

마지막으로 소총식 접근이다. 블록버스터와는 다른 픽사의 이른바 소총식 접근법이다. 소수 정예에만 집중하는 방식으로 특정 기간 내에 극소수의 영화만 제작한다. 픽사는 소수의 영화만 제작했지만 전통의 셀 애니메이션cel animation(작가가 원화를 직접 손으로 그려서 제작되는 애니메이션)이 아닌 컴퓨터 그래픽을 통해 이전에 없던 장편 애니메이션 영화의 브랜드가 되었다. 우리의 제작사도 자신만의 특화된 콘텐츠 분야를 개척하는 것도 좋은 방안이 될 것이다.

장르의 확장: SF에 도전하는 K콘텐츠

영화에서 SF 장르는 대규모 자본과 혁신적 영상 제작 기술이라는 스토리텔링의 결합으로 만들어진다. 쉽게 말하면 많은 돈과 최첨단의 영상 제작 기술이 있어야 한다. 드라마 시리즈도 영화보다 규모는 작지만 속성은 동일하다. SF는 영화든 드라마 시리즈든 이제 영상 콘텐츠의 주류가 되었다. 특히 관객의 영화 소비 행태의 변화, 극장을 대체해 가는 TV의 역할 증가, 시네마틱 텔레비전의 등장으로 SF 장르는 더욱 각광받고 있다. 글로벌 팬데믹 이후 극장에서 흥행하는 영화는 화려한 영상미가 돋보이는 대작이 주를 이룬다. 영화 〈아바타: 물의 길〉과 〈듄: 파트2〉가 대표적이다. 이들은 SF 장르로 최고의 영상 제작 기술이 활용되었다.

디즈니+의 〈만달로리안〉을 시청하기 전 영화 〈스타워즈〉라는 상상 속의 거대한 이야기를 드라마로 담아낼 수 있을까 하는 의문이 있었다. 시즌1을 보자마자 든 생각은 영화에 비해 너무 초라하다는 것이었다. 영화에 비해 은하계에서 벌어지는 전투 장면, 우주선, 드로이드droid(로봇)의 규모가 작고 빈약했다. 시각효과(VFX), 특수효과, 미술과 분장에서의 정교함도 떨어졌다. 등장하는 외계인의 특수분장도 어설펐다. 그러나 시즌2로 가면서 많이 개선되더니 시즌3에서는 완전히 달라졌다. 세트, 시각효과, 특수효과, 영상미, 전투 장면, 외계인의 분장 등에서 영화 〈스타워즈〉에는 미치지 못하더라도 시네마틱 드라마로서는 손색이 없었다. 8개의 에피소드로 구성된 시즌3은 마치 8편의 영화를 보는 것 같았다. 어떻게 TV 시리즈를 이렇게 만들 수 있을까 하는 생각마저 들었다. 이처럼 〈만달로리안〉 시즌3은 우리가 드라마 시리즈에서 상상할 수 있는 규모를 벗어났다. TV 시리즈가 마치 영화 〈스타워즈〉나 〈아이언맨〉에 도전하고 있는 것처럼 보였다. SF의 핵심은 바로 영상 제작 기술이라는 점을 실감했다.

SF 장르는 K콘텐츠가 반드시 극복해야 하는 영역이다. 그런데 K-드라마가 SF에 도전하는 것이 가능할지 의문이었다. 우리도 과연 만들 수 있을까? 제작비만 있다면 제작할 수 있는 능력은 될까? 〈만달로리안〉은 현재 시즌3까지 공개되었다. 각 시즌은 8회로 구성되었고, 회당 제작비는 1500만 달러(약 160억 원)로 알려졌다. 따라서 시즌별 제작비는 1억 2000만 달러(약 1500억 원)다. SF 장르의 한국 영화 〈외계+인〉 제1부(2022), 〈더 문〉(2023)의 순제작비는 300억 원 전후다. 스타워즈 영화 중 최신작인 〈스타워즈: 라이즈 오브 스카이워커〉(2019)의 제작비는 2억 5000만~3억 달러(약 3500억 원) 정도로 알려졌다. 영화 스타워즈나 마블을 드라마로 제작했을 경우 가장 큰 차이는 역시 시각효과, 특수효과, 특수분장 같은 영상 제작 기술에서의 규모다. 그런데 이 점은 K콘텐츠에 오히려 긍정적이다. SF는 영상 제작 기술의 경쟁으로도 볼 수 있기 때문이다. 한국은 VFX 등 영상 제작 기술에서 할리우드와의 기술 격차를 점차 줄이고 있다. SF 장르에서도 K콘텐츠의 가능성을 볼 수 있다.

체계적 데이터에 기반한 스토리 창작

이전과 다르게 데이터가 스토리 창작의 기반이 되었다. 이러한 방식은 이미 영화 〈스타워즈〉나 〈아바타〉에 활용되고 있다. 예를 들어 영화 〈스타워즈〉에 관한 '홀로크론Holocron'이라는 것이 있다. 홀로크론은 지식이나 지혜의 저장소repository를 가리키는 말이다. 대표적으로 스타워즈 추종자를 위해 팬들이 만든 '우키피디아Wookieepedia'를 들 수 있다. 이는 신비로운 제다이Jedi에 관한 지식의 보고寶庫로, 일종의 데이터베이스다. 또 영화 〈아바타〉에 등장한 판도라는 행성의 이야기를 위해서도 데이터베이스를 구축해야 할 정도다. 판도라라는 상상의 행성에 살아가는 수많은 생명체에 대한 도감圖鑑이 필요하기 때문이다. 〈스타워즈〉나 〈아바타〉의 스토리는 단순한 상상 이상이다. 《콘텐츠의 미래The Art of Immersion》에서 저자 프랭크 로즈Frank Rose는 〈스타워즈〉에서 홀로크론은 팬들에 의해 관리되는 데이터베이스로서 루카스필름(영화 〈스타워즈〉의 제작사)의 궁극적인 내부 참조 백과사전이라고 언급했다. 영화 〈아바타〉는 은하계에 존재하는 새로운 행성 하나를 창조해 냈다. 카메론 감독은 판도라의 삶을 설명해주는 '바이블'을 만들려고 했다. 언어학 전문가에게 어휘와 문법, 구문을 갖춘 판도라 언어를 고안해 달라고 의뢰하고 배우들도 익히도록 했다. 판도라 행성에 살아가는 수백 종의 식물과 수십 종의 동물도 창조하려고 했을 정도다.[7]

최근 등장하고 있는 다중우주는 〈스타워즈〉나 〈아바타〉보다 더 복잡한 세계관을 기반으로 한다. 다중우주에 관한 영화도 증가하고 있다. 영화 〈스파이더맨: 노 웨이 홈〉, 〈닥터 스트레인지: 대혼돈의 멀티버스〉, 〈어벤져스: 엔드게임〉에는 평행우주, 다중우주, 양자 세계라는 개념이 등장한다. '노 웨이 홈'에서는 3명의 스파이더맨(톰 홀랜드, 토비 맥과이어, 앤드류 가필드)이 시공을 초월해 동시에 등장한다. 누가 진짜인지 이들의 친구조차 헷갈린다. '대혼돈의 멀티버스'에서는 꿈과 현실이 섞여 있다. 주인공인 나라는 존재도 하나가 아니다. 또다른 나를 찾아서 멀티버스를 여행하기도 한다. 서로 다른 시공간에 존재하는 다양한 내가 있는 것이다. 양자역학에서 말하는 '중첩'의 개념이다. '엔드게임'에는 타임 시프트, 시간 여행과 같은 양자 영역이라는 개념도 등장한다. 2023년 아카데미 작품상을 수상한 영화

⟨에브리씽 에브리 웨어 올 앳 원스⟩(2022)나 크리스토퍼 놀란^{Christopher} $_{Nolan}$ 감독의 ⟨테넷⟩(2020)도 다중우주의 세계관을 보여 준다.

이런 수준까지 가자 관객은 영화에 등장하는 세계관에 대한 지식을 갖춰야 그 내용을 제대로 이해할 수 있게 되었다. 영화를 보기 전에 예습이 필요한 것이다. 필자도 경험했다. 2024년 2월에 개봉한 영화 ⟨듄: 파트2⟩를 관람하려고 전작인 ⟨듄: 파트1⟩을 미리 시청하고 또 이 영화의 세계관을 설명해 주는 유튜브 콘텐츠까지 찾아보았다. 덕분에 ⟨듄: 파트2⟩의 감상이 즐거웠다. 이처럼 콘텐츠 창작자들은 세계관을 만들고 관객이나 시청자는 이러한 세계관을 잘 이해해야 영화를 즐길 수 있다. 그러나 이는 일방적 관계가 아니다. 콘텐츠가 지향하는 세계관을 지렛대로 콘텐츠 창작자와 소비자가 활발하게 상호 작용하면서 서로에게 영향을 미친다. SF에서는 데이터베이스를 구축할 정도의 체계적인 스토리의 창조가 필요하다. 데이터에 기반한 이 같은 스토리의 창작이 증가하고 있다. SF에 도전하려는 K콘텐츠도 데이터베이스에 기반한 거대한 세계관을 담은 이야기를 만들어 가야 한다.

창작자·제작사와 상생하는 글로벌 스튜디오

대표적인 한국형 스튜디오로는 스튜디오드래곤, SLL, 스튜디오S, KT의 스튜디오 지니를 들 수 있다. 이들은 K콘텐츠의 부상에 크게 기여했다. 한국형 스튜디오 시스템의 특징으로는 첫째 스튜디오가 콘텐츠 기획, IP의 확보 및 배급 전략을 총괄한다. 콘텐츠 제작은 스튜디오 안에 독립적으로 조직된 제작 부문과 연계된 제작사가 자율성을 갖고 진행한다. 예를 들어 SLL은 스튜디오 산하에 십여 개 이상의 레이블label(제작사)을 두고 있다. 둘째는 유통 플랫폼과 협상력 강화다.[8] 스튜디오가 제작과 배급을 통합적으로 관리하는 것이다. 제작과 배급은 여전히 국내 중심이지만 글로벌 스트리밍의 확장으로 K콘텐츠는 글로벌 미디어생태계에 편입되었다. 국내 스튜디오도 글로벌 차원의 콘텐츠 제작·배급 시스템을 구축해야 한다. 특히 날로 강력해지는 넷플릭스 같은 글로벌 스트리밍과 거래하기 위해서도 규모를 갖춘 스튜디오가 반드시 필요하다. 개인 자격의 창작자나 중소 규모의 제작사가 글로벌 스트리밍과 대등한 입장에서 협상하기는 불가능하다. 글로벌 스튜디오의 등장은 국내 창작자나 제작사를 보호하는 최선의 방안이다. 글로벌 스튜디오가 성장하려면 우수한 인재 확보와 자본 확충도 필요하다.

그렇다면 K콘텐츠의 글로벌 스튜디오는 어떻게 가능할까? 국내 사업자가 자체적으로 성장하거나 할리우드 베이스의 스튜디오를 인수 합병하는 방안이 있다. 참고로 일본의 소니는 1989년 할리우드 메이저 스튜디오인 컬럼비아를 인수했다. 2021년 3월 영화 투자 배급사인 뉴NEW는 할리우드 콘텐츠 투자사인 라이브러리 픽처스 인터내셔널Library Pictures International에 지분을 투자했다. 2021년 5월 JTBC 스튜디오(현 SLL)는 미국 제작사 윕wiip을 인수했다. 윕은 애플TV+의 오리지널 드라마 〈디킨슨〉, 맥스의 〈메어 오브 이스트타운〉을 제작한 곳이다. 2022년 1월 CJ ENM은 7억 8538만 달러(약 1조 원)를 투자해 할리우드의 중견 스튜디오인 피프스시즌Fifth Season(구 엔데버콘텐츠)을 인수했다. 피프스시즌은 영화 〈라라랜드〉, 애플TV+의 오리지널 드라마 시리즈 〈세브란스: 단절〉과 〈어둠의 나날〉, 아마존 프라임 비디오의 〈앨리스 하트의 잃어버린 꽃〉 등을 제작한 견실한 제작·배급사다. 피프스시즌은 2023년 12월 일본의 엔터테인먼트 기업 토호 TOHO로부터 2억 2500만 달러의 투자를 유치했다고 밝혔다.

CJ그룹과 할리우드 메이저 스튜디오인 파라마운트와의 파트너십도 강화되고 있다. CJ ENM은 2021년 12월 파라마운트가 운영하는 FAST 서비스인 '플루토 TV'에 자사의 브랜드관을 열었다. 파라마운트+에도 자사의 콘텐츠를 제공하기로 했다. 2022년에는 티빙 내에 파라마운트+ 브랜드관을 만들었다. 파라마운트는 티빙에 전략적 지분 투자 및 티빙의 7개 오리지널 타이틀의 제작에도 공동 투자하기로 했다. 7개 타이틀 제작의 시작은 이준익 감독의 〈욘더〉다. 6부작으로 제작된 이 드라마는 티빙과 파라마운트+에 공개되었다. 이 같은 CJ ENM의 글로벌 스튜디오를 향한 노력은 계속되고 있다.

CJ가 인수한 피프스시즌은 CJ가 가진 IP를 바탕으로 미국에서 K콘텐츠를 제작할 예정이다. CJ ENM 관계자는《한겨레》에 피프스시즌에 대해 "미국 현지에서 안정적인 생산 거점 확보뿐 아니라 안정적인 유통망, 충성도 높은 플랫폼 확보를 위한 베이스캠프"라고 말했다.[9] CJ ENM은 피프스시즌 인수, 파라마운트 그룹과의 파트너십 강화를 통해 글로벌 스튜디오를 지향하고 있다. 국내에서는 스튜디오드래곤, CJ ENM 스튜디오를 통해 오리지널을 제작하고, 미국에서는 피프스시즌이 할리우드형 오리지널을 제작하는 전략이다. 국내 제작과 할리우드 제작을 연계하는 실험도 진행 중이며, 이를 통해 글로벌 스튜디오로 성장하고 있다.

CJ는 피프스시즌, JTBC는 웹을 기반으로 글로벌 스튜디오로 성장할 수 있는 토대를 마련했다. 두 기업의 할리우드 제작사 인수는 글로벌 스튜디오로 가는 시작점이다. 초기에는 어려움이 있을 것이다. 단기적으로 성과가 나지 않더라도 장기적 관점에서 투자와 인력 육성을 위한 축적이 필요하다. 여기에 정부의 적극적인 지원도 있어야 한다. 이들이 글로벌 스튜디오로 성장한다면 K콘텐츠 고도화를 위한 모멘텀이 될 것이다.

김회재 대신증권 애널리스트는 국내 제작사가 미국에 진출해야 하는 이유는 제작비 규모가 크고, 시즌제에 따른 인센티브도 있기 때문이라고 분석했다. 미국 드라마는 한국 드라마에 비해 제작비 규모가 크고 성과에 대한 인센티브 제도도 있다. 시즌1이 성공해서 시즌2가 제작되면 플랫폼으로부터 시즌1에 대한 인센티브를 받을 수 있는 구조다.[10] CJ ENM이 인수한 피프스시즌은 애플TV+의 오리지널 드라마 시리즈 〈어둠의 나날〉을 제작했다. 시즌3까지 제작된 이 시리즈의 회당 제작비는 1500만 달러 수준이다. 각각 8회로 구성된 3개 시즌의 총 제작비는 3억 6000만 달러(약 4500억 원)에 이른다. 할리우드에서 준 메이저 스튜디오에 속하는 라이언스게이트Lionsgate의 2023 회계연도 콘텐츠 제작·배급 부문의 매출은 23억 달러(약 3조 원)다. 참고로 국내 최고의 드라마 제작사 스튜디오드래곤의 2022년도 매출은 6979억 원, 에이스토리는 717억원, 래몽래인은 444억 원이다. K콘텐츠에도 규모의 경제가 필요한데 답은 글로벌 스튜디오다.

K콘텐츠의 성장만이 우수한 인재 확보의 지름길

콘텐츠 제작 생태계의 핵심인 창작자는 두 가지 영역으로 분류할 수 있다. 작가, 감독, 연기자 같은 개인 창작자와 제작사 같은 법인 창작자다. 글로벌 최고의 스트리밍 플랫폼에서 최고의 오리지널이 된 〈오징어 게임〉의 창작자는 한국의 소규모 제작사인 싸이런픽쳐스와 황동혁 감독이다. 창작자의 힘은 이처럼 강력하고, K콘텐츠를 이끌어 가는 주체도 바로 이런 창작자들이다. K콘텐츠를 고도화하기 위해 가장 중요한 일은 더 많은 창작자를 키워 내는 것이다.

콘텐츠 상품은 자동차나 반도체처럼 대규모 생산 공정을 갖춰서 만들어 낼 수는 없다. 제작되는 콘텐츠는 서로 다르고 모두 고유한 창의적 활동의 결과물이다. 따라서 창작자들의 역할이 매우 중요하다. K콘텐츠 산업의 구조를 창작자 중심의 생태계로 바꿔야 한다. 콘텐츠 제작을 이끌어 가는 두 주체는 창작자와 제작사이지만 이들 간에는 늘 협력과 긴장이 발생한다. 견제와 균형이 필요한 것이다. K콘텐츠가 건강한 제작 생태계를 만들려면 할리우드처럼 창작자와 제작사 간의 힘의 균형이 유지되어야 한다.

콘텐츠 산업의 생태계가 건강하게 유지되려면 참여하는 창작자들의 권리와 생존을 위한 최소한의 수입이 보장되어야 한다. 이를 위해서는 K콘텐츠가 산업으로서 확고하게 자리 잡아야 한다. 산업 내에 활동하는 기업이 수익을 창출하고 존속할 수 있기 위해서다. 국내 콘텐츠 산업의 시장은 협소하므로 반도체나 2차전지 산업처럼 글로벌 시장을 확보해야 한다. 해외 시장 개척이 답이지만 문제는 그 방법이다. 그동안 한류로 통칭된 K콘텐츠의 해외 수출은 괄목할 만한 성과를 거두었다. 여기에 글로벌 스트리밍이라는 새로운 시장이 등장했다. 이를 K콘텐츠 소비 시장으로 만들려면 퀄리티 콘텐츠를 지속적으로 제작할 수 있는 구조가 필요하다.

영화사는 대부분 작품이 끝나면 직원을 해고하는 것이 관례였다. 픽사의 CEO인 에드윈 캣멀Edwin Catmull은 할리우드의 이런 작품별 고용 방식을 거부했다. 그는 직원들과 지속적인 고용-피고용 관계를 맺어야만 소중한 인적 자산을 확보할 수 있다고 보았다. 그러기 위해서는 애니메이터(애니메이션을 그리는 작가)와 기술자가 계속 일할 수 있도록 일감을 마련해야 했다.[11] 안정적 고용 관계를 유지하려면 무엇보다 제작사가 지속적으로 콘텐츠를 제작할 수 있어야 한다.

K콘텐츠가 건강하고 튼튼한 생태계를 구축하려면 지속적인 제작이 무엇보다 중요하다. 이를 위해서는 콘텐츠 팩토리가 작동되어야 한다. 픽사는 디즈니와 3편의 애니메이션 장편 영화를 제작하기로 장기 계약을 체결해서 제작 인력을 지속적으로 고용할 수 있었다. 안정적인 제작 물량의 확보로 우수 인력을 유지할 수 있었던 것이다. 이로써 제작 → 수익 창출 → 재투자로 이어지는 선순환 구조를 만들었다. K콘텐츠도 산업 차원에서 선순환 구조를 만들고 이를 글로벌 차원으로 확장해야 한다. K콘텐츠 산업에 더 많은 인재가 들어올 수 있는 '판'을 만드는 것이다. K콘텐츠가 미래에 우리를 먹여 살리는 새로운 산업이 될 수도 있다.

창작자 중심의 콘텐츠 생태계 구축

우리의 미디어콘텐츠 산업은 어떠한 생태계를 갖추고 있을까? 그간의 상황을 보면 국내 미디어콘텐츠 산업을 주도했던 지상파는 안정적으로 수익을 가져가는 데 비해 주로 제작사가 리스크를 떠안는 구조였다. 연간 몇몇 드라마만 만드는 제작사는 드라마 하나가 잘못되면 회사는 생존하기도 어려웠다. 경영상 어려움에 처한 드라마 제작사 대표가 스스로 목숨을 끊은 일도 일어났다. 기업으로서 지속 가능성을 담보하기 어려웠던 것이다.

국내에는 드라마가 흥행해 수익을 얻는다고 해도 작가나 감독, 배우 같은 창작자에게 이를 배분하는 인센티브 시스템이 없었다. 제작사와 방송사 간의 리스크 분담에서 불균형도 발생했다. 제작사는 늘 을이었다. 방송사의 해외 판매 수입도 크지 않았다. 방송사의 추가 수입이 적은 상황이니 나눌 것도 없었다. 당연히 생태계가 왜곡될 수밖에 없다. 할리우드의 사례처럼 창작자, 제작사, 플랫폼 간의 동반 성장이 필요하지만 우리는 그런 구조를 만들지 못했다.

이제 글로벌 스트리밍을 활용해 창작자, 제작사가 성장할 수 있는 기회를 찾아야 한다. 최우선 과제는 제작사가 콘텐츠 팩토리로서 1년 내내 돌아가게 만드는 것이다. 제작사는 자사의 형편과 성격에 맞게 블록버스터형, 롱테일형 또는 소수 정예형의 제작 방식을 선택하면 된다. 투자 재원은 외주 형태로 조달하거나 자체 제작으로 만든 콘텐츠의 방영권을 판매하는 방식이 가능하다.

건강한 생태계를 위해서는 창작자가 안정된 수입을 갖고 지속적으로 제작에 참여할 수 있어야 한다. 콘텐츠 성공에 대한 합리적 보상 시스템도 필요하다. 콘텐츠 산업은 예술이 아니라 비즈니스다. 제작사뿐 아니라 제작에 참여하는 모든 창작자에게 이익이 공유되는 생태계가 구축되어야 한다. 할리우드에서는 다양한 방식의 인센티브 시스템이 보편화되었다. 어쩌면 투자보다 더 중요한 것은 제작에 참여하는 이해관계자 간의 이익을 공유하는 것일지도 모른다. 창작자는 대부분 프리랜서 형태로 일한다. 안정적 수입이 보장되기 어렵다. 창작자의 희생 위에 이루어진 K콘텐츠는 오래가지 못한다. K콘텐츠의 고도화를 위해서는 창작자 중심의 비즈니스 구조를 반드시 마련해야 한다. 이것이야말로 K콘텐츠의 지속 가능성을 담보하는 최상의 길이다.

콘텐츠 산업에서는 특히 창작자나 쇼 러너 같은 인재가 중요하다. 우수한 인재 유입이라는 문제를 인재 육성 부문이 아니라 창작 기반 강화에서 다루는 이유가 여기에 있다. K콘텐츠에 필요한 인재는 K콘텐츠 산업이 아니라 국가가 키워 내야 한다. 창작자를 포함한 인재는 콘텐츠 산업의 발전을 위한 사회 인프라에 해당하기 때문이다. 반도체 산업의 인재는 반도체 업계가 키우는 것이 아니라 국가 차원에서 육성하고 있다. K콘텐츠 산업도 마찬가지다. 이렇게 육성된 인재들이 K콘텐츠 산업에 더 많이 진출해야 한다. 루크 강 디즈니 APAC 총괄 사장은 《할리우드 리포터》와의 인터뷰에서 일본과는 대조적으로 K콘텐츠는 유능한 인재가 많이 진입하고 있다며 다음과 같이 평가했다. "한국에서 일어난 일 중 하나는 (콘텐츠) 산업이 성장하고 해외에서 인기가 높아짐에 따라 젊은 인재가 더 많이 유입되었다는 것입니다. 한국의 가장 뛰어난 대학 졸업생 중 다수가 콘텐츠

산업으로 들어왔고 그래서 젊은 인재들이 넘쳐났습니다. 일본에서
는 아직 그런 일이 일어나지 않았습니다."[12]

세계 최대 미디어콘텐츠 기업인 디즈니 고위 임원의 평가다. 하지
만 여전히 인재가 부족한 상황이므로 더 많은 인재가 필요하다. 인
재가 들어오도록 하는 최선의 방안은 K콘텐츠가 더욱 성장하는 것
뿐이다.

K콘텐츠의 퀀텀 점프를 위한 영상 제작 기술의 개발

픽사의 전설적인 애니메이터 존 래스터John Lasseter는 "위대한 예술은
도전하고, 기술은 예술에 영감을 준다. … 과학과 예술은 상호 발전
을 도모한다. 최고의 과학자나 기술자가 되려면 최고의 이야기꾼만
큼이나 독창적이어야 한다"라고 주장했다.[13] 컴퓨터 공학자 출신의
엔지니어로 픽사의 CEO인 에드윈 캣멀은 "기술이 강할 때는 기술
이 예술가에 영감을 주지만, 예술가가 강할 때는 그들이 기술에 도
전한다"라고 강조했다.[14] 콘텐츠 제작에서 스토리와 기술(스토리텔링)
은 늘 상호 작용을 하면서 발전한다. 스토리는 기술의 확장을 필요
로 하고 기술은 스토리의 확장을 가능하게 한다.

영상 제작 기술은 일찍이 〈스타워즈〉부터 마블 영화, 〈아바타〉 같
은 SF나 판타지뿐 아니라 모든 장르의 영화와 TV 시리즈에 필수적
으로 활용된다. 〈어벤져스〉, 〈스파이더맨〉 같은 블록버스터 영화는
물론이고 〈기묘한 이야기〉, 〈만달로리안〉, 〈왕좌의 게임: 하우스 오
브 드래곤〉 같은 블록버스터 시리즈도 시각효과, 특수효과 없이는

제작하기가 불가능할 정도다. 특히 SF시리즈 〈만달로리안〉은 특수효과 및 시각효과의 산물이라고 해도 지나친 말이 아니다. 이 드라마에는 영화에 버금가는 CG와 특수효과, 특수분장이 활용되었다. 넷플릭스는 〈그레이 맨〉, 〈레드 노티스〉 같은 블록버스터 영화도 지속적으로 제작한다. 이런 영화에도 VFX 같은 첨단 영상 제작 기술이 적극 활용되고 있다.

K콘텐츠가 제작한 드라마 〈킹덤〉, 〈스위트홈〉, 〈지금 우리 학교는〉과 영화 〈#살아있다〉 같은 작품에서 실감 나는 좀비나 크리처creature도 특수분장을 통해 탄생했다. 〈오징어 게임〉의 세트나 의상도 시각적 효과를 잘 살리고 있다. 〈오징어 게임〉은 2022년 에미상 시상식에서 크리에이티브 아트 시각효과상 등 K-드라마 최초로 에미상 기술상 부문을 수상했다. 영상 제작 기술의 우수성을 드러낸 성과였다. 영화 업계에는 "크랭크인은 배우가 시키고 작품의 완성은 CG가 한다"라는 말이 있다. 덱스터, 위지윅스튜디오 등은 CG 기술에서 디즈니 같은 스튜디오의 벤더(서비스 제공자) 역할을 할 정도로 실력이 출중하다. 현재 우리의 시각화 기술은 아시아 최고 수준이다. 할리우드 스튜디오, 글로벌 스트리밍과의 다양한 제작 경험을 통해 점차 할리우드에도 뒤지지 않는 기술력을 축적해 가고 있다. 다만 국내 시장만을 대상으로 해서는 수익성을 확보하기 어려워 적극적인 시장 확장이 필요하다. 글로벌 스트리밍이 시장 확장을 위한 좋은 기회다.

VFX, 특수효과, 특수분장 등의 영상 제작 기술도 콘텐츠 제작 과정에서 구현되고 성장한다. 콘텐츠 제작이 많을수록 실력 역시 늘어난다. 영화나 드라마 시리즈를 통해 보이는 작품의 영상이 바로 최고의 홍보 마케팅 수단이다. 콘텐츠 업계에는 콘텐츠 마케팅의 가장 좋은 수단은 콘텐츠 그 자체라는 말이 있다. 국내의 영상 제작 기술이 세계 최고 수준으로 성장하려면 국내에서 SF 블록버스터 영화나 드라마 시리즈가 더 많이 제작되어야 한다. 이렇게 제작된 작품이 글로벌로 유통되어야 기술 제작사의 실력을 검증 받을 수 있기 때문이다. 그런 예로 넷플릭스의 오리지널 SF 영화 〈정이〉(2023)도 글로벌 시청자들에게 K콘텐츠의 VFX 실력을 아낌없이 보여 주었다.

넷플릭스는 스페인, 영국, 한국 같은 주요 거점 국가에서 스튜디오 시설의 확보, 인수한 영상 제작 기술 회사를 통해 자사의 로컬 콘텐츠의 제작 지원을 강화하고 있다. 넷플릭스는 2021년에 VFX 전문 회사 스캔라인 VFX를 인수했다. 스캔라인의 가상 제작 부문을 담당하는 부서로 아이라인스튜디오도 운영한다. 스캔라인은 런던, 뮌헨, 서울, 슈투트가르트 같은 해외의 핵심 지역에서 운영되고 있는데, 한국에도 스캔라인·아이라인스튜디오 코리아를 두고 있다. 영상 제작 기술은 K콘텐츠의 '스타워즈 넘어서기 프로젝트'를 위한 필요충분 조건이다.

MCU, 스타워즈 같은 슈퍼 IP의 육성

지식재산권(IP)에 대한 관심이 그 어느 때보다 뜨겁다. 미디어콘텐츠 기업은 IP를 확보하고 이를 통해 더 많은 부가가치를 창출하려고 노력한다. 하지만 IP에 접근하는 방식이 다소 관념적이고 당위론적이다. 비즈니스 관점에서 좀 더 현실적이고 냉정한 접근이 필요하다. MCU나 스타워즈 같은 글로벌 슈퍼 IP가 만들어지려면 무수한 축적이 필요하다. 우리가 그 과정을 잘 알지 못할 뿐이다. K콘텐츠에 슈퍼 IP가 탄생하려면 가장 필요한 일은 K콘텐츠 자체가 잘 되어야 한다는 점이다.

지금은 글로벌 최고의 IP로 성장한 영화 〈스타워즈〉가 탄생할 때의 상황을 보자. 제작비를 투자한 할리우드 스튜디오 폭스는 영화 내용의 시시콜콜한 것까지 간섭하고 무시하기도 했다. 제작비를 줄이라는 압박도 심했다. 더구나 제작된 영화가 개봉되기 전까지는 크게 관심도 없었다. 이후 영화가 개봉되고 나서 상황이 변했다. 이 영화의 가치를 '관람객이 평가'한 것이다. 스타워즈라는 슈퍼 IP도 이렇게 초라하게 시작되었다. 사전에 정교하고 치밀하게 계획되거나 큰 기대를 받으며 시작하지 않았다.

〈오징어 게임〉은 넷플릭스에 8억 9110만 달러(약 1조 원)의 가치를 창출했다고 한다. 그러나 넷플릭스가 투자한 제작비는 2140만 달러에 불과하다. 〈오징어 게임〉의 흥행으로 제작사 및 감독, 배우 등 창작자에게 돌아간 추가 수익은 없다고 알려졌다. 〈오징어 게임〉의 방영권을 포함한 모든 IP를 넷플릭스가 가지고 있기 때문이다. 발주사로서 넷플릭스와 제작사로서 싸이런픽쳐스 간에는 외주 제작 계약이 체결되었다. 글로벌 히트를 기록한 〈지금 우리 학교는〉, 〈더 글로리〉 등도 동일하다. 이런 외주 제작으로 이루어지는 로컬 오리지널에 대한 IP는 제작사가 소유하기 어렵다. 제작사나 창작자가 글로벌 흥행에 따른 추가 수익을 얻으려면 IP를 확보해야 한다. 뒤에서 살펴보겠지만 IP를 무조건 확보하는 것만이 능사도 아니다. IP를 확보하려면 그만한 대가가 따르기 때문이다.

영상 콘텐츠에서 가치 있는 IP는 어떻게 만들어질까? 처음부터 자체적으로 시작하는 경우와 소설이나 만화 같은 원작에서 시작하는 경우가 있다. 넷플릭스 드라마 〈기묘한 이야기〉는 IP 없이 독창적인 아이디어로 시작했다. MCU의 경우는 이미 오랫동안 많은 사랑을 받아 왔던 마블 만화를 원작으로 했다. 하지만 어떤 경우든 세계적인 IP로 만들어 가는 일은 쉽지 않다. 원작 소설이나 만화, 웹툰이나 웹소설을 기반으로 IP를 육성해 나가는 방안이 좀 더 현실적일 수는 있지만, 이미 인기 있는 원작을 확보하려면 많은 비용이 뒤따른다. 아마존은 〈반지의 제왕〉에 대한 TV 권리를 확보하기 위해 2억 5000만 달러(약 3250억 원)를 지불했다. 《버라이어티》에 따르면 넷플릭스는 영화 〈나이브스 아웃〉 속편 2편을 제작할 수 있는 권리로 4억 5000만 달러(약 6000억 원)를 지불했다.[15]

미디어콘텐츠 비즈니스에서는 IP의 중요성이 더욱 강조되고 있다. IP를 이루는 핵심 요소는 스토리와 캐릭터다. CNBC의 분석에 따르면 할리우드에서 가장 성공한 5대 영화 프랜차이즈는 마블의 MCU, 스타워즈, 해리포터, 제임스 본드, 스파이더맨이 꼽혔다.[16] 영화의 흥행 성적이 중요 기준이었다. 이 중 마블과 스파이더맨은 만화, 해리포터의 IP는 소설에서 출발했다. 그리고 지금까지 최고의 드라마 시리즈 중 하나로 꼽히는 〈왕좌의 게임〉도 미국 작가 조지 R. R. 마틴George R.R. Martin의 《얼음과 불의 노래A Song of Ice and Fire》라는 소설이 원작이다. CNBC가 분석한 현재(2022년 1월)까지 가장 많은 수입을 올린 영화의 프랜차이즈별 상세 내용은 도표 4.1과 같다. 도표를 보면 알

도표 4.1 가장 많은 수입을 올린 영화 프랜차이즈*

순위	영화 타이틀 명	수입(억 달러)	특기 사항
1	MCU	225.9	12년 동안 23편의 영화. 2022년 말 기준으로는 30편의 영화
2	스타워즈	102	1977년 시작. 12편의 영화(9편은 스카이워커사가, 2편은 독립형 영화, 1편은 장편 애니메이션 영화)
3	해리포터	91.8	10편의 영화(영화 8편, 동물 사전 시리즈 영화 2편)
4	제임스 본드	68.9	1963년 이후 24편의 영화(2021년 개봉작 제외). 7명의 배우가 제임스 본드 역을 연기
5	스파이더맨	63.5	– 7편의 영화(2021년 개봉작 제외), 1편은 애니메이션. 최초의 실사 1편은 소니의 단독 제작·배급 – 스파이더맨 프랜차이즈에는 스파이더맨이 주인공인 영화만 포함. 따라서 톰 홀랜드(Tom Holland)**가 연기한 '스파이더맨 홈 커밍'시리즈 3편과 MCU 영화(〈캡틴 아메리카: 시빌 워〉, 〈어벤져스: 인피니티 워〉, 〈어벤져스: 엔드게임〉)은 스파이더맨에 포함되지 않고 MCU에 통합

– CNBC의 보도 내용을 표로 구성함.

* 프랜차이즈는 동일한 가상 세계를 공유하거나 시리즈로 마케팅된 영화 시리즈 또는 영화 모음. 정식 시리즈 외에도 상징적인 캐릭터를 기반으로 한 프랜차이즈를 포함. 예를 들어 수잔 콜린스(Suzanne Collins)의 소설을 기반으로 한 4편의 '헝거 게임(Hunger Games)' 영화는 하나의 영화 시리즈다. 이들 영화는 모두 헝거 세계에서 동일한 시간대에 진행되며 일련의 상호 연결된 영화로 판매되었다. 정식 시리즈 외에도 CNBC는 상징적 캐릭터를 기반으로 한 프랜차이즈도 포함하고 있다. 영화 자체는 하나의 타임라인에 연결될 수도 있고 연결되지 않을 수도 있지만 영화는 특정 캐릭터를 중심으로 이루어진다. '제임스 본드'가 이런 사례의 하나다. 이는 CNBC가 순위를 발표하면서 세운 기준이다.

**톰 홀랜드가 연기한 영화는 〈스파이더맨: 홈 커밍〉(2017), 〈스파이더맨: 파 프롬 홈〉(2019), 〈스파이더맨: 노 웨이 홈〉(2021)과 〈캡틴 아메리카: 시빌 워〉(2016), 〈어벤져스: 인피니티 워〉(2018), 〈어벤져스: 엔드게임〉(2019)이 있다.

수 있듯이 5대 영화 프랜차이즈 중에서는 MCU가 영화 제작 편수와 수입에서 압도적이다.

글로벌 최고의 IP가 된 MCU의 성공 비결

마블의 슈퍼히어로 영화는 2002년 개봉한 소니픽처스 제작의 〈스파이더맨〉을 시작으로 본격화된다. 마블엔터테인먼트는 초기에 자사의 주요 캐릭터를 영화화할 수 있는 권리를 할리우드 메이저 스튜디오에 판매했다. 회사의 재무 상황이 어려웠기 때문이다. 그러다 영화 〈스파이더맨〉(2002)의 흥행에 자극 받아 자체 영화를 제작하기로 했다. 이들은 2008년에 〈아이언맨〉과 〈인크레더블 헐크〉를 개봉해 흥행에 성공했다. 디즈니는 2009년에 마블엔터테인먼트를 인수했다. 마블 인수 후 디즈니는 10년이 넘는 기간 동안 수많은 마블 영화를 제작해 성공했다. MCU로 진화해 2022년 말 페이즈4까지 마치고 2023년부터 페이즈5가 시작되었다. 2022년 말 기준으로 MCU는 30편의 영화와 8개 타이틀의 드라마 시리즈를 제작해 최고의 프랜차이즈로 성장했다. 이미 2026년까지 영화와 시리즈의 제작 계획도 공표했다. 앞으로도 매년 3편 정도의 MCU 영화가 공개될 예정이다. 드라마 시리즈도 계속되고 있다. 야후 파이낸스의 분석에 따르면 2022년 6월 기준 MCU는 글로벌 박스오피스에서 266억 달러로 가장 많은 매출을 올린 영화 프랜차이즈가 되었다.[17]

글로벌 박스오피스에서 단연 최고의 IP로 성장한 MCU의 성공 요인은 무엇일까? 첫째는 70여 년간 축적된 스토리와 캐릭터다. 1939년 '타임리 코믹스Timely Comics'라는 이름의 만화 회사로 설립된 이래 이들의 이야기와 주인공은 70년 이상 미국인의 한결같은 사랑을 받아 왔다. 둘째는 콘텐츠 제작을 통한 확장이다. 2008년부터 시작해 수많은 영화와 드라마 시리즈로 스토리와 캐릭터가 발전하고 서로 연결되어 이야기의 중층 구조를 만들어 냈다. 관념적 접근이 아니라 실제로 영화와 시리즈라는 콘텐츠를 차근차근 제작해 발전하고 확장되어 왔다. 매우 현실적 접근법이다.

예를 들면 영화 〈어벤져스〉(2012)는 이전에 만들어진 영화 〈아이언맨〉(2008), 〈인크레더블 헐크〉(2008), 〈아이언맨2〉(2010), 〈토르: 천둥의 신〉(2011), 〈퍼스트 어벤져〉(2011)에 등장한 슈퍼히어로가 모두 모여 한 팀을 이룬다. 그동안 단일 영화에서 사랑받아 온 캐릭터인 아이언맨, 헐크, 캡틴 아메리카, 토르, 호크아이, 블랙위도 같은 슈퍼히어로가 '아스가르드'와 '차타우리'라는 외계 종족의 공격으로부터 지구를 지키기 위해 함께 뭉친다. 영웅들의 능력도 더욱 강력해졌다. 영웅과 악당의 대결 구조도 진화했다. 〈아이언맨〉(2008)에서는 아이언맨 대 테러리스트, 〈퍼스트 어벤져〉(2011)에서는 캡틴 아메리카 대 나치라는 지구인 간의 대결이다. 하지만 〈어벤져스〉(2012)에서는 지구인 대 외계인 간의 대결로 확장된다.

MCU의 IP를 구성하는 스토리와 캐릭터는 끊임없이 진화한다. 〈어벤져스: 인피니티 워〉(2018)에서는 닥터 스트레인지, 스파이더맨(톰 홀랜드), 완다, 비전, 블랙 팬서, 가디언즈 오브 갤럭시 멤버 등 그동안 등장했던 거의 모든 슈퍼히어로가 동시에 활약한다. 진화의 절정은 〈어벤져스: 엔드게임〉(2019)에 등장하는 최강의 슈퍼히어로 군단의 탄생이다. 더 이상 강력할 수 없는 캐릭터들의 군단이다. 스토리 차원에서도 진화한다. 시간과 공간을 초월하는 멀티버스(다중우주)로의 확장이다. 〈스파이더맨: 노 웨이 홈〉(2021)과 〈닥터 스트레인지: 대혼돈의 멀티버스〉(2022)는 최근 유행하는 멀티버스라는 다중우주의 세계관, 즉 시간과 공간의 확장을 극적으로 보여 준다. 영화 주인공이 혼돈스러울 정도로 시공간을 자유롭게 넘나든다.

지식재산권 측면에서 MCU가 성공한 셋째 요인은 할리우드 차원의 돈과 기술과 스토리텔링의 합작품이라는 점이다. 글로벌로 확장 중인 K콘텐츠에 이 부분은 중요한 시사점을 던진다. MCU는 단순히 마블스튜디오만의 작품이나 노력의 차원을 넘어선다. 어쩌면 할리우드의 합작품이라 할 수 있다. 마블은 2005년 메릴린치로부터 5억 2500만 달러의 투자금을 유치해 자체 영화를 제작하기 시작했다. 메릴린치(투자), 마블스튜디오(제작), 파라마운트(배급)가 파트너십을 체결했다. 이후 2009년 마블을 인수한 디즈니는 말할 것도 없고, 20세기 폭스의 〈엑스맨〉(2000), 소니픽처스의 〈스파이더맨〉(2002), NBC유니버설의 〈헐크〉(2003), 라이언스게이트의 〈퍼니셔〉(2004)가 제작되었다. 파라마운트는 주로 배급을 담당했다. 워너브라더스를 제외한 할리우드의 메이저 스튜디오가 모두 마블 영화의 제작과 배급에 참여한 셈이다. 워너브라더스는 배트맨과 슈퍼맨 같은 캐릭터를 보유한 만화 회사 'DC코믹스'를 소유하고 있어서 마블 영화에 참여하지 않았을 뿐이다. K콘텐츠도 배울 만한 점이다.

마블에서 미국인에게 가장 사랑받은 캐릭터 중 하나인 스파이더맨은 특별한 경우다. 마블엔터테인먼트가 재정적으로 어려운 시기에 바로 이 스파이더맨 캐릭터의 영화화 권리를 영구히 소니에게 양도해 버렸다. 이에 따라 소니만이 스파이더맨 영화 시리즈를 독점 제작할 수 있었다. 마블스튜디오는 정작 스파이더맨 캐릭터가 나오는 영화를 만들 수 없었던 것이다. 그러다가 디즈니의 MCU가 소니와 협의를 해서 스파이더맨 캐릭터와도 결합한다. 스파이더맨 '홈커밍 트릴로지trilogy'(3개의 작품으로 구성된 시리즈)로 불리는 3편에는 마블판 스파이더맨 캐릭터(톰 홀랜드)가 등장한다. 〈스파이더맨: 홈커밍〉(2017), 〈스파이더맨: 파 프롬 홈〉(2019), 〈스파이더맨: 노 웨이 홈〉(2021)이 여기에 해당한다. 이들 영화는 '스파이더맨 세계관'이 아니라 MCU에 속한 것이며 마블스튜디오가 제작하고 소니픽처스가 배급했다.

마블스튜디오와 스파이더맨의 크로스 오버^{cross over}(교차 출연)도 있다. 소니가 제작한 스파이더맨에 등장하는 캐릭터가 아니라 톰 홀랜드가 연기한 영화들이다. 〈캡틴 아메리카: 시빌 워〉(2016), 〈어벤져스: 인피니티 워〉(2018), 〈어벤져스: 엔드게임〉(2019)이 여기에 해당한다. 마블 영화에 스파이더맨 캐릭터가 마블 슈퍼히어로의 한 사람으로 등장하는 것이다. MCU는 할리우드 스튜디오들의 합작품이다. 퀄리티 콘텐츠 제작을 위한 '브랜드 동맹'이다. 우리가 배울 점은 할리우드 6대 메이저가 모두 마블(디즈니, 소니, 유니버설, 폭스, 파라마운트)과 DC 원작 만화(워너브라더스)의 히어로로 영화를 만드는 데 참여했다는 것이다. 할리우드 메이저는 이를 통해 슈퍼히어로 영화라는 할리우드 브랜드를 만들었다. K콘텐츠도 K-웹툰을 원작으로 하는 IP와 K-드라마 제작사가 참여해서 IP를 만들 수 있도록 제작사 간 브랜드 동맹을 추진하는 전략도 필요하다.

할리우드 스튜디오 간 블록버스터 제작 경쟁도 MCU 확장에 큰 역할을 했다. 마블엔터테인먼트는 이른바 '블록버스터 함정'(더 큰 규모의 블록버스터를 제작해 이전까지의 손실을 한 번에 만회하려는 심리)을 적극 활용했다. 2008년 마블스튜디오가 최초로 자체 제작한 영화 〈아이언맨〉이 대박을 터뜨린다. 이후 할리우드 메이저 스튜디오는 또 다른 아이언맨을 만들기 위해 치열하게 경쟁했다. 바로 블록버스터 함정에 빠진 것이다. MCU 영화의 평균 순제작비는 어벤져스 시리즈를 제외하면 1억 5000만 달러 정도다. 또 순제작비의 30퍼센트 이상에 달하는 대규모 홍보 마케팅비도 투입된다. 이것이 대규모 제작비를 투자해 할리우드 최고의 시각화 기술(VFX), 특수효과, 특수분장, 음악 등을 동원한 블록버스터 영화다. 이들 영화는 개봉할 때마다 전 세계에서 화제를 모은다.

2023년 6월 현재 글로벌 박스오피스 탑 10에 MCU의 〈어벤져스〉 시리즈 3편, 〈스파이더맨: 노 웨이 홈〉 등 모두 4편이나 포함되었다. 이는 자연스럽게 마블 영화 전체에 대한 홍보 효과를 가져왔다. 관객이 언제라도 믿고 볼 수 있는 작품이 된 것이다. 극장과 TV를 통해 MCU 영화를 경험한 사람들은 자연스럽게 또 다른 후속작을 기다린다. 최근까지도 매년 3편 정도의 마블 영화가 개봉되었다. 영화 개봉 때마다 글로벌 이벤트가 되고 있다. 여기에 디즈니+ 론칭으로 〈완다비전〉, 〈팔콘과 윈터 솔져〉, 〈호크아이〉, 〈문나이트〉, 〈시크릿 인베이전〉 같은 마블 드라마 시리즈까지 꾸준히 제작되고 있다. 디즈니+ 론칭 전에는 마블의 인기에 힘입어 넷플릭스와 디즈니가 공동으로 〈데어데블〉, 〈제시카 존스〉를 비롯해 6개 타이틀의 마블 시리즈도 제작했다. 이처럼 할리우드 메이저 스튜디오들이 총출동해 수많은 영화와 드라마 시리즈가 제작되면서 MCU를 글로벌 최고의 IP로 만들었다. 성공한 콘텐츠가 또 다른 성공을 낳고, 이러한 선순환의 구조가 15년 가까이 계속되고 있다. 최고의 슈퍼 IP로 성공했지만 그럼에도 마블 IP의 확장은 여전히 진행형이다.

마블은 MCU로 세계 최대의 슈퍼 IP로 성장한 반면에 한때 번성했던 홍콩 영화는 그 존재감마저 사라졌다. 홍콩 영화가 실패한 원인으로 많은 이들이 '자기복제'를 지적한다. 콘텐츠의 진부함이 문제라는 말이다. 비슷한 유형의 영화가 반복해서 만들어지면 관객은 곧 외면해 버린다. MCU의 히어로도 진부한 이야기일 수 있다. 그런데도 MCU가 계속되는 이유는 무엇일까? MCU의 스토리, 캐릭터, 스토리텔링은 나날이 혁신을 추구한다. 콘텐츠에서 최대의 적인 진부함을 넘어서려고 끊임없이 새로운 것을 찾아나선다. 물론 최근에는 MCU에 대한 비판적 평가도 나온다. 2022년에 개봉한 〈블랙 팬서: 와칸다 포에버〉, 〈앤트맨과 와스프: 퀀텀매니아〉는 글로벌 흥행에 실패했다. 여러 이유가 있겠지만 많은 이들이 마블 영화로서의 혁신이 부족한 점을 지적한다.

관객의 평가는 늘 냉정하다. K콘텐츠도 이 점을 깊이 새겨야 한다. CNBC에 따르면 디즈니는 더 나은 영화를 만드는 데 집중하려고 영화 제작 편수를 줄이고 있다. 이와 관련해 아이거는 디즈니의 파트너와 창작팀이 메시징messaging보다 스토리텔링storytelling을 우선해야 한다고 강조했다.[18] 창의성과 새로움이 생명인 콘텐츠 제작에서 식상함은 곧 죽음과 같다. 콘텐츠 산업에서 창작자가 특히 중요한 이유이기도 하다. IP가 확장되기 위해서는 콘텐츠가 지속적으로 만들어져야 하지만 더 중요한 것은 스토리텔링의 끊임없는 혁신이다.

밥 아이거는 2005년 CEO 취임 후 디즈니가 인수할 기업을 조사했다. 아이거는 인수 대상 목록을 작성하면서 먼저 지식재산권에 초점을 맞추었다. 디즈니 사업 부문 전반에 깊이 응용할 수 있는 탁월한 지식재산권의 소유자는 누구일까? 두 기업의 이름이 바로 떠올랐다. 마블엔터테인먼트와 루카스필름이었다.[19] 2009년 디즈니가 40억 달러를 주고 마블을 인수한 가치는 충분하다. 당시 제프리 이멜트Jeffrey Immelt GE General Electric(당시에 NBC유니버설을 소유) CEO는 "만화책에 나오는 캐릭터 한 무더기를 40억 달러를 주고 인수하는 것이 도통 이해가 안 간다"라고 반문했다. 이런 물음을 받자 아이거는 "마블의 가치는 끝없이 생겨나는 지식재산권이다. 또 마블의 세계관에는 대부분의 사람이 알지 못하는 심오함이 담겨 있다. 약 7000개에 달하는 마블 캐릭터들이 존재한다"라고 답했다.[20]

디즈니는 IP로 시작해서 IP로 완성된 기업이다. 디즈니는 IP를 확보하기 위해 1928년 〈증기선 윌리〉의 미키 마우스로 시작해 〈백설공주와 일곱 난장이〉(1937), 〈피노키오〉(1940), 〈신데렐라〉(1950), 〈잠자는 숲속의 공주〉(1950), 〈인어공주〉(1989), 〈미녀와 야수〉(1991), 〈알라딘〉(1992), 〈라이언 킹〉(1993)과 같은 무수한 영화를 제작했다. 이를 통해 디즈니는 스토리와 캐릭터를 개발해 왔다. 그 후 픽사, 마블엔터테인먼트, 루카스필름(스타워즈), 20세기 폭스스튜디오(아바타)를 연이어 인수해 최강의 IP 군단을 이루었다. 디즈니는 IP의 가치를 누구보다 잘 안다. IP를 지키기 위한 디즈니의 노력은 치열하고 거칠기까지 하다. 그들은 이런 노력으로 세계 최강의 IP 군단을 소유하고 있다. 디즈니의 IP 확보 전략은 단순하지만 명쾌하다. "개발하라. 개발할 수 없으면 인수하라"라는 것이다. 디즈니는 자신의 수많은 IP를 활용해 콘텐츠의 프랜차이즈화를 추구한다. 이렇게 탄생한 콘텐츠는 디즈니 그룹의 미디어에는 물론이고 놀이공원(테마파크), 상품 판매 같은 또 다른 비즈니스의 기반이 된다.

슈퍼 IP 육성을 위한 브랜드 동맹 전략

IP를 확장하기 위한 방안으로 '브랜드 동맹 전략'도 유용한 수단이다. 디즈니에 인수되기 전 재정적 어려움을 겪고 있던 마블엔터테인먼트는 자사의 가장 가치 있는 캐릭터의 영화화 권리를 할리우드 스튜디오에 판매했다. 그런데 마블의 만화 캐릭터에 대한 라이선싱이 결과적으로는 IP를 키워 가는 동맹 전략이 되었다. 마블이 처음부터 의도한 것은 아니었지만 결과적으로 탁월한 선택이어서 마블 IP의 진화 및 확장을 위한 결정적 모멘텀이 되었다. 소니(스파이더맨), 폭스(엑스맨), 유니버설(헐크), 라이언스게이트(퍼니셔)와 달리 마블 캐릭터의 영화화 권리를 확보하지 못한 디즈니는 마블엔터테인먼트라는 회사 자체를 인수해 버렸다. 심지어 마블을 인수한 후에는 그들이 인수하기 전에 판매된 캐릭터의 권리를 되사오기까지 했다. 마블 IP를 활용해 영화를 만들고자 하는 할리우드 스튜디오의 열망을 짐작할 수 있다.

할리우드는 마블 영화의 제작을 위한 거대한 연합체처럼 보인다. 마블 만화에는 많게는 1만 개의 캐릭터가 있다고 한다. 디즈니 단독으로 그 많은 캐릭터와 스토리를 콘텐츠로 만들기는 어렵다. 디즈니는 다른 제작사와 IP를 공유해 자사가 소유한 IP의 가치를 높였다. IP 확장을 위해서는 경쟁사와도 동맹을 추진할 수 있어야 한다. 그 결과 마블 영화라는 슈퍼 IP가 탄생했다. 가장 큰 수혜자는 IP를 공동으로 활용하도록 이를 개방한 디즈니다. 마블이라는 디즈니 IP의 가치를 할리우드의 다른 스튜디오가 높여 준 셈이니 흥미로운 현상이다. 한편 MCU처럼 브랜드 동맹 전략을 추진할 때는 이를 주도적으로 이끌어 가는 관리자가 필요한데 MCU에서는 케빈 파이기가 그 역할을 한다. 어쩌면 케빈 파이기와 같은 탁월한 기획자가 만들어 낸 성공이라고 할 수 있다. 슈퍼 IP를 만들어 가려면 역량 있는 쇼 러너가 꼭 필요한 이유다.

제작사나 창작자는 IP 독점에 대한 환상이 있다. 내가 갖고 있는 소중한 이야기나 캐릭터는 오직 나만 활용해야 한다는 욕심이다. 그러나 필요하다면 IP를 독점하려 하지 말고 과감한 개방이 필요하다. 《콘텐츠의 미래》의 저자 바라트 아난드는 "콘텐츠를 유통하는 플랫폼은 독점 전략이 필요하지만 콘텐츠 제작사는 개방 전략이 필요하다"라고 설파했다. 탁월한 식견이 아닐 수 없다. MCU가 아난드의 통찰을 입증한 셈이다. 이런 통찰은 슈퍼 IP를 육성해야 하는 K콘텐츠가 배울 점이다.

IP는 그 자체의 가치도 중요하지만 콘텐츠를 통해 IP를 서로 연결해 더 큰 가치를 만들어 낼 수 있다. 할리우드 메이저 스튜디오가 경쟁과 협력으로 MCU를 만들어 왔듯이 국내 미디어콘텐츠사도 공동으로 슈퍼 IP를 만들어 갈 수 있다. 예를 들어 국내 제작사들이 K-좀비 드라마를 넷플릭스, 디즈니+, 아마존 프라임 비디오, 애플TV+에 제공하는 것이다. 이 같은 방식으로 K-좀비 드라마라는 브랜드를 만들 수도 있다. 글로벌 웹툰을 주도하는 네이버, 카카오와 글로벌 스튜디오를 지향하는 CJ ENM, SLL이 K-웹툰이라는 IP를 활용해 K-좀비 드라마를 위한 브랜드 동맹을 추진해 볼 수도 있다. 이런 프로젝트를 추진하기 위해서도 글로벌 감각을 갖춘 쇼 러너가 필요하다.

IP 확장을 위한 또 다른 형태의 동맹 전략으로 글로벌 공동 제작을 생각해 볼 수 있다. 브랜드 동맹의 글로벌 확장인 셈인데 K콘텐츠가 시도해 볼 만한 방안이다. 이는 K콘텐츠 소비 시장을 확장하는 방안이기도 하다. 바로 연기자, 감독, 스태프 같은 다양한 제작 요소의 국제적 협업을 추진하는 것이다. 〈옥자〉나 〈수리남〉, 〈커넥트〉, 〈카지노〉 등이 선례가 될 수 있다. 예를 들어 해외에서 큰 인기를 얻은 국내 게임 중 펄어비스의 〈검은사막〉이나 중국 고전인 삼국지라는 IP를 한국이 주도해 한·중·일 3국의 투자사, 제작·배급사, 플랫폼 간의 동맹 전략을 추진해 보면 어떨까 하는 생각도 든다. 언젠가 필자의 상상을 현실로 만들어 내는 창작자와 쇼 러너가 등장하기를 바란다.

이처럼 K콘텐츠도 브랜드 동맹 전략을 적극 활용해야 한다. 제작을 위한 동맹, 제작과 배급을 위한 동맹으로 한국형 슈퍼 IP를 육성할 수 있다. 특히 글로벌 미디어콘텐츠 산업을 주도하는 글로벌 스트리밍과의 동맹 전략이 중요한 수단이 될 것이다.

슈퍼 IP로 가기 위한 트랜스미디어 전략

지금까지 성공적인 슈퍼 IP를 살펴보면, 처음부터 치밀하게 계획된 것도 아니고 성공적 모델이나 정형화된 형태가 있는 것도 아니다. 디즈니를 보면 알 수 있다. 디즈니의 막강한 IP는 하루아침에 이루어지지 않았다. 거의 100년 동안 축적된 것이다. 창작자의 아이디어를 스토리와 캐릭터로 개발하고 이를 만화, 애니메이션, 영화 및 TV 드라마 시리즈로 하나하나 콘텐츠화했다. 오랫동안 수많은 콘텐츠로 만들어진 IP는 디즈니랜드라는 테마파크에서 다시 탄생했고 다양한 상품으로 소비자에게 선보였다. 이른바 트랜스미디어 transmedia 전략이다.

　트랜스미디어 전략이란 TV, 영화, 만화 등 다양한 미디어 플랫폼을 사용하지만 하나의 공통된 세계관 속에 스토리와 캐릭터를 담아 각기 다른 이야기가 연결되게 하는 것이다. 송예진은 매체 특성에 맞게 콘텐츠를 변화시키는 등 기존에 존재했던 콘텐츠를 활용하는 방식이 큰 변화를 맞이하고 있는데, 이러한 방식을 트랜스미디어 콘텐츠 전략이라고 했다. 예를 들면 웹툰-영화, 웹툰-만화, 영화-드라마 등 하나의 콘텐츠를 매체에 따라 변형해 확장시키는 것이다.[21] 결국 트랜스미디어 전략의 목적은 특정 IP가 노출되는 경로를 최대화하는 것이다.

　트랜스미디어 전략도 IP를 확장하기 위한 좋은 방법이다. 대표적인 성공 사례 역시 마블의 MCU다. 다만 트랜스미디어 전략은 디즈니나 워너미디어(WBD), NBC유니버설처럼 '콘텐츠(제작)-플랫폼(유통)'의 수직 통합을 통해 제작과 유통을 장악하고 있는 미디어콘텐츠 사업자의 영역이다. 사실 중소 규모의 제작사가 추진할 수 있는 영역이거나 전략은 아니다. 엄밀하게 보면 플랫폼 사업자의 영역이지만 넷플릭스, 애플TV+ 같은 단일 플랫폼을 소유한 사업자의 트랜스미디어 전략은 제한적이다. 물론 국내의 CJ ENM같이 콘텐츠 제작과 유통(플랫폼)을 겸하는 기업은 트랜스미디어 전략을 활용할 수 있다. 제작사는 트랜스미디어 전략을 추구하는 플랫폼 사업자의 의도를 잘 이해해야 한다. 그들이 지향하는 스토리, 캐릭터, 스토리텔링을 발굴해야 하기 때문이다. 예를 들어 MCU라는 것도 마블스튜디오를 이끄는 제작자들이 지향하는 모습(비전)이다. 말하자면 그들이 추구하는 방향성이다.

그렇다면 오늘날 미디어콘텐츠 산업의 키워드가 된 트랜스미디어 전략이 K콘텐츠에 주는 함의는 무엇일까? 디즈니가 추구하는 MCU 전략을 사실 우리나라 미디어콘텐츠 사업자가 따라 하기는 어렵다. 디즈니와 넷플릭스는 콘텐츠를 제작하고 유통하는 목적이 전혀 다르다. 디즈니는 자사 콘텐츠를 최대한 다양하게 유통시켜 수입을 극대화하는 것이 목적이다. 반면에 넷플릭스는 콘텐츠를 통해 자사의 가입자 확보를 극대화하려 한다. 디즈니+의 경우 볼 만한 콘텐츠가 없다고 가입자들이 불평하는 경우가 있다. 이는 디즈니가 넷플릭스보다 콘텐츠를 못 만들어서가 아니다. 디즈니+는 디즈니 그룹의 다양한 사업 포트폴리오의 구조 안에 있다. 따라서 디즈니+의 콘텐츠 수급은 디즈니 그룹의 보다 큰 사업 전략에 따라 이루어진다. 디즈니+의 한국 오리지널 〈카지노〉, 〈무빙〉의 제작사나 창작자는 디즈니 그룹의 미디어콘텐츠 전략을 이해하고 제작에 참여하면 도움이 될 것이다.

같은 이유로 디즈니의 MCU 전략도 잘 이해할 필요가 있다. 마블 영화는 극장에 개봉된 후 VOD 같은 선행 윈도에 제공되고 나서 디즈니+에 공개된다. 이들 영화는 디즈니+에 공개 후 디즈니가 소유한 지상파(ABC)나 케이블 채널(FX)에도 공개되고, 이후 미국 및 해외 많은 나라의 선형 TV에도 라이선싱된다. 그러나 〈완다비전〉 같은 마블의 프랜차이즈로 만들어진 드라마 시리즈는 디즈니+에 오리지널로 공개된다. 디즈니+의 오리지널로 제작된 콘텐츠는 디즈니 그룹이 아닌 다른 미디어에는 원칙적으로 공개되지 않는다. 디즈니+의 로컬 오리지널로 한국에서 제작된 드라마 〈카지노〉, 〈무빙〉은 미국에서는 디즈니+가 아니라 성인 지향의 스트리밍 서비스인 '훌루'에 공개되었다. 물론 디즈니가 운영하는 케이블 채널(예컨대 FX)에도 방송될 수 있고, 가능성은 낮지만 디즈니의 지상파에도 방송될 수 있다. 이처럼 디즈니가 투자한 콘텐츠는 디즈니 그룹이 보유한 다양한 미디어 및 디즈니랜드나 상품 판매에 활용될 수 있다. 따라서 국내 제작사가 디즈니+의 오리지널을 제작할 때는 저작권 소유 방식이나 권리의 내용을 잘 따져서 계약해야 한다.

슈퍼 IP로 가는 최선의 정책은 더 많은 제작뿐

슈퍼 IP를 육성하려면 기본적으로 장기적 관점을 가져야 한다. IP는 창의성이나 목표만으로 만들어지지 않는다. 키우겠다는 의지만으로 되는 것도 아니다. 창작자의 제작 역량이 이론 공부만으로 되지 않는 것과 같다. 제작 역량을 키우는 최고의 교육은 직접 콘텐츠를 만들어 보는 것이다. 실전이 최고의 학습이다. IP를 만들고 확장시키는 것도 마찬가지다. '제작이 최선의 정책'이다. 돈과 시간을 들여 만든 영화나 TV 시리즈를 통해 성장하는 것이다. 축적과 시간이 필요하다. 마블엔터테인먼트의 사례에서도 보았듯이 가치 있는 IP를 소유하고 있다고 해서 꼭 자기 손으로 모든 콘텐츠를 직접 만들 필요도 없다. 마블은 자신의 가장 가치 있는 캐릭터를 할리우드의 다른 스튜디오에 제공했다. 결국 마블 영화나 시리즈를 만드는 제작사가 늘어나면서 더 많은 콘텐츠가 제작되었다. 동맹을 맺음으로써 이룬 성과다. 이것이 마블 영화를 확장시키는 신의 한 수가 되었다. 마블스튜디오는 초기에는 마블 만화의 캐릭터를 영화로 만들 수 있는 권리만 다른 스튜디오에 판매하다가, 권리의 판매를 넘어 직접 영화를 만들어 성공시켰다. 마블 IP의 가치를 자사가 직접 입증한 것이다. 그러자 더 많은 스튜디오가 마블 영화를 제작하려고 경쟁했고, 더 많은 콘텐츠가 제작되자 마블은 글로벌 슈퍼 IP로 성장했다.

슈퍼 IP는 소수의 콘텐츠로는 탄생할 수 없다. 〈스타워즈〉라는 장대한 이야기는 조지 루카스가 만든 한 편의 영화로 시작되었다. 슈퍼 IP로 성장한 경우라도 그 시작은 최초로 제작된 영화나 시리즈의 성공이다. 이후 지속적으로 제작을 해 가면서 더 가치 있는 IP로 성장하는 것이다. 당연한 말이지만 최초의 〈스타워즈〉가 성공하지 못했다면 오늘날의 〈스타워즈〉도 없었다. 2008년에 〈아이언맨〉의 예상 밖의 흥행이 없었다면 MCU도 탄생하지 못했을 것이다. 〈오징어 게임〉 시즌1의 성공으로 오징어 게임의 세계관이라는 IP는 이제 막 시작되었다. 앞으로 더 큰 IP로 성장할 수 있느냐는 시즌2의 성공에 달려 있다. 시즌2가 성공해야 확장 가능성이 높기 때문이다. 슈퍼 IP는 영화나 드라마 시리즈 한두 편으로 만들어지지 않는다.

성공하는 IP는 계속되는 콘텐츠 제작을 통해 만들어진다. 진화의 방향이 정해진 것도 아니다. 콘텐츠를 만들어 가는 과정에서 얼마든지 변화할 수 있다. 따라서 다양하고 창의적인 유연한 접근이 필요하다. MCU는 K콘텐츠가 IP를 확장해 가는 방법을 배울 수 있는 좋은 사례다. K콘텐츠도 다른 사업자와 연합하기도 하고 축적의 시간도 필요하다. 제작비가 많이 투자되는 영화나 시리즈는 먼저 글로벌 스트리밍을 활용해 성공 사례를 만들고, 이를 기반으로 후속작은 국내 선형 TV와 협업하는 방안도 가능하다. 필요할 경우 제작사 간 연합도 방안이 될 것이다. '더 많은 제작'이 최선이 정책이다. 이를 위해 콘텐츠를 지속적으로 제작할 수 있는 규모를 갖춘 스튜디오가 필요하다. K콘텐츠에 삼성전자 같은 대기업이 필요한 이유다.

또 다른 방안으로 글로벌 스트리밍의 영향력을 지혜롭게 활용하는 것이다. 국내 제작사가 IP를 소유한 영화나 드라마를 넷플릭스, 디즈니+ 같은 플랫폼을 통해 글로벌 히트작으로 만들어야 한다. 넷플릭스는 글로벌 텔레비전 슈퍼파워다. 일찍이 우리가 경험하지 못한 현상이다. 콘텐츠의 힘은 유통에서 나오기도 한다. 국내 제작사는 글로벌 미디어콘텐츠 시장을 장악해 가는 글로벌 스트리밍의 영향력을 최대한 활용해야 한다.

넷플릭스는 2023년부터 매년 상하반기 단위로 글로벌 구독자의 타이틀별 시청 시간 자료를 공개한다. 여기에는 넷플릭스가 방영권을 확보한 K-드라마도 들어 있다. 지금까지 자료 공개가 두 번 이루어졌는데 K-드라마의 선전이 돋보인다. 우리는 이를 기회로 활용할 수 있다. 넷플릭스를 통해 탄생한 글로벌 히트작을 중심으로 더 많은 콘텐츠를 제작하는 것도 방안이다. 어찌 되었든 가능성 있는 IP는 작은 규모의 영화나 드라마 시리즈라도 하나 더 제작해 꾸준히 확장시켜야 한다. 다만 IP 확장 과정에서는 선택과 집중이 필요하다. 투자 가능한 제작비는 늘 제한되어 있기 때문이다. 최근 이슈가 되고 있는 국내 제작사의 IP 소유의 필요성에 대해 "모든 콘텐츠의 IP를 확보할 필요는 없다"라고 한 이유다.

슈퍼 IP로 성장하려면 선별하고 집중해야 한다. 이를테면 K-좀비, K-느와르, K-SF라는 장르의 IP(스토리와 캐릭터) 같은 콘텐츠에 집중하는 것이다. 넷플릭스나 디즈니+에 공개된 오리지널 중 K-좀비는 드라마 〈킹덤〉 시즌1(2019), 〈킹덤〉 시즌2(2020), 〈지금 우리 학교는〉(2022)과 영화 〈#살아있다〉(2020)로 계속되고 있다. K-느와르는 드라마 〈마이네임〉(2021)과 영화 〈낙원의 밤〉(2021), 〈야차〉(2022), 〈길복순〉(2023) 등으로 이어지고 있다. K-SF는 영화 〈승리호〉(2021)에 이어 드라마 〈무빙〉(2023)과 영화 〈정이〉(2023) 등이 있다. 그렇지만 타이틀 몇 개의 콘텐츠로 가치 있는 IP가 되기에는 턱없이 모자라므로 앞으로 더 많은 제작이 필요하다. 또 넷플릭스에 라이선싱된 드라마 중 글로벌 시청자로부터 사랑을 받은 〈사내맞선〉, 〈환혼〉 등의 확장 가능성도 고민해야 한다. 가능성 있는 드라마가 아직 없다면 앞으로는 이를 염두에 두고 제작해야 한다. 지속적인 가입자 증가로 넷플릭스나 디즈니+의 글로벌 영향력은 더욱 커질 것이다.

더 많은 제작을 통해 IP를 확장해 갈 수 있는 방법은 두 가지 차원에서 접근 가능하다. 스토리 차원과 제작 형식의 차원으로, 이것은 슈퍼 IP가 되기 위한 방법론이다. 아직 슈퍼 IP가 없는 K콘텐츠는 이를 거의 활용하지 못하고 주로 할리우드에서 쓰는 방법이다. 먼저 스토리 차원의 확장을 보자. 자주 활용되는 방법이 프리퀄prequel(전편보다 시간상으로 앞선 이야기를 다루는 속편)과 시퀄sequel(기준 작품의 작중 시간대 이후를 다루는 속편)이다. 앞에서 살펴보았듯이 대표적 사례가 영화 〈스타워즈〉다. 이 영화는 조지 루카스가 제작한 오리지널 스타워즈 3부작에서 시작했다. 이후 프리퀄 형태의 스타워즈 3부작이 탄생했다. 2012년 디즈니가 루카스필름을 인수한 후 스타워즈 시퀄 3부작이 제작되었다. HBO의 드라마 시리즈 〈왕좌의 게임〉(2011~2019)도 시즌8로 마감했다. 이후 프리퀄 형태로 〈왕좌의 게임: 하우스 오브 드래곤〉(2022)이 제작되었다. 아마존은 영화 〈반지의 제왕〉(2001~2003)의 프리퀄 드라마 시리즈 〈반지의 제왕: 힘의 반지〉(2022)를 제작했다. 현재 시즌2까지 공개되었다.

다음으로 제작 형식을 통한 확장이다. 대표적으로 프랜차이즈franchise와 스핀오프spin-off가 있다. 일반적으로 프랜차이즈는 동일하거나 유사한 타이틀과 동일한 캐릭터의 영화 시리즈다. 우리가 미국 언론에서 자주 읽거나 들을 수 있는 말이다. 마블 프랜차이즈, 스타워즈 프랜차이즈, 그리고 스파이더맨, 반지의 제왕 프랜차이즈 등이다. 스핀오프는 콘텐츠에 등장하는 캐릭터들 중 일부를 이용하는 방식이다. 기존의 TV 시리즈나 영화에서 일부 캐릭터를 기반으로 새로운 콘텐츠를 만드는 것이다. 이 방식은 흥행작의 확장을 위한 수단으로 자주 활용된다. 스타워즈에서 파생된 디즈니+의 오리지널 드라마 〈만달로리안〉, 〈오비완 케노비〉와 마블 영화에서 파생된 〈완다비전〉, 〈로키〉 등을 들 수 있다. 또 넷플릭스 드라마 〈종이의 집〉에 등장하는 캐릭터 중 하나인 베를린(페드로 알론소)을 주인공으로 새로운 시리즈 〈베를린〉이 제작되었다. 글로벌 히트작이 된 〈종이의 집〉의 확장이다.

슈퍼 IP가 되기 위한 세 가지 축적

한국을 대표하는 콘텐츠 기업의 탄생과 더불어 K콘텐츠의 브랜드화가 필요하다. 가장 좋은 방법은 스타워즈나 MCU 같은 슈퍼 IP를 만드는 것이다. 요즘 방송, 영화, 음악, 게임 같은 미디어·콘텐츠·엔터테인먼트 산업에서는 너나없이 IP를 말한다. "좋은 IP를 확보해야 좋은 콘텐츠를 만들 수 있다", "IP를 확보해야 수입을 극대화할 수 있다", "콘텐츠 가치를 높일 수 있는 IP를 육성해야 한다", "아시아의 디즈니가 되겠다", "정부는 좋은 IP를 발굴하고 육성할 수 있는 기반을 만들어 주어야 한다" 등등이다. 다 맞는 말이다.

그러나 당위론이나 정책적 지원만으로 MCU나 스타워즈 같은 슈퍼 IP가 만들어지지는 않는다. 가장 중요한 것은 성공하는 콘텐츠를 만들어 내는 것이다. '선 콘텐츠 제작 후 IP 확장'이다. MCU처럼 IP에 기반해 영화나 드라마를 하나라도 더 만들어 나가야 한다. 처음부터 바로 성공하는 IP는 없다. 영화 한 편이나 드라마 시리즈 하나로 성공하는 IP도 없다. IP를 확보하려는 욕심보다 콘텐츠를 하나라도 더 많이 만드는 것이 중요하다. IP는 콘텐츠라는 토양 위에서 성장한다. IP의 가치가 커지고 진화하려면 세 가지 영역에서의 축적이 필요하다. 바로 시간의 축적, IP의 내재적 축적, 콘텐츠를 통한 축적이다.

첫째 시간의 축적이다. 앞서 말했듯이 MCU는 2008년 영화 〈아이언맨〉으로 시작되었다. 〈아이언맨〉은 마블스튜디오가 어렵사리 제작한 첫 번째 자체 영화였다. 마블 영화의 원작인 마블 만화의 시작은 1939년에 창립된 타임리 코믹스라는 만화 회사다. 스타워즈는 1977년에 첫 번째 영화 〈스타워즈: 새로운 희망〉이 개봉된 후 45년이 흘렀다. 배우 마크 해밀(루크 스카이워커 역), 해리슨 포드(한솔로 역),

캐리 피셔(레아 공주 역)는 스타워즈 첫 번째 영화에서부터 출연했다. 해리슨 포드는 2015년에 개봉된 〈스타워즈: 깨어난 포스〉 편에서 사망하는 것으로 그려진다. 최초 출연한 해로부터 40여 년의 시간이 흘렀다. 캐리 피셔는 2019년에 개봉된 스타워즈 영화 시리즈의 아홉 번째('라이즈 오브 스카이워커')에도 출연한다. 그러나 안타깝게도 스타워즈 여덟 번째 영화인 〈스타워즈: 라스트 제다이〉가 개봉되기 전인 2016년 12월 27일 사망했다. 캐리 피셔도 영화를 기준으로 보면 1977년에서 2019년까지 40년 넘게 출연한 셈이다. 그녀는 스타워즈 9편의 영화 중 6편(에피소드 4~6, 7~9)에 출연했다. 처음 출연했을 때 피셔의 나이가 21세였으나 마지막 편에 출연할 때는 이미 60세가 넘었다. 루크 스카이워커 역의 마크 해밀도 아홉 번째인 '라이즈 오브 스카이워커'까지 출연했다. 이처럼 영화 〈스타워즈〉는 40년이 넘는 세월 동안 할리우드뿐 아니라 전 세계 수많은 관객의 사랑을 받으며 슈퍼 IP로 성장했다. 〈스타워즈〉뿐 아니다. 제임스 본드의 영화 〈007 시리즈〉도 1962년에 시작해 70년 동안이나 계속되고 있다. 필자가 고등학교 시절에 봤던 바로 그 '007'이다. 이 외에도 〈해리포터〉 20년, 〈반지의 제왕〉 20년, MCU도 벌써 15년이 넘었다. 오랜 시간 동안 제작된 수많은 영화를 통해 다양한 이야기와 캐릭터 및 작가, 감독, 배우, 스태프 등 창작자들의 노력이 하나하나 축적되어 왔다. 그리고 앞으로도 계속될 것이다.

둘째는 IP의 질적 축적이다. 이는 IP 자체가 진화하는 것이다. IP를 구성하는 두 가지 요소는 스토리와 캐릭터다. 이를 기반으로 IP가 진화하는 형태는 ① IP 자체의 확장과 ② IP 간 결합으로 나눠 볼 수 있다. 첫 번째 IP 자체가 확장하는 경우다. MCU가 좋은 사례다. MCU의 확장도 캐릭터와 스토리 차원으로 구분해 볼 수 있다. 먼저 캐릭터의 확장을 보자. 영화 〈어벤져스〉는 이전에 만들어진 영화에 등장한 슈퍼히어로가 모여서 한 팀을 이룬다. 캐릭터가 진화하는 것이다. 앞서 만들어진 영화에서 사랑받아 온 캐릭터들이 모두 등장해서 어벤져스 시리즈로까지 진화한다. 슈퍼히어로와 대결하는 빌런도 진화한다. 〈어벤져스: 엔드게임〉에는 최강의 슈퍼히어로 군단이 최강의 빌런인 타노스와 대결한다. 영화 〈가디언즈 오브 갤럭시〉 시리즈에는 이전의 마블 영화에는 없던 새로운 캐릭터가 등장한다. 스타로드(크리스 프랫)와 가모라(조 샐다나), 드랙스(데이브 바티스타), 그루트 및 로켓 등이다. 다음으로 스토리의 확장을 보자. 최근 MCU의 스토리 세계관도 확장되고 있다. 기존 스토리의 배경이 되는 시간과 공간을 초월하는 다중우주가 그것이다. 영화 〈닥터 스트레인지: 대혼돈의 멀티버스〉는 시공간의 무한 확장을 보여 준다. 앞으로 다중우주라는 세계관이 또 어떻게 진화할지도 관심거리다.

두 번째 IP 간의 결합이다. 스타워즈 최초의 드라마 시리즈인 〈만달로리안〉에는 주인공 딘 자린(약칭 만도)이 등장한다. 만도가 아이언맨처럼 초강력 슈트를 입고 하늘로 비상하는 장면은 영화 〈아이언맨〉을 떠올리게 한다. 드라마 〈판달로리안〉은 〈아이언맨〉을 연출한 존 파브로가 각본, 제작, 연출까지 담당했다. 스타워즈와 마블이 결합한 것이다. 앞으로는 디즈니의 패밀리가 된 픽사, 마블, 스타워즈, 폭스('아바타', '엑스맨', '판타스틱 4' 등)의 IP 즉 스토리와 캐릭터가 디즈니 고유의 IP(미키 마우스, 백설공주, 피노키오, 신데렐라, 인어공주, 미녀와 야수,

알라딘, 라이언킹 등) 간의 결합도 가능할 것이다. 상상만 해도 무궁무진할 것 같다. 이처럼 MCU는 IP 자체의 확장과 IP 간 연합을 통해 새로운 스토리와 스토리텔링을 추구한다.

셋째는 콘텐츠의 축적이다. 계속되는 제작을 통해 IP라는 성 위에 콘텐츠를 차근차근 쌓아 올리는 것이다. 필자는 이 점이 특히 중요하다고 생각한다. IP는 태어나는 것이 아니라 콘텐츠를 통해 구체화되는 '과정'이다. 성장 방향이 사전에 명확히 기획되거나 정해진 것도 아니다. 콘텐츠를 만들어 가는 과정에서 언제든지 변화할 수 있다. 슈퍼 IP는 사전에 치밀하게 계획되기보다는 제작되는 콘텐츠의 내용, 관객이나 시청자의 피드백, 흥행 성적 등에 따라 얼마든지 바뀔 수 있다. 따라서 유연하고 개방적인 접근이 필요하다. MCU는 페이즈4가 끝난 2022년 말까지 30편의 영화와 8개 타이틀의 드라마 시리즈를 제작했다. 다수의 애니메이션 시리즈도 제작되고 있다. 2023년 이후 영화만 하더라도 20여 편이 제작될 예정이다. 〈완다비전〉으로 시작된 디즈니+의 오리지널 드라마 시리즈도 계속되고 있다. 슈퍼 IP인 MCU는 매년 제작되는 수많은 콘텐츠를 통해 더욱 확장되고 있다. 앞으로 마블 영화의 세계관이 어떻게 진화할지 관심을 가지고 지켜봐야 한다.

슈퍼 IP 육성을 위한 K-웹툰과 K콘텐츠의 결합

K콘텐츠는 넷플릭스라는 글로벌 스트리밍을 통해 세계적 현상이 되었다. 그 배경에는 문화 아이콘으로 새롭게 떠오른 K-웹툰이 있다. 넷플릭스의 글로벌 히트작 〈스위트홈〉, 〈지금 우리 학교는〉은

K-웹툰이 원작이다. 드라마 〈킹덤〉과 〈지옥〉, 영화 〈모럴센스〉도 원작이 웹툰이다. 또 넷플릭스 오리지널은 아니지만 방영권을 확보한 〈사내맞선〉과 디즈니+의 오리지널 〈커넥트〉, 〈무빙〉도 웹툰이 원작이다. 웹툰이 K콘텐츠 스토리의 보고寶庫가 되고 있다.

프랑스 일간지 《르 몽드》는 K-웹툰의 강점으로 세 가지 요소를 들었다. 첫째는 기존의 연재 만화와 달리 작가의 생각을 무한대로 펼칠 수 있다. 색상, 음향 효과, 음악, 움직이는 이미지 등 표현의 형식이 다양하고 이야기를 자유롭게 펼친다는 것이다. 둘째는 독자가 참여할 수 있는 참여형 커뮤니티의 형성이다. 온라인을 통한 상호 작용이 작품의 성공에 중요한 역할을 한다. 셋째는 모든 미디어에서 활용할 수 있는 콘텐츠다.[22] 영국의 《이코노미스트》는 다양한 스토리 라인과 함께 애니메이션, 드라마틱한 배경음악을 활용할 수 있는 한국 웹툰의 강점을 소개했다. 또한 하나의 에피소드가 끝나면 코멘트를 달 수 있다는 점, 줄거리에 대해 토론할 수 있는 댓글 창 기능이 주목할 만한 특징이라고 분석했다.[23]

K-웹툰은 한국의 젊은 창작자들이 이끌고 있다. 끊임없이 유입되는 젊은 작가들 덕분에 웹툰 산업은 호황을 누리는 중이다. 이들은 제한 없는 소재와 무한한 상상력으로 할리우드의 영웅주의와는 다른 '시대주의'●적 스토리를 만들어 내고 있다.

K-웹툰의 성공 요인을 영상 콘텐츠의 3요소인 스토리, 캐릭터, 스토리텔링이라는 관점에서 살펴보자. 먼저 이야기의 소재가 제한이

● 필자가 '현재성(liveness)'이라고 하는 개념과 유사하다.

없고 새롭다. 다음으로 참신한 이야기와 캐릭터를 디지털 제작 기술이라는 혁신적 스토리텔링으로 자유롭게 표현한다. 이는 K-드라마의 특성과 매우 닮았다. K-드라마와 K-웹툰은 이런 이유로 글로벌 현상이 되고 있다.

글로벌 슈퍼 IP인 MCU도 만화에 기반하고 있다. 만화 회사 '마블 코믹스'와 완구 회사 '토이비즈'가 합병해 마블엔터프라이즈가 되었고, 현재의 마블스튜디오로 진화했다. MCU의 기원이 만화라는 사실이 새삼스럽지만 만화에서 나오는 수많은 캐릭터가 세계 최고의 영화와 드라마 시리즈의 프랜차이즈 IP가 되었다. 이런 점에서 K-웹툰도 K콘텐츠 IP의 원천이 될 수 있다는 점에 주목해야 한다. 지금 다양한 드라마 시리즈와 영화에서 그 가능성을 검증하는 중이다. IP의 영상화에서 웹툰은 만화보다 이점이 더 많다. 현재까지는 매우 긍정적이지만 K-웹툰의 스토리나 캐릭터 중 가장 대표적인 것을 발굴하고 이를 확장시키는 선택과 집중의 전략이 필요하다. 지금부터 시작해도 충분히 가능하다.

문제는 이를 주도할 수 있는 플랫폼과 제작사다. 다행스럽게도 글로벌 웹툰은 국내 기술 기업인 네이버와 카카오가 주도하고 있다. 네이버는 2021년 5월 글로벌 웹소설 플랫폼 왓패드^{Wattpad}•를 인수했다. 이들이 중심이 되어 국내 제작사와 제휴하는 방안도 가능하다. 현재 다양한 형태의 실험이 진행되고 있다. 글로벌 슈퍼 IP를 만들려면 K콘텐츠의 브랜드 동맹이 필요하다. 네이버는 웹툰 IP로 영

• 왓패드는 전 세계 이용자 9000만 명, 작품 10억 개를 확보한 북미 최대 규모의 캐나다 베이스의 웹소설 플랫폼이다. 작품의 80퍼센트 이상이 영어와 스페인어로 쓰였다.

화, 드라마 시리즈를 만들기 위해 CJ ENM과 협력 관계를 구축했다.[24] 네이버의 웹툰 IP를 바탕으로 CJ 그룹의 스튜디오드래곤이 넷플릭스 오리지널 드라마 〈스위트홈〉을 제작한 것이 그런 사례다. 이 같은 파트너십이 앞으로 더욱 확장되어야 한다.

넷플릭스가 공개한 영화 〈키싱 부스〉(2018), 〈스루 마이 윈도〉(2022)는 캐나다의 웹소설 사이트인 왓패드의 소설이 원작이다. 영화 〈애프터〉(2019)도 왓패드의 웹소설 IP를 활용했다.[25] 이 중 〈스루 마이 윈도〉는 "넷플릭스에서 가장 많이 시청한 비영어권 영화 순위"[26] 탑 10 중 6위에 랭크되었다. 10대 로맨스 장르인 동명의 원작 웹소설은 2016년 왓패드에서 연재를 시작했다. 〈스루 마이 윈도〉는 2022년 2월 4일 공개 직후 주간 기준으로 비영어 영화 부문 세계 1위를 차지하기도 했다. 스페인어로 된 이 작품은 스페인과 라틴 아메리카에서 많은 인기를 얻었다. 이 영화의 흥행으로 후속작 〈대로Boulevard〉와 〈퍼펙토스 멘티로소스Perfectos Mentirosos〉도 넷플릭스 공개가 확정되었다. 네이버는 두 작품이 각각 스페인과 멕시코에서 영화와 드라마로 제작된다고 밝혔다. 네이버는 2022년부터 왓패드 작품 100여 편을 영상화할 계획이다.[27]

웹툰이나 웹소설의 IP를 활용해 국내뿐 아니라 글로벌을 대상으로 한 영화나 드라마 시리즈가 증가하고 있다. 네이버와 카카오는 일본, 프랑스, 미국 그리고 동남아시아에서 단지 K-웹툰만을 서비스하는 것이 아니다. 현지의 오리지널 웹툰도 발굴하고 육성한다. 이는 앞으로 국경을 넘나드는 콘텐츠로 활용될 수 있다. 이를테면 영어 작품이 한국어로, 태국어 작품이 인도네시아어로 번역되는 경우다. 또 태국처럼 현지에서 발굴된 현지의 웹툰이 현지의 드라마로 제작되는 경우도 있다. K-웹툰을 포함해 현지에서 만들어진 웹툰의 IP를 이용한 영상화는 점차 증가할 것이다.

2023년 아마존과 애플도 일본에서 웹툰 서비스를 시작했다. 글로벌 콘텐츠 유통 플랫폼을 가진 빅테크의 참여는 K-웹툰 시장을 더욱 확장시킬 것이다. K-웹툰은 IP로서의 확장 가능성이 무궁무진하다. 또 IP로서의 가치도 크지만 이를 활용해 K콘텐츠 산업의 글로벌 확장을 위한 유용한 도구가 될 수 있다. 네이버의 웹툰 사업을 주도하는 웹툰 엔터테인먼트는 2024년 7월 미국 나스닥 시장에 상장되었다. 이를 계기로 K콘텐츠가 글로벌 시장으로 확장되었으면 한다.

K-웹툰의 영상화가 가속화되는 이유는 스토리의 참신성, 웹툰을 통한 콘텐츠 소비자의 사전 검증, 영상화를 위한 스토리보드 storyboard(주요 영상 장면에 대한 스케치) 역할 등이 있다. 네이버(네이버웹툰)와 카카오엔터테인먼트(픽코마)의 글로벌 진출이 K콘텐츠의 글로벌 확장에 기여할 수 있다. K-웹툰을 원작으로 한 해외 제작사의 콘텐츠 제작이나 해외 웹툰을 국내 제작사가 영상화할 수도 있다. 알다시피 MCU의 출발점도 마블코믹스의 만화였다. 그동안 K-웹툰을 원작으로 한 드라마 시리즈나 영화는 성공적이었다. K-웹툰의 IP와 K콘텐츠의 제작 역량 간의 성공적 결합이다. 〈스위트홈〉과 〈무빙〉 같은 드라마는 넷플릭스나 디즈니+의 글로벌 시청자로부터 인정을 받았다. K-웹툰을 기반으로 MCU나 〈스타워즈〉 같은 슈퍼 IP로의 여정이 시작되었으면 한다.

MCU의 사례에서 주목할 점은 K-웹툰의 IP로 K콘텐츠가 글로벌 히트작을 만들 수 있음을 확실하게 보여 주어야 한다는 것이다. 마블스튜디오가 〈아이언맨〉(2008)을 제작해 마블 영화의 성공 가능성을 할리우드에 보여 준 것과 같다. 그런 다음 할리우드나 일본, 스페인, 멕시코, 인도 같은 나라도 참여하게 하는 전략이 필요하다. K콘텐츠가 주도하는 글로벌 차원의 브랜드 동맹이다. IP 자체보다 더 중요한 것은 이를 콘텐츠화하고 제작된 콘텐츠를 비즈니스로 연결하는 능력이다. 이를 위해 앞에서 말한 글로벌 프로젝트를 이끌어 갈 쇼 러너나 글로벌 비즈니스맨이 더 많이 필요하다. 당연히 이들이 일할 수 있는 글로벌 스튜디오도 마련되어야 한다.

네이버나 카카오 같은 플랫폼은 역량 있는 웹툰, 웹소설 창작자를 발굴하고 육성해 이들이 창작한 콘텐츠를 글로벌로 유통시켜 더 많은 수익을 창출해야 한다. 확장된 시장에서 얻는 수익이 창작자들에게 공정하게 돌아갈 수 있는 구조도 만들어야 한다. 그들이 창작으로 안정된 생활을 할 수 있어야 하기 때문이다. 이런 구조가 정착되어야 재능 있는 젊은 창작자들이 웹툰, 웹소설 분야에 더 많이 진출한다. 인재 풀이 넓어야 더 참신한 스토리가 만들어지고, 이것이 글로벌에서 히트할 수 있는 드라마 시리즈나 영화가 될 수 있다. 마블코믹스의 만화와 마블스튜디오 간의 관계처럼 K-웹툰 및 웹소설의 IP와 K콘텐츠의 스토리텔링이 결합하는 모델이 만들어지고 있다. 두 분야가 서로 상승 작용을 일으킬 때 K-웹툰이 K콘텐츠 IP의 산실이 될 수 있다. 이러한 K-웹툰과 K콘텐츠 간의 선순환으로 K콘텐츠도 고도화될 수 있다.

03

K콘텐츠의 글로벌 소비 시장 확장

K콘텐츠가 할리우드처럼 지속 가능한 산업이 되려면 지속 가능한 콘텐츠 기업이 필요하고, 이들은 창작자에게 든든한 생활의 토대가 되어야 한다. 콘텐츠 기업은 투자한 콘텐츠를 판매할 시장이 필요하다. 콘텐츠 투자는 확보한 시장 규모에 따라 결정되므로 투자 재원과 시장의 확장은 밀접하게 연관되어 있다. 이제 시장 확장을 위한 세 가지 방안으로 K콘텐츠 소비 시장의 확장, K콘텐츠의 글로벌 배급 확대, 글로벌 시장 진출을 위한 투자 재원의 확보에 대해 살펴보자.

K콘텐츠 소비 시장의 확장

K콘텐츠 시장의 확장과 관련해 K-웹툰의 글로벌 확장 전략에 주목할 필요가 있다. 한국이 주도한 웹툰은 10여 년 만에 글로벌 생태계를 구축했다. 웹툰 산업은 2010년부터 한국에서 본격화했는데, 스마트폰의 등장과 이를 기반으로 모바일에 적합한 디지털 콘텐츠로서 웹툰이 시작되었다. 웹툰은 초기엔 영화나 드라마 같은 주류 콘텐츠로 인정받지 못했다. 그러다가 비교적 단시간에 제 나름의 생태계를 만들 수 있었던 것은 역시 네이버나 카카오 같은 기술 기업의 역할이 절대적이었다. 이로써 K-웹툰 산업의 생태계를 구성하는 창작자(작가), 유통(플랫폼), 소비(구독자) 간의 가치사슬이 만들어졌다.

K-웹툰은 국내 서비스를 기반으로 2014년부터 해외로 진출했다. 넷플릭스의 글로벌 확장 전략과도 흡사하다. 넷플릭스도 스트리밍 서비스 론칭 4년째인 2010년부터 해외로 진출했다. K-웹툰의 글로벌화는 성공적이다. 웹툰은 한국이 글로벌 플랫폼과 콘텐츠 생태계를 주도하고 있다. 웹툰은 K콘텐츠의 글로벌화라는 성공 모델을 만들었다. 글로벌로 확장해야 하는 영상 콘텐츠가 참고할 만한 교훈이다. 새로운 시장을 확보하려면 플랫폼과 콘텐츠의 역할이 중요하다는 점을 잘 보여 주었기 때문이다. 네이버와 카카오는 K-웹툰을 일본, 프랑스, 미국 같은 웹툰의 거점 국가에 서비스하고 동시에 현지의 오리지널 웹툰도 발굴하고 육성한다. 넷플릭스가 추구하는 '문화 수도' 같은 역할이다.

글로벌 스트리밍을 활용한 시장의 확장

미디어콘텐츠 업계에는 해묵은 논쟁이 있다. "좋은 콘텐츠를 만들면 판로는 걱정하지 않아도 된다." 콘텐츠가 왕이라는 주장이다. "아니다. 콘텐츠를 만들기만 하면 무슨 소용인가. 시장이 없으면 무용지물이다." 콘텐츠를 유통시키는 플랫폼이 왕이라는 견해다. 둘 다 맞는 말이지만 선 시장 조성, 후 콘텐츠 제작이 더 현실적이다. 국내 케이블 TV, 위성방송, IP TV가 등장할 때 현장에서 필자가 경험한 바에 따르면 그렇다.

콘텐츠를 소비하는 미디어 사업자(지상파, 케이블 TV, 위성방송, IP TV)는 정부의 허가나 승인 같은 절차를 거쳐 선정된다. 시장에는 소수의 사업자만 존재하는 것이다. 당연히 진입장벽이 높고 과점의 성격을 지닐 수밖에 없다. 반면에 콘텐츠 제작사는 진입장벽이 없다. 누구라도 시작할 수 있다. 이 경우 소규모 제작사가 많을 수밖에 없고 자본도 영세하다. 따라서 콘텐츠 제작사가 미래의 시장을 예상하고 먼저 콘텐츠에 투자하기는 어렵다. 국내 웹툰이 다른 분야보다 상대적으로 단기간에 생태계를 구축할 수 있었던 이유는 네이버나 카카오 같은 유통 플랫폼이 소비 시장을 조성했고, 그 결과 역량 있는 작가가 진입하는 선순환 구조가 만들어졌기 때문이다. 특히 유통 플랫폼이 웹툰의 유료화라는 방법으로 새로운 소비 시장을 창출한 점은 주목할 만하다. 이후 네이버, 카카오는 국내 웹툰 시장을 해외로 확장해 더 큰 시장을 만들었다. 제작사가 이처럼 새로운 콘텐츠 시장을 만들기는 어렵다. 따라서 유통 플랫폼의 역할은 매우 중요하다. 그에 비해 제작사는 콘텐츠 유통 플랫폼을 잘 활용하는 것이 중요하다.

1990년대 초 픽사와 디즈니는 애니메이션 장편 영화를 공동 제작하기로 했다. 애니메이션 왕국 디즈니가 할리우드도 아닌 실리콘밸리의 신생 소프트웨어 기업인 픽사에 먼저 제안한 것이다. 계약은 공동 제작 형식이었지만 실질적으로는 외주 제작이나 마찬가지였다. 콘텐츠 제작에서의 결정권도 전적으로 디즈니가 가지고 있었다. 첫 영화인 〈토이 스토리〉(1995)를 제작하던 중에는 디즈니의 일방적 요청으로 제작이 중단되는 일도 있었다. 다행히 제작이 재개되었고 픽사는 최초의 장편 애니메이션 영화를 성공시켰다. 픽사는 디즈니에게 자신들의 제작 능력과 경쟁력을 당당히 증명했다. 사실 디즈니라기보다는 극장의 관객들로부터 직접 평가를 받았다. K콘텐츠도 넷플릭스, 디즈니+가 아니라 글로벌 시청자에게 콘텐츠의 경쟁력을 증명해야 한다. 그래야 도약이 가능하다.

픽사는 첫 번째 영화인 〈토이 스토리〉의 성공을 바탕으로 디즈니와의 계약 관계를 명실상부하게 공동 제작으로 변경할 것을 요구하고 이를 관철시켰다. 디즈니 주도의 일방적 관계에서 투자와 수입을 반분하는 공동 제작으로 변경한 것이다. 그 배경에는 주식 시장에 상장하여 자금력을 확보함과 동시에 〈토이 스토리〉의 성공으로 애니메이션 영화 제작에 대한 자신감이 작용했다. 픽사는 이러한 자신감을 바탕으로 제작비 투자에 대한 리스크를 감당하고 당당하게 베팅할 수 있었다. 국내 제작사도 글로벌 스트리밍과의 거래에서 자신의 실력을 검증하고 확신이 들면 공동 제작이나 사전 제작 형태로 도전해 볼 수 있다.

그렇다면 영화 제작에 대한 픽사의 자신감은 어디서 왔을까? 픽사가 디즈니와 장편 애니메이션 영화를 공동으로 제작할 수 있었던 배경을 보자. 이는 픽사의 탄생 스토리와도 관련 있다. 나중에 픽사의 CEO가 된 컴퓨터 공학자 에드윈 캣멀은 1974년 뉴욕공과대학 컴퓨터그래픽스연구소 소장이 된다. 그 무렵 영화 〈스타워즈〉(1977)를 제작하던 조지 루카스의 루카스필름이 이 연구소를 인수하고, 제작사 안의 컴퓨터 사업부로 만든다. 다시 몇 년 후 이 부서를 스티브 잡스Steve Jobs가 인수해서 픽사를 창업한다. 픽사는 초기에 컴퓨터 같은 하드웨어에 관심을 갖다가 점차 소프트웨어로 이동한다. 이들은 소프트웨어 개발 능력을 바탕으로 애니메이션 영상까지 만들 수 있는 실력을 차근차근 쌓아 갔다. 픽사는 점차 디즈니의 가장 확실한 선택 대상으로 입지를 굳혔다. 그동안 만든 단편 영화 〈룩소 주니어〉, 〈틴토이〉 같은 CF물과 CAPSComputer Animation Production System라는 시스템의 성공적 도입으로 애니메이션 콘텐츠 업계에서 확실하게 신뢰를 얻게 된 것이다. 자신만의 경쟁력을 확보했다는 말이다.

공동 제작이 시작될 당시 디즈니 스튜디오의 책임자는 제프리 카젠버그Jeffry Katzenberg였다. 그는 픽사와 애니메이션 영화의 공동 제작을 구상했다. 그 시기 디즈니는 애니메이션 영화에서 어려움을 겪고 있었다. 디즈니는 제작비 투자 및 홍보, 배급을 맡아 픽사의 애니메이션 제작을 돕겠다고 제안했다. 알다시피 디즈니는 애니메이션의 지존이었다. 70년이 넘는 디즈니 역사에서 애니메이션을 외주 제작한 일은 한 번도 없었다. 디즈니가 자사의 심장과도 같은 애니메이션 영화를 외부 제작사에 맡기는 일은 상상하기 어려웠다. 애니메이션은 디즈니 그 자체이고 자존심이었다.

그럼에도 디즈니가 외주 제작을 의뢰한 결정적 이유는 픽사의 CAPS 때문이었다. 디즈니는 그동안 CAPS를 통한 애니메이션 제작을 시도하지 않았다. 작가가 손으로 그리는 셀 애니메이션을 고수하고 있었다. 디즈니는 애니메이션 제작에 부는 변화의 바람에 뒤처졌던 것이다. 디즈니는 픽사의 기술을 활용해 당시 부진하던 애니메이션의 돌파구를 찾고자 했다. 컴퓨터 애니메이션의 제작은 영화 한 편을 만드는 데 수백 명이 동원되는 전통적인 디즈니 방식보다 제작비가 훨씬 저렴했다.[28] 디즈니가 투자하고 픽사의 CAPS를 활용한 최초의 장편 애니메이션 영화 〈토이 스토리〉는 이렇게 탄생했다.

우여곡절을 거치며 제작된 〈토이 스토리〉를 개봉한 후 상황은 완전히 변했다. 픽사의 스티브 잡스는 자사에 불리한 계약 조건을 변경하기를 요구했다. 1991년 최초로 체결된 계약이 1997년 새로운 계약으로 바뀌었다. 새 계약은 제작비를 디즈니와 픽사가 똑같이 절반씩 부담하고, 박스오피스 수입(영화 티켓 판매 수입)과 홈비디오 판권, 상품 판매 수입 등도 절반씩 배분하기로 했다.[29] 디즈니에 의존하는 외주 제작에서 제작비와 수입을 똑같이 반분하는 진정한 공동 제작이 되었다. 픽사는 이처럼 먼저 실력을 보여 주고 이를 근거로 자사에 유리한 조건을 확보했다.

넷플릭스, 디즈니+ 같은 글로벌 스트리밍이 만들어 낸 새로운 시장은 K콘텐츠에 기회와 동시에 위기가 되고 있다. 앞서 언급했지만 글로벌 스트리밍이 제작하는 로컬 오리지널이 K콘텐츠의 소비 시장 확장에 도움이 되는지를 두고 논란이 있다. 외주 제작 형태로 진행되는 영화, 드라마 시리즈, 리얼리티 쇼 등이 K콘텐츠 생태계를

도표 4.2 **디즈니와 픽사의 영화 제작 계약의 변화**[30]

구분	최초 계약(1991년)	수정 계약(1997년)
계약 조건	– 작품에 대한 모든 사항을 디즈니가 승인 – 디즈니가 제작비 전액 부담 – 픽사는 티켓 판매 수입의 12.5퍼센트를 　배분받음 – 부가 수입은 모두 디즈니가 소유	– 작품의 세부 사항은 픽사가 결정 – 제작비는 양사가 50:50으로 부담 – 티켓 판매 수입도 50:50으로 배분 – 부가 수입(홈비디오, 굿즈 등)도 50:50 　으로 배분

오히려 황폐화시킨다는 비판도 거세다. 하청 기지화에 대한 논란도
뜨겁다.

　하지만 필자의 생각은 다르다. 글로벌 미디어콘텐츠의 리더십은
빅테크가 주도하는 글로벌 스트리밍으로 넘어갔다. 이는 되돌릴 수
없는 현실이다. 글로벌 스트리밍이 글로벌 미디어의 주류로 확실하
게 자리 잡았고, 이들이 K콘텐츠 소비의 퍼스트 윈도가 되었다. 글
로벌 스트리밍에서 경쟁력을 확인한 K콘텐츠는 이 기회를 잘 활용
해야 한다. 넷플릭스가 만들어 낸 K콘텐츠의 글로벌 현상과 이로 인
해 얻게 될 스필오버 효과를 극대화해야 한다. K콘텐츠의 비약적 성
장을 위한 모멘텀으로 만들어야 한다. 영화 〈토이 스토리〉에서 제작
역량을 입증하고 이를 바탕으로 디즈니와의 계약을 변경한 픽사의
지혜와 자신감이 필요하다.

　글로벌 스트리밍이 창출하는 새로운 시장을 기회의 땅으로 만들
려면 국내 창작자 및 제작사는 할리우드와 글로벌 스트리밍의 실체
를 정확히 파악해야 한다. 시장 확장을 위해 K콘텐츠 소비의 핵심
수요처를 제대로 알아야 하기 때문이다. 첫째는 할리우드의 운영 원
리를 이해하고 이들이 필요로 하는 콘텐츠를 만들어야 한다. 현재까

지 할리우드의 작동 원리를 한마디로 표현하면 블록버스터 제작과 멀티 창구화다. 할리우드 메이저 스튜디오의 비즈니스 형태이고 생존 방식이다. 할리우드는 세계 최대의 콘텐츠 생산 클러스터다. 이러한 생산기지를 이끄는 동력이 바로 이벤트 영화 또는 텐트폴 영화라 불리는 블록버스터다. 할리우드는 이를 통해 세계 미디어콘텐츠 시장을 지배해 왔고, 한국은 여기서 할리우드가 만든 콘텐츠를 소비하는 역할을 해왔다. 지금까지 할리우드와 K콘텐츠는 접점이 크지 않았다. 하지만 이제 한국이 할리우드 콘텐츠의 소비처만이 아니라 할리우드에 콘텐츠를 제공하는 생산기지가 되고 있다.

둘째는 넷플릭스, 아마존 프라임 비디오, 애플TV+, 디즈니+ 같은 글로벌 스트리밍의 콘텐츠 수급, 특히 로컬 오리지널 전략에 대한 냉정한 접근이 필요하다. 이들은 글로벌을 지배하는 거대 사업자다. 그런데 글로벌 스트리밍은 이전의 할리우드가 구축한 콘텐츠 유통 시스템과는 전혀 다르다. 이전의 간접적이고 우회적인 플랫폼이 아니라 글로벌 D2C^{Direct to Consumer}를 특징으로 한다. 그 영향력이 매우 크다는 의미다. 넷플릭스는 3억 명에 가까운 글로벌 가입자에게 동시에 콘텐츠를 제공한다. 그 결과 이제껏 우리가 경험하지 못한 현상이 나타나고 있다. 앞에서 퍼펙트 스톰이라고 비유한 현상이다.

더구나 가입자 규모도 매년 크게 증가하고 있다. 앞으로 글로벌 스트리밍은 넷플릭스, 아마존, 애플, 구글 같은 빅테크가 주도할 것이다. 이들은 세상을 지배하는 거대한 힘이 되었다. 글로벌 스트리밍 사업자가 로컬 오리지널을 만들고 방영권을 확보하는 목적은 오직 하나다. 우선 현지에서 가입자를 확보하고 유지하기 위해서다.

지금까지 할리우드가 콘텐츠를 만드는 목표와는 완전히 다르다. 할리우드는 자사의 콘텐츠를 해외 국가의 다양한 플랫폼에 유통시켜 수익을 극대화하는 것이었다. 반면에 글로벌 스트리밍은 모든 국가에서 구독자를 유치하고 이들이 자사의 서비스를 떠나지 않도록 어떤 콘텐츠를 만들고 방영권을 구매할 것인지를 고민한다. 그래서 글로벌 구독자들의 평가가 무엇보다 중요하다.

우리의 창작자나 제작사는 오직 더 많은 가입자를 확보하려는 글로벌 스트리밍의 고민을 정확히 이해해야 한다. K콘텐츠는 앞으로 글로벌 스트리밍이 필요로 하는 할리우드향, 스페인향, 일본향, 인도향, 중국향 같은 특화된 콘텐츠도 만들어야 한다. 영국이 할리우드를 대신해 영어로 된 콘텐츠를 제작하듯이 K콘텐츠도 할리우드를 대신해 한국어 콘텐츠를 만들어야 한다. 한국어 콘텐츠는 일본, 멕시코, 인도 등 많은 나라에서 가입자를 확보하는 데 기여할 수 있다. 넷플릭스에서 한국어 콘텐츠는 영어 콘텐츠 다음으로 많이 시청하는 콘텐츠가 되었기 때문이다.

가능성의 시장인 중국, 인도에 대한 대비

"중국 시장에 대비하라." 중국의 콘텐츠 시장은 늘 우리를 설레게 하는 가능성의 시장이다. 미디어콘텐츠 업계에서 일했던 사람이라면 K콘텐츠 산업과 중국과의 관계에서 오는 복잡 미묘한 함의를 이해할 수 있다. 늘 가능성의 시장이라고 생각하지만 현실의 시장이 된 적은 그리 많지 않았기 때문이다. 앞으로도 이런 관계는 계속될 것 같다. 인도 시장도 비슷하다. 디즈니, 넷플릭스, 아마존과 같은 글로벌 스트리밍 사업자가 거대한 인도 스트리밍 시장을 확보하려고 치열하게 경쟁하는 상황을 보고 느낀 생각이다.

인도는 13억 명의 인구와 영어를 사용하는 중산층이 많은 매력적인 시장이다. 분석 회사 앰페어에 따르면 인도는 2027년 구독자 수가 1억 8000만 명으로 성장해 미국과 중국에 이어 세계 3대 스트리밍 시장이 될 것이다. 하지만 현실은 녹록지 않다. 인도의 스트리밍 서비스는 구독료가 월 1달러 미만의 초저가 시장이다. 인도의 유료방송 시장은 저가로 형성되어 있다. 2022년 현재 100개 이상의 TV 채널이 포함된 인도의 케이블 TV 요금은 월평균 1.73달러다. 이 같은 저가의 케이블 TV와 경쟁해야 하는 스트리밍 서비스는 비싼 요금을 받을 수 없다. 인도에서 제공되는 스트리밍은 평균적으로 월 0.7달러 정도다. 그 결과 디즈니+ 핫스타의 월간 가입자당 평균 수입(ARPU)은 1달러 미만이다. 물론 ARPU는 제작사가 아니라 플랫폼 사업자의 관심사다. 이런 상황에서도 인도의 스트리밍 시장을 두고 디즈니+ 핫스타, 아마존 프라임 비디오, 넷플릭스와 현지의 사업자 지오시네마가 치열하게 경쟁하고 있다. K콘텐츠도 시장 확장을 위해 관심 있게 지켜봐야 할 곳이다.

2000년 중반쯤 홍콩에서 매년 열리는 CASBAA Cable & Satellite Broadcasting Association of Asia(아시아 케이블·위성방송 협회[31])라는 단체가 개최하는 세미나에 참석한 적이 있었다. 세미나에는 할리우드 메이저들이 거의 다 참석했다. 아시아 시장에 자사의 콘텐츠를 더 많이 배급하기 위한 전략을 모색하는 자리이기 때문이다. 그러나 사실 그들의 관심은 중국 시장이었다. 당시 중국 시장은 직접 진출이 거의 불가능한 미지의 땅이나 마찬가지였다. 실질적으로 완전히 봉쇄된 시장이었다. 그럼에도 불구하고 왜 그들은 매년 돈을 들여 가며 세미나를 계속하는 것일까? 할리우드 스튜디오의 고위 경영진의 말이 지금도 생생하다. "그래도 우리는 매년 세미나장에 모여 중국 진출에 관한 실패 사례를 분석하고 토론합니다. 아주 구체적으로 말입니다. 나는 이렇게 실패했습니다. 나는 그와 다르게 추진했는데도 실패했습니다. 그럼 도대체 언제나 진출이 가능할까요? 모릅니다. 오직 기도할 뿐입니다."

경기콘텐츠진흥원에서 일할 때 이른바 사드 보복이라는 형태로 국내 게임의 중국 진출이 완전히 막혀 버렸다. 이는 국내 게임 기업에 큰 타격을 주었다. 우리의 게임 기업이 중국에서 게임을 제공하려면 '판호版號'(중국 내에서 게임을 서비스할 수 있는 권리)라고 불리는 허가권(게임에 대한 배급권)을 중국 정부로부터 발급받아야 한다. 곧 한한령限韓令(한류 수입 제한 명령)이 해제될 것이라는 희망 섞인 전망이 무성했지만 결국 필자가 퇴직한 2020년 봄까지도 변화가 없었다.

인도나 중국의 콘텐츠 시장은 가능성으로만 존재할지도 모른다. 넷플릭스 같은 글로벌 스트리밍도 아직 중국에 진출하지 못하고 있다. 그러나 K콘텐츠는 가능성의 시장이 현실의 시장이 되었을 때를 준비해야 한다. 언젠가 기회가 올 것이다. K콘텐츠는 글로벌 스트리밍 환경 및 중국과 인도라는 새로운 시장에서 비약할 수 있는 기회를 찾아야 한다. 데드라인에 따르면 김민영 넷플릭스 APAC 콘텐츠 담당 부사장은 홍콩, 대만, 중국 본토 및 동남아시아 국가 등 각기 다른 영토에서 다양한 형태의 중국어가 사용된다는 점에서 중국어 콘텐츠 제작이 "영어 콘텐츠만큼 까다롭다"라고 했다. 영어권 세계의 콘텐츠 제작자 간에도 문화 차이가 존재하는 것과 같다. 김민영 부사장은 "중국어 콘텐츠와 관련해 우리의 핵심 시청자가 누구인지, 그리고 시청자에게 제공할 영화나 쇼(TV 시리즈)를 만드는 데 활용할 수 있는 요소가 무엇인지 파악하는 것이 중요하다"라고 말했다.[32] 시장이 열린다고 해서 저절로 기회가 주어지는 것은 아니다. 개방 전에 미리 대비해야 한다. 할리우드가 끊임없이 중국 시장을 연구하는 이유다. 다만 중국이나 인도 시장에 대한 연구 조사는 공적 영역에서도 더 심도 있는 노력이 필요하다.

유튜브가 만들어 가는 또 다른 시장의 활용

K콘텐츠의 시장 확장을 위해 유튜브에 주목하라! 유튜브는 새로운 금광이 되고 있다. 전 세계에서 20억 명이 유튜브를 시청한다. 유튜브는 2024년 2월 기준으로 유튜브 프리미엄 및 뮤직 구독자도 1억 명을 넘어섰다고 밝혔다. 이들은 SVOD 구독자로 볼 수 있다. 유튜브 프리미엄은 월정 구독형이다. 광고 없는 시청, 오프라인 시청, 광고 없이 유튜브 뮤직도 들을 수 있다. 유튜브 TV는 온라인으로 제공되는 TV 채널의 번들이다. 쉽게 말하면 케이블 TV나 위성방송의 온라인 버전이다. 현재는 미국에서만 서비스되고 있는데, 약 500만 명의 가입자를 확보했다. 구글은 유튜브 프리미엄 가입자나 유튜브 TV 가입자를 기반으로 SVOD 시장에 언제든 진입할 수 있다. 이 경우 넷플릭스의 가장 강력한 경쟁자가 될 수 있다. 시간문제로 보인다. 구글은 TV 영역에서도 영향력을 확대하고 있다. 필자도 상당 부

분 TV를 통해 유튜브를 시청한다. 집에 있는 TV로 넷플릭스에서는 영화나 드라마를 보고 유튜브에서는 경제, 여행, 음식 등에 관한 다양한 콘텐츠를 시청하는 게 일상이 되었다.

시청률 조사 기업 닐슨에 따르면 2024년 5월 기준으로 유튜브는 미국의 TV 사용량viewership의 9.7퍼센트로 스트리밍 중에서 1위를 차지했고, 넷플릭스는 7.6퍼센트로 2위였다. 이러한 현상에 대해 기술, 미디어 및 통신 분야에 대한 연구 기관 라이트쉐드LightShed의 미디어 분석가 리처드 그린필드는 "우리는 여러분의 휴대전화, 노트북에 대해 말하는 것이 아닙니다. … 집에서 가장 큰 화면인 TV에 대해 말하는 것입니다. …(미디어) 임원은 모두 주의를 기울여야 합니다"라고 말했다.[33] 미디어 산업을 분석하는 월가 최고의 애널리스트 중 한 사람의 지적이다. 모바일 중심의 유튜브가 TV로 확장하고 있다.

2024년 5월 닐슨의 미디어 게이지The Media Distributor Gauge에 따르면 미국의 매체별 TV 사용량에서 지상파 22.3퍼센트, 케이블 28.2퍼센트, 스트리밍 38.8퍼센트, 기타가 10.8퍼센트를 차지하고 있다. 스트리밍이 지상파의 거의 2배 수준에 이른다. 글로벌 미디어콘텐츠 산업의 중심이 선형 TV에서 스트리밍으로 이동하고 있는 것이다. 이는 콘텐츠를 전송하는 기술의 변화를 넘어 시청자가 스트리밍으로 옮겨가고 있다는 뜻이다. 콘텐츠 시장의 확장에서 중요한 점은 시청자가 어디로 가고 있느냐이다. 시청자가 머무르는 곳에 광고주가 뒤따르고 돈이 모인다. 바로 K콘텐츠가 목표로 해야 하는 시장이다.

요즘 선형 TV에서 일하는 사람들을 만나면 하나같이 "회사가 어렵다. 광고도 줄고 있다. 그래서 콘텐츠 제작도 줄었다. 하지만 앞으로가 더 걱정"이라고 말한다. 그들이 어려움의 진원지로 지목하는 데가 바로 넷플릭스와 유튜브다. 그래서 필자가 말했다. 그렇다면 넷플릭스와 유튜브에 콘텐츠를 공급하면 되지 않겠느냐고. 글로벌 스트리밍 시대를 이끄는 두 축은 넷플릭스와 유튜브다. 다만 이들이 지향하는 시장이 다를 뿐이다. 넷플릭스는 SVOD라는 구독 시장이 목표고, 유튜브는 AVOD라는 광고 시장이 목표다. 그러나 앞으로는 이러한 구분도 더 이상 유효하지 않을 것 같다. 넷플릭스는 2022년 11월 광고 티어의 도입으로 이미 광고 시장에 진입했다. 유튜브도 월정 구독료 방식의 유튜브 프리미엄으로 이미 1억 명의 구독자를 확보했다. 서로 상대의 주력 시장으로 진출한 것이다. 넷플릭스와 유튜브 간의 최후의 전쟁은 이미 시작되었다. 유튜브가 만들어 가는 콘텐츠 소비 시장도 K콘텐츠에는 새로운 기회가 될 수 있다.

콘텐츠 차원에서 유튜브는 흔히 말하는 사용자 제작 콘텐츠User Created Content(UCC)를 제공한다. 이러한 콘텐츠를 만드는 사람을 크리에이터라 부른다. 이들과 달리 지상파나 케이블 채널에서 방송되는 콘텐츠는 전문적인 제작사나 창작자들이 제작한다. 하지만 유튜브에 공개되는 콘텐츠 제작도 점차 전문화되고 대규모로 바뀌고 있다. 이제 유튜브에서 성공한 크리에이터들은 전통적인 선형 TV는 물론이고 넷플릭스, 아마존 프라임 비디오 같은 글로벌 스트리밍으로도 진출하고 있다. 예를 들면 유아용 단편 애니메이션 시리즈 〈코코멜론〉은 유튜브에서 시작되었지만 이제는 넷플릭스에서도 큰 인기를 얻고 있다.

K콘텐츠도 유튜브를 활용해서 글로벌 스트리밍 콘텐츠와의 연계

를 강화해야 한다. 더구나 유튜브와 유튜브 TV까지 운영하는 구글은 언제든지 글로벌 SVOD 시장의 강자가 될 수 있다. 이들은 빅테크 진영의 유력한 글로벌 스트리밍 사업자가 될 가능성이 높다. 유튜브가 만들어 가는 새로운 콘텐츠 시장에 주목해야 하는 이유다.

유튜브에 '미스터비스트MrBeast'라는 채널이 있다. 《버라이어티》에 따르면 이 채널을 운영하는 25세의 지미 도널드슨Jimmy Donaldson은 유튜브에서 가장 많은 구독자를 보유한 크리에이터다. 그의 메인 채널 구독자는 2억 4500만 명 이상이다. 현재까지 유튜브에서 가장 많이 시청된 동영상은 2021년 〈오징어 게임〉을 재현한 것으로 조회수는 5억 8800만 회 이상을 기록했다. 이 게임의 우승자에게는 45만 6000달러의 상금을 지급했다.[34] 《할리우드 리포터》에 따르면 '미스터비스트'는 TV 경쟁 시리즈 제작을 위해 아마존Amazon MGM Studios과 계약했다. 이 프로젝트는 그가 제작한 유튜브 콘텐츠인 '비스트 게임즈'를 기반으로 한다. 1000명의 참가자가 500만 달러의 상금을 놓고 경쟁하는 게임 쇼다.[35] 이처럼 유튜브에서 성공한 크리에이터가 아마존 같은 글로벌 스트리밍으로까지 진출했다. 콘텐츠 제작 역량만 입증되면 시장은 언제든지 확보할 수 있다.

유튜브 콘텐츠는 흔히 TV용 콘텐츠가 아니라고 한다. 하지만 현실이 변하고 있다. '미스터비스트'의 도널드슨은 2016년부터 유튜브 콘텐츠를 제작하기 시작해 지금까지 약 800개의 영상을 제작했다. 그가 제작한 영상은 대부분 고품질high-end 콘텐츠로 평가받는다. 가장 많은 조회수를 기록한 '오징어 게임'이 대표적이다. '미스터비스트'가 제작한 많은 콘텐츠는 국내 지상파도 제작하기 쉽지 않은 규모다. 도널드슨은 콘텐츠 제작을 위해 미국 노스캐롤라이나에 1000만 달러를 들여 자체 스튜디오까지 만들었다. '미스터비스트'의 콘텐츠는 한국어로도 더빙해 제공한다. 2024년 2월 도널드슨은 《타임》과의 인터뷰에서 자신의 채널이 연간 6억~7억 달러(약 8500억 원)의 매출을 올린다고 밝혔다. 각 동영상마다 광고 수입이 수백만 달러, 브랜드 딜brand deal(일종의 협찬) 수입이 수백만 달러에 이른다. 이렇게 확보한 수입의 거의 전부를 콘텐츠 제작에 재투자한다고 덧붙였다.[36] 이 채널의 연간 매출은 국내 지상파 채널 수준의 규모에 이른다. 참고로 2023년 MBC의 매출은 7453억 원, SBS는 8668억 원이다.

유튜브로부터 매달 수입을 배분받는 전 세계 수백만 명의 크리에이터 중 수천 명은 광고 수입만으로 연간 수십만 달러를 번다. 지난 몇 년간 그 수는 꾸준히 증가하고 있다. 유명 크리에이터들은 채널을 운영하며 벌어들이는 것 외에도 브랜드 파트너십, 상품 판매, 도서 출간, 투어, 미디어 진출 등으로 엄청난 수익을 내고 있다. 특히 몇몇 크리에이터는 TV나 영화계에서 활동하는 사람들보다 훨씬 더 많은 돈을 벌기도 한다.[37] 유튜브 콘텐츠 제작이 점차 전문화됨으로써 제작팀 형태로도 발전하고 있다. 크리에이터 혼자의 힘만으로는 한계가 있고 제작의 전문성도 필요하기 때문이다.

유튜브는 K콘텐츠가 소비 시장을 확장할 수 있는 기회다. 유튜브의 크리에이터(채널)는 절대다수가 일일 또는 주간 단위로 소수의 콘텐츠만 만든다. 그러나 점차 증가하는 유튜브의 대형 크리에이터는 365일 동안 매일 새로운 콘텐츠를 업로드하므로 연간 많은 양의 콘텐츠가 필요하다. 이들은 케이블 채널에 못지않은 양의 콘텐츠를 제작한다. 연간 수백 시간의 콘텐츠를 제작하는 채널도 등장했고, 앞으로 이런 채널은 더 늘어날 것으로 보인다. K콘텐츠는 시장 확장을 위해 유튜브가 만들어 가는 글로벌 시장을 적극적으로 활용해야 한다. K콘텐츠가 도전해야 할 새로운 영역이다.

K콘텐츠의 글로벌 배급 확대

콘텐츠 하나를 제작해 유통할 때 제작사와 유통사는 이해관계가 상충되기 마련이다. 제작사는 이미 돈을 들여 제작한 콘텐츠를 가능한 한 많은 국가의 다양한 플랫폼에 유통시키는 것이 득이 된다. 제작사에게 최상의 시나리오는 가능한 한 많은 돈을 들여서 가능한 한 최고의 콘텐츠를 만들고, 가능한 한 많은 창구window를 통해 유통시켜서 가능한 한 최대의 수입을 확보하는 것이다. 바로 할리우드가 추구하는 블록버스터를 통한 멀티 창구화 전략이다. 그러나 유통 플랫폼 입장에서는 가능한 한 자신의 플랫폼에서만 독점적으로 콘텐츠를 활용하고 싶어 한다. 이처럼 이해가 상충함에 따라 제작사와 유통 플랫폼은 일반적으로 개방과 독점이라는 두 지점 사이에서 타협한다. 유통 플랫폼과 제작사의 거래에서 대개는 플랫폼이 유리하다. 그럼에도 제작사 입장에서는 가능한 한 국내외 많은 플랫폼에 자사의 콘텐츠를 제공해야 한다. 국내의 콘텐츠 소비 시장은 협소하다. 따라서 K콘텐츠 시장의 확장을 위한 최선의 방안은 글로벌로의 진출이다. 그 방안에 대해 살펴보자.

글로벌 스트리밍을 활용한 K콘텐츠형 신디케이션 창출

미국 방송 시장에는 지상파 네트워크, 케이블 채널(프리미엄 채널, 기본 채널), 지상파 지역 방송 등 약 1700개 채널이 운영된다. '하나의 콘텐츠를 이처럼 수많은 채널을 통해 공급'하는 방식을 신디케이션이라고 한다. 예를 들어 어떤 드라마가 5개 시즌을 넘으면 에피소드 수도 100개가 넘는다. 그러면 '신디케이션이 돌아간다'고 말한다. 즉 ABC 같은 지상파 네트워크가 가지고 있던 독점 방송권이 풀린다는 의미다. 대략 시즌1의 독점권이 풀리는 시기는 첫 방송으로부터 5년 후 정도다. 시즌6이 시작될 즈음 지역 방송에서는 시즌1을 시작할 수 있다. 영화에 비유하면 극장 개봉 후 후속 윈도에 따른 순차적 배급(VOD-유료 방송-무료 방송)과 같다.

한 예로 드라마 시리즈 〈로스트〉(2004~2010)를 보자. 이 드라마는 2004년 9월 22일 시즌1이 시작되고 2010년 5월 23일 시즌6으로 끝났다. 6년간 시즌6까지 총 121개의 에피소드가 방송되었다. ABC가 2004년 9월 22일 시즌1의 방송을 시작해서 5년 후인 2010년 2월 2일 시즌6이 시작될 때쯤 지역 방송국, 케이블 채널, 그리고 해외의 방송사에서 〈로스트〉 시즌1이 시작되었다. 시즌5까지 제작된 에피소드는 총 104개였다. 이 같은 신디케이션은 미국의 TV 드라마 시리즈가 유통되는 전형적 방식으로 자리 잡았다. 이 모델의 가장 큰 이점은 제작사와 유통사(방송사)가 비교적 안정적이고 예측 가능한 상황에서 제작비를 조달하고 수입도 확보할 수 있다는 것이다. 미국의 텔레비전 산업이 구축한 독특한 생태계다. 이를 통해 제작사, 방송사, 창작자 같은 이해관계자 모두가 상생할 수 있다.

그러나 한국은 방송 시장의 규모가 작고 상대적으로 채널 수도 많지 않아 미국식 신디케이션 모델이 작동되기 어렵다. 따라서 K콘텐츠에 적합한 유통 모델이 필요하다. 국내 제작사가 플랫폼에 콘텐츠를 제공하는 형태는 세 가지 정도로 구분해 볼 수 있다. 첫째는 제작사 주도 아래 방영권을 판매하는 형태다. 〈이상한 변호사 우영우〉가여기에 해당한다. 둘째는 플랫폼의 투자와 방영권 판매를 혼합하는 것이다. 〈미스터 션샤인〉을 들 수 있다. 셋째는 외주 제작 방식이다. 〈오징어 게임〉이 이런 방식이다. 제작사는 세 가지 방식 중 자사의 사정에 따라 선택할 수 있다. 물론 세 가지 방식을 가지고 제작사와플랫폼이 절충할 수도 있다.

　미국의 신디케이션 방식은 앞에서 말한 세 가지 방식 중 첫 번째인 방영권을 판매하는 형태다. 미국에서 드라마가 신디케이션으로 배급될 경우 제작사의 수입은 지상파로부터 받는 방영권료가 제작비의 30~50퍼센트, 나머지 70~50퍼센트는 미국 내 신디케이션과해외 판매로 구성된다. 물론 방영권료와 배급 수입을 합쳐 100퍼센트 이상을 회수해야 수익이 생긴다.

　그러면 우리나라의 경우는 어떨까? 국내에서는 지상파로부터 받는 방영권료 수준이 미국보다 낮다. 이 경우 제작사는 국내 케이블채널이나 해외 판매로 제작비를 벌충해야 한다. 하지만 국내의 유료방송 시장의 규모도 작아서 케이블 채널로부터 회수되는 비율도 적다. 해외 배급은 더 어렵다. 제작사는 모자라는 제작비를 협찬이나굿즈 판매 같은 부가 수입으로 충당해야 한다. 그런데 넷플릭스, 디즈니+ 같은 글로벌 스트리밍의 진출로 지상파와 케이블 채널의 어려움이 가중되고 있다. 수입이 늘지 못하고 오히려 줄어듦에 따라 지상파가 부담해 온 방영권료 수준도 낮아지고 있다. 제작사는 더 어려운 상황에 처하게 되었다. 이처럼 국내 드라마 시장은 미국의 신디케이션 같은 유통 구조가 없기 때문에 제작사는 안정적으로 드라마를 제작하기 어렵다. 특히 중소 제작사는 단발적으로 제작할 수밖에 없다. K-드라마의 제작 생태계가 취약한 이유이자 시장 확장이 절실한 이유다.

이런 상황에서 제작사는 넷플릭스 같은 글로벌 스트리밍의 등장을 어떻게 활용할 수 있을까? 앞서 살펴본 것처럼 미국의 신디케이션 모델에서는 지상파로부터 받는 방영권료가 제작비에서 가장 많은 비중을 차지한다. 지상파가 퍼스트 윈도 역할을 하기 때문이다. 따라서 제작사는 퍼스트 윈도에 먼저 배급하고 나서 나머지 윈도에 배급해 제작비를 충당한다. 퍼스트 윈도가 방영권료를 많이 부담하는 이유는 해당 드라마에 대해 최초의 독점 방송권을 갖기 때문이다. 독점 방송은 광고 수입을 극대화할 수 있다. 미국의 경우 아직까지는 지상파가 퍼스트 윈도 역할을 담당하고 있고, 신디케이션 구조도 유지된다.

그러나 우리나라는 경우가 다르다. 드라마 시장에서 지상파의 퍼스트 윈도의 역할이 흔들리고 있다. 심하게 말하면 퍼스트 윈도가 지상파에서 넷플릭스로 바뀌었다는 생각마저 들 정도다. 윈도 순서의 혼돈이 발생한 것이다. 드라마 제작 생태계가 튼튼하지 못했던 상황이 더 악화될 수 있다. 미국에 비해 국내의 선형 TV가 글로벌 스트리밍의 영향을 더 크게 받고 있기 때문이다. 이런 상황에서 제작사는 글로벌 스트리밍인 넷플릭스나 디즈니+ 그리고 국내의 지상파 및 케이블 채널이라는 유통 창구를 통해 이전과는 다른 새로운 배급 방식을 만들어야 한다. 글로벌 스트리밍, 지상파, 케이블 채널 중 누가 더 많은 제작비를 지급하는 퍼스트 윈도가 되느냐에 따라 배급 순서도 달라질 수 있다.

글로벌 스트리밍이 만들어 낸 환경 변화에 따라 이제 한국형 배급 구조가 필요할 때다. 물론 단기간에 배급 구조가 만들어지기는 어려울 수 있다. 신디케이션은 콘텐츠 유통 플랫폼의 변화에 따라 달라진다. 퍼스트 윈도와 후속 윈도와의 역학 관계에 따라, 제작사의 선택 즉 방영권 판매, 외주 제작, 혼합 형태 중 어떤 것을 선택하느냐에 따라 달라진다. 일반적으로 외주 제작은 제작비 투자에 대한 리스크가 없다. 또한 수수료 형태의 이익도 확보할 수 있다. 대신에 IP를 소유하지 못해 추가 수입을 확보하기는 어렵다. 반면에 제작비의 자체 조달을 통한 방영권 판매는 투자 리스크가 커지지만 IP를 소유함으로써 배급을 통한 추가 수입을 확보할 수 있다. 더구나 콘텐츠가 성공할 경우 더 큰 수익을 얻는다.

제작사는 두 가지 방안의 장단점 사이에서 고민할 수밖에 없다. 세상에 공짜 점심은 없기 때문이다. 결국 제작사의 형편에 따라 선택해야 한다. 스튜디오드래곤, SLL처럼 대형 제작사는 선택의 여지가 있지만 중소 제작사는 선택의 폭이 좁다. 다만 K콘텐츠도 점차 방영권 판매 형태로 발전해야 한다는 점만은 분명하다.

미래에셋증권의 분석에 따르면 스튜디오드래곤의 경우 2023년에 35개 타이틀의 드라마를 제작할 계획이다. 이 중 국내 TV(tvN 등) 대상은 19개 타이틀이고, 글로벌 스트리밍(넷플릭스, 디즈니+ 등) 대상은 16개 타이틀이다. 드라마 공급 형태별로 보면 글로벌 스트리밍에만 제공하는 방식, 국내 채널과 동시 방송 후 글로벌 스트리밍에 제공하는 방식으로 나눌 수 있다. 분석 결과 동시 방송의 경우가 제작비 회수율이 더 높다. 동시 방송의 경우 TV가 50~60퍼센트, 글로벌 스트리밍이 40~50퍼센트, 기타 협찬·광고·OST 판매가 10~20퍼센트로 총 회수율은 120~130퍼센트 정도다.[38] 이 외에도 현장에서는 제작·배급의 다양한 방식이 시도될 수 있다. 혁신적인 실험을 통해 제작사와 유통사가 상생할 수 있는 한국형 신디케이션 모델이 탄생해야 한다. K콘텐츠 산업계가 지혜를 모아야 할 때다.

글로벌 배급 전담 기업(기관)의 필요성

K콘텐츠의 글로벌 배급이 반드시 필요하지만 모든 제작사가 배급까지 직접 추진하기는 어렵다. 콘텐츠의 해외 배급은 상당한 전문성이 필요하다. 따라서 제작과 배급의 역할을 분담하는 방안도 필요하다. 엔데몰Endemol이 좋은 사례가 될 수 있다. 1994년에 설립된 엔데몰은 2015년 엔데몰샤인그룹(디즈니 컴퍼니와 아폴로 글로벌 매니지먼트 간의 합작 투자)으로 합병되었다.[39] 시작은 네덜란드 소재의 콘텐츠 투자·배급 전문 회사였다. 이 회사는 〈1 대 100〉, 〈빅브라더〉, 〈딜 오어 노딜Deal or No Deal〉 같은 리얼리티 쇼, 게임 쇼 등으로 유명하다. 이들은 프로그램의 포맷을 개발해 각 나라의 실정에 맞게 제작할 수 있도록 포맷의 권리를 판매하고, 이를 제작할 때 컨설팅도 해 준다. 엔데몰의 사업 모델을 살펴보자.

먼저 프로그램 기획안은 현지의 제작사들로부터 제안을 받는다. 이들 중 선정된 기획안에는 제작비를 투자하고 해외로 배급해 벌어들인 수입을 제작사와 배분한다. 콘텐츠 기획과 제작은 로컬 제작사, 엔데몰은 글로벌 배급 마케팅을 담당하는 구조다. 기획·제작(제작사)과 투자·배급(엔데몰)으로 역할을 나누는 것이다. 엔데몰이 포맷을 판매한 프로그램으로 우리나라에 많이 알려진 것은 KBS의 〈1 대 100〉이라는 게임 쇼다. 엔데몰은 리얼리티 쇼 〈빅브라더〉의 원조이기도 하다. 카메라를 통해 사람들의 사생활을 들여다보는 포맷의 시작이다. 이른바 '쌩얼'의 탄생이다. 우리나라에서는 〈1박 2일〉 같은 예능의 클리셰cliche(상투적 표현 방법)가 되기도 했다. 우리가 충분히 예상할 수 있듯이 네덜란드는 콘텐츠 소비 시장이 크지 않다. 시장 확장을 위해서는 당연히 해외로 진출할 수밖에 없다. 방식은 제작과 배급의 분리다.

이러한 방안을 K콘텐츠에 적용하려면 엔데몰 같은 글로벌 배급 조직을 만들거나 해외 기업을 인수하는 것이다. 넷플릭스와 〈오징어 게임〉의 성공으로 인해 K콘텐츠는 우리가 예상하지 못했던 단계로 접어들었다. 유럽에서는 스페인이, 아시아에서는 한국이 로컬 콘텐츠의 허브로 떠올랐다. K-드라마의 브랜드화도 이루어지고 있다. 이제 아시아 시장을 넘어 글로벌 시장으로 확대해야 규모의 경제를 실현할 수 있다. K콘텐츠의 고도화를 위해서는 새로운 시장의 창출이 핵심이다. 아무리 강조해도 지나치지 않다. 시장 확장을 위해 배급 전문 기업(기관)이나 국내의 글로벌 스튜디오가 중소 제작사의 배급을 대행할 수 있는 방안도 필요하다. 이렇게 해서 중소 제작사의 콘텐츠를 글로벌로 배급할 수 있는 통로를 다원화해야 한다. 즉 국내의 글로벌 스튜디오, 넷플릭스 같은 글로벌 스트리밍, 그리고 배급 전문 기업(기관) 같은 것이다.

글로벌 시장에 진출하기 위한 투자 재원의 확보

K콘텐츠는 이제 글로벌을 이끌어 가는 세력이 되었다. 추종자가 아니라 혁신자로서 글로벌 시대정신을 보여 주는 퀄리티 콘텐츠를 지속적으로 제작해야 한다. 이를 위해서는 열정적인 창작자와 이들의 무한한 상상력을 영상화할 수 있는 투자 재원이 필요하다. 영화나 드라마 같은 콘텐츠의 제작·배급은 자동차의 생산·판매와는 다르다. 콘텐츠 제작은 자동차 제조와 달리 매우 모험적이다. 자동차의 경우 대규모 생산라인이 구축되면 안정적으로 제품이 생산되고 정해진 가격으로 판매된다. 그러나 영화 같은 콘텐츠는 대량 생산도 어렵고 제작하는 작품마다 색깔이 다르다. 예를 들면 10개의 제작사가 동일한 이야기와 동일한 제작비로 영화를 만들어도 완전히 다른 10개의 영화가 탄생한다. 이처럼 하나하나가 별개의 모습으로 제작된 콘텐츠를 배급과 유통을 통해 투자비 이상의 매출을 올려야 한다.

영화나 드라마를 제작하려고 할 때 그 작품의 성공 여부를 사전에 예측하기는 매우 어렵다. 콘텐츠 제작이 갖는 '불확실성'의 특성이다. 그래서 가능한 한 불확실성을 줄이고 성공 확률을 높이려고 노력한다. 즉 콘텐츠 제작 시 투자금을 비교적 안정적으로 회수하거나 최소한 손해는 보지 않도록 하려는 것이다. "성공보다도 실패하지 않는 것이 더 중요하다"라는 말까지 한다. 콘텐츠 제작에서 오는 리스크를 줄이기 위한 접근법도 다양하다. 그 방안 중 하나로 영화 제작 시 작품별로 투자자를 모집하거나 투자 전문 회사를 만들어 제작비를 조달한다. 다수로부터 투자 자본을 모아 위험을 분산시키는 것이다.

제작이 주는 불확실성과 더불어 제작비 증가도 제작사의 재원 조달을 어렵게 한다. 더욱이 글로벌 스트리밍의 영향으로 제작비 규모도 급격히 증가했다. 넷플릭스는 작가, 감독, 연기자, 기술감독 같은 K콘텐츠의 제작 요소를 빨아들이는 블랙홀이 되었다. 풍부한 투자 여력과 플랫폼의 영향력 때문이다. 넷플릭스가 촉발시킨 제작비 경쟁은 국내의 지상파, 케이블 채널의 제작비를 높이는 효과로 이어졌다. 넷플릭스와 경쟁하는 디즈니+의 제작비도 올려 놓았다. 이로 인해 제작사 간에 역량 있는 작가, 감독, 배우를 잡기 위한 경쟁이 치열하다. 그럼에도 K콘텐츠의 안정적 수요를 창출하기 위해서는 퀄리티 콘텐츠를 지속적으로 제작해야 한다. K콘텐츠에 대한 투자 재원이 증가할 수밖에 없는 이유다. 콘텐츠의 제작과 유통에서 규모의 경제가 주는 이점은 다양하다. 규모의 경제는 제작에서 발생하는 위험을 줄이는 비교적 검증된 방안이기도 하다. 제작비 규모가 증가함에 따라 위험도 커지지만 동시에 위험을 줄이는 효과도 크다. 콘텐츠 제작의 독특성이다.

말했듯이 넷플릭스, 디즈니+의 K-드라마에 대한 투자 확대로 제작비 규모가 크게 증가했다. 24부작인 〈미스터 션샤인〉(2018)의 제작비는 430억 원으로 회당 18억 원 수준이다. 〈킹덤〉(2019)이나 〈오징어 게임〉(2021)은 회당 20억 원을 상회한다. 2018년경 〈킹덤〉 시즌1의 회당 제작비가 20억 원을 넘는다는 이야기가 방송가에 화제가 될 정도였다. 넷플릭스의 국내 드라마 제작비는 이제 회당 20억 원을 가볍게 넘어섰다. 20부작인 디즈니+의 〈무빙〉은 650억 원, 〈카지노〉 시즌1(8부작)은 200억 원으로 두 시리즈 모두 회당 제작비가 25억 원 수준이다. 〈오징어 게임〉 시즌2에는 1000억 원의 제작비가 투입된 것으로 알려졌다. 미래에셋증권의 분석에 따르면 최근 넷플릭스와 국내 지상파, 케이블의 주요 채널에 편성된 드라마 15개 타이틀의 회당 평균 제작비는 22억 원이다. 이 중 〈수리남〉(2022)은 무려 58억 원에 이른다.[40] 문제는 앞으로 더 증가할 것이라는 점이다. 국내 제작사에는 기회가 되지만 동시에 부담이기도 하다.

금융 투자 자본과의 결합

할리우드는 일반적으로 외부 투자를 통해 영화 제작비를 조달한다. 반면에 드라마는 신디케이션이라는 시스템을 활용한다. 하지만 K콘텐츠는 할리우드의 신디케이션 같은 제작·배급 시스템을 만들지 못했다. 따라서 K콘텐츠는 영화는 물론이고 드라마도 외부 투자가 필요하다. 드라마 제작을 위해 지상파나 케이블 채널로부터 방영권료 형태로 최대 50퍼센트 정도의 제작비를 조달하기도 한다. 이 경우에도 나머지는 자체적으로 조달하거나 외부 투자를 통해 확보해야 한다. 하지만 자체 조달은 제작사로서는 상당한 위험이 따른다. K-드라마에 투자되는 대규모 제작비를 확보하려면 할리우드가 영화를 제작할 때 활용하는 방안을 시도해 볼 수 있다. 할리우드는 대규모 제작비를 조달하기 위해 월스트리트의 금융 투자 자본과 결합했다. 금융 투자 자본을 유치해 투자 규모를 확대하고 투자 리스크도 줄이는 일석이조의 효과를 얻었다. 대규모 투자가 이루어질수록 리스크 분산은 반드시 필요하다. 제작사의 지속성을 위해서다.

K콘텐츠도 금융 투자 자본을 활용하는 방안을 강구해야 한다. 김윤지의 《한류 외전》에 따르면 국내의 영화 제작 자본의 조달 방식은 다음과 같이 변화해 왔다.[41] 1990년대 초까지는 영화 배급권의 선판매 방식이 주를 이루었다. 이후 삼성, 대우 같은 대기업이 영화 산업에 진출함에 따라 산업 자본이 참여했다. 그러다 1990년대 후반 IMF 금융 위기로 대기업이 영화 산업에서 철수했고, 그 공백을 정부 지원을 기반으로 하는 문화산업진흥기금, 문화산업전문투자조합 같은 이른바 '정책 자금'이 대신했다. 이후 CJ나 롯데 같은 대기업이 영화 산업에 진출하면서 다시 산업 자본의 역할이 커졌다. 이 시기에 금융 투자 자본의 성격을 가진 창업투자사의 벤처캐피털(VC), 영상전문투자조합의 펀드도 영화 제작비 투자에서 중요한 역할을 했다.

한국의 영화 제작비 투자에는 공공에서 운영하는 정책 자금이 큰 역할을 하고 있다. 필자도 경기콘텐츠진흥원 재직 시 정부가 구성한 모태 펀드로부터 출자를 받아 콘텐츠 기업이나 영화, 애니메이션, 게임 같은 프로젝트에 투자하는 펀드를 조성하고 관리하는 업무를 수행했다. 펀드 운용은 민간에 위탁했다. 민간의 펀드 운용사는 수익을 높이기 위해 모험적 투자는 최소화하려는 경향이 있다. 투자 손실에 대한 우려 때문이다. 그럼에도 국내 영화 진흥에 정책 자금이 중요한 역할을 한 것은 사실이다. 정책 자금이 민간의 참여를 촉진하는 마중물 역할을 했다. 하지만 한계도 분명하다. 대형 스튜디오를 통한 산업 자본이나 할리우드의 경우처럼 금융 투자 자본이 확대되어야 한다.

마블의 사례를 참고할 해볼 만하다. 앞에서 언급했듯이 오늘날 세계 최대의 슈퍼 IP MCU를 만든 마블스튜디오도 2000년대 초기에는 재정적으로 매우 어려웠다. 자사의 대표적 만화 캐릭터의 권리까지 넘겨야 할 상황이었다. 그 후 2002년 소니의 〈스파이더맨〉을 시작으로 마블의 캐릭터를 활용한 영화가 연속적으로 히트하자 마블의 생각도 바뀌었다. 그동안 직접적인 자본 투입을 최소화했던 마블도 영화 제작과 배급에 진출하기로 한 것이다. 문제는 투자 자금이었다. 결국 외부에서 투자 자본을 유치하기로 했다. 첫 단계로 2005년 메릴린치로부터 5억 2500달러의 투자금을 확보해 자체적으로 영화를 제작할 수 있게 되었다. 마블이 제작하는 영화의 배급권은 파라마운트에 부여했다. 마블스튜디오, 파라마운트, 메릴린치 간의 파트너십에 따라 마블은 8년간 제작비가 최소 4500만 달러에서 최대 1억 8000만 달러 사이의 영화를 매년 2편씩 총 10편을 제작하기로 했다. 3년간의 준비를 거쳐 드디어 2008년 〈아이언맨〉이 개봉되어 큰 성공을 거두었다. 이렇게 해서 MCU가 시작되었다. 영화 제작을 위해 할리우드와 월스트리트가 결합한 성공 사례다. 월스트리트의 투자 은행 메릴린치와 할리우드의 제작사인 마블스튜디오, 배급사인 파라마운트 간에 이루어진 협업 모델이다.

할리우드의 이러한 모델을 한국의 영화나 드라마 제작에 그대로 적용하기는 어려울 수 있다. 하지만 글로벌 경쟁력을 확보한 K-드라마와 국내외 금융 투자 자본 간의 결합을 추진해 볼 시점이다. 여의도로 상징되는 금융 투자 자본과의 결합이 더 확대되어야 한다. 이를 바탕으로 월스트리트와의 협력으로 발전시켜야 한다. CJ, JTBC가 인수한 할리우드 소재의 제작·배급사 및 국내의 제작사가 월가와 협력하는 방안도 찾아야 한다. K콘텐츠의 글로벌 확장을 위해서는 더 큰 규모의 제작 프로젝트가 필요하고, 이를 가능케 하는 투자 재원도 필요하다. K콘텐츠 산업을 한국의 미래 먹거리이자 첨단 전략 산업으로 육성하려면 안정적인 투자 재원의 확보가 절실하다. K콘텐츠의 고도화를 위해서도 반드시 해결해야 할 과제다.

K콘텐츠의 제작 역량과 글로벌 자본의 결합

국내 제작사가 미국에 진출하려면 가장 필요한 것은 역시 자본력이다. 미국 지상파 드라마의 에피소드당 제작비는 평균 50억 원 정도인데, 20부작이면 1000억 원이다.[42] CJ ENM이 인수한 제작사 피프스시즌은 애플TV+의 대표적 오리지널 드라마 〈세브란스: 단절〉과 〈어둠의 나날〉을 제작했다. 〈어둠의 나날〉은 현재 시즌3까지 제작되었고, 회당 제작비는 1500만 달러로 알려졌다. 따라서 3개 시즌(각각 8회로 구성)의 총 제작비 규모는 약 3억 6000만 달러(약 4500억 원)에 이른다. 이런 상황에서 국내 제작사가 미국에 진출해 미국의 선형 TV나 스트리밍 사업자에게 드라마를 공급하는 것은 쉽지 않다. 더구나 제작비도 선투자되어야 하고 성공 여부도 가늠하기 어렵다. 대형 제작사만이 감당할 수 있는 규모다.

글로벌 스트리밍으로 국경 없는 방송, 국경 없는 콘텐츠의 시대가 열렸다. 콘텐츠의 제작과 소비도 세계화되었다. 미디어콘텐츠 비즈니스의 단위는 국가가 아니라 글로벌이다. K콘텐츠는 글로벌 스트리밍을 통해 세계적 차원의 수요를 확인했다. 세계에서 검증을 받은 K콘텐츠의 제작 역량을 글로벌 자본과 결합시켜야 할 때다. 이제 K콘텐츠가 미국, 일본, 인도 같은 글로벌 금융 투자 자본과의 협업도 적극적으로 추진해야 한다. 이를 위해서는 국내에도 글로벌 스튜디오가 조속히 탄생해야 한다. 글로벌 스튜디오가 등장하면 산업 자본의 역할도 커질 것이다. 또 글로벌 스튜디오가 K콘텐츠를 매개로 글로벌 자본과의 협업도 강화할 수 있다.

국내 제작사를 미국의 주식 시장에 상장하는 것도 방안이 될 수 있다. 이는 여러모로 이점이 많다. 네이버의 글로벌 웹툰 사업을 이끌고 있는 웹툰 엔터테인먼트의 나스닥 상장이 좋은 사례다. 이제 K콘텐츠의 글로벌 현상이 콘텐츠 차원을 넘어 비즈니스 영역으로 확장되어야 한다. 즉 1단계가 K콘텐츠의 글로벌화였다면 2단계는 K콘텐츠 비즈니스의 글로벌화가 될 것이다. 앞서 대규모 제작 프로젝트를 매니징할 수 있는 쇼 러너가 필요하다고 한 점도 이와 관련 있다. K콘텐츠의 창작 역량과 글로벌 자본을 결합해 이전에 없던 프로젝트를 추진할 수 있는 창작자, 쇼 러너 그리고 비즈니스맨이 필요하다. 이들이 K콘텐츠의 제작 역량과 글로벌 자본을 결합해 K콘텐츠를 고도화할 수 있다.

04

장기적 관점의 정책적 지원

할리우드에 'K콘텐츠 캠퍼스' 설립

글로벌 스트리밍 시대에는 '세상에 없던 퀄리티 콘텐츠'를 만들어 내는 창작자와 콘텐츠를 통해 '이전에 없던 가치'를 창출해 내는 콘텐츠 비즈니스맨이 필요하다. 한국의 콘텐츠 산업을 이끌어 나갈 인재가 필요한데 이를 위해서는 학교 교육, 미디어콘텐츠 관련 공공기관의 교육 인프라와 교육 프로그램의 강화가 중요하다. 콘텐츠 인력의 양성은 콘텐츠 제작이라는 실전을 통해 이루어져야 실효성이 높다. 이를 위해 할리우드 현지에 'K콘텐츠 캠퍼스'를 만들자. 세계 콘텐츠 제작의 중심인 할리우드에서 창작자, 비즈니스맨을 위한 현장 교육이 필요하기 때문이다. 이런 기관은 국내 미디어콘텐츠 기업, 정부, 공공 기관이 협력하여 운영할 수 있다. AI나 반도체 산업과 마찬가지로 콘텐츠 산업의 경쟁력도 인재에서 나온다. 아니, 콘텐츠 산업은 더더욱 인재가 핵심이다. 결국 다양한 분야의 역량 있는 창작자와 비즈니스맨이 K콘텐츠 산업을 이끌어 가야 한다. 최근 정부는 AI, 반도체, 모빌리티, 2차전지 등 첨단 산업 분야의 인재 육성을 위해 다양한 지원을 하고 있지만 아쉽게도 새로 부상하는 콘텐츠 산업의 인재 육성에는 관심이 크지 않다. 정부와 콘텐츠 산업계의 노력이 필요하다.

K콘텐츠 혁신 클러스터 구축

콘텐츠가 '내용물'이라면 제작 인프라는 이를 빚어내는 '그릇'이다. 퀄리티 콘텐츠를 계속 제작해 내려면 세계 최고 수준의 창작자와 최첨단 제작 인프라가 결합된 'K콘텐츠 혁신 클러스터'가 필요하다. 이를 통해 투자 위험을 최소화하고 콘텐츠 제작 원가도 낮출 수 있기 때문이다. 혁신 클러스터는 제작에서 규모의 경제를 이루고, K콘텐츠의 가성비도 유지할 수 있다. 〈오징어 게임〉 같은 퀄리티 콘텐츠를 효율적으로 생산해 내려면 제작 인프라를 갖추는 것은 꼭 필요하다. 앞으로 일본, 중국, 인도, 인도네시아, 태국 등이 모두 활용할 수 있는 APAC의 콘텐츠 제작 허브를 한국에 만들어야 한다. 스페인의 카나리아 제도에서의 촬영처럼 외국 제작사에는 파격적인 인센티브를 제공할 필요도 있다.

반도체 산업을 위한 클러스터가 있듯이 K콘텐츠를 위한 클러스터가 필요하다. 정부는 경기도 용인에 국가첨단산업단지로서 반도체 클러스터를 새로 조성하고 있다. 기존의 이천, 평택, 수원, 기흥과 함께 세계 최대의 반도체 삼각 클러스터가 구축되고 있다. 삼성전자의 평택 반도체 캠퍼스가 세계 최대 규모를 자랑하듯이 할리우드에 버금가는 K콘텐츠 클러스터를 구축해야 한다. 미국과 유럽의 콘텐츠 생산 허브가 할리우드라면 APAC의 허브는 'K콘텐츠 혁신 클러스터'가 되도록 하자.

K콘텐츠 혁신 클러스터가 할리우드와 결정적으로 다른 점은 '엔터테인먼트 기반'이 아니라 '테크놀로지 기반'이어야 한다는 것이다. 미래의 콘텐츠 제작은 VFX, 특수효과와 같은 영상 제작 기술의 경연장이 될 수 있기 때문이다. 또 K콘텐츠 혁신 클러스터가 K콘텐츠 제작에 참여하는 글로벌 창작자를 연결시키는 본부 역할도 해야 한다. K콘텐츠가 주도하는 글로벌 공동 제작의 베이스 캠프 같은 것이다. 동시에 유튜브 창작자들을 위한 '콘텐츠 팩토리'의 역할도 가능하다. 유튜브는 K콘텐츠의 확장을 위한 새로운 시장이다.

상상 속에 존재하는 세상에 없던 콘텐츠를 지속적으로 제작해 낼 K콘텐츠 혁신 클러스터의 위치는 기존의 인프라(방송사, 영화사, 스튜디오 등)와 연계되고 협업하기에도 유리한 지역에 구축해야 한다. 예를 들면 경기도 고양시, 파주시, 연천군 등이 가능할 것이다. 이 지역은 글로벌 콘텐츠 클러스터가 되는 데 다양한 장점이 있다. 통일 시대에는 DMZ를 스페인, 뉴질랜드에 버금가는 글로벌 로케이션 장소로 활용할 수 있다. 세계에서 유일무이한 곳이기 때문이다. 경기도는 매년 DMZ 일원에서 'DMZ 국제다큐멘터리영화제'를 개최하고 있지만 한계가 많다. DMZ의 유무형 가치는 매우 크다. 이 지역에 K 콘텐츠 혁신 클러스터를 만든다면 한국과 분단이라는 '지역'과 '시대'의 상징을 넘어 글로벌 창작의 상징이 될 수 있고 확장 가능성이 매우 클 것이다.

진흥과 규제의 유연성

K콘텐츠 산업이 지속 가능하려면 무엇보다도 콘텐츠에 끊임없는 투자를 해야 한다. 콘텐츠 기업의 지속 가능성은 계속된 콘텐츠 제작을 통해서만 가능하고, 콘텐츠 제작이 가능해야 건강한 콘텐츠 생태계가 만들어진다. 그 결과 수많은 창작자가 안정된 생활을 할 수 있다. 제작사가 콘텐츠 투자 재원을 확보하려면 혁신적 방안이 필요하다. 그 중 하나로 콘텐츠 제작의 파격적인 세액 공제가 필요하다. 정부는 2023년 7월 콘텐츠 제작의 세액 공제율을 대기업은 3퍼센트에서 5퍼센트로, 중견기업은 7퍼센트에서 10퍼센트로, 중소기업은 10퍼센트에서 15퍼센트로 상향 조정하고, 파급 효과가 큰 콘텐츠 제작에는 10~15퍼센트를 추가 공제할 세법 개정안을 발표했다. 그러나 콘텐츠 제작의 세액 공제율을 더 확대해 재투자로 이어지도록 만들어야 한다.

글로벌 스트리밍이 유통하는 콘텐츠 내용을 걸러내는 여과 장치도 필요하다. 해외 많은 나라에서는 글로벌 스트리밍으로부터 시청자 보호를 위한 방안이 검토되고 있다. 예를 들어 인도에서는 흡연 장면의 금지를 추진하고 있다. 우리나라는 글로벌 스트리밍이 제공하는 콘텐츠 내용에는 거의 무풍지대나 마찬가지다. 드라마 시리즈 〈지금 우리 학교는〉, 〈더 글로리〉와 〈카지노〉, 〈무빙〉과 같은 글로벌 히트작에는 습관적 흡연, 잔인한 폭력, 거칠고 과도한 욕설, 약물 복용, 선정적 영상이 여과 없이 노출되고, 점점 더 수위가 높아지고 있다. 글로벌 스트리밍의 주요 거점 국가에서 제작된 콘텐츠와 비교해 봐도 지나치다. K콘텐츠가 '자극성으로 브랜드화'를 한다는 우려마저 나온다.

규제의 형평성 차원에서도 문제다. 기존 방송에서는 흡연 장면의 방송이 금지되어 있다. 이런 추세라면 악화가 양화를 구축할 수 있다. 넷플릭스는 이제 소수만 시청하는 틈새 서비스가 아니다. 가입자 650만 명에 월간 활성 이용자(MAU)가 1000만 명을 훌쩍 넘는다. 국내의 유력 통신 사업자 및 방송 사업자와의 제휴를 통해 구독자의 가정에 서비스되고 있다. 넷플릭스, 디즈니+도 KBS, tvN처럼 국내의 주요 방송 서비스 중 하나이고 그 영향력도 매우 크다. 창작의 자유는 콘텐츠 제작의 핵심 가치이지만 시청자 보호도 그만큼 중요한 가치다.

글로벌 스트리밍에도 합당한 역할 부여

넷플릭스가 한국의 미디어콘텐츠 산업에서 지나치게 힘이 세지고 있다는 우려가 나온다. 부정적 측면에서의 '넷플릭스 효과'다. 국내 콘텐츠 제작사를 하청 기지화하고, 콘텐츠 제작 생태계를 황폐화시키고 있다는 비판까지 제기된다. 넷플릭스, 디즈니+와 같은 글로벌 스트리밍은 방송법의 규정에 의한 방송 사업자가 아니다. 사실상 규제의 공백 지대에 있다. 따라서 이들을 방송법상의 방송 사업자로 규정해서 그 의무와 책임도 부과해야 한다. 국내의 방송 사업자는 방송법의 규정에 따라 매년 방송발전기금도 납부하고 있다. 이제 실질적으로 국내의 유력 방송 사업자가 된 넷플릭스도 그에 걸맞은 책임과 의무를 수행해야 한다.

데드라인에 따르면 유럽 전역에서 '시청각 통신 서비스법'이 논의되고 있다. 스페인에서는 스트리밍 매출의 일정 비율을 현지 콘텐츠에 재투자해야 한다고 규정할 것으로 보인다.[43] 프랑스는 자국의 모든 방송사와 마찬가지로 스트리밍 사업자도 프랑스 콘텐츠에 투자해야 한다고 결정했다.[44] 캐나다에서도 캐나다 콘텐츠에 투자하도록 요구하는 법률이 추진되고 있다.[45] 글로벌 스트리밍의 국내 콘텐츠에 대한 의무를 부과할 경우, 영상 산업의 토대가 되는 영화 산업의 다양성 확대를 위해 다양성 영화(독립·예술 영화)에 집중적으로 투자할 수 있도록 해야 한다.

필자는 경기콘텐츠진흥원에서 일할 때 순제작비 10억 원 이하의 '다양성 영화(독립영화)'에 대한 제작비 지원 사업을 추진해 최대 1억 원까지 지원했다. 그때 제작비를 확보하려고 필사적으로 노력하는 젊은 창작자들을 현장에서 많이 만나 보았다. 영화를 만들고자 하는 그들의 열망이 정말로 간절했다. 젊은 창작자들을 지원하는 마중물이 꼭 필요하다.

콘텐츠 산업은 창작자 육성 산업

영상 콘텐츠는 다양한 분야의 수많은 창작자의 팀워크로 만들어진다. 여기에 투자사와 제작사도 중요한 역할을 한다. 따라서 제작된 콘텐츠의 저작권을 둘러싸고 다양한 이해관계자들이 얽혀 있다. 이 경우 창작자들을 우선적으로 고려해야 한다. 글로벌 스트리밍이 발주하는 콘텐츠와 관련해서도 제작사의 IP 확보 문제, 창작자들의 권리 확보를 위한 저작권법 개정이 주요 이슈로 떠오르고 있다. 제작사의 IP 확보는 기본적으로 제작사와 글로벌 스트리밍 사업자 간의 계약에 관한 문제다. 글로벌 스트리밍이 제작비를 투자해 로컬 콘텐츠의 IP를 확보한 경우라도 이러한 IP를 통해 얻는 수익을 일정 기간 동안 제작사와 나누고, 궁극적으로는 IP를 회수하는 방안도 해외에서는 논의되고 있다.

국내에서는 일반적으로 영상물 제작을 위해 창작자가 지식재산권을 영상 제작자(제작사)에게 양도한다. 이 경우 글로벌 스트리밍의 오리지널 제작에 참여한 창작자는 자신들의 지식재산권이 제작사에 양도됨으로써 스트리밍 사업자에게 자신의 권리를 요구할 수 없다. 이와 관련해 저작권법 개정이 논의되고 있다. 즉 창작자로부터 지식재산권을 양도받은 저작자(제작사)가 영상물 최종 공급자(스트리밍 사업자)에게 보상받을 수 있는 권리를 갖도록 하는 것이다. 또 글로벌 스트리밍에 방영권을 판매한 콘텐츠에도 창작자의 권리 확보가 필요하다는 지적이다. 이 문제는 이해관계자들 사이의 이견으로 아직 합의에 이르지 못하고 있다. 하지만 국내 콘텐츠 산업의 건강한 생태계를 조성하려면 창작자의 권리를 우선적으로 보호하고 이들이 경제적 안정을 이룰 수 있도록 해야 한다. 이 부분에서는 국회나 정부의 적극적인 역할이 있어야 한다. '콘텐츠 제작의 시작과 끝은 창작자다'라는 인식의 공유가 필요한 시점이다.

마치며

미디어콘텐츠 산업에 글로벌 스트리밍이라는 퍼펙트 스톰이 몰아치고 있다. 글로벌 스트리밍은 두 가지 측면에서 근본적 변화를 몰고 왔다. 먼저 글로벌 문화 산업의 지배 세력 교체다. 지난 100년간 글로벌 미디어콘텐츠를 좌우하던 할리우드가 퇴조하고 빅테크라는 새로운 세력이 등장한 것이다. 넷플릭스, 아마존, 애플 및 구글이 운영하는 글로벌 스트리밍 서비스가 그것이다. 할리우드는 스트리밍이라는 폭풍이 만들어 낸 파도를 넘어서려 애쓰고 있지만 이를 감당하기는 어려워 보인다.

다음으로는 로컬 콘텐츠의 부상이다. K콘텐츠는 이로 인해 일찍이 없었던 새로운 기회를 맞고 있다. 한국의 창작자들은 콘텐츠 제작에서 할리우드와 경쟁할 수 있는 실력을 쌓아 가고 있다. 이제 K콘텐츠를 고도화하려는 열정과 야망을 가진 젊은 세력이 등장해야할 때다. 스페인이 유럽의 할리우드가 되고 있는 배경은 우리와 다르다. 그들은 조상으로부터 아름다운 자연 경관, 풍부한 문화 유산을 물려받았다. 거기에다 전 세계에 6억 명 가까운 사람들이 스페인어를 사용한다. 하지만 우리는 물려받은 유산이 별로 없다. 오로지 스스로의 제작 역량으로 스페인을 넘어서고 이제 할리우드와 경쟁하고 있다.

할리우드가 처한 혁신가의 딜레마를 극복하려는 디즈니의 CEO 밥 아이거는 "기술 발전은 결국 오래된 비즈니스 모델을 쓸모없게 만든다. 당신이 취할 수 있는 방법은 둘 중 하나다. 상황의 변화를 한탄하며 현재 상태를 유지하기 위해 모든 힘을 쏟거나, 반대로 경쟁사보다 더 열정적이고 창의적으로 변화한 상황을 이해하고 받아들이기 위해 노력하는 것"이라고 했다.[1] 넷플릭스는 할리우드를 어려움에 빠뜨리고 미디어콘텐츠 산업에서 혁신의 아이콘이 되었다. 이를 창업하고 25년간 이끌어 온 리드 헤이스팅스는 "위험은 산소와 같다. 당신은 바로 산소 위에서 성장한다"라고 강조했다.[2]

가입자 확보를 위한 글로벌 스트리밍 사업자 간의 경쟁이 치열해지고 있다. 퀄리티 콘텐츠와 로컬 오리지널이 새로운 성공 방정식이 되고 있다. 퀄리티 콘텐츠의 중요 요소 중 하나가 글로벌 이동성이다. '국경 없는 방송, 국경 없는 콘텐츠 시대'에 세계를 자유롭게 넘나들 수 있는 콘텐츠가 필요하다. 영화 〈스타워즈〉, 〈어벤져스〉, 〈아바타〉, 〈듄〉은 하나 같이 거대한 스토리와 최고의 스토리텔링이 결합한 스페이스 오페라다. 〈반지의 제왕〉은 장대한 서사시다. K콘텐츠도 이제 이런 영화에 대한 도전을 준비할 때다. 〈왕좌의 게임: 하우스 오브 드래곤〉, 〈반지의 제왕: 힘의 반지〉나 〈기묘한 이야기〉, 〈만달로리안〉처럼 영화와 경쟁하려는 드라마를 우리의 창작자들이 만들 수는 없을까? 그냥 꿈에 불과할까? K-POP이나 K-웹툰에서 보여 준 것처럼 우리의 젊은 창작자들은 그 어떤 나라의 창작자보다 창의적이고 역동적이다. 한국의 창작자들이 드라마 〈오징어 게임〉, 〈지금 우리 학교는〉, 〈무빙〉이나 영화 〈승리호〉, 〈정이〉처럼 글로벌 시청자를 감동시키는 드라마나 영화를 만들고 있다. 글로벌 스트리밍이 열어 가는 신세계에서 한국의 창작자들이 자신의 창의력을 맘껏 펼쳐 보이고 있다.

K콘텐츠에도 〈증기선 윌리〉의 월트 디즈니, 〈스타워즈〉의 조지 루카스, 〈쥬라기 공원〉의 스티븐 스필버그, 〈아바타〉의 제임스 카메룬, 〈듄〉의 드니 빌뇌브와 같은 창작자가 등장할 것이다. 마틴 스코세이지, 쿠엔틴 타란티노, 데이비드 핀처, 알폰소 쿠아론과 같은 창작자도 기다려진다. 픽사의 컴퓨터공학자 에드윈 캣멀같이 기술과 예술을 결합하는 창작자도 필요하다. 감독, 작가, 제작자, 연기까지 다재다능한 〈아이언맨〉의 존 파브로, 영화와 드라마 시리즈를 넘나드는 J. J. 에이브럼스도 있어야 한다. 최대의 영화 프랜차이즈가 된 MCU를 이끄는 할리우드의 걸어다니는 백과사전 케빈 파이기 같은 쇼 러너도 필요하다. 한국에는 봉준호, 박찬욱, 황동혁이 있다. 이제 이들을 뛰어넘는 한국의 창작자를 기다릴 때다. 새로 등장하는 한국의 창작자들이 '스타워즈 넘어서기 프로젝트'를 완성할 날이 머지않아 올 것이다.

월트 디즈니는 "꿈꾸는 것이 가능하다면 그 꿈을 실현하는 것 또한 가능하다"라고 했다. 〈스타워즈〉를 뛰어넘으려는 야무진 꿈을 가진 한국의 젊은 창작자와 비즈니스맨을 기다린다.

2025년 1월
문성길

주

시작하며

1 Frank Rose (2011), 최완규 옮김, 《콘텐츠의 미래(The Art of Immersion)》, p.80. 책읽는수요일.

2 《콘텐츠의 미래(The Art of Immersion)》, p.220-221.

3 Sebastian Junger (1997), 박지숙 옮김, 《퍼펙트 스톰》, 도서출판 승산.

4 Carole Foy, "24 Noteworthy Video Consumption Statistics for 2024", Twicsy.com, 2024.7.

5 Dilantha De Silva, "Netflix: A New Business Phase Begins", yahoo finance, 2023.7.21.

6 Kim Masters, Alex Weprin, "A Disney Sale to Apple? Don't Count It Out This Time", *Hollywood Reporter*, 2023.8.9.

7 Samantha Delouya, "3 burning questions Netflix faces at the start of 2024", CNN, 2024.1.23.

8 Hernan Lopez, "TV's New Big Four: Netflix, YouTube, Disney and Amazon Dominate as Streaming Wars Enter New Phase", *Variety*, 2024.9.26.

9 KCA, TV 및 영상 시장의 미래 지형 변화 4대 시나리오, MEDIA ISSUE & TREND Vol.03, 2019.

10 Netflix What We Watched the Second Half of 2023. 2024.5.24.

1   Alex Sherman, "In the fight against slowing growth, Netflix and its rivals are all in this together", CNBC, 2023.1.19.

2   Reed Hasting, "Netflix-Keynote 2016", YouTube · CES.

3   Ramon Lobato (2019), 안세라 옮김,《넷플릭스 세계화의 비밀》, p.70-71, 유렉스리뷰.

4   Josef Adalian, "Made in Spain: How the Country Became Key to Netflix's International Strategy", Vulture, 2024.2.9.

5   Patrick Brzeski, "Disney's Top Asia Exec on Bob Iger's Streaming Pivot and the "Gold Rush" for Korean Content", *Hollywood Reporter*, 2024.2.20.

6   Kevin McDonald 외 (2016), 유건식 옮김,《넷플릭스 효과》, p.10-12, 한울.

7   Kim Masters, "Behind Netflix Film Chief's Exit-And What It Means for Streaming Movies", *Hollywood Reporter*, 2024.1.25.

8   Dawn Chmielewski and Greg Bensinger, Amazon Prime Video plots Hollywood expansion, Reuters, 2024.8.9.

9   《넷플릭스 효과》, p.26.

10 Jeremy C. Owens, Netflix stumbles upon a potentially huge audience, MarketWatch, 2015.7.16.

11 Adam Levy, "Netflix's Ad Plans Could Hit the Competition Where It Hurts", The Motley Fool, 2022.9.2.

12 한희정, "블랙 위도우, 개봉 첫 주에만 2천500억원 벌었다", ZDNET Korea, 2022.7.12.

13 《콘텐츠의 미래(The Art of Immersion)》, p.418.

14 Michael Levitt, "How a new Netflix film exposed a simmering tension in Egyptian society", NPR, 2022.2.3.

15 Natasha Turak, "Saudi Arabia and Gulf neighbors threaten Netflix over content that 'violates Islamic values'", CNBC, 2022.9.7.

16 Nick Vivarelli, "Netflix's Black Cleopatra Docudrama Prompts Enraged Egyptian Broadcaster to Make Its Own Cleopatra Doc in Which She Will Be Light-Skinned", *Variety*, 2023.5.10.

17 Stevie Wong, "'Squid Game' Creator Hwang Dong-Hyuk On Breaking Hollywood's Rules To Ignite A Global Phenomenon", Deadline,

2022.8.14.

18 Jesse Whittock, "Public Service Networks Spend \$21B A Year: European Broadcasting Union Hits Back At Netflix Claim", Deadline, 2023.3.9.

19 Georg Szalai, "Netflix Creatives, in Amsterdam, Talk About Why They're Working With the Streaming Giant", *Hollywood Reporter*, 2023.3.6.

20 Ron Grover (1991), 김재광 옮김, 《월트 디즈니사와 미래형 경영》, p.263, 김영사.

21 Robert Kyncl 외 (2017), 신솔잎 옮김, 《유튜브 레볼루션》, p.49, 도서출판 길벗.

22 《유튜브 레볼루션》, p.51.

23 Ken Aulettta (2009), 김우열 옮김, 《구글드》, p.346, 타임비즈.

24 Robert Iger (2019), 안진환 옮김, 《디즈니만이 하는 것》, p.348, 쌤앤파커스.

25 《디즈니만이 하는 것》, p.410.

26 김현예, "“테슬라를 배워라” 세계 1등 도요타도 ‘전기차 퍼스트’", 《중앙 일보》, 2023.3.20.

27 Bharat Anand (2016), 김인수 옮김, 《콘텐츠의 미래(The Content Trap)》, p.174, 리더스북.

28 By Dade Hayes, "Netflix Beats Q4 Subscriber Growth Target, But Mixed Financial Results Reflect Challenging Environment", Deadline, 2023.1.19.

29 Kim Masters, Alex Weprin, "A Disney Sale to Apple? Don't Count It Out This Time", *Hollywood Reporter*, 2023.8.9.

30 Gerry Smith and Lucas Shaw, "Amazon Breaches TV's Last Stronghold With \$13 Billion Bet on NFL", Bloomberg, 2022.9.8.

31 Alex Sherman, "Netflix earnings showcase strength as the rest of the media industry struggles", CNBC, 2023.7.19.

32 Georg Szalai, "Streaming Profit Report: A Year Spent Chasing Netflix", *Hollywood Reporter*, 2024.4.8.

33 Georg Szala, "Streaming Profit Report: A Year Spent Chasing Netflix", *Hollywood Reporter*, 2024.4.8.

34 Kim Masters, Alex Weprina, "Disney Sale to Apple? Don't Count It Out This Time", *Hollywood Reporter*, 2023.8.9.

35 김태종, "MGM 인수한 아마존, 극장용 영화에 매년 10억 달러 이상 투자", 연합뉴스, 2022.11.24.

36 Thomas Buckley and Lucas Shaw, "Apple to Spend $1 Billion a Year on Films to Break Into Cinemas", yahoo finance, 2023.3.24.

37 Gerry Smith and Lucas Shaw, "Amazon Breaches TV's Last Stronghold With $13 Billion Bet on NFL, Bloomberg, 2022.9.8.

38 Dominic Patten and Dade Hayes, "'Thursday Night Football' Delivers A Viewership Touchdown For Amazon Prime Video & NFL In Debut", Deadline, 2022.9.23.

39 Annie Palmer, "Amazon's Prime Video lands exclusive NFL playoff game next season", CNBC, 2024.2.9.

40 Jabari Young, "Apple may bid for MLB weekday package, marking its first foray into live sports", CNBC, 2022.1.

41 정제원, "오피니언: 정제원의 시선, 애플이 스포츠를 먹는다면",《중앙일보》, 2023.8.2.

42 《콘텐츠의 미래(The Content Trap)》, p.307-308.

43 강수지, "애플, 강력한 성장에도 TV+에서 콘 손실 전망", 연합인포맥스, 2023.5.11.

44 Alex Weprin, "Amazon 2023 Content Spend Rises to $18.9B, Despite Hollywood Strikes", *Hollywood Reporter*, 2024.2.2.

45 Alex Weprin, "Disney Expects to Slash Content Spending to $25B in 2024", *Hollywood Reporter*, 2023.11.8.

46 yahoo Finance Video, Apple and Disney, a match made in streaming heaven: Analyst, 2023.5.6.

47 애플의 2023 회계연도 2분기 실적기준 (2023.1-2023.3).

48 Michael D. Smith 외 (2016), 임재완, 김형진 옮김,《플랫폼이 콘텐츠다》, p.165-166, 이콘출판사.

49 Alex Sherman, "Netflix earnings showcase strength as the rest of the media industry struggles", CNBC, 2023.7.19.

50 Gina Keating (2012), 박종근 옮김,《넷플릭스 스타트업의 전설》, p.342-347, 한빛비즈.

51 Benzinga, Netflix Shines During Dark Media Times, yahoo finance, 2023.7.21.

52 Dilantha De Silva, Netflix: A New Business Phase Begins, yahoo finance, 2023.7.21.

53 Dilantha De Silva. Netflix: A New Business Phase Begins, yahoo finance, 2023.7.21.

54 Samantha Delouya, 3 burning questions Netflix faces at the start of 2024, CNN, 2024.1.23.

55 《넷플릭스 세계화의 비밀》, p.119.

56 넷플릭스의 공동 CEO 그렉 피터스의 MWC 기조연설, 2023.3.3.

57 《넷플릭스 세계화의 비밀》, p.121-122.

58 《넷플릭스 효과》, p.25.

59 《넷플릭스 세계화의 비밀》, p.230.

60 Daniel B. Kline, "CES 2016: Reed Hastings on the Future of Netfli", The Motley Fool, 2016.1.9.

61 Kim Masters, Alex Weprin, "A Disney Sale to Apple? Don't Count It Out This Time", *Hollywood Reporter*, 2023.8.9.

62 Geoffrey Parker, Marshall W, Van Alstyne, and Sangeet Paul Choudary (2016), 이현경 옮김, 《플랫폼 레볼루션》, p.362-366, 부키.

63 Scott Galloway (2017), 이경식 옮김, 《플랫폼 제국의 미래》, p.59, 비즈니스북스.

64 《플랫폼 레볼루션》, p.367.

2장 글로벌 스트리밍과 로컬 콘텐츠

1 넷플릭스 공동 CEO 그렉 피터스의 MWC 기조연설, 2023.3.3.

2 Joan E. Solsman, "Netflix's Biggest Hit Movies and Shows", Ranked (According to Netflix), CNET, 2023.2.28.

3 《넷플릭스 세계화의 비밀》, p.168.

4 Cory Barker and Myc Wiatrowski (2017), 임종수 옮김, 《넷플릭스의 시대》, p.378, 팬덤북스.

5 《넷플릭스의 시대》, p.397.

6 Liz Shackleton, "Netflix East Asia Content Chief Minyoung Kim On Pushing Into Southeast Asia, And How 'Squid Game' Is A Local Show – APOS", Deadline, 2022.9.28.

7 Liz Shackleton, "Netflix East Asia Content Chief Minyoung Kim On

Pushing Into Southeast Asia, And How 'Squid Game' Is A Local Show — APOS", Deadline, 2022.9.28.

8 Patrick Frater, "Asia Films, Series Take Bigger Share in Netflix's Global Top Ten Rankings", *Variety*, 2023.4.11.

9 Max Goldbart, "The 'Squid Game' and 'Lupin' Effect: 50% Of European Netflix And Amazon Viewing Could Be To Non-English Shows By 2030", Deadline, 2021.12.22.

10 Georg Szala, "Behind the Numbers for Netflix's Biggest Region for Subscriber", *Hollywood Reporter*, 2023.2.9.

11 《넷플릭스 세계화의 비밀》, p.197.

12 Nicholas Barbe, "Will All Quiet on the Western Front win best picture Oscar?", BBC, 2023.2.20.

13 Zacks Equity Research, "Netflix's (NFLX) Robust International Content Aids Prospects", yahoo finance, 2022.12.29.

14 《플랫폼이 콘텐츠다》, p.27.

15 《플랫폼이 콘텐츠다》, p.170-172.

16 Ampere Analysis, "Disney+ and Hulu combined would own the most popular titles in the US", 2023.12.11.

17 《플랫폼이 콘텐츠다》, p.107.

18 《콘텐츠의 미래(The Content Trap)》, p.127.

19 《넷플릭스 세계화의 비밀》, p.198.

20 《플랫폼이 콘텐츠다》, p.106-107.

21 Alex Weprin, Netflix Adds 9.3M Subscribers In Quarter, Growing Its Lead in Streaming, *Hollywood Reporter*, 2024.4.

22 Chris Andreson (2006), 이노무그룹 외 옮김, 《롱테일 경제학》, p.214, RHK.

23 나원정, [비하인드컷] "예술영화 '마돈나'… '미드'로 리메이크", 《중앙일보》, 2024.1.24.

24 Tom Grater, "Netflix Spain's TV & Film Chiefs On Why The Spanish Industry Is "As Strong As Hollywood", Doubling Local Production Space & 'Money Heist' Future – San Sebastian", Deadline, 2021.9.17.

25 Josef Adalian, "Made in Spain: How the Country Became Key to Netflix's International Strategy", Vulture, 2024.2.9.

26　Peter White, "After 'Suits' Effect, Netflix's Ted Sarandos Urges Studios To License Streamer More Titles", Deadline, 2024.1.23.

27　Joe Otterson, "Netflix, WWE Strike Deal to Move 'Monday Night Raw' to Streamer Beginning in 2025 for $500 Million per Year", *Variety*, 2024.1.23.

28　《유튜브 레볼루션》, p.163-164.

29　Adam Levy, "Where Will Netflix's Next 200 Million Subscribers Come From?", The Motley Fool, 2022.4.17.

30　Wendy Lee, "Why dubbing has become more crucial to Netflix's business", *Los Angeles Times*, 2022.2.28.

31　Joan E. Solsman, "How Netflix, 'Squid Gam' and Korea's 'K-Wave' Smashed an Emmys Barrier", CNET, 2022.9.17.

32　Josef Adalian(Vulture's West Coast editor), "Squid Game Was Just the Start", Vulture, 2023.5.18.

33　Wendy Lee, Why dubbing has become more crucial to Netflix's business, *Los Angeles Times*, 2022.2.28.

34　Alex Sherman and Lillian Rizzo, "What will TV look like in three years? These industry insiders share their predictions", CNBC, 2023.2.8.

35　Zacks Equity Research, "Netflix Releases Its Korean Action Film Kill Boksoon", yahoo finance, 2023.4.3.

36　Jeremy C. Owens, "Netflix stumbles upon a potentially huge audience, MarketWatch, 2015.7.16.

37　Scott Roxborough, "Netflix's Executive Shake-Up in Europe May Point to Broader Strategic Shift", *Hollywood Reporter*, 2022.10.4.

38　Max Goldbart, "Netflix To Boost APAC Content Investment By 15% In 2023 — Report", Deadline, 2023.3.6.

39　Zacks Equity Research, "Netflix Releases Its Korean Action Film Kill Boksoon", yahoo finance, 2023.4.3.

40　Liz Shackleton, "Netflix East Asia Content Chief Minyoung Kim On Pushing Into Southeast Asia, And How 'Squid Game' Is A Local Show — APOS", Deadline, 2022.9.28.

41　Josef Adalian(Vulture's West Coast editor), "Squid Game Was Just the Start", Vulture, 2023.5.18.

42 Naman Ramachandran, "Netflix India Content Chief Monika Shergill Lays Out Growth Roadmap (EXCLUSIVE)", *Variety*, 2023.5.3.

43 Tom Grater, "Netflix Spain's TV & Film Chiefs On Why The Spanish Industry Is "As Strong As Hollywood", Doubling Local Production Space & 'Money Heist' Future – San Sebastian", Deadline, 2021.9.17.

44 Dawn Chmielewski & Sam Nussey, "(EXCLUSIVE) Netflix inks Japan studio deal in anime push", Reuters, 2022.4.27.

45 넷플릭스 공동 CEO 그렉 피터스 MWC 기조연설, 2023.3.3.

46 Tom Grater, "Netflix Spain's TV & Film Chiefs On Why The Spanish Industry Is "As Strong As Hollywood", Doubling Local Production Space & 'Money Heist' Future – San Sebastian", Deadline, 2021.9.17.

47 Michael Tedder, "Disney+ has a Plan to Target Adults(Not Just Families)", TheStreet, 2022.5.16.

48 Patrick Frater, "FilMart Keynote: Disney Local Production Is a 'Long-Term Commitment' to Asia, Says Jessica Kam-Engle", *Variety*, 2022.3.13.

49 서기열, "디즈니+ 경쟁력은 로컬 콘텐츠…K콘텐츠는 글로벌 킬러 콘텐츠", 《한국경제》, 2022.9.12.

50 Patrick Brzeski, "Disney's Top Asia Exec on Bob Iger's Streaming Pivot and the "Gold Rush" for Korean Content", *Hollywood Reporter*, 2024.2.

51 《콘텐츠의 미래(The Art of Immersion)》, p.418.

52 Walter Isaacson (2011), 안진환 옮김, 《스티브 잡스》, p.695, 민음사.

53 Joan E. Solsman, " 'Black Panther: Wakanda Forever' Finally Hit Disney Plus: What to Know", CNET, 2023.2.16.

54 Jeremy C. Owens, "Netflix stumbles upon a potentially huge audience", MarketWatch, 2015.7.16.

55 《넷플릭스의 시대》, p.396-397.

56 Scott Roxborough, "Netflix to Invest $45M in French, European Films in Deal That Could Pave Return to Cannes", *Hollywood Reporter*, 2022.2.22.

57 Jesse Whittock, "Netflix Reveals $6B UK Content Spend Across Four Years As Prime Minister Rishi Sunak Hails Investment", Deadline, 2023.4.26.

58 Max Goldbart, "UK Audiences Spent Triple The Time Watching BBC Than Netflix Last Year, Report Says", Deadline, 2022.1.31.

59 Jesse Whittock, Netflix Reveals $6B UK Content Spend Across Four Years

As Prime Minister Rishi Sunak Hails Investment, Deadline, 2023.4.26.

60 John Hopewell, "Netflix, Amazon Among Top Investors Expanding Spain's Entertainment Biz", *Variety*, 2023.5.10.

61 Joan E. Solsman, "Netflix's Biggest Hit Movies and Shows, Ranked (According to Netflix)", CNET, 2023.2.28.

62 Tom Grater, "Netflix Spain's TV & Film Chiefs On Why The Spanish Industry Is "As Strong As Hollywood", Doubling Local Production Space & 'Money Heist' Future – San Sebastian", Deadline, 2021.9.17.

63 John Hopewell, "Netflix, Amazon Among Top Investors Expanding Spain's Entertainment Biz", *Variety*, 2023.5.10.

64 Jennifer Green, "Inside Spain's Bid to Become the "Hollywood of Europe"", *Hollywood Reporter*, 2022.11.1.

65 John Hopewell, "Netflix, Amazon Among Top Investors Expanding Spain's Entertainment Biz", *Variety*, 2023.5.10.

66 Jennifer Green, "Inside Spain's Bid to Become the "Hollywood of Europe"", *Hollywood Reporter*, 2022.11.1.

67 John Hopewell, "Netflix, Amazon Among Top Investors Expanding Spain's Entertainment Biz", *Variety*, 2023.5.10.

68 John Hopewell, "Netflix, Amazon Among Top Investors Expanding Spain's Entertainment Biz", *Variety*, 2023.5.10.

69 John Hopewell, "Netflix, Amazon Among Top Investors Expanding Spain's Entertainment Biz", *Variety*, 2023.5.10.

70 Emiliano De Pablos, "Spain's Production Hub Heats Up", *Variety*, 2022.9.6.

71 Jennifer Green, "Inside Spain's Bid to Become the "Hollywood of Europe"", *Hollywood Reporter*, 2022.11.1.

72 John Hopewell, "Netflix, Amazon Among Top Investors Expanding Spain's Entertainment Biz", *Variety*, 2023.5.10.

73 Jennifer Green, "Inside Spain's Bid to Become the "Hollywood of Europe"", *Hollywood Reporter*, 2022.11.1.

74 The Jeremy Urquhart, "10 Most-Watched Non-English Netflix Series of All Time", Collider, 2023.6.21.

75 Max Goldbart, "Netflix To Boost APAC Content Investment By 15% In

2023 – Report", Deadline, 2023.3.6.

76 변희원, "한국 콘텐츠에 1조원 투자한 넷플릭스 공급 재개한다",《조선일보》, 2022.1.20.

77 박종진, "넷플릭스 "韓 콘텐츠 이미 세계적"…올해 투자액 8000억원 전망",《전자신문》, 2022.1.19.

78 Josef Adalian(Vulture's West Coast editor), "Squid Game Was Just the Start", Vulture, 2023.5.18.

79 Patrick Brzeski, "'Moving' Becomes Disney's Most Watched Korean Drama Ever in Just 7 Days", *Hollywood Reporter*, 2023.8.25.

80 Joan E. Solsman, "How Netflix, 'Squid Game' and Korea's 'K-Wave' Smashed an Emmys Barrier", CNET, 2022.9.

81 Alex Sherman, "'Squid Game' success shines a light on how cheap it is to make TV shows outside the U.S", CNBC, 2021.10.16.

82 The Motley Fool, Netflix Q4 2021 Earnings Call Transcript, 2022.1.20.

83 Eric Rosenbaum, "Disney's Bob Iger on how to tell successful stories in the tech-dominated era", CNBC, 2021.12.27.

84 Joan E. Solsman, "How Netflix, 'Squid Game' and Korea's 'K-Wave' Smashed an Emmys Barrier", CNET, 2022.9.17.

85 Elaina Patton, "How Korean shows are adapted to become Netflix hits", NBCNEWS, 2022.2.16.

86 로튼 토마토, 2021.12.28 기준.

87 양승준, "'단단'이 톱10에 왜 나와?…'오겜'이 알고리즘까지 바꿨다",《한국일보》, 2022.9.1.

88 Monica Marie Zorrilla, "Netflix Top 10: Korean Dramas, Thrillers and Romance Series Continue to Dominate", *Variety*, 2022.2.1.

89 Patrick Frater, "Netflix Unveils Huge Expansion of Japanese Content, Greater Emphasis on Feature Films", *Variety*, 2021.11.9.

90 Patrick Frater, "Korean Content Increases Hold on East Asian Audiences Still Further – Report", *Variety*, 2023.7.19.

91 KCA, "넷플릭스 시청자분석을 통해 본 아시아 태평양 시장 인기 콘텐츠 유형과 지역별 특성", MEDIA ISSUE & TREND Vol.45, 2021.11.12.

92 Patrick Brzeski, Amazon Leads Netflix, Disney+ in Japan's Expanding Streaming Market, Study Shows, *Hollywood Reporter*, 2021.10.4.

93 Patrick Frater, "'Vincenzo' and 'Squid Game' Prove Viability of Asian Content as Netflix Is Tipped for Strong Regional Growth-Study", *Variety*, 2022.4.13.

94 Patrick Frater, "Disney to Close Remaining Linear TV Channels in Southeast Asia and Korea", *Variety*, 2023.6.14.

95 Patrick Frater, "Korean Content Increases Hold on East Asian Audiences Still Further – Report", *Variety*, 2023.7.19.

96 Patrick Frater, "'Vincenzo' and 'Squid Game' Prove Viability of Asian Content as Netflix Is Tipped for Strong Regional Growth-Study", *Variety*, 2022.4.13.

97 Sara Merican, Jesse Whittock, "Prime Video & Netflix Tussle For Top Spot In Japan Subscription Streaming Battle, Report Reveals", Deadline, 2024.2.5.

98 Patrick Brzeski, "Amazon Leads Netflix, Disney+ in Japan's Expanding Streaming Market, Study Shows", *Hollywood Reporter*, 2021.10.4.

99 Patrick Brzeski, "Why Netflix Is Targeting the Japanese TV Market", *Hollywood Reporter*, 2021.8.12.

100 Patrick Brzeski, "Why Netflix Is Targeting the Japanese TV Market", *Hollywood Reporter*, 2021.8.12.

101 Mark Schilling, "Netflix's 'First Love' Is Sign of Growing Global Success for Japan Series Content", *Variety*, 2022.12.6.

102 Aditya Kalra and Munsif Vengattil, "Netflix, Disney, Amazon to challenge India's tobacco rules for streaming-sources", yahoo finance, 2023.6.2.

103 Soutik Biswas, "Netflix: Why the world's biggest streaming service is frustrated with India", BBC NEWS, 2022.1.27.

104 Zacks Equity Research, "Netflix Expands Footprint in India With New Partnership", yahoo finance, 2023.8.24.

105 Patrick Frater, "Netflix Commits to $2.5 Billion Production Spend on Korean Content", *Variety*, 2023.4.24.

106 Cory Barke 외 (2017), 임종수 옮김,《넷플릭스의 시대》, p.422, 팬덤북스.

107 Liz Shackleton, "Netflix East Asia Content Chief Minyoung Kim On Pushing Into Southeast Asia, And How 'Squid Game' Is A Local Show – APOS", Deadline, 2022.9.28.

108 Georg Szalai, "Netflix Creatives, in Amsterdam, Talk About Why They're Working With the Streaming Giant", *Hollywood Reporter*, 2023.3.6.

109 넷플릭스 보도자료, "한국에 대한 넷플릭스의 투자", 넷플릭스 홈페이지, 2023.4.25.

110 박도휘, 강민, "OTT가 불러온 콘텐츠 스튜디오", 삼정KMPG 경제연구원, 이슈모니터, 2023년 4월.

111 넷플릭스 공동 CEO 그렉 피터스의 MWC 기조연설, 2023.3.3.

112 K. J. Yossman, "Netflix Studios U.K. Posts $114 Million Revenue, 31% Increase Year-on-Year", *Variety*, 2022.10.12.

113 넷플릭스 공동 CEO 그렉 피터스의 MWC 기조연설, 2023.3.3.

114 Liz Shackleton, "Netflix Co-CEO Ted Sarandos Says $2.5BN Korean Investment Won't Exploit Local Industry, Amid Pushback From Lawmakers", Deadline, 2023.6.22.

115 Scott Roxborough, "Netflix's Executive Shake-Up in Europe May Point to Broader Strategic Shift", *Hollywood Reporter*, 2022.10.4.

116 Daisuke Wakabayashi and Jin Yu Young, "How Netflix Plans Total Global Domination, One Korean Drama at a Time", *The New York Times*, 2023.7.13.

117 Tom Grater, "Netflix Spain's TV & Film Chiefs On Why The Spanish Industry Is "As Strong As Hollywood", Doubling Local Production Space & 'Money Heist' Future – San Sebastian", Deadline, 2021.9.17.

118 Scott Roxborough, "Netflix's Executive Shake-Up in Europe May Point to Broader Strategic Shift", *Hollywood Reporter*, 2022.10.4.

119 《유튜브 레볼루션》, p.45-49.

120 《유튜브 레볼루션》, p.212.

3장 글로벌 현상이 된 K콘텐츠

1 넷플릭스 공동 CEO 그렉 피터스 MWC 기조연설, 2023.3.3.

2 By Motley Fool Transcribing, Netflix Q4 2021 Earnings Call Transcript, 2022.1.21. "The Kdrama market has always had little pockets of success all over the place. But I think the ease of delivery that we've offered has kind

of pushed that into the mainstream. Yes, there was kind of a turning point with "Parasite" and Bong Joon-ho's Oscar last year that kind of opened up people's minds to it. But we saw that even way before that with "Okja," working with Director Bong, that there was this incredible storytelling culture that we could tap into and that people would love Kdramas and watch them all over the world."

3   Josef Adalian, "Made in Spain: How the Country Became Key to Netflix's International Strategy", Vulture, 2024.2.9.

4   Patrick Brzeski, "Disney's Top Asia Exec on Bob Iger's Streaming Pivot and the "Gold Rush" for Korean Content", *Hollywood Reporter*, 2024.2.20.

5   한국콘텐츠진흥원, "[미국] 버라이어티, 한국 드라마에 집중 보도",《위클리글로벌》254호, 2021.12.16.

6   넷플릭스 보도자료, "2023년 새로운 차원으로 도약하는 넷플릭스 K-콘텐츠 라인업", 넷플릭스 홈페이지, 2023.1.17.

7   Patrick Frater, "FilMart Keynote: Disney Local Production Is a 'Long-Term Commitment' to Asia, Says Jessica Kam-Engle", *Variety*, 2022.3.13.

8   이태훈, "디즈니는 세계를 향해 열린 기회의 문…한국 최고 크리에이터들에 최고 대우 준비",《조선일보》, 2022.3.20.

9   '한국에 대한 넷플릭스의 투자', 2023년 4월 24일(미국시간) 미국 워싱턴 D.C에서 테드 서랜도스 넷플릭스 공동 CEO가 한국 대통령과 만나 한국에 대한 투자 계획을 밝힌 연설문, 넷플릭스 홈페이지.

10 "What We Watched: A Netflix Engagement Report", 2023.12.12.

11 Jesse Whittock, "South Korean TV Phenomenon Goes Way Beyond 'Squid Game', Netflix Viewing Data Reveals", Deadline, 2023.12.13.

12 Netflix What We Watched Second Half of 2023, 2024.5.24.

13 Patrick Brzeski, "'Moving' Becomes Disney's Most Watched Korean Drama Ever in Just 7 Days", *Hollywood Reporter*, 2023.8.25.

14 한국콘텐츠진흥원, "영국 월간지, 세계 이끈 한국 드라마 전략 분석",《위클리글로벌》256호, 2021.12.29.

15 Jim Collins (2001), 이무열 옮김,《좋은 기업을 넘어 위대한 기업으로》, p.275, 김영사.

16 Patrick Frater, "'Vincenzo' and 'Squid Game' Prove Viability of Asian Content as Netflix Is Tipped for Strong Regional Growth-Study", *Variety*,

2022.4.13.

17 Motley Fool Transcribing, Netflix Q4 2021 Earnings Call Transcript, 2022.1.

18 Elaina Patton, How Korean shows are adapted to become Netflix hits, NBC NEWS, 2022.2.16.

19 Elaina Patton, How Korean shows are adapted to become Netflix hits, NBCNEWS, 2022.2.16.

20 원동연 리얼라이즈픽쳐스 대표, "〈신과 함께〉 제작자에게 직접 듣는 K-콘텐츠의 현재와 미래", 삼프로TV, 2022.1.29.

21 이영희, "'롯폰기 클라스' 주인공 "한국 드라마 자유로움이 세계적 히트 이유"", 《중앙일보》, 2022.7.7.

22 신윤재, "'넘사벽' 한국 드라마에 막힌 일본…"이번 생엔 한국 못 이겨"", 《매일경제》, 2022.2.26.

23 《콘텐츠의 미래(The Art of Immersion)》, p.224.

24 양성희, "'K지옥도' 장르의 탄생", 《중앙일보》, 2022.2.16.

25 한국콘텐츠진흥원, "[미국] 버라이어티, 한국 드라마에 집중 보도", 《위클리글로벌》 254호, 2021.12.16.

26 Patrick Brzeski, "Disney's Top Asia Exec on Bob Iger's Streaming Pivot and the "Gold Rush" for Korean Content", Hollywood Reporter, 2024.2.20.

27 Jesse Whittock, ""Public Service Networks Spend $21B A Year": European Broadcasting Union Hits Back At Netflix Claim", Deadline, 2023.3.9.

28 Patrick Frater, Netflix Expands Unscripted Content Slate in Japan, Variety, 2022.3.25.

29 Dawn Chmielewski & Sam Nussey, "EXCLUSIVE Netflix inks Japan studio deal in anime push", Reuters, 2022.4.27.

30 Patrick Frater, "Asia Films, Series Take Bigger Share in Netflix's Global Top Ten Rankings", Variety, 2023.4.11.

31 Naman Ramachandran, "Netflix India Content Chief Monika Shergill Lays Out Growth Roadmap (EXCLUSIVE)", Variety, 2023.5.3.

32 Jin Yu Young and Matt Stevens, " 'The Glory' Was a Hit. Now Netflix Is Spending More on K-Dramas, The New York Times, 2023.5.7.

33 Josef Adalian, "Made in Spain: How the Country Became Key to Netflix's International Strategy", Vulture, 2024.2.9.

34 Peter White, ""The 'Squid Game' Universe Has Just Begun" Netflix's Ted Sarandos Says, Confirming Season 2 Korean Smash", Deadline, 2022.1.20.

35 Jiyoung Sohn & Timothy W. Martin, "In Hunt for Next 'Squid Game', Streaming Services Battle for South Korean Shows", *Wall Street Journal*, 2021.12.28.

36 이태훈, "디즈니는 세계를 향해 열린 기회의 문…한국 최고 크리에이터들에 최고 대우 준비",《조선일보》, 2022.3.20.

37 Alex Sherman, " 'Squid Game' success shines a light on how cheap it is to make TV shows outside the U.S", CNBC, 2021.10.16.

38 Amanda Cataldo and Daniela Gama, "The 13 Most Expensive TV Series Ever Made, Ranked", Collider, 2023.5.29.

39 Amanda Cataldo and Daniela Gama, "The 13 Most Expensive TV Series Ever Made, Ranked", Collider, 2023.5.29.

40 Alex Sherman, " 'Squid Game' success shines a light on how cheap it is to make TV shows outside the U.S", CNBC, 2021.10.16.

41 Lucas Shaw, "Netflix Estimates 'Squid Game' Will Be Worth Almost $900 Million", Bloomberg, 2021.10.17.

42 Brandon Choe, "Netflix's Mega-Hit 'Squid Game' Will Generate Almost $900 Million In Value", Deadline, 2021.10.17.

43 Jiyoung Sohn & Timothy W. Martin, "In Hunt for Next 'Squid Game', Streaming Services Battle for South Korean Shows", *The Wall Street Journal*, 2021.12.28.

44 Mike Murphy, "Opinion: Skip 'Stranger Things' and 'Obi-Wan'? Here's how to maximize your streaming in May 2022", MarketWatch, 2022.5.22.

45 Alex Sherman, " 'Squid Game' success shines a light on how cheap it is to make TV shows outside the U.S", CNBC, 2021.10.16.

46 문성길 (2017),《넷플릭스하다》, p.10, 스리체어스.

47 Patrick Frater, " 'Vincenzo' and 'Squid Game' Prove Viability of Asian Content as Netflix Is Tipped for Strong Regional Growth-Study", *Variety*, 2022.4.13.

48 박종진, "넷플릭스 "韓 콘텐츠 이미 세계적"…올해 투자액 8000억원 전망",《전자신문》, 2022.1.19.

49 Kim Masters, Behind Netflix Film Chief's Exit-And What It Means for

Streaming Movies, *Hollywood Reporter*, 2024.1.25.

50 Josef Adalian(Vulture's West Coast editor), "Squid Game Was Just the Start", Vulture, 2023.5.18.

51 Patrick Brzeski, "'Moving' Becomes Disney's Most Watched Korean Drama Ever in Just 7 Days", *Hollywood Reporter*, 2023.8.25.

52 Patrick Frater, "Netflix Commits to $2.5 Billion Production Spend on Korean Content", *Variety*, 2023.4.24.

53 넷플릭스 보도자료, 2023.4.25.

54 유건식, "넷플릭스가 국내 드라마 시장에 미친 영향－제작자 심층 인터뷰를 중심으로", MEDIA ISSUE & TREND, KCA, 2020.12.30.

55 김회재, "콘텐츠, 4차 Wave의 시작", MEDIA ISSUE & TREND, KCA, 2022.3-4.

56 김호정·나원정, "세계 홀린 K콘텐트 '배고픈 호황'…넷플릭스가 수익·인재 '폭풍흡입'", 《중앙일보》, 2022.2.10.

57 Hyunsu Yim, "'Netflix Effect' lifts Korean content but market control worries grow", Reuters, 2023.6.20.

58 이호재, 최지선, ""배우-대본-감독 다 쓸어간다"…플릭스에 울상짓는 콘텐츠 업계[인사이드&인사이트]", 《동아일보》, 2024.3.5.

59 유건식, "넷플릭스·디즈니+에서 인기 끈 K콘텐츠 경향", PD저널, 2024.3.11.

60 정호준, "'오겜' 제작사는 250억, 넷플릭스는 1조…이상한 수익구조 막겠다는데 어떻게", 《매일경제》, 2024.3.14.

61 박수형, "글로벌 미디어 격전 시대, 韓 콘텐츠 기회로 삼아야", ZDNET Korea, 2022.9.22.

62 김예슬, "'오징어 게임' 신드롬 1년…K콘텐츠 시총은 심드렁", 이투데이, 2022.9.7.

63 한국콘텐츠진흥원, "미국 콘텐츠 특화보고서"(2024년 1호), 2024.8.21.

64 Hiranmayi Srinvasan, "Shonda Rhimes' Net Worth-Here's How Much The 'Queen Charlotte' Creator Earns Investopedia", 2023.6.13.

65 한국콘텐츠진흥원, "OTT를 통한 K-콘텐츠의 성공과 과제", 글로벌 OTT 동향분석, 2023, Vol.2, 2023.8.2.

66 넷플릭스 공동 CEO 그렉 피터스의 MWC 기조연설, About Netflix.com. 2023.3.3.

4장 K콘텐츠의 고도화

1 넷플릭스의 한국에 대한 투자 계획을 밝힌 연설문, 2023.4.25.

2 Cory Barke 외 (2017), 임종수 옮김, 《넷플릭스의 시대》, p.190-191, 팬덤 북스.

3 남명희, "미국식 TV 드라마 시리즈의 시즌제도와 마블 시네마틱 유니버스의 페이즈 비교", 영화연구 87, 2021.

4 남명희, "미국식 TV 드라마 시리즈의 시즌제도와 마블 시네마틱 유니버스의 페이즈 비교", 영화연구 87, 2021.

5 Joal Ryan, "The incredible, hidden history of the Marvel Cinematic Universe", CNET, 2020.3.9.

6 이성민, "OTT로 인한 콘텐츠 제작/유통 시스템의 변화: 스튜디오 시스템을 중심으로", MEDIA ISSUE & TREND Vol.51, KCA, 2022.7×8.

7 《콘텐츠의 미래(The Art of Immersion)》, p.110.

8 이성민, "OTT로 인한 콘텐츠 제작/유통 시스템의 변화: 스튜디오 시스템을 중심으로", MEDIA ISSUE & TREND Vol.51, KCA, 2022.7×8.

9 장혁준, "체급 없는 콘텐츠 '사각의 링'…플랫폼을 지배하라", 《한겨레》, 2022.1.17.

10 김희재, "콘텐츠, 4차 Wave의 시작", MEDIA ISSUE & TREND, KCA, 2022.3-4.

11 David A. Price (2008), 이경식 옮김, 《픽사 이야기》, p.262, 흐름출판.

12 Patrick Brzeski, "Disney's Top Asia Exec on Bob Iger's Streaming Pivot and the "Gold Rush" for Korean Content", *Hollywood Reporter*, 2024.2.20.

13 [다큐] 〈픽사스토리〉, 디즈니+, 2007.

14 Jeffery S. Young, William L. Simon (2005), 임재서 옮김, 《iCON 스티브 잡스》, p.232, 민음사.

15 Brent Lang, Matt Donnelly, "Netflix Buys 'Knives Out' Sequels for $450 Million", *Variety*, 2021.3.31.

16 Sarah Whitten, "The 13 highest-grossing film franchises at the box office", CNBC, 2021.1.31.

17 Alexander Canal, "'It's a big geek fest': Marvel's editor-in-chief on creating reliable MCU hits", yahoo finance, 2022.9.12.

18 Alex Sherman, "Disney CEO Bob Iger says company's movies have been

too focused on messaging", CNBC, 2023.11.30.

19   《디즈니만이 하는 것》, p.278.

20   《디즈니만이 하는 것》, p.297.

21   송예진, "마블의 트랜스 미디어 스토리텔링 전략: 완결성과 확장성을 중심으로", 영상기술연구, p.117-138, 2021.9.

22   전문가 칼럼, "한국 웹툰의 성공 요인은 무엇인가", 한국국제문화교류진흥원, 2021.4.2.

23   한국콘텐츠진흥원, "[유럽] 영국 이코노미스트 "웹툰은 한국의 인기 수출품"", 《위클리글로벌》 236호, 2021.8.12.

24   이진욱, "7조원 한국판 '마블' 탄생…페이지 M 합친 카카오, 'K-콘텐츠' 글로벌 정복 나선다", 《머니투데이》, 2021.1.25.

25   박종진, "네이버웹툰, IP 영상화 확대…왓패드 웹소설 넷플릭스 오리지널로", 《전자신문》, 2022.1.9.

26   Joan E. Solsman, "Netflix's Biggest Hit Movies and Shows, Ranked (According to Netflix)", CNET, 2023.2.28.

27   김윤수, "네이버가 인수한 왓패드, 웹소설 영화로 넷플릭스 1위", 《조선비즈》, 2022.2.21.

28   《iCON 스티브 잡스》, p.241.

29   《픽사 이야기》, p.277-278.

30   《픽사 이야기》, 《iCON 스티브 잡스》, 《스티브 잡스》를 참조해 구성했다.

31   방송통신위원회, 방통위 홍콩 출장 결과 – CASBAA Convention 2015 참석 및 인도 방송통신 협력 강화 –, 2015.11을 참고.

32   Liz Shackleto, "Netflix East Asia Content Chief Minyoung Kim On Pushing Into Southeast Asia, And How 'Squid Game' Is A Local Show – APOS", Deadline, 2022.9.28.

33   Alex Sherman, "YouTube dominates streaming, forcing media companies to decide whether it's friend or foe", CNBC, 2024.6.26.

34   Todd Spangler, "MrBeast Reality Show to Award $5 Million Grand Prize – Biggest Payout in TV History – Greenlit at Prime Video", *Variety*, 2024.3.18.

35   James Hibberd, Lesley Goldberg, "MrBeast Strikes Amazon Deal For Biggest Competition Series in TV History", *Hollywood Reporter*, 2024.3.18.

36 Belinda Luscombe, In the Belly of MrBeast, *TIME*, 2024.2.15.

37 《유튜브 레볼루션》, p.212.

38 차유미, "유미의 콘텐츠", 미래에셋증권, Industry Report, 2023.4.13.

39 위키피디아

40 차유미, "유미의 콘텐츠", 미래에셋증권, Industry Report, 2023.4.13.

41 김윤지 (2023), 《한류 외전》, p.101-127, 어크로스.

42 한국콘텐츠진흥원, "[미국특화 21-05호] 방송분야 미국진출 비즈니스전략 보고서(스트리밍 시대의 콘텐츠 라이선싱)", 2021.11.5.

43 Tom Grater, "Netflix Spain's TV & Film Chiefs On Why The Spanish Industry Is "As Strong As Hollywood", Doubling Local Production Space & 'Money Heist' Future – San Sebastian", Deadline, 2021.9.17.

44 Scott Roxborough, "Netflix to Invest $45M in French, European Films in Deal That Could Pave Return to Cannes", *Hollywood Reporter*, 2022.2.22.

45 Manori Ravindran, "Disney+ Has Paused Original Commissions in Canada (EXCLUSIVE)", *Variety*, 2023.6.15.

마치며

1 《디즈니만이 하는 것》, p.406.

2 Todd Spangler, "Netflix Stock Jumps After Reporting Nearly 5 Million Customers on Ad Plan, With Over 25% of New Subscribers Taking Ad-Supported Tier", *Variety*, 2023.5.18.

참고문헌

김윤지 (2016),《박스오피스 경제학》, 어크로스.

김윤지 (2023),《한류 외전》, 어크로스.

배상준 (2015),《장르영화》, 커뮤니케이션북스.

문성길 (2017),《넷플릭스하다》, 스리체어스.

송낙원 (2018),《미국 영화 산업》, 커뮤니케이션북스.

이호수 (2020),《넷플릭스 인사이트》, 21세기북스.

정길화 외 (2022),《오징어 게임과 콘텐츠 혁명》, 인물과사상사.

Anita Elberse (2013), 이종원 옮김,《블록버스터 법칙》, 세종서적.

Bharat Anand (2016), 김인수 옮김,《콘텐츠의 미래(The Content Trap)》, 리더스북.

Bill Capodagli 외 (2016), 서미석 옮김,《디즈니 웨이》, 현대지성.

Chris Anderson (2006), 이노무그룹 외 옮김,《롱테일 경제학》, RHK.

Cory Barke 외 (2017), 임종수 옮김,《넷플릭스의 시대》, 팬덤북스.

David A. Price (2008), 이경식 옮김,《픽사이야기》, 흐름출판.

Frank Rose (2011), 최완규 옮김,《콘텐츠의 미래(The Art of Immersion)》, 책읽는 수요일.

Gina Keating (2012), 박종근 옮김,《넷플릭스 스타트업의 전설》, 한빛비즈.

Jeffery S. Young 외 (2005), 임재서 옮김,《iCON 스티브 잡스》, 민음사.

Geoffrey Parker 외 (2016), 이현경 옮김,《플랫폼 레볼루션》, 부키.

Jim Collins (2001), 이무열 옮김,《좋은 기업을 넘어 위대한 기업으로》, 김영사.

Ken Aulettta (2009), 김우열 옮김.《구들드》, 타임비즈.

Kevin McDonald 외 (2016), 유건식 옮김,《넷플릭스 효과》, 한울.

Michael D. Smith 외 (2016), 임재완, 김형진 옮김,《플랫폼이 콘텐츠다》, 이콘출판사.

Michael A. Cusumano 외 (2019), 오수원 옮김,《플랫폼 비즈니스의 모든 것》, 부키.

Michiaki Tanaka (2017), 류두진 옮김,《아마존 미래전략 2022》, 반니.

Rana Foroohar (2019), 김현정 옮김,《돈 비 이블》, 세종서적.

Ramon Lobato (2019), 안세라 옮김,《넷플릭스 세계화의 비밀》, 유렉스리뷰.

Reed Hastings and Erin Meyer (2020), 이경남 옮김,《규칙 없음》, RHK.

Robert Iger (2019), 안진환 옮김,《디즈니만이 하는 것》, 쌤앤파커스.

Robert Kyncl 외 (2017), 신솔잎 옮김,《유튜브 레볼루션》, 도서출판 길벗.

Ron Grover (1991), 김재광 옮김,《월트 디즈니사와 미래형 경영》, 김영사.

Saito Takashi (2008), 홍성민 옮김,《세계사를 움직이는 다섯 가지 힘》, 뜨인돌.

Scott Galloway (2017), 이경식 옮김,《플랫폼 제국의 미래》, 비즈니스북스.

Sebastian Junger (1997), 박지숙 옮김,《퍼펙트 스톰》, 도서출판 승산.

Walter Isaacson (2011), 안진환 옮김,《스티브 잡스》, 민음사.

영상자료

디즈니+ (2009), [다큐] 〈픽사스토리〉

디즈니+ (2020), [다큐] 〈인사이드픽사〉

보고서

김남두·이종원·황현정·노은정, OTT 서비스에 대한 편성 및 콘텐츠 정책연구, 정보통신정책연구원, 방통융합정책연구 KCC-2022-26, 2022.12.

김남두, OTT 서비스·콘텐츠 이용행태 및 트렌드 분석, KISDI 프리미엄 리포트, 정보통신정책연구원, 2023.8.1.

김회재 대신증권 애널리스트, 콘텐츠, 4차 Wave의 시작, 미디어 이슈 & 트렌드 49호, KCA, 2022년 3-4월.

유건식, 넷플릭스가 국내 드라마 시장에 미친 영향-제작자 심층 인터뷰를 중심으로, 미디어 이슈 & 트렌드, KCA, 2020.12.30.

이성민, 주류가 된 'K-드라마', 한류의 새장을 열다, 한류백서 2021(방송한류), 한국국제문화교류진흥원, 2022.4.

이성민, OTT로 인한 콘텐츠 제작/유통 시스템의 변화: 스튜디오 시스템을 중심으로, Media Issue & Trend, Vol.51, KCA, 2022.7x8.

차유미, "유미의 콘텐츠", Industry Report, 미래에셋증권, 2023.4.13.

방송통신위원회, 2022년도 방송시장 경쟁상황 평가, 2022.12.

영화진흥위원회, 2022년 한국 영화산업 결산, 2023.2.20.

KCA, TV 및 영상 시장의 미래 지형 변화 4대 시나리오, 2019 KCA Media Issue & Trend 03호, 2019.1.23.

KCA, 넷플릭스 시청자분석을 통해 본 아시아 태평양 시장 인기 콘텐츠 유형과 지역별 특성, 미디어 이슈 & 트렌드 45호, 2021.11.12.

KCA, 디즈니 플러스의 아시아 태평양 시장 진출 동향과 경쟁력, 미디어 이슈 & 트렌드 47호, 2021.11.12.

KCA, 국내 방송·미디어 콘텐츠 제작산업 글로벌 경쟁력 강화 방안 연구, KCA 연구 2021, 2022.7.

한국콘텐츠진흥원, KOCCA 미국 콘텐츠 산업동향, 2021년 1호, 2021.1.29.

한국콘텐츠진흥원, [유럽] 영국 이코노미스트 "웹툰은 한국의 인기 수출품", 위클리글로벌 236호, 2021.8.12.

한국콘텐츠진흥원, [미국특화 21-01호] 방송분야 미국진출 비즈니스전략 보고서(한국드라마로 비즈니스하기), 2021.11.5.

한국콘텐츠진흥원, [미국특화 21-05호] 방송분야 미국진출 비즈니스전략 보고서(스트리밍 시대의 콘텐츠 라이선싱), 2021.11.5.

한국콘텐츠진흥원, 일본 콘텐츠 산업동향-일본 동영상 전송 서비스 동향, 2022년 5호, 2022.11.23.

한국콘텐츠진흥원, [미국] 버라이어티, 한국 드라마에 집중 보도, 위클리글로벌 254호, 2021.12.16.

한국콘텐츠진흥원, 프랑스 매거진 선정 올해 최고 드라마에 〈오징어 게임〉 포함, 위클리글로벌 256호, 2021.12.29.

한국콘텐츠진흥원, 영국 월간지, 세계 이끈 한국 드라마 전략 분석, 위클리글로벌 256호, 2021.12.29.

KCA, 미디어 이슈 & 트렌드 Vol.53~58, 2022.11+12~2023.9+10.

한국콘텐츠진흥원, OTT를 통한 K-콘텐츠의 성공과 과제, 글로벌 OTT 동향 분석, 2023 Vol, 2023.8.2.

한국콘텐츠진흥원, 글로벌 OTT 동향분석, 2023 Vol.1~Vol.4, 2023.5.31.~

2023.11.27.

한국콘텐츠진흥원, [KOCCA포커스 통권 155호] 넷플릭스 이후 K-콘텐츠 도약을 위한 과제, 2023.8.30.

논문

Ji Hoon Park, Kristin April Kim, Yongsuk Lee, Netflix and Platform Imperialism: How Netflix Alters the Ecology of the Korean TV Drama Industry, International Journal of Communication 17(2023).

남명희, 미국식 TV 드라마 시리즈의 시즌제도와 마블 시네마틱 유니버스의 페이즈 비교, 영화연구 87, 2021.

송예진, 마블의 트랜스 미디어 스토리텔링 전략: 완결성과 확장성을 중심으로, 영상기술연구, p.117-138, 2021.9.